사회연구의 방법론

Approaches to Social Enquiry

노먼 블래키 지음 | 이기홍 옮김

한울
아카데미

이 도서의 국립중앙도서관 출판예정도서목록(CIP)은 서지정보유통지원시스템 홈페이지(http://seoji.nl.go.kr)와
국가자료공동목록시스템(http://www.nl.go.kr/kolisnet)에서 이용하실 수 있습니다.
CIP제어번호: CIP2015033377(양장), CIP2015033378(반양장)

The Approaches to Social Enquiry

2nd Edition

Norman Blaikie

The Approaches to Social Enquiry(2nd ed.)
by Norman Blaikie

옮긴이의 말

1993년에 출판된 이 책의 초판을 제자인 최대용 군과 함께 『사회이론과 방법론에 다가서기』라는 제목으로 번역한 것이 벌써 15년 전인 2000년의 일입니다. 당시 저는 '방법'과 '방법론'을 혼동하고 있었을 뿐 아니라 '방법론'에 관한 논의를 외면하는 한국 사회과학계의 지적 풍토를 개선하는 데 그 책이 조금이나마 기여할 것이라는 기대를 역자 서문에 적었습니다. 유용성을 알 수 없는 방법론 논의의 난해함과 실제 연구와의 괴리도 사회과학도들이 '방법론' 논의를 기피하게 만드는 주요한 요인인데, 그 책은 연구과정에서 씨름하게 되는 실질적인 쟁점들과 사회과학철학의 견해들을 적절히 연결하고 있기 때문이었습니다.

하지만 그 책이 시장에서 거둔 실적을 보면 저의 그런 기대는 현실과 거리가 먼 '순진한' 것이었던 듯합니다. 그리고 학계 안팎에서 '효용'과 '성과'를 지상의 목표로 강제하는 상황에서 저의 그런 '순진한' 기대는 이제 실현 가능성이 더 희박해졌다고 생각합니다. 그런 탓에 이 책 2판의 번역서를 펴내면서도 그다지 흔쾌하지 않습니다. 이 자리에서 그 까닭을 이야기할 수는 없지만, 한국의 사회과학도들은 자신들이 무엇을, 어떻게 연구하고 있으며, 왜 그렇게 연구하는가를 '성찰'하는 데, 아니 더 근본적으로 '왜 연구하는가'를 고민하는 데 별 관심이 없다는 것이 저의 솔직한 진단입니다. 그리고 이 점에서 초판을 번역했을 때 가졌던 의도는 이 책의 2판에서도 여전히 유효합니다.

이 책의 저자는 2007년에 펴낸 2판이 "초판의 구성 순서를 뒤집었을 뿐 내용의 대부분은 그대로 유지했다"라고 밝히고 있지만, 제가 보기에는 내용에서도 상당한 변화가 있습니다. 초판은 'Approaches to Social Enquiry'라는 제목과 어긋나게 '사회이론'에 관한 내용이 많았고, 그 때문에 번역서에 『사회이론과 방법론에 다가서기』라는 좀 어정쩡한 제목을 달아야 했습니다. 그런데 2판에서는 '이론'에 관한 내용을 덜어내고, 사회연구에서 주요한 선택, 딜레마, 연구 전략, 연구 패러다임 등 방법론과 관련된 논의를 기둥으로 삼고 있습니다. 그래서 번역서의 제목도, 독자들께서 책의 내용을 더 명확하게 포착할 수 있도록 『사회연구의 방법론』으로 바꾸게 되었습니다.

가장 큰 변화는 네 가지 연구 전략, 즉 귀납적 전략, 연역적 전략, 역행추론적 전략, 가추적 전략을 논의의 중심으로 삼았다는 점입니다. 저자는 연구 전략의 연구 논리를 분석한 다음, 실증주의와 해석학에서 구조화이론과 여성주의에 이르기까지의 여러 패러다임에서 연구 과제 및 연구 문제들의 선택과 그 문제들에 대한 답을 추구하면서 이 전략 또는 전략들의 조합을 어떻게 사용하는가를 해명하고 있습니다. 그리고 연구 전략(들)의 사용은 무엇이 사회적 실재를 구성하는가, 그리고 사회적 실재에 대한 지식을 어떻게 만들어낼 수 있는가에 관한 철학적·이론적 견해들과 가정들을 전제하기 때문에 이 책은 각 패러다임의 연구의 논리와 그것의 철학적·이론적 기초를 검토합니다. "사회과학도들이 사회연구로 통용되는 분별 없고 때로는 복잡한 경험주의를 되풀이하지 않으려면, 존재론적이고 인식론적인 가정과 논리적이고 방법론적인 쟁점을 이해하는 것이 중요하다"라는 것이 저자의 판단입니다.

덧붙인다면, 네 가지 연구 전략을 그것들 가운데 어느 하나를 선택해서 사용하는 대안적인 선택지인 것처럼 제시하는 저자의 견해에 저는 동의하지 않습니다. 형식적으로는 이 네 가지 연구 전략을 구별할 수 있지만, 실제에서는 자신의 사유 능력과 활동을 형식논리의 규칙으로 구속하고 제약하는 사람이

〈그림〉 존재의 층위와 네 가지 추론양식

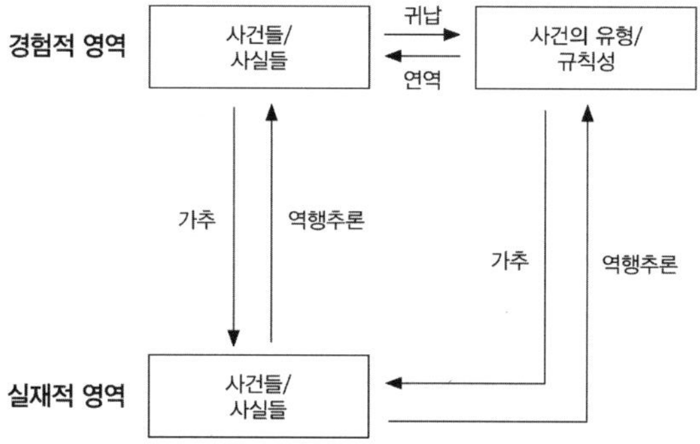

아니라면 사실상 누구나 네 가지 전략 모두를 동원해서 연구를 수행하고 있다고 저는 생각합니다. 예컨대, '신자유주의 정책은 사회의 양극화를 심화한다'는 주장을 단지 여러 사례에 대한 관찰의 일반화만으로 도출할 수는 없는 것입니다. 두 '현상' 사이의 관계를 필연적이고 보편적인 것으로 만드는 어떤 '기제와 과정'에 대한 (적어도 암묵적인) 추론과 확인에 근거하지 않고서 이런 일반적 주장 또는 '보편법칙'의 진술을 제출할 수는 없습니다. 간단히 말해 이 주장은 경험적 영역에서 두 현상 사이를 귀납과 연역을 통해 왕복할 뿐 아니라, 경험적 영역의 두 현상과 두 현상을 인과적으로 연관 짓는 실재적 영역의 기제와 과정 사이를 왕복하는 가추(여기서 '가추'는 저자가 설명한 것과는 다른 개념입니다)와 역행추론의 구사에 기초한 것입니다.

물론 그러한 추론과 확인은 오류일 수도 있으며 이 점에서 모든 과학지식은 오류 가능성을 가지고 있지만, 그렇다고 하더라도 이런 추론과 확인은 단순한 '추측'이 아니라 훈련된 과학적 상상력을 실행하는 사유의 '창조적 도약(creative leap)'입니다. 탁월한 연구자라고 해서 특별히 다른 연구 논리를 사용하는 것은 아니며, 다만 연구자의 능력과 역량에 따라 그 도약의 정도와 정확성에 차이가 있고 그 차이가 연구 성과의 차이를 낳는 것입니다. 강조할 것은, 이때 연구자가 전제하는 존재론적·인식론적 가정들은 연구자가 조합해서 구사하는 연구 전략들의 범위와 획득할 수 있는 지식의 깊이에 영향을 미친다는 점입니다. 사회과학도들에게 과학의 '방법론' 학습과 성찰이 중요한 까닭은 바로 여기에 있습니다. 그리고 이 책도 그러한 학습과 성찰의 기회를 약속하고 있습니다.

이 책을 읽으면서 사회과학도들은 과학적 연구와 관련해 자신들이 별다른 의심 없이 당연시해온 믿음과 가정들에 이의를 제기하고 그들 자신의 생각과 세계관의 핵심 요소를 비판적으로 검토하게 될 것입니다. 그리고 이러한 검토는 그들이 지금까지 당연한 것으로 믿어온 가정을 교란하고 해체하는, 혼란스럽고도 곤혹스러운 경험일 것이며 동시에 사회에 대한 과학적 탐구와 관련해 어렴풋하게 생각해오던 것을 명확하게 정리하고 새로운 통찰을 얻을 수 있도록 돕는 흥미롭고 유익한 과정일 것입니다.

수익을 고려하지 않고 이 책 2판의 번역을 제안하고 저작권 문제를 비롯한 여러 문제를 처리해준 한울과, 늘 별다른 걱정 없이 책 읽고 글 쓰는 노동에 종사할 수 있게 도와주는 강원대학교 사회학과의 선배·동료 교수들과 학생들께 고마움을 전합니다.

2015년 12월

이기홍

차례

제2판 서문

이 책의 초판을 펴낸 지 이제 14년이 지났다. 그동안 이 책을 찾는 사람들이 꾸준히 있던 까닭에, 그리고 이 분야에서 발전이 있었던 까닭에 개정이 필요하게 되었다. 수많은 강의에서 아주 다양한 학생과 함께 이 책의 초판을 사용하면서 나는 책의 구성을 바꾸는 것이 내용을 이해하는 데 도움이 될 것이라고 생각했다. 초판은 사회연구에 대한 고전적 접근과 현대적 접근에 대한 검토와 비판으로 시작해, 이 접근과 결합된 네 가지 연구 논리 — 연구 전략 — 를 개관하고 논의했다. 그리고 방법론적 쟁점과 선택에 대한 논의로 결론을 맺었다.

제2판에서는 이 순서를 뒤바꾼 구조를 택했다. 여기서는 사회연구에서의 주요한 선택과 딜레마에 대한 토론으로 시작하고(1장과 2장), 네 가지 연구 전략을 상술한다(3장). 그리고 사회연구에 대한 고전적·현대적 접근 — 이제는 '연구 패러다임'이라 부르겠다 — 에 대한 논의로 나아간다(4장과 5장). 마지막 장은 연구 패러다임을 존재론적·인식론적 가정의 측면에서 검토하고 각각의 패러다임을 비판한 다음, 제2장에서 소개한 방법론적 딜레마에 대한 논의로 돌아간다.

제2판에서는 원래의 주제 — 자연과학과 사회과학에서의 연구 논리 사이의 관계 — 에, 초판에서 암묵적으로만 제기했던 더 기본적인 또 다른 주제, 즉 사회과학에서 지식을 어떻게 발전시킬 수 있는가라는 질문을 추가했다. 이러한 변화 때문에 원래의 구조를 조정했지만 내용은 대부분 그대로 유지했으며 새로운 절을 추가했다. 사회연구에서의 기초적인 선택과 딜레마에 대한 검토, 탈근대주의와 사회연구에 대한 토론, 그리고 현상학과 일상생활방법론, 복잡성 이론에 대한 논의 등이 여기에 포함된다. 아울러 여성주의 사회연구에 관한 절을 개정하고 확장했다. 이러한 개정 과정에서 자료들을 더 이해하기 쉽게 수정했고 제목을 많이 추가했다. 마지막 부분에는 후기를 새로 넣었으며 각 장의 끝에는 요점 정리를 달았다. 필요한 경우에는 경험적 사례를 포함시켰다.

원래의 구조를 조정하는 과정은 건물을 해체해서 부분들을 새로운 모습으로 재조립하는 것과 흡사했다. 동시에 새로운 부분도 추가했고, 원래의 결함을 조정했으며 더 현대적인 장치와 마감재를 더했다. 얼핏 보기에는 완전히 다른 건물이라고 느낄 수도 있지만, 자세히 살펴보면 원래의 부속품이 대부분 여전히 그 자리에 있다는 것을 알게 될 것이다.

구조를 바꿈으로써 나는 내용을 이해하고 파악하기 쉽게 만들어야 한다는 교육적 원리를 따를 수 있게 되었다. 핵심적인 견해는 처음에 단순한 형태로 소개한 다음 상이한 맥락에서 훨씬 더 자세하고 심층적으로, 한 차례 이상 다시 다루었다. 마지막 장에서는 앞에서 잇달아 다룬 견해들을 비교하고 평가했다. 이 책은 발전하는 경로를 보여주고 있기 때문에 독자들은 각 장을 차례로 읽는 것이 좋을 것이다.

이 책의 초판 출판 이후 나는 호주와 말레이시아의 여러 강의에서 이 책을 교과서 삼아 학생들을 가르쳤다. 그리고 나는 자매서로 『사회연구 설계(Designing Social Research)』(2000)도 펴냈다. 나는 이 책의 초판에 열의를 보여준 옹벵콕(Ong Beng Kok)에게 큰 빚을 졌다. 그의 열정이 이 책의 개정을 자극했다. 에리카 핼리본(Erica Hallebone)은 이 책의 초판과 『사회연구 설계』를 그녀가 가르치는 학생들에게 읽도록 권유했다. 또한 제2판 초고의 여러 부분에 유익한 논평을 해주었다. 경험적 사례로 도움을 준 레이 포슨(Ray Pawson)과 말콤 윌리엄스(Malcolm Williams), 여러 초고에 소중하고 관대한 논평을 해준 익명의 평가자들 그리고 도서관 시설을 마음껏 이용하도록 허락해준 오클랜드대학교에도 고마움을 전한다.

노먼 블래키(Norman Blaikie)

초판 서문

이 책은 일차적으로 사회과학을 전공하는 학생들을 위한 교과서이지만, 또한 초심자와 숙련된 사회연구자도 염두에 두고 있다. 이 책에서 다루는 쟁점들은 사회과학 연구의 중심에 자리하고 있으며, 오늘날 사회과학의 불확실한 상태를 극복하려면 반드시 해결해야 할 것들이다.

이 책은 나 자신의 연구경험에 대한 성찰에 더해, 지난 25년여 동안 여러 학문분과의 대학생과 대학원생을 대상으로 진행해온 과학철학 및 사회과학철학, 사회과학방법론, 그리고 양적·질적 연구 방법에 관한 강의들에 뿌리를 두고 있다. 흔히 사회연구로 통용되는 분별 없고 때로는 복잡한 경험주의를 학생들이 되풀이하지 않으려면, 존재론적이고 인식론적인 가정과 논리적이고 방법론적인 쟁점을 이해하는 것이 중요하다는 점을 나는 오래전에 깨달았다.

그동안 이론적 쟁점과 방법론적 쟁점은 변화했지만, 근본적인 철학적 문제는 그대로 남아 있다. 패러다임적 다원주의(paradigmatic pluralism)에 대한 인식이 증대했기 때문에 이 문제들을 다루어야 할 필요성은 더욱 절박해졌다. 그렇지만 이것은 학생과 선생 모두에게 이중으로 어려운 과제이다. 이 쟁점들은 다양한 입장에서 접근하고 주장을 제시하는 복잡한 것일 뿐 아니라, 이 쟁점들을 다루기 위해서는 방대한 양의 문헌을 살펴보아야 하기 때문이다. 이러한 어려움을 조금이라도 해결한 교재는 거의 없다고 해도 과언이 아니다.

이러한 문제에 포함된 쟁점은 학생들에게 그들이 당연시해온 믿음과 가정에 이의를 제기하고 연구에 관한 그들 자신의 생각과 세계관의 핵심 요소를 비판적으로 검토하도록 요구할 것이다. 내 경험에 비추어 보면, 학생들에게는 이 과정이 혼란스러우면서도 동시에 흥미진진하다. 거의 예외 없이 학생들은 그 노력과 불편함이 매우 가치 있었다고 내게 토로했다. 대부분의 학생은 이러한 경험이 자신들의 지적 발전에 매우 중요한 것임을 깨달았다. 그 경험은 유용한 연구를 수행하는 그들의 능력에, 그리고 사회과학 일반에 대한 그들의 이해에 중요하고도 오래 지속되는 도움을 주었다. 나는 이 책을 통해 그러한 과제를 좀 더 쉽게 다룰 수 있기를 바란다.

이 책은 철학, 사회이론 그리고 방법론에서의 광범한 입장을 다루고 있지만, 부득이하게 일부 저자만 선택해서 논의할 수밖에 없었다. 나는 사회연구에 대한 특정한 접근을 옹호하기보다는 광범위한 접근들을 검토하고 비판하는 방식을 택했다. 그렇지만 나의 선호가 증거에 기초한 것이라고 자신 있게 말할 수는 없다. 나로서는 독자들이 여기서 논의하는 접근들과 그것에 수반되는 연구 전략들을 평가하고, 독자 자신의 목적과 선입견과 개성에 알맞은 접근 방법을 선택하기를 권한다.

여러 해에 걸친 나의 연구 여정은 나와 함께 걸어온 많은 학생에게 빚지고 있다. 그들은 내게 이러한 쟁점을 다루어야 할 필요성을 알려주었고, 나 자신의 입장을 성찰하게 만들었으며, 많은 것을 가르쳐주었고, 또한 이 작업이 필요하고 가치 있다는 사실을 확증해주었다.

노먼 블래키

서론

사회과학은 지난 50여 년에 걸쳐 이론적·방법론적 논쟁으로 어려움을 겪어왔다. 미국 사회이론에서 구조기능주의의 붕괴와 새로운 과학철학 및 사회과학철학의 등장은 사회연구에 대한 다양한 이론적 관점들과 접근들이 논쟁하는 시대로 이어졌다. 이러한 현대적인 논쟁을 통해 드러난 쟁점과 난점은, 비록 이제 그것들의 특성을 좀 더 잘 이해할 수 있게 되긴 했지만, 새로운 것은 아니다. 이러한 구성요소는 19세기에 확립된 철학적 전통에서 찾아낼 수 있지만, 뿌리는 고대로까지 거슬러 올라갈 수 있다. 달라진 것은, 사회과학자들이 그러한 쟁점을 더 이상 철학자의 소일거리라고 무시해버릴 수 없게 되었다는 점이다. 사회연구는 순결함을 잃었다. 이제 사회연구자들은 근본적으로 상이한 연구 전략들로 이어지는, 그리고 상이한 연구결과를 낳을 가능성이 있는 일련의 상호 배타적인 선택지가 아니라면 다양한 선택지들에 직면하고 있으며, 따라서 이러한 쟁점을 처리해야 한다.

이제 사회과학은 사회연구에 대한 다양한 접근들을 특징으로 하고 있으며, 이러한 접근의 강점과 약점에 관한 문헌도 많다. 과학철학 및 사회과학철학, 그리고 사회이론과 방법론에서 이러한 문헌들을 파악해내는 과제는 사회과학도와 신참연구자들에게 버겁고 귀찮은 일이다. 이 문제에 대한 공통적인 한 가지 해결책은 하나의 이론적 관점이나 패러다임을 무비판적으로 받아들이는 것이다. 또 다른 해결책은 여러 접근의 구성요소들을 아마도 무의식적으로, 그리고 무성찰적으로 결합하는 것이다. 과거에는 그러한 방식을 유지하는 것이 가능할 수도 있었으나, 이제는 더 이상 그 방식을 옹호할 수 없다. 더 정교한 해결책이 필요해진 것이다.

이 책의 초판과 마찬가지로 제2판도 철학과 사회이론과 방법론에서의 광범한 입장을 다루고 있으며, 사회연구자들이 만나게 될 사회연구에 대한 대안적인 접근들을 종합적이고 비판적으로 검토할 것이다. 또한 이 책은 이러한 접근들과 단일하게 또는 복합적으로 결합되어 있는 네 가지 주요한 연구 전략을 개관한다. 이 책은 광범한 문헌을 검토함으로써 독자들에게 이 접근들과 연구 전략들이 특정한 연구기획에 대해 갖는 상대적인 강점과 약점을 평가할 수 있는 기초를 제공하고, 견문 있고 옹호 가능한 방법론을 선택하도록 돕고자 한다.

제2판은 이 책의 자매서인 『사회연구 설계』(2000)와 서로 보완하고 연결할 수 있도록 구성했다. 공통의 출발점은 한 가지 또는 여러 가지의 연구 문제들(research questions)로 구현해야 하는 연구 과제(research problem)이다. 이것은 네 가지 연구 전략 가운데 연구 문제(들)에 답할 수 있는 최선의 방안을 제공한다고 생각되는 한 가지 또는 여러 가지 연구 전략의 선택으로 이어진다. 이러한 결정은 연구자가 작업하면서 선호하는, 또는 적절한 존재론적·인식론적 가정들을 제공한다고 좀 더 실용적으로 생각하는 하나 또는 여러 연구 패러다임의 영향을 받아 이루어질 것이다. 그렇지만 연구 전략과 연구 패러다임이 필연적으로 연결되는 것은 아니다. 일부 연구 전략은 특정 연구 패러다임과 밀접하게 결합하지만 일부 전략은 매우 느슨하게 결합한다. 그리고 일련의 연구 문제들에 답하는 데 하나 이상의 연구 전략이 필요하다면 하나 이상의 연구 패러다임으로 작업을 수행할 필요가 있다. 『사회연구 설계』는 특히 이러한 패러다임들을 상술하는 데 초점을 맞추고 있다.

몇 가지 중심적인, 그렇지만 아마도 익숙하지 않은 개념을 설명하는 것으로 서론을 마무리하겠다. 이 책이 다루는 학문 분야에서는 여러 개념이 다양하고 복잡하게 사용된다. 이 분야의 저자들은 상이한 개념들로 동일하고 기본적인 생각을 나타낼 뿐 아니라 동일한 개념을 사용하면서도 그것에 상이한 의미를 부여하는 경향을 보인다. 그러므로 어휘를 일관성 있게 사용할 필요가 있다. 가능하다면 나는 문헌의 지배적인 경향을 따르도록 노력했다. 그렇지만 일부 개념은 다른 저자들이 사용하는 것과는 다르게 사용했고, 또한 일부는 새로운 개념을 고안하거나 기존의 개념을 개조했다. 그러므로 독자들은 개념과 범주의 이러한 용법과 의미의 차이를 고려하고, 여기서 사용하는 개념과 다른 저자들이 사용하는 개념을 혼동하지 말아야 할 것이다. 이 문제를 완화하기 위해 이 책에서 사용하는 핵심 개념과 덜 친숙한 개념 및 개념의 의미를 간략하게 논의하려 한다. 아직은 이들 개념의 중요성이 잘 드러나지 않을 것이기 때문에 나중에 이 내용을 다시 살펴볼 필요가 있을 것이다.

주요하게 사용하는 핵심 개념은 연구 문제(research question), 연구 전략(research strategy), 연구 패러다임(research paradigm), 존재론(ontology), 인식론(epistemology)의 다섯 가지이다. 구체적으로는 세 가지 유형의 연구 문제, 네 가지 유형의 연구 전략, 열 가지 유형의 연구 패러다임, 여섯 가지 유형의 존재론적 가정, 여섯 가지 유형의 인식론적 가정이 있다.

연구 문제: 지적 의문의 공식적인 표현이다. 연구 과제를 연구 가능하게 만드는 장치이다. 이러저러한 연구 문제를 선택함으로써 연구자는 연구의 초점과 방향, 범위를 정하고, 연구 기획을 관리하며, 성공적인 결과를 예상할 수 있다. 간단히 말해, 연구 문제를 기초로 연구 기획을 구성한다.

연구 문제의 주요한 유형은 세 가지이다. '무엇이', '왜', '어떻게'가 그것이다. '무엇이'의 문제는 서술을 추구한다. '왜'의 문제는 이해나 설명을 추구한다. '어떻게'의 문제는 개입 및 문제해결과 관련된다(1장을 볼 것).

연구 전략: 연구의 논리(logics of enquiry)이다. 연구 문제에 답하는 데, 지적 의문을 해결하는 데, 새로운 지식을 만들어내는 데 필요한 과정이다. 각 연구 전략은 출발점, 일련의 단계 그리고 종착점을 특정한다.

주요한 연구 전략으로는 네 가지를 들 수 있다. **귀납적**(inductive), **연역적**(deductive), **역행추론적**(retroductive) 그리고 **가추적**(abductive) 전략이 그것이다. 연구 전략은 개별 추론 양식에 기초를 두고 있다. 귀납 추론 및 연역 추론의 개념은 아마도 친숙할 것이다. 전자는 개별 진술에서 일반 진술로의 움직임을 포함하고 후자는 일반 진술에서 개별 진술로의 운동을 포함한다. 사회 연구의 맥락에서 이것은 개별 사례나 경우로부터 일반화하는 것 또는 일반적인 생각을 개별 사례나 경우에 비추어 검증하는 것을 의미한다(111~158쪽을 볼 것).

역행추론과 **가추**는 낯설 것이다. 두 개념은 찰스 퍼스(Charles Peirce)가 처음으로 사용했는데(Peirce, 1934), 기본적인 생각은 아리스토텔레스에게까지 거슬러 올라갈 수 있다. 그러나 나는 '역행추론'에 대한 로이 바스카(Roy Bhaskar)의 견해, 즉 역행추론은 관찰되는 현상을 만들어내는 데 책임이 있는 구조나 기제들에 대한 그림이나 모델을 창조하는 추리(reason)나 상상력(imagination)의 사용을 가리키는 용법이라는 견해를 받아들인다(Bhaskar, 1979). 이 논리는 관찰에서 출발해 그 관찰에 대한 가능한 설명의 창조로 나아가는 역행 운동을 포함한다(158~170쪽을 볼 것). 가추 논리 또한 사회적 행위자들의 일상적 개념화와 이해에서 사회적 삶에 대한 사회과학적 개념과 이론을 도출하는 창조적 과정이다. 이 개념은 다수의 과학적 전통에서 찾아볼 수 있지만, 가추에 대한 나 자신의 견해는 알프레드 슈츠(Alfred Schütz)의 저작에 크게 의존하고 있다(170~196쪽을 볼 것).

이러한 탐구의 논리를 구별하는 한 가지 방식은 **귀납**과 **연역**에 선형(線形)의 과정이 포함된다고 생각하는 것이다. 앞의 것은 아래에서 위로, 그리고 뒤의 것은 위에서 아래로 움직인다. **역행추론**과 **가추**는 훨씬 더 복잡한 과정 — 수많은 반복을 포함하며 상승하는 나선형으로 생각할 수 있는 — 을 포함한다고 생각할 수 있다. 이 네 가지 연구 전략은 1장에서 소개하고 3장에서 자세히 다룬다.

'연구 전략' 개념을 이렇게 사용하는 것을 통상적인 다른 용법들과 혼동하지 말아야 한다. 통상적 용법에서는 그것이 조사방법, 참여관찰, 사례연구, 그리고 근거이론(grounded theory) 등과 같은 자료 수집 그리고/또는 분석의 방법을 가리킨다. 그러한 방법의 선택은 연구 문제에 답하거나 지식을 발전시키는 데서 단지 이차적 역할만을 갖는다. 그것들은 탐구 논리의 선택에 부수적인 것이다.

연구 패러다임: 사회세계를 이해하고자 시도하는 광범한 철학적·이론적 전통을 가리킨다. 연구 패러다임은 사회세계에 대한 생각들, 사람들의 사회적 경험들 그리고 사회세계 — 그 안에서 사회적 삶이 진행되는 — 사이를 연결하는 상이한 방식을 제공한다. 연구 패러다임은 또한 관점이나 이론적 관점을 가리킨다. 이 책의 초판에서는 그것을 '사회연구에 대한 접근들(approaches to social enquiry)'이라고 불렀다(Blaikie, 1993을 볼 것). 이러한 변화는 이 책의 제목이 이제는 연구 전략과 연구 패러다임을 포괄한다는 것을 함축한다. 열 가지 연구 패러다임은 4~6장에서 설명하고 검토한다.

연구 패러다임들 사이의 차이점은 세계를 바라보는 각각의 방식, 세계를 어떻게 이해할 수 있는가에 관한 각각의 견해, 즉 연구 패러다임의 존재론적·인식론적 가정에서 찾아볼 수 있다.

존재론적 가정: '사회적 실재의 성질은 무엇인가'라는 질문에 답하는 방식이다. 이 가정은 사회세계에 무엇이 존재하는가, 그것은 무엇으로 보이는가,

어떤 단위들이 그것을 형성하는가, 그리고 이 단위들은 서로 어떻게 상호작용하는가 등에 관한 것이다. 여섯 가지 유형의 존재론적 가정은 1장에서 논의한다.

인식론적 가정: '사회적 실재를 어떻게 알아낼 수 있는가'라는 질문에 답하는 방식이다. 인식론은 인간 지식의 성질과 범위, 어떤 종류의 지식이 가능한지 여부, 그리고 지식의 적합성을 판단하는 기준이나 과학 지식과 비과학 지식을 구분하는 기준에 관한 것이다. 여섯 가지 유형의 인식론적 가정도 1장에서 논의한다.

2장에서는 자연과학과 사회과학 사이의 관계에 대한 세 가지 예비적 견해, 즉 **자연주의**(naturalism), **부정주의**(negativism), **역사주의**(historicism)를 논의한다. 자연주의라는 개념은 두 가지 주요한 의미를 가지고 있다. 이 책의 맥락에서는 **자연과학**들에서 사용하는 방법들, 또는 더 특정해서 탐구의 논리를 사회과학들에서도 사용할 수 있다는 견해를 가리킨다. 자연주의라는 말의 또 다른 용법은 자연적 상황 — 실험 상황이나 인위적 상황과 대비되는 것으로, 사회적 삶이 자연적으로 일어나는 — 에서 연구의 수행이다.

이 책에서 사용하는 **부정주의**라는 용법은 나의 고안물이라고 할 수 있다. 그것은 자연주의에 반대되는 견해, 즉 사회과학에서는 자연과학의 논리를 사용할 수 없다거나 사용하면 안 된다는 견해를 나타낸다(통상적으로는 '반자연주의'라 부른다). 극단적인 형태의 **부정주의**는 사회적 삶에 대한 과학이 불가능하다는 견해와 동일하다.

자연주의는 실증주의로 알려져 있는 연구 패러다임들 가운데 하나이다. 그렇지만 **부정주의**는 실증주의에서 해설하는 것과는 상이한 견해를 수반한다. **부정주의**는 실증주의에 대한 대안적 패러다임이 아니다. **역사주의**는 자연과학적 논리 가운데 하나인, 역사적 추세나 유형에서 미래의 추세나 사태를 추정하는 논리가 사회과학에 적합하다고 생각하는 제3의 입장을 가리킨다. 이러한 논리는 일반적으로 비과학적이라고 간주하기 때문에 이 책에서 사용하는 네 가지 논리에는 포함하지 않았다. 역사적 추세를 만들어내는 조건들을 미래에도 적용할 수는 없다. 따라서 미래의 사건을 확실성을 가지고 예측할 수 있게 해주는 논리는 없다. 물론 경제학 등과 같은 일부 영역에서는 이 논리를 광범하게 사용하지만 효과가 제한적이라는 점은 지적해둘 만하다.

사회연구에서의 주요한 선택들

서론

지난 세기에 사회연구에 대한 일련의 접근들이 등장했고, 자료를 수집하고 분석하며 사회적 삶에 대한 지식을 발전시키는 광범한 연구 방법이 개발되었다. 사회연구에 대한 접근들은 새로운 지식을 발전시키는 데 사용하는 논리 — 이것이 포함하는 단계와 절차도 함께 — 와 무엇이 사회적 실재를 구성하는가, 그리고 사회적 실재에 대한 지식을 어떻게 만들어낼 수 있는가에 관한 철학적·이론적 견해나 가정과 관련되어 있다. 반면 연구 방법은 사회적 삶 속의 특징, 유형, 과정들을 서술하거나 설명하기 위해 특정한 접근 안에서 자료를 생산하고 분석하는 데 사용하는 기법들이다.

기존의 사회과학 문헌들은 새로운 지식을 만들어내는 데 사용할 수 있는 논리에 거의 관심을 갖지 않았기 때문에 이 책은 그러한 논리 및 논리의 철학적·이론적 기초에 집중할 것이다. 이 책은 연구 방법 자체는 다루지 않는다.

연구자는 사회연구를 수행하기에 앞서 여러 가지 선택을 해야 한다. 여기에는 다음과 같은 선택이 포함된다.

- 탐구해야 할 연구 과제
- 답해야 할 연구 문제(들)
- 그 문제에 답하는 데 사용할 연구 전략(들)
- 연구자가 연구 대상에 대해 채택하는 입장(posture)
- 실재는 무엇이며 어떻게 연구할 수 있는가에 관한 가정을 포함하는 연구 패러다임

이러한 선택에서 위의 두 가지는 수행하고 있는 연구의 성질과 실천적 고려에 주로 의존하지만, 아래의 세 가지는 이론적이고 방법론적인 입장의 영향을 크게 받는다.

연구 전략과 입장의 선택은 사회연구자에게 수많은 딜레마를 제기한다. 딜레마 가운데 하나는 그것이 간명하게 답할 수 없는 선택이라는 점이다. 즉, 각각의 대안에 대해 적합성을 옹호하는 주장도 있고 의심하는 주장도 있다. 그 결과 선택은 점점 더 특정한 연구 문제와 관련해 강점과 약점을 평가하는 형태가 되고 있다.

그렇지만 연구자들은 이러한 딜레마를 과학 및 과학 지식의 성질에 관한 자신들의 생각에 따라, 사회세계를 바라보는 방식에 따라, 그리고 자신들이 속한 사회과학 공동체(들)의 견해와 입장에 따라 상이한 방식으로 처리한다. 달리 말하면 이 선택은 실천적이기보다는 이데올로기적인 성격을 띤다(이 선택에 대한 더 자세한 논의는 Blaikie, 2000을 볼 것). 이 장의 나머지 부분에서는 이러한 선택의 범위를 다루고, 2장에서는 몇 가지 주요한 딜레마를 다룰 것이다.

연구 과제

모든 사회연구는 다루어야 할 연구 과제가 있어야 한다. 과제에 대한 진술은 무엇을 연구할 것인가에 대한 길잡이와 다룰 영역의 범위를 정하는 경계 표시를 제공한다. 이 진술은 연구가 무엇에 관한 것인가 그리고 어디서 수행될 것인가를 지적한다. 다음과 같은 사례가 있다.

> 어느 정도의 장기적인 실업은 현대 자본주의 사회의 특징이다. 특히 경제순환의 하강 국면일 때, 새로운 기술이 특정 범주의 직무를 대체할 때, 기업이 시설을 저임금 경제로 이전할 때 그러하다. 물론 언제나 인구의 일부는 정규적인 임금노동에 종사하지 않는 삶의 양식을 선택할 수도 있고 일부는 정규 노동을 수행할 수 없도록 방해하는 요인을 가지고 있을 수도 있다. 그들은 이 연구의 관심대상이 아니다. 일하고자 하지만 일정 기간 적합한 고용 기회를 찾지 못한 사람들이 이 연구의 초점이다. 대다수의 사람은 생존하거나 만족스러운 삶의 양식을 유지하기 위해 노동을 통해서 생계를 유지해야 하기 때문에 이런 상황은 개인적인 문제인 동시에 사회적인 문제이다.

이런 과제의 연구에는 다음과 같은 제목을 붙일 수 있을 것이다.

> "장기적 실업의 본성, 원인 그리고 결과"

연구 과제의 선택은 최초의, 그리고 가장 기본적인 선택이다. 하지만 연구가 가능하려면 연구 과제는 하나 이상의 연구 문제로 번역될 수 있어야 한다.

연구 문제

연구 문제들은 모든 연구의 기초로서, 연구 과제를 연구할 수 있는 것으로 만든다.

연구 문제의 유형들

연구 문제에는 세 가지 주요한 유형이 있다. '무엇이(what)'라는 문제, '왜(why)'라는 문제, '어떻게(how)'라는 문제가 그것이다.

- '무엇이'라는 문제는 서술적 답변을 필요로 한다. 그것은 사회현상의 특징 그리고 그 현상 속의 유형을 발견하고 서술하고자 한다.
- '왜'라는 문제는 특정 현상들 속에 특징과 규칙성이 존재하는 원인이나 이유를 질문한다. 여기서는 사건들 사이의 관계 또는 사회적 활동과 과정 속의 관계에 대한 이해나 설명을 추구한다.
- '어떻게'라는 문제는 변동을 일으키는 것, 즉 개입하고 실천적인 결과를 만들어내는 것에 관심을 갖는다.

사례

다음은 장기 실업에 관한 연구 과제를 다루는 데 사용할 수 있는 세 가지 유형의 연구 문제 사례이다.

1. 어떤 종류의 사람들이 장기적인 실업을 경험하는가?
2. 장기간의 실업 상태에 있으면 어떻게 되는가?

3. 왜 그런 사람들은 실업 상태에 있는가?

4. 그들은 어떻게 재취업할 수 있는가?

문제1에 답하는 것이 연구의 첫 단계이다. 그 답은 장기 실업 상태에 빠진 사람들의 특징에 대한, 그리고 아마도 이러한 특징들 사이에 연관된 유형에 대한 서술을 제공할 것이다. 문제2는 장기 실업이 실업자에게 미치는 결과를 탐구한다. 우리는 실업자가 어떠하며 실업에 어떻게 대처하는가를 알고자 한다. 문제3은 과제의 정점에 해당한다. 바로 이것이 사회복지 활동가와 정책입안자들이 알고 싶어 하는 것이다. 실업자들은 자신이 왜 실업 상태에 있는가에 대해 대체로 일정한 견해를 가지고 있겠지만, 문제3에 대한 답은 그들이 재취업하는 데 도움을 줄 수 있는 더 큰 그림을 제공할 수 있을 것이다. 문제4는 과제에 대한 해결을 추구한다. 실업을 서술하고 설명하는 것과 실업수준을 낮추는 것은 전혀 다른 문제이다.

이러한 연구 문제는 명료한 단어들로 표현했으므로 매우 단순해 보일 것이다. 그렇지만 뒤에서 볼 것처럼, 만족할 만한 답을 찾는 것은 상당히 복잡하다. 이 연구과제와 연구 문제는 철학적·이론적·방법론적 논의를 예시하기 위해 이 책 전체에 걸쳐 사용할 것이다.

연구 문제의 연쇄

세 유형의 연구 문제가 연쇄를 형성한다는 점을 지적하는 것이 중요하다. 통상적으로 '왜'라는 문제에 앞서 '무엇이'의 문제를 제기하고, '어떻게'라는 문제에 앞서 '왜'의 문제를 제기한다. 달리 말하면, 우리는 어떤 일이 진행되고 있는가를 먼저 알아야 그것을 설명할 수 있고, 그 일을 변화시키기 위해 대담하게 개입할 수 있으려면 그에 앞서 그 일이 왜 그런 식으로 일어나는가를 알아야 한다. 또한 이 연쇄는 어려움의 위계를 표현하기도 한다. 일반적으로 '무엇이'라는 문제에 답하는 것이 '왜'라는 문제에 답하는 것보다 용이하고, '어떻게'라는 문제는 이 세 가지 중에서 가장 도전적이다.

모든 연구 기획이 이 세 가지 유형의 연구 문제를 다루어야 하는 것은 아니다. 어떤 연구는 단지 한두 가지의 '무엇이'라는 문제만 다룰 수도 있다. 또 어떤 연구는 그다음 단계로 나아가 '왜'라는 문제에 답하고자 할 수도 있다. '어떻게'라는 문제에 대한 답을 추구하는 것은 응용적 연구 기획에 속한다. 어떤 주제에 관해 거의 또는 전혀 연구가 수행되지 않은 경우, '왜'라는 문제나 '어떻게'라는 문제로 나아가기에 앞서 통상적으로 '무엇이'라는 문제에 적절히 답하는 것이 첫 단계일 것이다. 그렇지만 과제에 대한 적절한 서술이 이미 존재하는 경우, 연구자는 곧장 관련된 '왜'라는 문제에 답하는 것으로 나아갈 수 있다. 마찬가지로, '무엇이'라는 문제와 '왜'라는 문제에 대한 답이 이미 존재한다면 연구는 간단히 '어떻게'라는 문제를 제기할 수 있을 것이다. 그러므로 연구자가 세 유형의 연구 문제 모두를 다루는가 여부는 연구 과제의 특성과 해당 분야의 지식 상태에 따라 달라질 것이다. 그렇지만 이러한 세 유형의 문제에 대한 답들 속에 함축되어 있는 연쇄는 그대로 남아 있다.[1)]

연구 전략

사회연구의 설계에서 주요한 임무는 연구 문제(들)에 어떻게 답할지 찾아내는 것이다. 여기에는 어떤 방법으로 자료를 수집하고 분석할지 결정하는 것보다 훨씬 많은 것이 포함된다. 여기에는 새로운 지식을 만들어내기 위한 절

1) 연구 문제 및 연구 문제와 연구 목표의 연관에 대한 더 자세한 논의는 Blaikie(2000, ch. 3)를 볼 것.

〈표 1.1〉 네 가지 연구 전략의 논리

	귀납적	연역적	역행추론적	가추적
목표	• 유형설명에 사용할 보편적 일반화의 수립	• 이론을 검증해 허위의 이론 소거, 생존한 이론 보강	• 관찰한 규칙성을 설명할 수 있는 기저의 기제를 발견	• 사회적 삶에 대한 사회적 행위자의 동기와 이해에 입각한 서술과 이해
출발	• 관찰이나 자료의 축적 • 일반화의 생산	• 설명해야 할 규칙성 판별 • 이론의 구성과 가설의 연역	• 규칙성의 기록과 모델 • 기제에 대한 가설적 모델의 구성	• 일상의 개념들, 의미들, 동기들의 발견 • 일상에서 기술적 해명의 생산
도착	• 다른 관찰들을 설명하는 유형으로서 이러한 '법칙'을 사용	• 가설과 자료의 대결에 의한 가설의 검증	• 관찰 그리고/또는 실험에 의한 실재하는 기제의 발견	• 이론 개발과 반복적인 검증

차, 즉 논리가 필요한데, 연구 전략(들)이 그러한 논리이다. 연구 전략은 출발점을 제공하고 '무엇이'와 '왜'라는 문제에 답하는 데 사용할 단계를 제공한다.

연구 과제와 연구 문제의 선택에 이어 연구 전략 또는 전략들의 조합이 연구자가 내려야 할 가장 중요한 결정이다. 이러한 연구 전략들은 3장에서 자세히 다룰 것이다. 그렇지만 다른 선택에 관해 논의하기 위해 여기서 그것들을 소개할 필요가 있다.

네 가지 연구 전략은 귀납적 전략, 연역적 전략, 역행추론적 전략, 가추적 전략으로 구별할 수 있다. 각각의 전략은 연구 문제에 답하는 상이한 방식을 제공한다(표 1.1을 볼 것).

귀납적 연구 전략

귀납적 연구 전략은 자료의 수집에서 시작해서 자료 분석으로 이어진다. 그런 다음 이른바 귀납 논리를 사용한 일반화의 도출로 나아간다. 목표는 사람들과 사회 상황의 특징을 서술하고 그런 다음 이러한 특징 간 관계의 유형 또는 관계의 연결망이 가진 성질을 판정하는 것이다. 일단 특징들 그리고/또는 유형들에 관한 일반화를 수립하면 일부 필자들은 일반화를 특정 사건을 설명하는 데 사용할 수 있다고, 즉 그 사건들을 수립된 유형으로 설명할 수 있다고 주장한다. 이 연구 전략은 '무엇이'라는 문제에 답하는 데 유용하지만 '왜'라는 문제에 만족스럽게 답하는 능력에서는 매우 제한적이다.

연역적 연구 전략

연역적 연구 전략은 전혀 다른 출발점을 채택하며 귀납적 연구 전략의 반대 순서로 진행한다. 이 연구 전략은 이미 발견하고 수립한, 그리고 설명을 필요로 하는 유형이나 규칙성에서 시작한다. 연구자는 사회현상에 규칙이 존재한다는 이론적 주장에 대한 가능한 설명을 발견하거나 정식화해야 한다. 이러한 주장에서 하나 또는 그 이상의 가설을 연역하고 그다음 적절한 자료를 수집함으로써 그 이론을 검증하는 것이 과제이다. 자료가 이론과 부합한다면, 특히 또 다른 검증이 유사한 결과를 산출한다면 그 이론의 유용성을 어느 정도 뒷받침하게 된다. 그렇지만 자료가 이론과 부합하지 않는다면 이론을 수정하거나 기각해야 한다. 그다음 다른 후보 이론들에 대해 또 다른 검증을 수행할 수 있다. 이 연구 전략에 따르면 사회세계에 대한 지식은 시행착오의 과정을 통해서 발전한다. 이 연구 전략은 '왜'라는 문제에 답하는 데만 적합하다.

역행추론적 연구 전략

역행추론적 연구 전략도 규칙성을 관찰하는 데서 시작하지만, 다른 형태의 설명을 추구한다. 이 전략은 관찰한 규칙성을 만들어내는 데 일조한 실재하는 기저적 구조(들)이나 기제(들)를 찾는 것으로 성취된다. 지금까지 알지 못하던 구조나 기제를 발견하기 위해서 연구자는 먼저 여기에 대한 가설적 모델을 구성해야 한다. 그런 다음 관찰과 실험으로 그 존재를 확인하고자 시도해야 한다. 구조나 기제를 직접 관찰할 수 없기 때문에 간접적 방법의 사용이 필요할 수도 있다. 이 경우 그 구조나 기제가 존재하기 때문에 발생하는 결과에 대한 증거를 찾게 된다. 그러한 증거가 존재한다면, 특정의 사건들이 발생할 것이라고 예측할 수 있다. 역행추론은 창조적 상상력과 유추를 사용해서 자료에서 설명으로 되돌아가는 과정이다. 이 역행추론적 연구 전략은 '왜'라는 문제에 답하는 대안적인 방안을 제공한다.

3장에서 보겠지만, 역행추론적 연구 전략은 두 가지 형태로 나타난다. 하나는 사회적 행위자들에게 외부적인 사회구조에 설명의 중점을 두는 반면, 또 하나는 인지적 기제와 사회적으로 구성된 행위규칙들에 초점을 맞춘다. 다른 방식으로 말하면, 앞의 것은 사회적 삶에 대해 구조주의적 견해를 취하고 뒤의 것은 사회구성주의적 견해를 취한다.

가추적 연구 전략

가추적 연구 전략은 다른 세 가지 전략과는 매우 다른 논리를 가지고 있다. 출발점은 탐구 대상인 사회적 행위자들의 사회세계이다. 목표는 그들의 실재 구성, 사회세계를 개념화하고 그 세계에 의미를 부여하는 그들의 방식, 그들의 암묵적 지식을 발견하는 것이다. 이러한 구성에 대해 연구자가 취하는 주요한 접근 방식은 탐구 대상인 현상들의 생산과 재생산과 해석에 대해 사회적 행위자들이 사용하는 지식을 활용하는 것이다. 사회적 행위자의 실재, 즉 그들이 활동들을 함께 구성하고 해석하는 방식은 그들의 일상언어에 새겨져 있다. 그러므로 연구자는 사회적 활동을 낳는 동기와 이유를 발견하기 위해 그들의 세계 속으로 들어가야 한다. 연구자의 임무는 그러한 행위와 동기들, 그리고 그것들이 일어나는 상황을 사회과학 담론의 기술적(技術的) 언어로 서술하는 것이다. 개별의 동기와 행위를 전형적인 상황에서 전형적인 행위를 하기 위한 전형적인 동기로 추상해야 한다. 그러한 사회과학적 전형화는 활동들에 대한 이해를 제공하므로 더 체계적인 설명적 해명의 구성요소가 될 수 있다. 이 연구 전략은 '무엇이'라는 문제와 '왜'라는 문제 모두에 답하는 데 사용할 수 있다.

지금까지는 이러한 연구 전략들의 탐구 논리들이 양립 불가능한 것처럼 서술했지만, 실제로는 이 전략들을 연속적으로 사용하거나 한 전략을 다른 전략의 부분으로 통합해서 사용하는 방식으로 조합할 수도 있다. 이것은 3장에서 다시 다룰 것이다.

각각의 연구 전략은 철학적 조상과 기초를 가지고 있으며, 실재의 성질에 관한 존재론적 가정과 그 실재를 어떻게 알 수 있는가에 관한 인식론적 가정을 포함하고 있다. 연구 전략은 3장에서 자세히 논의하고, 전략과 관련된 연구 문제는 4장과 5장에서 논의한다.

기본적인 차이: 하향식인가 상향식인가

연구 전략들 간의 기본적인 차이 가운데 하나는 '왜'라는 연구 문제에 답하는 방식에 있다. 한 가지 가능성은 기존 이론이나 견해를 문제에 적용할 것인가, 아니면 새로운 이론을 고안하고 그것(들)이 연구의 맥락에 적합한지를 검증할 것인가(연역적 연구 전략) 하는 것이다. 이론 검증과 이론 구성 사이의 선택은 연구 문제에 관한 지식의 상태로부터 영향을 받을 것이다. 그렇지 않고 하나 또는 그 이상의 설명적 기제들을 상정하고 그 존재를 확인하는 것(역행추론적 연구 전략)도 가능하다. 이러한 연구 전략에서 지식은 '하향식' 작동에 의해 발전한다. 즉, 연구 상황에 관한 연구자의 견해 — 개념, 이론 또는 기제 — 가 실재가 작동하는 방식을 보여줄 것이라고 기대하면서 그 견해를 정교화하는 것에 의해 발전한다.

대안은 '상향식'으로 작동한다. 즉, 상황으로부터 개념과 이론을 도출하는 과정에 의해 진행된다. 가추적 연구 전략을 사용할 때는, 그리고 사회구성주의적 형태를 지닌 역행추론적 연구 전략의 초기 단계에서는 연구자는 '상향식'으로 작업한다. 귀납적 연구 전략의 초기 옹호자들은 이를 상향식 절차라고 주장했지만, 뒤에서 보겠지만 이는 '하향식'인 것으로 드러난다.

연구자의 입장

연구 과제와 연구 문제(들) 그리고 연구 전략(들)의 기본적 선택에 더해서, 여기서는 다른 세 가지 선택을 논의하겠다. 그 선택들은 연구자와 피연구자 사이의 관계, 즉 연구자가 연구 참여자들과 맺는 관계를 채택하는 입장과 관련된 것이다.

외부자인가 내부자인가

새로운 지식을 만들어내고자 할 때, 사회연구자들은 연구하는 사람들과 맺기를 원하는 관계의 종류 그리고 사회연구자들이 맡을 역할의 종류, 두 가지를 선택해야 한다. 이 선택은 두 가지 극단적인 입장 가운데 어디쯤에서 이루어지게 된다. 한쪽 극단에서는 연구자가 자신이 탐구하고 있는 사회현상에서 벗어나, 외부자로서 그 현상을 관찰하도록 허용하는 방법을 사용한다. 다른 극단에서는 연구자가 사회 상황에 완전히 몰입하고 진행되고 있는 상황을 이해하는 데 이러한 내부자의, 그리고 개인적 경험을 사용한다.

선택은, 연구 참여자들에게서 '전문적인' 거리를 유지하는 것과 사회세계에 완전히 몰입하는 것 사이에서 이루어진다. 전자에서 연구자는 초연하고 분리된 상태인 반면 후자에서는 심지어 집단이나 공동체의 구성원으로 받아들여질 정도로 연구 참여자들과 밀접한 관계를 맺는다. 연구자는 자신이 연구 참여자에게 영향을 받을 수도 있고 그들에게 영향을 미칠 수도 있다.

전문가인가 학습자인가

사회연구자는 또 다른 두 극단 사이에서 선택을 해야 한다. 전문가와 학습자 사이의 선택이 그것이다. 전문가의 역할에서 연구자는 관련된 기존 지식 — 개념과 이론 그리고/또는 이전의 연구 발견 형태의 — 으로 무장하고 과제에 접근한다. 이러한 사회과학의 개념과 견해는 연구 과제와 문제(들)를 정식화하는 방식에, 그리고 답을 찾는 방식에 영향을 미친다. 다른 한편, 학습자의 역할에서 연구자는 기존의 사회과학 지식을 옆에 밀쳐두고 연구 참여자들이 사회세계의 부분들 — 연구자가 관심을 가진 — 을 어떻게 개념화하고 이해하는가를 드러낼 수 있도록 돕고자 한다. 이 경우, 연구 문제들에 대한 답은 사회과학 지식체에서 찾아내는 것이 아니라 이러한 학습 과정에서 찾아낸다.

통상적으로, 연구자와 연구 참여자의 관계에 관한 이러한 두 가지 선택지는 '외부자 전문가', '내부자 학습자'에 해당할 것이다. 물론 이 두 극단 사이에 일련의 중간적인 입장들이 있다. 이 선택지는 사회연구에서 객관성을 어떻게 이해하는가라는 사안과 관련이 있으며, 우리는 2장에서 이 주제를 다룰 것이다.

사람들에 관해서인가, 사람들을 위해서인가, 사람들과 함께인가

지금 논의한 두 가지 선택지와 나란히 나타나는 또 다른 선택지는 연구 참여자들과 사회연구자의 관계에 관한 것이다. 연구는 사람들에 관해서, 사람들을 위해서, 또는 사람들과 함께 수행할 수 있다. 첫 번째의 경우, 연구자는 전문가이고 연구 대상자들은 연구 주제이거나 응답자일 뿐이다. 연구는 일차적으로 연구자의 이익을 위해서, 즉 호기심의 충족을 위해서 수행될 것이다. 결과가 연구 참여자들에게 또는 더 일반적으로 '사회'에 일정한 이익을 제공할 수도 있지만, 이것이 일차적인 목표는 아니다. 두 번째의 경우, 연구자는 여전히 전문가이지만 상담자로서 활동한다. 연구자는 고객 집단을 위해, 고객이 필요로 하는 지식을 고객에게 제공하기 위해 연구를 수행한다. 고객(들)과 연구 대상자(들)는 일치할 수도 있고 일치하지 않을 수도 있다. 세 번째의 경우, 고객들이 연구를 책임지며, 연구자는 촉진자이다. 연구자는 연구 참여자들이 자신의 상황에서, 보통은 어떤 문제를 해결하기 위해, 또는 어떤 기획을 평가하기 위해, 또는 어떤 변동을 이끌어내기 위해 자신의 연구를 수행하도록 돕는다.

이 세 가지가 연구자와 연구 대상자들이 형성할 수 있는 관계의 전부는 아니다(자세한 논의는 Blaikie, 2000: 52~56을 볼 것). 또 다른 가능성을 보여주기 위해 '외부자 전문가'와 '내부자 학습자'의 조합에 한 가지 입장을 추가할 수 있다. 그것은 특히 비판이론 및 여성주의 연구와 연결되는데(5장을 볼 것), 연구자가 억압당하는 집단의 해방을 추구하는 것이다. 연구자는 연구 참여자들이 자신의 피억압 상황을 더 잘 이해하고 그 상황에서 벗어날 길을 발견하도록 도울 수 있다. 그러한 경우, 연구자는 **성찰적인 협력자**(reflective partner)이거나 **양심가**(conscientizer)이다.

분명 연구자들은 연구 참여자들과 관계 맺는 방식에 관해서 수많은 선택지에 직면한다. 채택하는 관계의 형태는 연구 주제의 영향을 받겠지만, 경험 많은 연구자들은 항상 그 관계에 강한 책임감을 보인다. 그들은 자신의 선택에 대해 방법론적이고 이데올로기적인 이유들을 제시할 수 있다. 그리고 이런 이유들은 그들의 연구 전략 선택에도 영향을 미칠 것이다. 그 까닭은 자신들의 책임감을 실천으로 옮기는 데 어떤 연구 전략이 다른 연구 전략보다 더 적합하기 때문이다. 예를 들어, 연역적 연구 전략으로 작업할 경우에는 외부자 전문가의 입장이 더 용이하고, 가추적 연구 전략으로 작업할 경우 내부자 학습자의 입장이 더 용이하다. 그러나 반대는 성립하지 않는다.

연구 패러다임

연구 전략은 이론적 또는 철학적 관점(perspectives), 즉 통상적으로는 패러다임(paradigms)이라고 부르는 더 광범한 틀 속에 위치한다. 열 가지 상이한 연구 패러다임에 대해서는 4장과 5장에서 자세히 논의할 것이며,[2] 6장에서는 이를 검토하고 비판할 것이다. 하지만 여기서는 연구 패러다임의 핵심을 형성하고 차이를 낳는 두 가지 뚜렷한 특징만 다루겠다. 탐구하는 사회적 실재의 성질에 관한 가정(존재론적 가정)과 이러한 실재에 대한 지식을 획득할 수 있는 방식과 관련된 일련의 가정(인식론적 가정)이 그것이다.

모든 사회연구자는 사회적 경험, 그리고 사회적 실재 사이에서 어떤 종류의 연관이 가능한가라는 기본적인 방법론의 문제에 직면한다. 관념은 경험과 실재를 개념화하고 납득하는 방식을 가리킨다. 개념, 이론, 지식 그리고 그 밖

---

2) 틀림없이 일부 독자들은 이 목록에 더 추가할 것이 있으며, 자신들이 선호하는 패러다임이 빠졌다고 생각할 것이다. 내가 열 가지 패러다임을 검토하기로 선택한 것은 이 패러다임들 대부분의 사회과학 연구자들과 가장 크게 관련되어 있다고 생각하기 때문이다.

의 해석들이 그것이다. 사회적 경험은 일상생활에서의 개인의 행동, 사회관계 그리고 문화적 실천을 가리키며 이런 것들과 연결된 일상의 해석과 의미들을 가리킨다. 사회적 실재는 물질적이고 사회적으로 구성된 세계 — 그 안에서 일상의 삶이 일어나며, 기회를 제공하고 제약을 부과하는 측면에서 사람들의 삶에 영향을 미칠 수 있는 세계 — 를 가리킨다(Ramazanoğlu and Holland, 2002: 9).

여러 연구 패러다임은 관념, 사회적 경험 그리고 사회적 실재를 연결하는 상이한 방식을 보여준다. 대체로 이것은 패러다임이 채택하는 존재론적이며 인식론적인 가정들, 즉 세계를 바라보는 그들의 특정한 방식과 세계를 어떻게 이해할 수 있는가에 관한 그들의 견해 속에서 표현된다.

논의를 진행해가면서 존재론적 가정과 인식론적 가정을 분리하기는 어렵다는 점이 드러날 것이다(Crotty, 1998: 10; Williams and May, 1996: 69를 볼 것). 무엇이 사회현상을 구성하는가에 관한 주장은 그 사회현상을 구성하는 지식을 얻을 수 있는 방식에 영향을 미친다. 그리고 그 반대 역시 성립한다. 다만 지금 단계에서는 그러한 지식의 특징과 일련의 대안을 조명하기 위해 이 두 가지 가정을 분리해서 논의한다.

존재론적 가정

존재론은 세계에 존재하는 것의 성질을 다루는 철학의 한 분야이다. 사회과학에서 존재론은 "사회적 실재의 성질은 무엇인가?"라는 질문에 답한다. 각각의 연구 패러다임은 존재론적 가정에 바탕을 둔 세계관을 구체화한다. 그것의 관심 영역에서 연구 패러다임들은 어떤 종류의 객체들이 존재하는가 또는 존재할 수 있는가, 객체들의 존재 조건은 무엇인가 그리고 객체들이 어떻게 관계 맺는가에 관해 암묵적으로 또는 명시적으로 상이한 주장을 한다.

사회적 실재의 성질에 관한 이론은 주로 두 가지 대립적이고 상호 배타적인 범주, 즉 **관념론**(idealism)과 **실재론**(realism)으로 함축된다. 관념론적 이론은 우리가 외부 세계라고 간주하는 것이 단지 외양일 뿐이며 우리의 사유에서 분리된 독립적인 존재는 없다고 상정한다. 실재론적 이론에서는 자연현상과 사회현상 모두 인간 관찰자의 활동에서 독립된 존재가 있다고 상정한다.

관념론/실재론의 구분은 철학에서 오랜 역사 동안 지속되었다. 근래에는 **상대주의적** 존재론과 **실재론적** 존재론이 대비되고 있다. 하지만 이제 이런 이분법은 사회과학에서 사용하는 여러 존재론적 가정을 이해하기에는 너무 조악하다. 사회탐구의 성질을 이해하는 데 유익하려면 더욱 정교화되어야 한다.

여기서 논의하는 일련의 범주는 여러 근원에서 도출되었다. 그중에서 특히 바스카(Bhaskar, 1978, 1979, 1986)나 앤드류 콜리어(Andrew Collier. Collier, 1994) 같은 바스카의 옹호자들이 중심이 된다. 여기서 언급하는 범주들이 전부는 아니며, 문헌에 나타나는 모든 미묘한 변종을 포괄하는 것도 아니다. 범주들의 명칭도 공통적이지 않다. 대안적인 범주들을 사용하는 문헌도 많고 다르게 범주화하는 문헌도 많다. 내가 제시하는 범주는 사회과학의 연구 패러다임들 그리고 여기에 수반되는 연구 전략들 – 이는 뒷장에서 논의할 것이다 – 에서 공통적으로 사용하는 일련의 개념을 이해하는 데 도움이 되도록 발전시킨 것이다.[3] 범주들은 다음과 같다. **피상적인 실재론**(shallow realism), **개념적인 실재론**(conceptual realism), **신중한 실재론**(cautious realism), **심층 실재론**(depth realism), **관념론적인 실재론**(idealist realism)과 **미묘한 실재론**(subtle realism)(〈그림 1.1〉을 볼 것)이다. 이 범주들은 일정한 종류의 실재하는 존재를 단언한다는 점에서 공통점을 가지고 있다. 이와 관련된 질문은 '이 실재의 성질은 무엇인가?'와 '우리는 그것을 어디에서 찾는가?'이다.

---

3) 존재론적 범주와 인식론적 범주의 판별을 돕기 위해 존재론적 범주는 '심층 실재론' 같이 '론'으로, 인식론적 범주는 '반증주의' 같이 '주의'로 표시했다. 다만 인식론들 가운데 '신실재론'은 존재론을 특별히 강조하고 전제하는 점을 고려해 '론'으로 표현했다.

존재론적 가정을 채택하는 연구자들은, 대부분 암묵적으로 채택하기 때문에 자신들이 사용하는 가정을 명확히 밝히기 어려울 것이다. 존재론적 가정은 연구를 안내하는 이론적 견해와 연구 전략, 그리고 사용하는 방법에 자리 잡고 있다.

피상적인 실재론

피상적인 실재론적 존재론은 외부의 실재를 의심하지 않고 믿는다. 이 존재론은 외부의 실재가 사물들 그리고/또는 사건들 그리고/또는 사태들로 구성되며 이들은 자연법칙이나 사회법칙에 의해 조정된다고 상정한다. 이러한 외부의 실재는 관찰할 수 있는 객체들이나 사건들일 뿐이다. 이 견해는 또한 **순진한 실재론**(naïve realism), **경험적 실재론**(empirical realism) 또는 **현실주의**(actualism) 등으로도 불린다(Bhaskar, 1979; Collier, 1994: 7~11). 이 존재론은 우리가 관찰하는 것이 세계에 존재하며 존재하는 것의 전부라고, 즉 "당신이 보는 것이 거기 있는 것이다"라고 상정한다.

이 존재론은 그러한 관찰 가능한 사건들에 어떤 유형이나 연쇄가 있으며 과학이 감당해야 하는 도전은 이를 발견하고 서술하는 것이라고 주장한다. 그 유형이나 사건들을 경험적 규칙성이라고 부르고, 이에 대한 서술은 보편적 일반화로 통용된다. 보편적 일반화가 시공간을 가로질러 예외 없이 관찰된다면 그것은 과학적 법칙의 지위를 획득한다. 예컨대, 순수한 물은 특정한 온도일 때 액체에서 고체나 기체로 변한다.

이러한 **피상적인 실재론적** 존재론은 관찰되는 현상 배후에는 그 현상을 만들어내는 것이 아무것도 없음을 함축한다. 이 존재론은 세계가 "관찰 가능한 원자론적 객체, 사건, 그리고 그것들 사이의 규칙성으로 구성되며, 객체는 구조나 힘 그리고 특히 관찰 불가능한 성질을 갖고 있지 않다"라고 상정한다(Sayer, 2000: 11). 관찰할 수 있는, 즉 인간의 감각기관으로 경험할 수 있는 것만을 실재한다고 간주할 수 있고, 그러므로 과학이 다룰 가치가 있다는 것이다. 인간의 활동은 관찰 가능한 물질적 상황에서 일어나는 관찰 가능한 행위로 이해할 수 있다. 사건들의 관계에서 나타나는 복합체는 사회적 실재로 간주하며 인간 행위의 원인은 개인들에게 외부적인 것으로 간주한다.

피상적인 또는 **순진한 실재론**의 존재론은 "우리가 연구하는 현상들은 우리에게서 독립적일 뿐 아니라, 우리는 그 현상을 직접 접촉할 수 있고 그 접촉은 타당성이 확실한 지식을 제공한다고 상정한다"(Hammersley, 1992: 50). 우리는 이 장의 후반부에 **경험주의** 인식론을 논의하면서 이 입장을 다시 다룰 것이다.

이런 형태의 실재론적 존재론은 종종 **자연주의**라는 교의와 연결된다. 자연주의는 무생물 객체의 움직임과 인간의 움직임 사이에 차이가 거의 없기 때문에 자연과학에 적합한 탐구의 논리를 사회과학에서도 사용할 수 있다고 주장한다(서론을 볼 것).

개념적인 실재론

이 존재론은 경험이 아니라 이성에 호소함으로써 **피상적인 실재론**에 대한 대안을 제공한다. 여기서는 실재가 인간의 정신과 독립된 존재를 갖는다고 생각하면서도 사유와 이성이라는 인간의 타고난 능력을 사용해서만 실재를 알 수 있다고 주장한다. 합리적인 인간, 즉 사유하는 인간은 누구나 실재를 자신의 힘으로 발견할 수 있다는 것이다. 이런 이유로 이 존재론은 **객관적인**(objective) **개념적 실재론**이라고 불리기도 한다(Bhaskar, 1986: 8).

이 유형의 실재는 어떤 개인의 특성이 아니다. 또한 사회공동체의 구성물도 아니다. 오히려 그것은 집합적 정신(collective mind)이나 집합적 의식(collective consciousness)이다. 그러한 실재는 관념의 영역에 존재하지만, 개인의 관념 위에, 그리고 관념을 넘어서 존재한다. 그러한 실재는 일반적인 것이지만 물질적인 것은 아니다. 그 실재는 개인들의 사유에서 분리된 관념의 구조이므로 직접 관찰할 수는 없지만, 인간 집단은 실재를 공유한다. "사회는 실재하는, 그리고 일반적인 현상이다. 실재는 이를 구성하는 개인들, 개인들의 의식, 개인들의 상황 등과 같은 모든 요소들의 '외부에' 존재하는 그리고 그 요소들에서 독립적인 물자체이다"(Johnson et al., 1984: 149). 타당성이나 진리성의 궁극적인 기준은 논리적 모순이 없다는 것이다(Johnson et al., 1984: 151).

개념적인 실재론적 존재론은 실재론적 존재론의 기묘한 형태(비물질적이지만 독립적인 실재)라고 할 수 있지만 마찬가지로 관념론적 또는 비실재론적 존재론으로 볼 수도 있다. 그렇지만 "비실재론자들이 결국에는 무엇인가에 관한 실재론자인 것으로 드러난다고 하더라도, 그들은 우리가 알아낼 수 있는 어떤 것 ― 정신에서 독립된 ― 이 존재한다는 것을 부인한다는 점에서 특징적인 입장을 취한다"(Collier, 1994: 12).

우리의 관념들이 실재하는 것을 가리킨다고 생각하는 인지적 과정은 **물상화**(reification)로 알려져 있다는 점도 지적해두어야 한다. 물상화는 사람들이 자신이 창조한 사회형태를 자연적이고 보편적이며 절대적인 것으로 믿을 때 발생한다. 그들은 자신이 창조자라는 것을 잊고 인간 활동의 생산물을 자연의 사실이나 신의 의지의 결과로 취급한다(Berger and Luckmann, 1967: 89). 예를 들어 '사회'라는 개념 ― 독립적인 존재를 갖는 실재를 가리키는 것으로 볼 수 있는 ― 은, 이 견해에 따르면 개념적이거나 이론적인 도구에 지나지 않는다.

신중한 실재론

이 존재론은 독립적인 외부의 실재가 있다는 견해를 **피상적인 실재론**과 공유하지만, 인간 감각의 불완전성 때문에 그리고 관찰 행위가 해석적 과정이기 때문에 인간이 그 실재를 정확하게 지각하기는 불가능하다고 주장한다(관찰의 이론의존성에 관해서는 4장의 논의를 볼 것). 이 존재론은 '신중한(cautious)' **실재론**이라고 불린다. 그 까닭은 "인간의 바로 이러한 결함들 때문에 연구자들은 자신들의 작업에 비판적이어야 한다는 것이다. 그러나 우리가 결코 궁극적인 실재를 발견했다고 확신할 수는 없을지라도, 실재가 '저기에(out there)'에 있다는 것을 의심할 수는 없다. 실재론은 중심적인 개념으로 남아 있다"(Guba, 1990b: 20).

심층 실재론

심층 실재론은 실재가 경험적인 것(the empirical), 현실적인 것(the actual) 그리고 실재적인 것(the real)의 세 수준 또는 영역으로 구성된다고 여기는 존재론이다(Bhaskar, 1978). 경험적 영역은 우리가 우리의 감각을 사용해 경험하는 세계이다. 현실적 영역은 그 사건을 관찰할 누군가가 거기 있는가와 관계없이 사건들이 발생하는 세계이다. 실재적 영역은 사건을 발생시키는 기제와 구조와 과정으로 구성된다. 경험적 영역은 외면적인 것으로, 경험할 수 있을 뿐인 것과 관련된다. 실재적 영역은 실질적인 것으로 객체의 구조와 힘을 가리킨다. 그리고 현실적 영역은 "이러한 힘이 활성화될 경우 그리고 활성화될 때 발생하는 것, 그 힘이 수행하는 것 그리고 그 힘이 수행할 때 생겨나는 것을 가리킨다"(Sayer, 2000: 12). 과학탐구의 궁극적인 대상은 과학자들 및 그들의 활동에서 독립해서 실재적 영역에 존재하고 행위 하는 것으로 간주된다. **심층 실재론**은 **피상적 실재론**적 및 **신중한 실재론**적 존재론에서 그러하듯, 우리가 관찰하는가 여부와 관계없이 '저기에' 존재하는 실재가 있다고 상정한다.

실재가 우리가 관찰할 수 있는 것에서부터 인과구조 및 기제라는 기저의 영역에 이르기까지 세 영역으로 구성된다는 생각은 존재론적 깊이라는, 즉 그 실재에 대한 우리의 지식에서 독립해 존재하는 실재의 층화(stratification)

라는 개념을 제시한다(Bhaskar, 1979: 16; 1986: 63). 이런 이유로 이 존재론을 **심층 실재론**이라고 부른다. 이 존재론에 기초하면 과학의 목표는 기저의 구조와 기제들을 준거로 관찰 가능한 현상을 설명하는 것이다.

자연과학과 사회과학은 구조에 대해서 서로 다르게 생각한다. 사회구조는 영향을 미치는 활동에서 독립해 존재하지 않는다. 또는 활동하면서 그것들이 그 활동 속에서 수행하는 것에 대한 사회적 행위자들의 견해에서 사회구조들이 독립해 존재하지 않는다. 또한 사회구조는 자연구조보다 덜 지속적이다(Bhaskar, 1989: 78).

사회과학자들이 이 존재론을 사용할 때 이 존재론은 두 가지 형태를 취한다. 사회적 실재는 물질적이지만 관찰 불가능한 관계들에 속한 구조의 산물인 사회적 배열들(social arrangements)로 간주되거나(Bhaskar, 1979), 그 속에서 사회적 사건들(social episodes)이 인지적 자원들 — 사회적 행위자들이 그 사건에 부착하는 — 의 생산물인 사회적으로 구성된 세계로 간주된다(Harré, 1977). 이는 이 두 가지 전통이 관찰된 현상들에 대한 설명을 상이한 곳에서 찾음을 의미한다.

관념론

관념론적 존재론에서는 외부 세계가 개인 정신의 창조물인 재현들로 구성된다. 어떠한 것이든, 우리가 실재적인 것이라고 생각하기만 하면 실재한다고 간주된다. 실재는 단지 실재한다는 인상을 가질 뿐이라고 생각하는 것이다. 실재는 인간들이 만들거나 구성한 것으로, 객체의 세계를 구성하는 창조적 주체들의 활동이다. 달리 말하면 이러한 주체적인 관념은 사람들이 실재한다고 믿는 어떤 것을 가리킨다는 뜻이다. 실재에 대한 이러한 견해는 **피상적 실재론**의 외부 세계와도 다르고 **개념적 실재론**과 연결된 이성의 세계와도 다르다.

관념론적 존재론의 범주가 포괄하는 다양성은 다음의 하위 범주에서 찾을 수 있다. 한쪽 극단에는 외부 세계의 존재 또는 적어도 적합성을 부인하는 **무신론적 관념론**(atheistic idealism)이 있다. 보기에 따라 이 범주는 관념론의 존재론이 지닌 이념형적 형태를 나타낸다. 다른 쪽 극단에는 실재의 구성을 단지 외부 세계를 지각하고 이해하는 상이한 방식이라고 간주하는 **시각적 관념론**(perspective idealism)이 있다. 외부 세계가 존재한다는 가정은 순수한 관념론의 존재론과 대립하지만 시각에 기초한 실재들의 지위는 여전히 관념의 영역에 있다.

이 두 극단 사이에는 여러 다양한 견해가 있다. 여기에는 외부 세계의 존재가 사회적 행위자들의 실재 구성 활동에 제약과 기회 모두를 부과한다는 사실을 받아들이지만 사회적 구성물은 외부 세계의 존재에 대해 높은 수준의 자율성을 갖는다고 보는 견해들이 포함된다. 그 견해들은 **제약된 관념론**(constrained idealism)이라고 부를 수 있다. 그 밖에, '저기에' 있는 세계의 존재를 긍정하지도 않고 부정하지도 않는 **불가지론적 관념론**(agnostic idealism) 같은 입장들도 있다(Gergen, 1994). 이들은 사회적 행위자들이 그들 자신의 세계에 대해 말하고 쓰고 주장하면서 자신들의 세계를 구성하는 방식을 넘어서 존재할 수 있는 것이 무엇인지에 대해서는 관심을 갖지 않는다(Potter, 1996: 98).

관념론적 입장은 자연현상과 사회현상 사이에는 근본적인 차이가 있다고 주장한다. 즉, 자연 속의 사물들과 달리 사람들은 문화를 가지고 있으며, 그들이 공유하는 해석들의 세계 속에서 살아간다는 입장이다. 사회적 행위는 단순한 행태가 아니라 의미 부여의 과정을 포함한다. 사회적 행위자들이 창조하고 유지하는 의미와 해석이 바로 그 행위자들의 사회적 실재를 구성한다. 사회적 실재는 사회적 행위자들이 일상의 삶을 영위하면서 생산하고 재생산하는, 공유한 해석으로 구성된다.

미묘한 실재론

이 존재론은 피상적인 실재론과 신중한 실재론의 주요한 특징, 즉 외부에 사회적 실재가 존재한다는 믿음을 공유하고 있다. 이 존재론은 피상적인 실재론적 존재론과 관념론적 존재론이 지닌 몇 가지 결함을 극복하려는 시도로 등장했다. 그러나 미묘한 실재론은 심층 실재론과 몇몇 요소를 공유하지만 존재론적 깊이라는 개념을 고려하지는 않는다. 마틴 해머슬리(Martin Hammersley)는 민족지적 연구(ethnographic research)를 지배하게 된 실재론과 상대주의적 관념론이라는 양립 불가능한 입장을 처리하기 위한 연구에 이 존재론이 적합하다고 제안했다(Hammersley, 1992). 민족지연구자들은 이들 중 어느 하나를 택하는 경향이 있다. 그들은 독립적이고 우리가 알아낼 수 있는 실재가 있다고 믿거나, 사회적으로 구성한 여러 개의 공약 불가능(incommensurable)한 실재가 있다는 견해를 받아들인다. 전자의 입장에서는 피상적 실재론적 존재론과 심층 실재론적 존재론에서처럼, 실재를 과학자들의 활동에서 독립해서 존재하는 것으로 간주한다. 그리고 후자의 입장에서는 실재를 사회적 행위자들의 해석의 산물로, 그리고 오랜 시간에 걸쳐 이러한 해석을 실천에 투입하면서 생겨나는 변동의 산물로 취급한다.

> 미묘한 실재론은 연구가 우리가 알아낼 수 있는 독립적인 현상들을 탐구하는 것이라는 순진한 실재론의 생각을 유지한다. 그러나 그 현상들에 직접 접근할 수 있다는 점을 인정하지 않고, 우리는 언제나 문화적 가정들에 의존해야 한다는 점을 받아들이며, 그 현상들에 독특하게 적합한 어떤 방식으로 사회현상들을 재생산하는 것이 우리의 목표임을 인정하지 않는다는 점에서 순진한 실재론과 갈라선다. 분명히 미묘한 실재론은 …… 모든 지식이 가정과 목적에 기초를 두고 있으며 인간의 구성물이라는 점을 (인정하지만) …… 우리가 알 수 있는 독립적인 현상이라는 규제적 관념을 포기하지는 않는다. 아마 가장

중요한 것으로, 미묘한 실재론은 지식의 타당성을 확실성 있게 아는 믿음으로 정의해야 한다는 생각을 거부한다는 점에서 구별된다(Hammersley, 1992: 52).

존재론에 대한 논의를 벗어나기에 앞서, 철학자와 사회과학자가 사회적 실재를 어떻게 이해하는지 검토하는 것과, 보통 사람의 세계관을 구별하는 것은 전혀 다른 사안이라는 점을 지적해야 한다. 철학적 견해에 친숙하지 않은 보통 사람들은 여기서 논의한 종류의 복잡한 존재론을 염두에 두지 않을 것이다. 그들은 대부분 사회세계의 상황에 관해 일종의 피상적인 또는 순진한 실재론적 견해를 가지고 있을 것이다. 전문가는 일종의 관념론적 존재론을 가지고 있을 수 있지만 사회적 행위자들은 완고한 실재론자일 수 있다. 그런 전문가들은 사회세계에 대해 보통 물상화의 결과라고 주장하는 것으로 이러한 비일관성을 해결한다. 즉, 실제로는 사회구성물을 독립적으로 존재하는 것으로 간주했다는 것이다. 또한 관념론자도 실재론적 존재론을 주장하는 다른 전문가에게 동일한 비난을 할 수 있다.

인식론적 가정

인식론은 지식에 대한 이론, 즉 '지식의 방법과 근거에 대한 이론이나 과학'이다. 그것은 사람들이 자신의 주변 세계 – 이것을 무엇이라고 생각하든 간에 – 에 대한 지식을 어떻게 얻는가에 대한 이론이다. 인식론은 어떤 종류의 지식이 가능한가 – 무엇을 알 수 있는가 – 를 확립하는 데, 그리고 지식이 적절하고 정당한지를 판단하는 기준을 확립하는 데 철학적 기초를 제공한다. 사회과학에서 인식론은 "사회적 실재를 어떻게 알 수 있는가?"라는 질문에 답을 제공한다. 그것은 어떤 과학적 절차가 믿을 만한 사회과학 지식을 생산하는가에 관한 주장을 제공한다(Crotty, 1998: 8).

16세기와 17세기에는 종교적 믿음과 계시에 대한 두 가지 대안, 즉 이성(reason)과 경험(experiance)이 지식의 기초로 등장했다(Benton, 1977: 20). 이성 또는 합리주의(rationalism)는 우리가 진리인 것과 허위인 것을 구별할 수 있는가와 관련된다. 르네 데카르트(René Descartes) 같은 초기의 합리주의자들은 모든 사람이 이런 능력 — 특히 통상적으로 당연하게 취급하는 모든 것을 체계적인 의심의 과정에 맡길 수 있는 — 을 가졌다고 믿고, 이러한 체계적 의심의 비판적 과정이 진리를 드러낼 것이라고 상정했다. 그렇지만 그러한 판단이 확실하다고 할 수 있는지가 문제였다.

이성의 사용에 대한 대안은 세계에 대한 지식의 기초를 인간의 경험에 두는 것이었다. 경험주의자들은 우리 자신의 눈으로 '보는 것'이야말로 세계가 어떠하며 어떻게 작동하는가를 확인하는 궁극적인 방식이라고 생각했다. 달리 말하면, 인간의 감각을 사용해서 증거를 만들어낼 수 있을 때에만 세계에 대한 지식을 확실한 것으로 간주할 수 있다고 믿었다.

인식론을 이해하는 또 다른 방식은 연구자들과, 그들이 지식을 얻고자 하는 대상인 '사물들'의 관계를 중심에 놓는 것이다. 이미 우리가 발견했듯이, 이러한 '사물들' 또는 객체들이 근본적으로 실재적인 것인가 아니면 관념적인 것인가, 독립적으로 존재하는가 아니면 단지 관념일 뿐인가에 관해 전혀 다른 관점에서 볼 수 있다. 연구자나 관찰자들은 세 가지 기본적인 방식으로 이러한 '사물들'에 의미를 부여한다. **객관주의**(objectivism)는 '사물들'이 본유의 의미를 갖는다고 생각한다. 연구자의 역할은 사물들 속에 이미 자리하고 있는 의미를 발견하는 것이다. 예를 들어, 나무는 누가 그것을 관찰하는가에 관계없이 또는 그것을 관찰하는가 여부와 관계없이 나무이다. 나무의 의미는 인간의 의식과 독립되어 있으며, 단지 발견을 기다리고 있을 뿐이다. 사물은 관찰자보다 우선한다. 그러므로 모든 관찰자는 동일한 의미, 즉 그러한 사물에 관한 동일한 진리를 발견해야 한다. **주관주의**(subjectivism)는 이와 정반대이다. 사물들은 그것의 의미에 아무런 기여도 하지 않는다. 관찰자가 의미를 부여한다. 관찰자와 사물 사이에는 아무런 상호작용도 없기 때문에 사물은 관찰자가 사물에 부여하는 의미에 어떤 역할도 하지 않는다. 그러므로 관찰자에 따라서 사물에 완전히 상이한 의미를 부여할 수 있다. 어떤 관찰자는 나무라고 부르는 것을 다른 관찰자는 쉼터라고 부를 수도 있다. **구성주의**(constructionism)는 이 두 가지 견해를 거부한다. 한편으로 의미는 발견하는 것이 아니라 구성하는 것이다. 의미는 '사물들' 속에 자리하고 있는 것이 아니며, 의미를 창조할 때 관찰자는 적극적인 역할을 수행한다. 다른 한편으로, 이러한 창조 과정은 사물들 자체의 성질에 의해 제약받는다. 사물들의 의미는 관찰자가 사물들에 개입한 결과이며, 그러므로 우리는 사물에 대해 이미 존재하고 있는 이해(理解)를 더해야 한다(Crotty, 1998: 8~9).

이 인식론 가운데 앞의 두 가지를 통상적으로 각각 **경험주의**(empiricism)와 **합리주의**(rationalism)라고 부른다. 그리고 전통, 신의 계시와 신앙의 권위 대신 경험이나 이성을 지식의 합리적 또는 과학적 기초로 대체하고자 한 16~17세기 철학자들의 시도는 합리주의를 대표한다. 물리과학의 초기 시대부터 또 다른 수많은 인식론이 등장했다. **구성주의**도 그중 하나이다. 여기서는 이러한 세 가지 인식론 ― 경험주의, 합리주의, 구성주의 ― 과 또 다른 세 가지 인식론 ― 반증주의(falsificationism), 신실재론(neo-realism), 협약주의(conventionalism) ― 을 포함해 검토한다.

다시 말하면, 여기서 제시하는 지식이론의 범위는 지난 50여 년 이상 지배력을 행사해온 다양한 인식론을 포착하려는 하나의 시도일 뿐이다. 문헌에서는 범주들 안에서의 변형과 조합을 찾아볼 수 있다.

경험주의

경험주의는 피상적인 실재론적 존재론과 가장 분명하게 결합하고 있다. 그렇지만 관념론과 결합된 재현 형식과도 어느 정도 친화적이라고 볼 수 있다(Williams and May, 1996: 42, 70, 80). 경험주의는 인간의 감각을 사용해 지식을 생산한다는, 즉 지식은 우리 주변 세계를 '관찰하기'에서 나온다는 핵심적인 생각에 기초한다. 이렇게 외부의 세계를 객관적으로 관찰함으로써,[4] 우리는 그 세계를 과학의 개념과 이론에 정확하게 재현할 수 있다. 틀림없고 확실한 지식의 기초는 과학적 훈련을 받은 연구자가 신뢰할 수 있는 방법과 절차를 적절하게 사용해 생산한 증거에 기반을 둔다는 것이 경험주의의 주장이다. 이 방법들이 연구자가 중립적인 관찰자가 될 수 있게, 즉 실재와 왜곡되지 않게 접촉할 수 있게 해준다고 상정한다. 지식은 정확한 재현의 문제라는 것이다. "그러므로 과학자를 객체를 이해하고자 시도하는, 그리고 부정확함을 초래할 수 있는 편견들을 제거함으로써 객관적이고자 시도하는 주체로 간주한다"(Doyal and Harris, 1986: 2).

조악한 경험주의는 철학적 훈련을 받지 않은 사람들이 과학적 연구에 대해 대중적으로 가진 견해이다. 과학에 대해 언론매체들이 통상적으로 보여주는 견해에도 이러한 입장이 숨어 있다(Doyal and Harris, 1986: 2).

이 인식론을 재현주의적(representationalist) 또는 기초주의적(foundationalist) 인식론으로 간주하기도 하는데, 그 까닭은 이 인식론에서는 지식이 이러한 – 존재한다고 상정하는 – 외부 세계의 참된 재현인가를 판단할 수 있는 확실하고 최종적이며 궁극적인 기준이 있다고 주장하기 때문이다. 관찰자가

---

4) 이후의 장에서 보겠지만, 이 개념 및 이 개념과 인접한 '객관적인(objective)'과 '객관성(objectivity)'이라는 개념에 대해서는 매우 논란이 심하다. 경험주의의 옹호자들에 따르면 객관적인 관찰과 측정은 진리인 지식의 생산에 핵심적이다. 다른 인식론은 객관성을 문젯거리로 보거나 획득할 수 없는 것으로 본다.

'저기에' 있는 것을 직접, 즉 무매개적으로 접촉함으로써 지식이 그것을 반영하거나 나타낼 때 그 지식을 참이라고 말한다. 언어는 '외부의 실재에 대한 개념적 재현이나 회화적 서술'을 제공하는 것으로 상정된다(Schwandt, 2000: 196).

경험주의의 핵심 교의는, 정의에 의해 참인 분석적 진술 이외에는, 우리가 세계에 관해 알고 있다고 주장하는 모든 것은 경험의 검증을 통과해야만 참이라는 것이다. 관찰로 확인할 수 없는 과학적 견해는 어느 것이든 의미 없는 것이며 그러므로 과학에서 어떤 역할도 하지 못한다. 형이상학적 견해, 즉 관찰 가능한 표현체를 갖지 않는 견해는 세계에 대한 과학적 해명에서 배제해야 한다. 과학적 해명은 오로지 인간의 감각에 의해 만든 관찰에서 이끌어낸 것으로, 관찰로 검증할 수 있어야 한다.

설명은 사건들 사이에서 관찰한 규칙성을 일반화함으로써 이루어진다. 사건들 사이의 이러한 '항상적 결합(constant conjunctions)'이 사건을 설명하거나 예측하는 데 필요한 전부이다. 이것은 설명의 '유형 모형(pattern model)'으로 알려져 있다. 청소년 범죄와 같은 사건의 발생은 그 사건에 선행하는 사건이, 예컨대 '청소년의 비행은 결손 가정에서 나온다'와 같이 규칙성으로 확립되어 있다면 설명을 할 수 있다. 마찬가지로 결손 가정 출신의 청소년은 일탈자가 될 것이라고 예측할 수 있다. 물론 사회과학에서는 이러한 보편적 일반화를 자연과학에서와 같은 정도로 확립할 수 없다. 그렇지만 경험주의는 이런 형태의 설명을 옹호한다.

이 인식론이 약점을 가지고 있지만, 경험주의가 한때 전통의 권위를 거부한 위대한 해방운동, 즉 "'세계라는 위대한 책'에 의존하고 독자적 판단을 옹호하면서 기존의 법률 및 관습 그리고 고대 문헌 등에서 벗어나는"(Collier, 1994: 71) 해방운동의 일부였다는 사실을 기억하는 것이 중요하다.

합리주의

두 번째 인식론인 합리주의는 개념적인 실재론적 존재론과 연결된다. 이 존재론은 사유 자체의 구조, 즉 모든 인간이 공유하는 '정신'의 구조를 직접적으로 검토하는 것이 실재하는 세계에 대한 지식에 이르는 유일의 경로라고 생각하는 인식론으로 이어진다(Johnson et al., 1984: 200).

> 예를 들어 경험주의자들은 자신들이 볼 수 있거나 보게 될 것이 존재하는 모든 것이라는 근거에서 세계에 대해 알기 위해 세계를 '살펴보는' 반면, 합리주의자들은 '볼' 수 있는 세계 또는 감각에 주어지는 세계의 배후에 사유의 세계가 자리하고 있다는 근거에서 세계에 대해 알기 위해 세계에 관해 '생각한다'. 사유의 세계는 본유적이고 보편적이며 공유된 구조이다(Johnson et al., 1984: 150~151).

> 합리주의자들은 사회실재가 관념으로 이루어져 있다고, 즉 우리 자신의 사유와 동일한 특성을 가지고 있다고 믿기 때문에, 그리고 객체들의 경험적 세계는 이러한 관념적 실재의 반영이라고(관념적 실재에 의해 설명해야 한다고) 믿기 때문에, 사유에 대한 직접적인 검토가 실재하는 세계에 대한 지식에 도달하는 유일한 길이라고 결론 내린다(Johnson et al., 1984: 150).

합리주의 인식론은 이러한 관찰 불가능한 실재의 증거를, 그 실재가 사람들의 삶에 미치는 영향에서, 또는 사유 과정과 정신 자체의 구조 속에서 찾고자 한다. 이런 종류의 실재를 구성하는 관념이 개인들의 의식과 행위 모두를 결정하는 것으로 상정한다.

자연과학철학에서는 최근까지 경험주의와 합리주의가 상호 배타적이며, 그 밖의 대안이 없는 인식론으로 취급해왔다. 이 두 인식론의 옹호자들은 과학이 진정한 지식의 하나의(또는 유일의) 원천이라는 주장을 옹호하면서 자신들의 새로운 지식관을 제시했다. 합리주의자들은 논리학과 수학을 지식주장을 판단하는 기준으로 사용하는 반면, 경험주의자들은 관찰과 실험에 의지한다.

경험주의와 달리 **합리주의**는 이제 주로 역사적 관심의 대상이다. 처음에는 **합리주의**가 **경험주의**에 대립했지만, 이제 사회과학자들은 **경험주의**와 **구성주의**의 차이에 더 관심을 갖는다. 자연과학철학과 사회과학철학이 발전하면서 다른 인식론들도 등장했다. 이 가운데 세 가지, 즉 **반증주의**, **신실재론**, **협약주의**는 처음에는 자연과학에 적용되는 것으로 간주되었지만 사회과학에서도 사용하고 있다.

반증주의

반증주의는 **신중한 실재론적** 존재론과 연결되는 인식론이며, '가설연역적 방법(hypothetico-deductive method)'으로 알려져 왔다. 이 인식론은 1930년대에 **경험주의** 인식론의 결함을 보완하기 위해 칼 포퍼(Karl Popper)가 발전시켰다(Popper, 1959).

포퍼에 따르면(Popper, 1961), 자연과학의 논리와 마찬가지로 사회과학의 논리도 연구 문제에 대한 잠정적인 답을 고안하는 작업이다. 답을 이론 형태로 제안하고 이를 비판하는 것이다. 비판에 개방되지 않는 이론은 비과학적인 것으로 배제해야 한다. 궁극적인 비판은 적절한 자료들을 수집하고, 적절한 측정을 실시함으로써 제안된 이론을 논박하고자 시도하는 것이다. 이론을 논박하면 그 이론을 수정하거나 다른 이론을 제시하고 검증할 수 있다. 이론이 검증을 견뎌내면 일시적으로 채택될 수 있다. 하지만 또 다른 비판과 검증을 받아야 한다. 그러므로 포퍼에 따르면, 과학의 방법은 엄격한 비판에 의해 통제되는 추측을 함으로써 문제를 해결하려는 잠정적인 시도의 하나이다. 이른바 과학의 객관성은 비판 방법의 객관성에 자리하고 있다.

과학은 세계나 우주에 관한 진리를 추구하지만 이런 이론들이 진리임을 확립하는 것은 불가능하다고 포퍼는 주장했다. 할 수 있는 일은 이러한 추측과 논박(conjecture and refutation)의 과정을 통해 허위의 이론들을 제거하는 것이 전부이다. 어떤 이론들은 기각될 것이고 어떤 이론들은 잠정적으로 채택될(확인될) 것이다. 이를 통해 우리는 가능한 한 진리에 접근할 수 있다. 그러나 언제 진리인 이론을 만들어낼 것인가를 우리는 결코 알 수 없다.

반증주의는 **경험주의**가 주장하듯 관찰에서 이론을 도출하는 것이 아니라 관찰을 해명하기 위해 이론을 고안한다는 생각에 기초한다. 과학자들은 자연이 자체의 규칙성을 드러내기를 기다리는 것이 아니라, 세계에 규칙성을 부과해야 한다. 통상적으로 관찰이 이론의 발전보다 앞서지만, 연구의 이 단계에서 관찰의 역할은 무엇을 설명하려 하는지 확립하는 것이다. 그러나 관찰이나 자료 수집의 일차적 역할은 이론의 발전이 아니라 이론의 검증에, 즉 허위의 이론들을 기각하고자 하는 시도에 있다.

신실재론

신실재론적 인식론은 **심층 실재론**의 존재론과 연결된다. **신실재론**은 **경험주의** 설명의 유형 모형 — 현상들 속이나 사건들 사이의 규칙성이나 항상적 결합을 확립함으로써 설명을 성취할 수 있다는 — 을 기각한다. **신실재론**에 따르면 그러한 규칙성의 확립은 설명 과정의 시작일 뿐이다. 그다음에 필요한 것은 그 유형이나 관계를 만들어낸 구조나 기제를 찾아내는 것이다. 기제들은 특정한 방식으로 작동하는 사물들의 경향이나 힘을 가리킨다. 그 자신이 가진 힘을 행사하는 사물의 능력 또는 사물이 그 힘을 행사할 가능성은 조건이 우호적인지 여부에 영향을 받는다.

표면적인 외양을 넘어 사물들의 성질과 본질에 도달하기 위해서는 관찰되지 않은 실체와 과정을 상정할 필요가 있을 수도 있다. **신실재론**에서 "과학이론은 관찰 가능한 현상들을 인과적으로 발생시키는 구조들과 기제들에 대한 서술, 즉 우리에게 그 현상을 설명할 수 있게 해주는 서술이다"(Keat and Urry, 1975: 5).

이러한 인과 개념은 사건이나 변동을 관찰하지 못했을 때 문제의 기제들과 경쟁하는 또는 그 기제를 상쇄하는 기제들이 작동했을 가능성을 인정한다. 즉, 대항하는 힘이 작동하기 때문에 아무런 움직임도 일어나지 않을 수 있다는 것이다. 그러므로 한편의 사건과 그 사건과 관련된 다른 편의 구조나 기제를 구별할 수 있다는 것을 증명할 수 있다.

합리주의와 **신실재론**은 기저의 실재라는 관념을 동반하며 두 가지 이론 모두 인과적 힘이 이 실재에 있다고 추정한다. 그렇지만 앞의 것은 공유되고 본유적인 관념이라는 실재(reality of shared, innate ideas)를 제시하는 한편 뒤의 것은 외부의 독립적인 실재를 제시한다. 나아가 **합리주의**에서는 기저에 위치한 **개념적 실재론적** 실재의 인과적 힘이 개인들의 행위를 결정한다고 생각하는 반면, **신실재론**에서는 실재적 영역이 경험적 또는 표면적 영역에서 발생하는 일을 만들어내는 데 책임이 있다고 주장한다. 그러므로 실재에 대한 견해만 매우 상이한 것이 아니라 이 실재의 요소들에 이치는 영향도 상이한 곳에서 찾을 수 있다고 간주한다.

구성주의

구성주의는 **관념론적**의 존재론과 연결된다. 앞에서 본 것처럼, **구성주의**는 지식은 외부 세계에서 발견하는 것도 아니고 그러한 실재와 무관하게 이성이 독립적으로 생산하는 것도 아니라고 주장함으로써 **경험주의** 및 **합리주의**라는 대안을 제시한다. 실재는 물리적 세계 및 다른 사람들과 자신들의 조우를 이해해야 하는 사람들의 생산물이다.

이러한 의미부여 과정은 개인적 행위 또는 사회적 행위로 볼 수 있다. 그러므로 **구성주의**는 **내적 구성주의**(constructivism)와 **사회적 구성주의**(social constructionism)라는 두 유파로 나눌 수 있다. 전자는 급진적 구성주의로 알려져 있기도 한데, 개인의 정신적 의미부여 활동, 즉 인지적 과정을 언급하는 반면, 후자는 상호주관적으로 공유한 지식을 가리킨다. 내적 구성주의에서는 의미부여가 개인적인 것이 아니라 사회적인 것이다(Schwandt, 1994: 127). **사회적 구성주의**는 의미의 집합적 생성과 전달에 초점을 둔다(Crotty, 1998: 58). 이 책이 **사회**연구를 다루고 있기 때문에, 앞으로의 모든 논의에서 **구성주의**는 **내적 구성주의**가 아니라 **사회적 구성주의**를 가리킨다.

구성주의 개념은 사회적 행위자와 사회과학자 양쪽 모두에 적용할 수 있다. 사회적 행위자는 사회적으로 자신의 실재를 구성한다. 그들은 자신들의 행위와 경험, 타인의 행위, 그리고 사회적 상황을 개념화하고 해석한다. 이것과 동일한 관점에서 사회과학자들은 사회적 행위자들의 실재에 대한 사회과학자들의 지식을, 즉 사회적 행위자들의 행위 및 사회적 상황들에 대한 사회과학자들의 지식을 사회적으로 구성한다. 3장에서 논의할 것처럼 가추적 연구 전략은 이 두 수준의 구성이라는 관계를 다룬다.

사회과학자들이 실행하는 **구성주의**는 **경험주의**의 주장 — 인간의 감각을 사용해 외부 세계에 대한 확실하거나 참인 재현을 만들어낼 수 있다 — 을 기각한다. 오류를 범할 수 있는 인간이 개념과 이론과 배경 지식과 과거 경험에 방해받지 않고 외부 세계 — 도대체 그것이 존재한다면 — 를 관찰하는 것은 불가능하기 때문에 세계에 관해 참인 발견을 하는 것을 불가능하다고 구성주의 사회과학자들은 주장한다. 이론에서 자유로운 관찰이나 지식은 있을 수 없다는 것이다. 지식을 구성하는 활동은 공유한 해석과 실천과 언어를 배경으로 일어난다. 그 활동은 역사적이고 문화적이며 성차별적인 우리 존재 방식 안에서 일어난다. 간단히 말하면, 모든 사회연구가 연구자의 관점을 반영하고 모든 관찰이 이론부과적이기 때문에 이론에서 자유로운 지식의 생산은 불가능하다(Denzin and Lincoln, 2000: 872).

결과적으로, 지식을 진리라고 볼 수 있는지 여부를 확인하는 영구불변의 기준은 없으며, 절대적 진리란 없다고 주장한다는 점에서 구성주의자들은 반(反)기초주의자들이거나 비(非)기초주의자들이다. 사용할 수 있는 유일한 기준은 특정 시기와 특정 장소와 특정 조건 아래서 과학자 공동체가 협상과 주장을 통해 합의할 수 있는 기준이다. 이 점에서 구성주의자들은 다음 절에서 볼 협약주의 인식론의 몇 가지 견해를 보유하고 있다.

구성주의와 합리주의는 사회적 실재가 관념들의 구조라는 견해를 공유하지만 그러한 관념들의 근원에 관해서는 상이하게 주장한다. 합리주의는 그 근원이 정신의 보편적인 본유적 구조에 자리하고 있다고 주장한다. 구성주의는 그 근원이 일상의 삶 속에 주어진 인간들의 상호주관적인 의미 부여 활동의 산물이라고 주장한다. 상이한 문화나 공동체는 상이한 사회적 실재를 구성하기 때문에 이 관념에는 본유적인 것이 없다.

협약주의

경험주의에 만족하지 못해서 등장한 또 다른 인식론은 협약주의로 알려진 입장이다. 3~5장에서 논의할 연구 전략이나 연구 패러다임 가운데 어떤 것도 명시적으로 이 인식론을 채택하지는 않지만, 이 인식론은 6장에서 논의할 연구 패러다임에 대한 몇 가지 비판의 토대이다. 이 인식론은 주로 자연과학과 관련해서 논의되어왔다.

인식론으로서의 협약주의는 지식 생산을 실용주의적으로 생각한다. 과학적 명제의 진리성을 확인하는 문제를 극복하기 위해 협약주의는 과학자들이 세계를 다루는 편리한 도구로서 과학이론을 창출한다고 주장한다. 이 도구는 자신이 의도한 결과를 만들어낸다면 정당화된다. 그러므로 과학이론이 경험세계를 참되게 재현하는가 여부는 염려할 필요가 없다. 무엇이 좋은 이론인가, 또는 경쟁하는 두 이론 가운데 어느 것이 더 좋은가에 관한 결정은 증명의 문제가 아니라 판단의 문제이다. 이것을 결정하기 위해 합의된 사실에 의지하는 것은 불가능하다. 왜냐하면, 이론은 자료에 의해서는 '미결정되기(underdetermined)' 때문이다. 달리 말하면, 이론적 주장은 이용 가능한 자료가 결정할 수 있는 범위를 벗어난다. 그러므로 **협약주의**는 객관성과 합리성에 관해 널리 공유되는 견해를 거부한다. 과학을 논리적이 아니라 사회학적 또는 심리학적으로 이해하는 것이다. "협약주의자들은 지식의 기원에 관해서는 경험주의자들에게 동의하지만, 채택된 모든 판단을 경험 – 그것들이 지닌 진리성의 충분한 기준으로 여겨지는 – 에 호소함으로써 정당화하는 규범으로서의 경험주의는 거부한다"(Kolakowski, 1972: 158). 그 결과, 우리가 실재라고 생각하는 것은 그것이 무엇이든 사용된 이론의 산물인 것이다. 이론들은 실재를 서술하는 것이 아니라, 사회과학자가 실재한다고 생각하는 것을 결정한다.

요약하면, **구성주의**와 마찬가지로 **협약주의**도 실재를 인간의 창조물로 간주한다. 그렇지만 **구성주의**에서는 사회적 행위자들이 일상의 삶을 영위하면서 사회적 실재를 만들어낸다고 상정하는 반면, **협약주의**에서는 실재를 사회과학자들이 고안한 것이라고 상정한다. 두 형태의 존재론적 가정에서는 실재를 특정한 목적 – 사회적 삶에 대처하는 것 또는 특정의 과학적이거나 기술적인 문제들을 해결하는 것 – 에 봉사하는 것이라고, 그리고 어떤 절대적인 외부의 실재를 재현하는 것이 아니라고 생각한다. 이것이 **경험주의**, **반증주의**, **신실재론**과는 명확하게 다른 이 두 가지 인식론의 특징이다.

지식의 지위

인식론은, 그것이 만들어낸다고 주장하는 지식의 지위라는 관점에서도 구별될 수 있다. **경험주의** 인식론의 옹호자들은 경험주의 인식론이 **절대적**인 지식을 만들어낸다고 믿는다. 경험주의자들은 인간이 감각을 방해받지 않고 외부의 실재를 직접 관찰함으로써 객관적 사실에 도달할 수 있다고 주장한다. 그러한 지식은 기초가 틀림없고 확실하다는 것이다.

합리주의의 옹호자들 또한 보편적으로 타당한 합리적인 원리를 적용하는 인간 본유의 능력에 기초해서 **절대적** 지식을 생산한다고 생각한다. '합리주의에 따르면 지식주장은 그것이 수학에서 이미 확립된 증명의 연역적 기준에 맞는 한 타당하다'(Benton, 1977: 101).

반증주의에서는 검증을 통과한 이론이라는 형태의 지식을 늘 잠정적인 것으로 간주한다. 이론과 실재가 언제 부합하는지를 알 수 있는 길은 없다. 우리가 할 수 있는 일은, 우리가 사용하는 자료가 우리에게 허용하는 한에서 실재와 확실하게 부합하지 않는 이론들을 기각하는 것이 전부이다. 우리는 엄격한 검증에서 살아남은 이론들에 의존할 수밖에 없다.

신실재론은 구조와 기제에 대한 지식이 늘 **잠정적**(tentative)이라는 사실을 인정한다. 경험적인 영역에서 획득한 지식, 그리고 구조와 기제를 발견하기 위해 생산한 모델들은 절대적인 것이 아니라 **잠정적인 것**[과도기적인 것(transitive)]으로 보아야 한다. 이 지식은 표면과 숨은 영역 모두를 확실하게 재현할 수는 없는 인간의 한계에 의해 제약받는다. 이것은 우리의 관찰과 측정이 늘 이론 의존적이라는 사실에 기인한다. 우리는 우리가 주변의 세계를 읽고 해석하는 방식에 미치는 언어, 문화, 선입견, 기대 그리고 과학적 관점과 이론의 영향을 제거할 수 없다.

구성주의 인식론은 우리가 상대적 지식을 생산한다고 생각한다. 이것은 진리가 하나가 아니라, 실재의 상이한 구성과 결합된 여러 개의 진리가 있을 수 있다는 것을 의미한다. 이 형태의 지식은 틀림없는 기초를 갖지 않는다. 실재에 대한 각각의 견해가 동등한 지위를 부여받는가 또는 그것들 각각의 장점에 관한 '합리적인(rational)' 논쟁을 적절하다고 생각하는가 여부는 상당한 논쟁거리이다.

협약주의에 따르면, 객체와 사건의 세계를 이해하고 조작하는 데 사용되는 이론의 진리성 지위는 중요하지 않다. 오히려 그러한 이론들이 우리에게 무엇을 하도록 허용하는가가 중요한 문제이다. 만약 과학이, 지구가 우주의 중심이라고 상정하고 그 견해에 기초한 이론과 측정으로 우리가 밤하늘의 별을 보면서 바다를 성공적으로 항해할 수 있다면 이론의 진리성 지위는 문제가 되지 않는다는 것이다. 그 이론이 작동한다면 그 이론을 사용하면 된다. 그러므로 **협약주의**는 실용주의의 한 종류이다.

존재론적 가정과 인식론적 가정의 관계

〈표 1.2〉는 여섯 가지의 존재론적 입장과 여섯 가지의 인식론적 입장을 교차해서 보여준다. 이 표는 "어떤 조합이 논리적으로 납득할 수 있는가, 그리고 실제로 어떤 조합이 이루어지는가"라는 질문에 대한 답이다. **미묘한 실재론적** 존재론과 **협약주의**의 인식론은 조합되지 않는다. 이 둘은 다른 입장들의 대안이며, 6장에서 이러한 가정들 대부분에 대해 제기되는 비판을 다루면서 논할 것이다.

연구 전략과 연구 패러다임의 존재론적·인식론적 가정들에 대한 토론은 이후의 장들 — 존재론적 가정에 대해서는 3장, 인식론적 가정에 대해서는 4장과 5장 — 에서 그 주제들을 자세히 논의한 뒤에 진행할 것이다. 여기서는 그러한 장들을 논의하기 위한 준비로 상이한 형태의 가정들을 검토했다. 연구 전략

〈표 1.2〉 존재론적 범주와 인식론적 범주의 조합

인식론 / 존재론	경험주의	합리주의	반증주의	신실재론	구성주의	협약주의
피상적 실재론	✔					
개념적 실재론		✔				
신중한 실재론			✔			
심층 실재론				✔		
관념론					✔	
미묘한 실재론						

과 연구 패러다임 간의 차이에 대해 그것들의 존재론적·인식론적 가정들의 차이를 언급하지 않고 생각하는 것은 불가능하다.

어떤 존재론적·인식론적 주장이 가장 적절한지 경험적 탐구에 의해 확인하기란 불가능하다는 점을 지적해두는 것이 중요하다. 한 입장의 옹호자들은 부분적으로는 세계에 대한 특정한 견해를 믿는 행위로서 그 입장을 채택한다. 실행할 수 있는 것은 연구 전략과 연구 패러다임 각각의 장점과 약점을 토론하는 것이 전부이다. 중요한 점은 연구 전략들과 연구 패러다임들에 자리 잡고 있는 가정들에 대해 그리고 그 가정들이 연구의 실천과 결과에 미치는 영향에 대해 깨닫는 것이다.

존재론은 연구 수행보다도 삶 일반과 더 연관성을 갖는다고 생각할 수 있다. 예를 들어, 존재론의 범주들은 연구 참여자들과 연구자들이 자신들의 비전문적 삶에서 세계를 어떻게 바라보는가를 이해하는 데 사용할 수 있다. 그렇지만 이 책의 맥락에서는 연구자들 자신이 구성하는 상이한 일련의 가정들이라고 제시한다. 그것들은 연구자들이 사용하는 연구 전략과 연구 패러다임에 뿌리내리고 있을 뿐 아니라, 연구 방법의 선택과 연구 문제에 답하는 데 그 방법들을 어떻게 사용할 것인가에도 영향을 미칠 수 있다.

〈그림 1.1〉 연구 방법의 선택

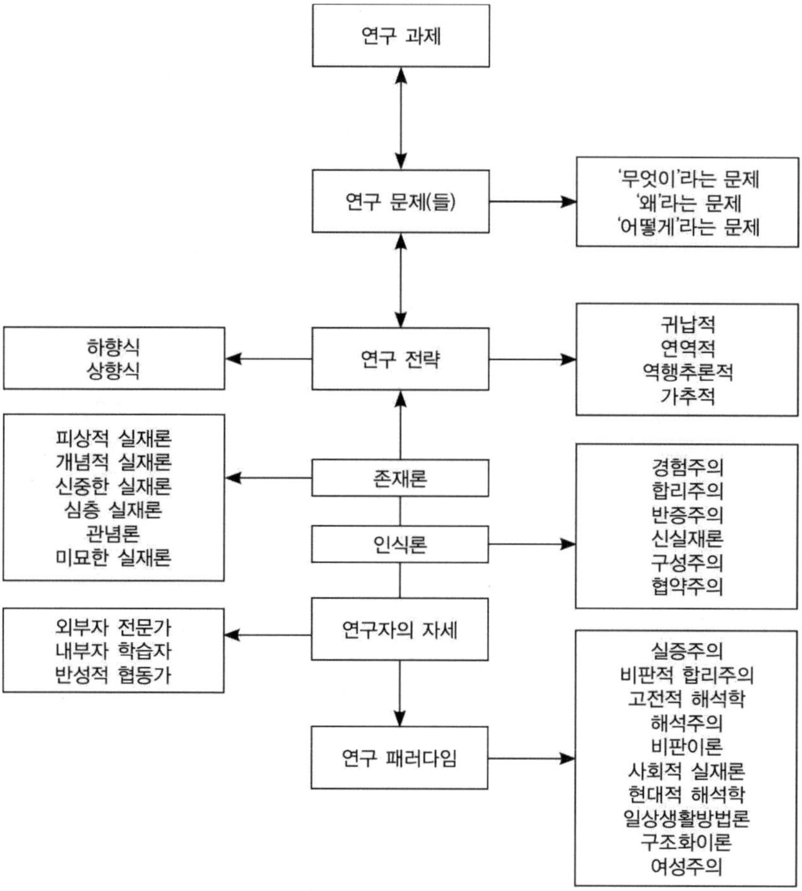

연구 패러다임과 연구 전략

이어질 장들에서 논의할 것처럼, 각각의 연구 전략 또는 연구의 논리는 하나 또는 그 이상의 연구 패러다임과 결합된다. 각 연구 전략의 존재론적·인식론적 가정들이 겹쳐서 연구 패러다임들 간의 연합을 만들어낸다. 지금까지 논의한 내용들을 검토하고 이어질 장들에서 다룰 준비를 하기 위해, 〈그림

1.1〉은 사회연구자가 연구 기획을 진행하면서 직면하는 기본적인 선택들을 요약한다.

쌍방향 화살표는 연구 과제, 연구 문제 그리고 연구 전략과 연구 패러다임에 관한 결정이 상호 관련되어 있음을 나타낸다. 나는 그 관련을 논리적 순서로 논의했지만, 실제에서는 최종 결정을 내리기까지 통상적으로 왕복 운동을 하는 수밖에 없다.

수평 화살표는 각각의 결정 영역에 대해 각 영역 사이 또는 각 영역 가운데에서 선택을 해야 하는 기본 범주들을 가리킨다. 물론 사회연구의 설계와 수행에는 훨씬 더 많은 결정이 필요하다(특히 Blaikie, 2000을 볼 것). 존재론적·인식론적 가정들에 관한 결정과 연구 대상인 사람들에 대해 연구자가 택하는 입장에 관한 결정은 그림에서 연구 전략과 연구 패러다임 사이에 위치한다. 이 세 가지 모두에 관한 결정은 연구 과제의 성질에 의해 그리고 이를 연구 문제로 표현하는 방식에 의해 영향받는다.

이 장의 요약

- 사회연구자들은 탐구해야 할 연구 과제, 답해야 할 연구 문제(들), 이 문제들에 답하기 위한 연구 전략이나 전략들, 그리고 연구대상자들에게 취할 태도를 선택해야 한다.
- 연구 과제는 연구의 성격과 범위를 규정하는 하나 또는 그 이상의 연구 문제로 번역해야 한다.
- 연구 문제의 주요한 유형은 세 가지이다: '무엇이', '왜' 그리고 '어떻게'가 그것이다.
- '무엇이'라는 문제는 특징의 형태 그리고/또는 연관의 유형을 제시하는 서

술적 답을 필요로 한다. '왜'라는 문제는 그러한 특징 그리고/또는 유형이 존재하는 원인이나 이유를 찾고자 한다. 그리고 '어떻게'라는 문제는 개입과 실천적 결과에 관심을 갖는다.

- 연구 문제들은 연쇄를 형성한다. '무엇이'라는 문제에 대한 답들은 통상적으로 '왜'라는 문제에 앞서며, 이 두 가지 형태의 문제에 대한 답은 '어떻게'라는 문제에 앞선다.
- 연구자가 세 가지 형태의 연구 문제 모두를 다룰 것인지는 연구 과제의 성질과 그 분야의 지식 상태에 따라 달라진다.
- 연구 전략들은 연구 문제들에 답하는 데 사용하는 탐구의 논리들이며, 이 선택은 모든 연구 기획에서 가장 중요한 결정이다.
- 네 가지 주요한 연구 전략 – 귀납적·연역적·역행추론적 그리고 가추적 연구 전략 – 은 상이한 형태의 연구 문제에 답하는 상이한 방식을 제공한다. 이 연구 전략들은 지적 수수께끼와 실천적 문제들을 상이한 방식으로 해결함으로써 지식을 발전시킨다.
- 연구 전략은 존재론적 가정, 출발점, 단계, 이론과 개념의 사용, 설명이나 이해의 양식 그리고 생산물의 지위 등에서 차이를 보인다.
- 연구 전략을 선택하면서 연구자들은 또한 다음과 같은 사항도 선택한다.
  - 사회적 지식을 발전시키고자 하면서 '하향식'으로 작업할 것인가 '상향식'으로 작업할 것인가.
  - 연구 대상자들에게 어떤 형태의 태도를 취할 것인가, **외부자**인가 **내부자**인가, **전문가**인가 **학습자**인가, 사람들에 **관해** 연구할 것인가, 사람들을 **위해** 연구할 것인가 아니면 사람들과 **함께** 연구할 것인가.
- 연구 전략은 이론적·철학적 관점 또는 연구 패러다임 안에 위치한다.
- 연구 패러다임들, 즉 연구 전략들은 존재론적 가정 – 사회적 실재에 대한 견해 – 과 인식론적 가정 – 이 실재에 대한 지식을 어떻게 얻을 수 있는가에 대한

견해 — 에서 상이하다.

- 주요한 존재론과 인식론은 각각 여섯 가지이다. 여섯 가지 존재론은 피상적인 실재론적 존재론, 개념적인 실재론적 존재론, 신중한 실재론적 존재론, 심층 실재론적 존재론, 관념론적 존재론과 미묘한 실재론이며 여섯 가지 인식론은 경험주의, 합리주의, 반증주의, 신실재론, 구성주의, 협약주의이다.
- 사회적 실재에 대한 이러한 인식론에 기초해서 생산한 지식의 지위는 절대적인 것(경험주의, 합리주의), 잠정적인 것(반증주의, 신실재론), 상대적인 것(구성주의), 또는 실용적인 것(협약주의)으로 구분할 수 있다.
- 대부분의 존재론적·인식론적 입장은 긴밀하게 짝을 이룬다. 피상적인 실재론과 경험주의, 개념적인 실재론과 합리주의, 신중한 실재론과 반증주의, 심층 실재론과 신실재론, 관념론과 구성주의가 짝을 이룬다.
- 미묘한 실재론적 존재론과 협약주의의 인식론은 다른 입장들이 지닌 일부 결함을 극복할 수 있는 대안으로 등장했다.

그 밖의 읽을거리

Bhaskar, R. 1979. *The Possibility of Naturalism*. Harvester Press.

Blaikie, N. 2000. *Designing Social Research*. Polity Press.

Collier, A. 1994. *Critical Realism*. Verso.

Crotty, M. 1998. *The Foundations of Social Research*. SAGE Publications Ltd.

Guba, E. G(ed.). 1990a. *The Paradigm Dialog*. SAGE Publications, Inc.

Hammersley, M. 1992. *What's Wrong with Ethnography?* Routledge.

Keat, R. and J. Urry. 1982. *Social Theory as Science*, 2nd edn. Routledge and

Kegan Paul.

Lincoln, Y. S. and E. G. Guba. 2000. 'Paradigmatic controversies, contradictions, and emerging confluences'. in N. K. Denzin & Y. S. Lincoln(eds.). *Handbook of qualitative research*(2nd edn.). CA: Sage Publications. pp.163~188.

Schwandt, T. R. 1990. "Paths to inquiry in the social disciplines." in E. G. Guba (Ed.). *The Paradigm Dialog*. CA: Sage. pp. 258~276.

______. 2000. "Three epistemological stances for qualitative inquiry." in N. K. Denzin and Y. S. Lincoln(eds.). In *Handbook of Qualitative Research*. CA: Sage Publications. pp. 189~214.

Williams, M. and T. May. 1996. *Introduction to the Philosophy of Social Research*. Routledge.

2

사회연구에서의 주요한 딜레마들

일단 연구 과제를 정하면 연구자는 자신이 알아내고자 하는 것에 따라 연구 문제(들)를 정식화할 것이다. 연구 문제에 답하기 위해서는 연구 전략들 가운데서 선택을 해야 한다. 연구 전략(들)의 선택은 연구 문제에 답하는 최선의 방안을 기초로 이루어지지만, 연구자가 따르거나 연구 과제에 대해 최선의 정향을 제공하는 것으로 보이는 연구 패러다임에 영향을 받을 것이다. 연구 패러다임의 선택은 더 복잡하다. 그 선택은 연구자의 과거 경험, 동료와 청중의 기대 그리고 개인적인 세계관과 함께 이론적·철학적·이데올로기적 고려 그리고/또는 정치적 고려의 영향을 받는다.

연구 패러다임을 선택하면서 연구자는 몇 가지 매우 기본적인 딜레마에 직면한다. 이 딜레마들을 더 명확히 드러내기 위해서, 그리고 다음 장들에서 다룰 주제들을 미리 제시하기 위해서 여기서는 연구자가 답할 수 있어야 하는 일련의 문제로서의 딜레마를 논의한다. 각각의 연구 패러다임이 이 쟁점에 관한 입장을 담고 있기 때문에 연구자는 연구 패러다임과 연구 전략을 선택하면서 자신이 채택하고 있는 패러다임이나 전략을 깨닫는 것이 중요하다.

여기서 이들 문제에 제시하는 답은 나중의 논의를 위한 배경을 형성하기에 충분할 것이다. 그리고 지금 단계에서는 이러한 논의들을 다루면서 복잡한 철학적 논쟁에 빠지지는 않을 것이다. 우리는 이 문제들과 관련된 다른 문제들을 다음 장들, 특히 6장에서 다시 다룰 것이다. 거기서 우리는 더 복잡하고 더 자세하게 답을 살펴볼 수 있을 것이다. 그렇지만 특정한 존재론적·인식론적 딜레마들을 다루기에 앞서 우리는 이 장에서 논의할 여러 문제와 관련이 있는 더 일반적인 논쟁을 검토할 필요가 있다.

과학과 사회과학

이 논쟁은 일련의 문제들로 표현할 수 있다.

- 사회과학은 가능한가?
- 사회과학은 자연과학과 동일한 방법 및 절차를 사용할 수 있는가?
- 자연과학의 방법은 무엇인가?

사회과학은 가능한가?

사회과학이 지닌 과학으로서의 본성과 지위는 상당한 논쟁거리였다. 불행하게도 이 문제에 대한 단순하거나 명확한 답은 없다.

> 이 논쟁은 반세기 이상 논리학자와 방법론자는 물론 사회과학자들을 두 개의 학파로 분열시켜왔다. 한쪽 학파에서는 그러한 위대한 성과를 낳은 자연과학의 방법은 유일한 것이며 그러므로 인간에 대한 연구에서도 온전히 사용해야 한다고 주장한다. …… 다른 학파에서는 사회세계의 구조와 자연세계의 구조 사이

에는 근본적인 차이가 있다고 생각한다. 이 생각은 다른 극단, 즉 사회과학의 방법은 자연과학의 방법과 전적으로 다르다는 결론으로 이어진다. …… 오랫동안 사회과학은 개체서술적, 즉 개념화를 개별화하고 단일한 선언적(singular assertory) 명제를 추구하는 것을 특징으로 하는 반면, 자연과학은 법칙정립적, 즉 개념화를 일반화하고 일반적인 증명적(general apodictic) 명제를 추구하는 것을 특징으로 한다고 알려졌다. 자연과학은 측정 가능하고 실험 가능한 규칙적인 양적 관계를 다루는 반면, 사회과학에서는 측정이나 실험이 불가능하다. 일반적으로 자연과학은 물질적 객체와 과정을 다루지만 사회과학은 심리적이거나 정신적인 것을 다룬다. 그러므로 자연과학의 방법은 설명을 추구하지만 사회과학의 방법은 이해를 추구한다(Schütz, 1963a: 231~232).

어느 정도의 진전으로 이러한 학파들의 특성을 더 자세하게 이해하게 되었고, 이 학파들 간의 차이를 연결하는 몇 가지 대안적 입장이 제시되었지만, 자연에 대한 연구와 같은 방식으로 사회적 삶을 어느 정도나 연구할 수 있는가라는 쟁점은 '사회과학 철학의 일차적(primal) 문제'로 자리 잡아왔다 (Bhaskar, 1989: 66)(Keat and Urry, 1975, 1982; Bhaskar, 1979; Held and Thompson, 1989도 볼 것).

사회과학은 자연과학과 동일한 방법 및 절차를 사용할 수 있는가?

이 질문에 대한 주요한 답변 방식은 네 가지이다. 여기서는 슈츠가 찾아낸 두 학파를 **자연주의**와 **부정주의**(negativism)라고 이름 붙였다. 자연주의는 자연과학의 방법을 사회과학에 사용할 수 있고 사용해야 한다고 주장한다. 반면 부정주의는 정반대의 견해를 내세운다. 중간적인 입장은 **역사주의**(historicism)로 알려져 있는데, 여기서는 자연과학의 방법 가운데 일부가 사회과학에는 부적합하다고 인정한다. 이 세 가지 입장은 오랫동안 논쟁의 대상이었다. 네 번째 더 현대적인 입장은 **탈근대주의**(postmodernism)이다. 이 입장은 과학에 대한 전통적인 견해를 완전히 거부하고 대신 이전 세기에 사회과학을 지배했던 활동과 동떨어진 활동을 옹호한다.

이 답들 중 앞선 세 가지는 여기서 다룰 것이다. 그리고 이 장의 결론 부분에서 **탈근대주의**에 대한 논의로 돌아올 것이다.

자연주의

이 교의는 자연에 통일성이 있는 것과 똑같이 자연의 탐구에 사용하는 방법과 절차에도 통일성이 있다고 주장한다. 더 극단적인 형태의 **자연주의**에서는 모든 현상을 물리적 과정과 속성으로 환원한다. 예를 들면, 인간의 감정을 심리학적 과정으로 환원한다. 이것은 모든 과학에 오직 한 가지 유형의 방법만이 필요하다는 주장으로 이어진다.[1)]

자연주의는 여러 과학 분과에서 다루는 주제가 상이하더라도 자연과학과 사회과학 모두 동일한 방법을, 물론 각각의 과학이 그 탐구 대상에 적합하게 그 방법을 다듬어야 하지만, 사용할 수 있다고 주장한다(Popper, 1961; von Wright, 1971; Kolakowski, 1972).

중요한 점은, 이러한 문제들에서 '방법'에 대한 언급은 관찰이나 자료 수집, 자료 분석의 실질적인 **기법**(technique)을 가리키는 것이 아니라 탐구의 논리나 전략, 즉 지식을 만들어내고 정당화하는 과정을 가리킨다는 것이다. 여러 학문분과에서 사용하는 자료 수집과 분석의 기법들은 그 분과의 개별적인 주제의 성질과 관련되어 있다. 일부 기법은 여러 학문분과에서 사용할 수

---

1) '자연주의'라는 개념은 여기서 사용하는 것과는 전혀 다르게 사용되기도 한다. 즉, 연구자가 사회과학적 개념들과 이론들을 부과하지 않고, 사회세계를 발견하고 이해하려고 시도하는 실제 세계의 상황(real-world settings)에서 수행하는 사회연구를 가리키기도 한다.

있지만(예컨대 특정한 통계적 검증), 화학구조에 대한 연구는 사회구조에 대한 연구와는 아주 상이한 활동이다.

일찍이 철학자 존 스튜어트 밀(John Stuart Mill)은 1843년에 사회(또는 도덕)과학을, 그가 생각하기에 불만스러운 상태에서 구출하는 방안으로 이 입장을 채택했다(Mill, 1947).

근래에는 철학자 포퍼가 유사한 입장을 제시했다.

> 나는 자연에 대한 이론과학의 방법과 사회에 대한 이론과학의 방법 사이에 아무런 차이도 없다고 주장하려는 것이 아니다. 심지어 여러 자연과학 사이에도 분명히 그러한 차이는 존재하며 여러 사회과학 사이에도 그러하다. …… 그러나 나는 두 분야의 방법이 근본적으로 동일하다는 점에서는 콩트와 밀…… 그리고 그 밖의 여러 사람……과 의견을 같이한다(Popper, 1961: 130~131).

이후 논의하겠지만 포퍼는 **유일의**(the) 과학적 방법에 관해 독특한 견해를 가지고 있으며, 그 방법은 밀과 그 밖의 초기 **자연주의** 옹호자들이 옹호한 것과는 상당히 다르다.

그러므로 자연주의는 '사회과학은 자연과학과 동일한 방법 및 절차를 사용할 수 있는가?'라는 질문에 긍정적인 답을 내놓는다. 자연주의는 사회(에 대한)과학이 가능하다고 인정할 뿐 아니라 전체 과학의 범위에서 일부를 차지하는 것으로 보아야 한다고 주장한다. 과학이 다루는 주제의 차이는 관련이 없다고 생각한다. 왜냐하면 궁극적으로 자연과학 자체도 매우 상이한 형태의 현상들을 다루기 때문이다. 자연주의는 사회과학이 번성하려면 자연과학에서 성공한 방법들을 채용해야 한다고 주장한다.

부정주의

부정주의의 주창자들은 자연과학의 방법들을 사회과학에 적용할 수 없다고 주장한다. 자연현상과 대조적으로 인간은 '자유의지'라는 요소를 가지고 있으며, 이 요소는 인간의 활동을 설명하고 예측하려는 시도를 약화시킨다고 강조한다. 이러한 주장을 위한 논증은 여러 형태로 나타나는데, 포퍼는 그것을 유용하게 요약했다(Popper, 1961: 5~34). 물론 이 논증이 반드시 그의 견해라고 할 수는 없다.[2]

1. 이른바 '자연법칙'은 시간 및 공간을 가로질러 적용된다고 상정되는 반면, 사회적 삶에서의 규칙성들은 시간 특수적이고 공간 특수적이다. 사회적 제일성(齊一性, uniformities)들은 역사적 시기에 따라 그리고 문화에 따라 변화하기 때문에 일반화될 수 없다. 사회적 제일성들은 인간 활동의 결과이며 그러므로 인간 활동에 의해 변화할 수 있다(Popper, 1961: 7~8).

2. 실험적 방법의 사용은 유사한 상황에서는 유사한 현상이 발생할 것이라는 가정에 기초하고 있다. 조건을 인위적으로 고립시키고 통제함으로써, 한 요인이 다른 한 요인에 미치는 영향을 매우 신뢰할 수 있는 수준에서 증명할 수 있다.[3] 그렇지만 사회적 삶은 자연현상보다 훨씬 더 복잡하며 인위적으로 연구에 유용하게 고립시킬 수 없다. 사회적 상황에서는, 유사한 조건들이 매우 제한된 시기에만 발생한다. 역사는 결코 되풀이되지 않는다. 대규모의 사회적 실험에서는 실험 절차가 가장 중요한 요인들을 인위적으로 제거할 수도 있으며 연구되고 있는 것을 변화시킬 가능성이 매우 크다.

3. 물리과학(이를테면, 물리학)의 경우, 진정으로 새로운 일이 발생할 수는 없다. 새로움이란 요소들을 단순히 재배열하는 것이다. 생물과학의 경우, 실

---

2) 비슷한 개관으로는 Nagel(1961)과 Runciman(1969)을 볼 것.

3) 이 견해에 대해서는 후기에서 검토할 것이다.

험적 상황에서는 유기체들이 새롭다는 느낌을 상실할 수도 있다. 먼저 실행한 실험 절차는 나중에 실행한 실험이 받을 수도 있는 영향을 변화시킨다. 유기체는 경험을 통해 배우기 때문이다. 그러나 실험 절차가 유기체의 행동을 변화시키더라도 연구자는 그 유기체를 마음대로 다룰 수 있다. 사회나 사회집단을 유기체와 같은 것으로 간주한다면 그것들 또한 경험에 의해 학습되고 사회적 새로움을 성취할 수 있지만, 사회나 사회집단을 유기체와 똑같이 마음대로 다룰 수는 없다. 이러한 학습은 그 집단이 속한 역사의 일부가 된다.

4. 자연과학, 특히 물리학이 다루는 주제는 사회과학이 다루는 주제보다 훨씬 단순하다. 사회적 삶은 문화적인 능력과 필요를 함께 보유하고 있는 매우 지적인 피조물의 존재를 전제한다. 사람들은 자신들의 활동을 통제하기 위해서 본능에 호소할 수 없기 때문에 자신들이 살아야 할 사회세계를 구성한다. 그러므로 사회과학은 인위적 고립의 불가능성과 자연과학을 넘어서는 주제라는 이중의 복합성에 직면한다. 사회적 제일성이 존재하더라도 이러한 복합성은 그 제일성을 발견해내는 일을 불가능하게 만들 것이다.

5. 자연과학의 이론은 예측을 가능하게 하는 것을 목표로 삼는다. 이러한 예측은 특정한 자연법칙을 개별 상황에 적용하면, 그리고 특정한 조건들이 충족되면 특정한 결과가 나올 것이라는 형식을 취한다. 그렇지만 사회과학에서는 예측이 예측된 사건에 영향을 미칠 수도 있다. 결과에 대한 지식은 사람들이 행위 하는 방식을 변화시킬 수 있으며 그러므로 자기성취적인 예언이나(Thomas, 1928; Merton, 1957) 실패한 예측을 낳을 수 있다.

6. 사회과학에서는 관찰자와 피관찰자 사이의 복잡한 상호작용 때문에 예측이 어려우며 이것은 객관성을 위협할 수도 있다(Popper, 1961: 16). 사회과학자도 자신이 연구하고 있는 현상의 범주에 속하는 한 구성원이기 때문에, 이해관심이 없는 초연함은 불가능할 것이다. 그러므로 진리의 추구와 객관성이 사회과학에서는 불가능하다고 주장할 수 있다. 모든 사회연구는 연구자가

가진 가치와 이해관심에 의해 오염될 것이다.

7. 자연과학은 자연현상이 부분이나 요소, 요인들의 군집으로 구성된다고 간주함으로써 원자론적인 방식으로 생산적인 작업을 진행할 수 있는 반면, 사회집단은 그 구성원들의 단순한 총합 이상 또는 특정 시기에 존재하고 있는 개인적 관계의 총합 이상으로 간주해야 한다. 사회집단은 문화와 역사를 가지고 있다. 따라서 사회구조와 과정을 이해하거나 설명하기 위해서는 사회집단을 총체적으로 다루어야 한다.

8. 자연과학은 인과적 설명을 목표로 하는 반면, 사회과학은 오로지 의미와 목적에 대한 이해만을 목표로 할 수 있다. 이러한 구별을 제안하면서 포퍼는 물리학 등과 같은 분야에서는 보편적인 제일성을 설명하는 데 – 양적으로 그리고 수학적 공식으로 표현되는 – 관심을 갖지만, 사회학에서는 질적인 개념과 더 직관적인 이해를 사용해야 한다고 주장했다(Popper, 1961: 2).

9. 포퍼에 따르면 사회과학에서는 양적 분석과 이러한 수학적 공식을 사용할 수 없다. 왜냐하면 사회이론에서 발견되는 개념은 오직 질적으로만, 또는 아주 낮은 수준의 정확성을 가진 상태에서만 측정될 수 있기 때문이다. "[사회적] 실체들의 성질을 양적 관점에서 표현하는 알려진 방법이 없기 때문에, 사회과학에서는 양적 법칙을 정식화할 수 없다. 따라서 사회과학의 인과법칙은, 혹시나 그런 것이 있다고 하면, 물리학의 인과법칙과는 크게 달라야 한다. 즉, 양적이고 수학적이기보다는 질적이어야 한다"(Popper, 1961: 26). 이러한 입장은 사회과학이 자료 분석에서 특정한 통계적 기법을 사용할 수 있음을 부인하는 것은 아니지만, 물리학에서 가능한 것과 같이 정밀한 수학적 관점에서 사회법칙을 정식화하기란 불가능하다고 주장한다.

부정주의가 제시하는 장황한 주장들은 일반적인 사회과학을 반대하려는 것이 아니라 **자연주의**를 공격하려는 것이다. 이러한 주장들에 관해 논쟁할 수는 있지만 이 주장들을 가볍게 일축해버릴 수는 없다. 이런 주장들을 어느 정도의 문젯거리로 받아들이는가는 채택한 연구 패러다임에 달려 있다. 연구 패러다임은 중요하다고 생각하는 문제를 다양한 방식으로 해결하려고 노력한다. 부정주의자들이 사회연구의 일부 형태가 가능하다고 인정하는 한, 그들은 그 사회연구를 순전히 서술적 연구에 한정할 것이며, 설명과 예측은 불가능하다고 생각할 것이다. 부정주의에 따르면 사회연구는 특수한 사건들에 대해 특수한 의미를 지닐 수 있는 언어로, 그 사건을 넘어서는 것은 아무것도 주장하지 않는 단일한 진술을 사용해서 서술을 만들어낼 수 있다.

시간과 공간을 가로질러 설명을 일반화하는 문제가 사회과학에만 한정된 것은 아니라고 주장할 수도 있다. 예를 들어, 사회과학과 위치천문학의 비교는 자연과학에서 이 영역이 상례적(常例的)이기보다는 예외적이라는 사실을 무시한다. 자연과학에서 제시하는 예측들은, 심지어는 잘 알려져 있는 물리법칙에 의한 것조차, 완전한 진공 등과 같은 인공적이고 이상화된 특정한 조건에서만 발생한다. "기상학과 같이 상대적으로 덜 정확한 과학의 경우 예측은 특히 모험적인 반면, 살아 있는 체계의 경우 (입자물리학은 말할 것도 없이) 우리는 개연성 이상은 거의 다룰 수 없다"(Richards, 1983: 86~ 87). 이러한 과학이 장차 예측 능력을 향상시킬 것인지 여부는 결말지어지지 않은 문제이다. 그렇지만 일부 연구 패러다임의 옹호자들은 문화와 역사의 영향력 때문에 예측이 불가능하다고 생각한다. 그러나 이러한 입장은 사회과학의 가능성을 배제하는 것이 아니라, 단지 다른 종류의 과학을 요청하는 것이다.

사회과학에서 실험을 사용하는 문제에 관해, 포퍼(Popper, 1961: 93~97)는 그러한 주장이 물리학에서 사용하는 실험방법에 대한 이해의 결여에 의거한다고 비난했다. 물론 개별 현상에 관해 상당히 많이 알지 못하고서는 무엇이 유사한 조건을 구성하는지, 어떤 종류의, 또 어느 정도의 유사성이 적절한지에 대해 서술하기 어렵다. 마찬가지로 어느 정도의, 그리고 어떤 유형의 실험적 통제가 필요한지 확인하기도 어려울 것이다. 이러한 문제는 자연과학과 사회과학 모두에서 나타나며, 포퍼에 따르면 오직 실험화에 의해서만 해결할 수 있다. 사회현상이 자연현상보다 더 복잡하기 때문에, 아니면 물리학이 더 오랜 역사를 가지고 있기 때문에 이러한 문제에 대처하는 데서 물리학자가 사회과학자보다 유리할 수도 있지만, 포퍼에 따르면 실험을 수행하는 그들의 잠재력에서는 두 영역 사이에 근본적으로 차이가 없다.

그렇지만 자연과학의 여러 분야, 이를테면 천문학 같은 분야는 실험적 조작을 사용할 수 없음에도 발전해왔으며, (지질학이나 진화생물학 등과 같은) 현대과학의 일부 분야에서는 실험을 위한 영역이 거의 없다는 점도 지적해둘 만하다.

> 따라서 통제된 실험이 거의 불가능한 인간사회 연구의 분야들을 이러한 이유만으로 과학의 반열에서 탈락시킬 수는 없다. 아무튼 설계에서 자연과학의 실험과 차이가 없는 실험을 일상적으로 수행하는 분야들(특히 사회심리학)이 있는 반면, 경제학자들은 물리학과 생리학에서 수행하는 것과 거의 동일한 방식으로 수학적으로 분석할 수 있는 이상화된 모델을 광범위하게 사용한다. 마지막으로, 많은 사회과학에서 '현지조사'는, 이를테면 식물학 또는 곤충학에서의 '현지조사'와 중요한 측면에서 크게 다르지 않다(Richards, 1983: 86).

그밖에 사회연구자들의 가치와 편견이 연구과정 ─ 연구대상의 선택, 연구방법의 선택, 인정 가능한 증거의 판별, 자료 수집 방법의 선택, 그리고 결과 해석방법의 선택 등과 같은 ─ 에 영향을 미칠 수 있기 때문에 사회연구자들은 객관성을 성취하기 어렵다는 주장이 제기되어왔다. 완벽한 객관성이 가능한가, 또는 객관성에 근접할 수 있는가는 매우 복잡한 쟁점으로 뒤에서 다룰 것이다. 자연과학에서는 이러한 쟁점이 그다지 심각하지 않은 듯 보일 수도 있지만,

이러한 쟁점은 분명히 존재한다. 가치자유 사회과학이 불가능하다고 믿는 일부 사람들은, 사회과학자들이 자신의 가치와 태도를 가능한 한 충실하고 솔직하게 밝힘으로써 사회과학자들의 가치와 태도가 연구에 미칠 영향을 다른 사람들이 인식하고, 이를 통해 연구결과를 해석하는 방식을 고려할 수 있게 해야 한다고 주장해왔다. 이 방식이 바람직할 수도 있지만 가치와 태도가 연구과정과 연구결과에 미치는 영향을 판별해내기는 힘들 것이다. 또 다른 급진적인 해결책은 가치자유 사회과학이나 객관적 사회과학을 포기하고, 사회현상을 본질적으로 주관적인 것으로 간주하면서 연구자의 주관적 개입을 극대화하는 것이었다.

사회과학이 자연과학을 모델로 삼기 어려워하는 몇 가지 특별한 문제가 있다는 사실은 분명하지만, 자연과학이 나름대로의 문제를 가지고 있다는 것도 분명하다. 정말 사회과학을 불가능하다고 결론 내려야 하는가 여부는 이러한 어려움을 어떻게 볼 것인가, 그것들에 어떻게 답할 것인가, 그리고 더 특정하게, 어떤 종류의 사회과학이 적절하다고 생각하는가에 좌우될 것이다.

역사주의

부분적으로 **역사주의**는 사회과학의 가능성에 관해 **부정주의**가 제기한 몇 가지 문제에 대한 응답이다. **역사주의**의 중심적인 주장은, 자연과학과 사회과학 사이에는 근본적인 차이가 있기 때문에 사회과학에서는 자연과학의 일부 방법만을 사용할 수 있다는 것이다. **역사주의**는 특히 일반화라는 쟁점이 두 영역을 갈라놓는다고 생각한다. **역사주의**에 따르면, 사회과학에서는 역사적·문화적 상대성 때문에 자연과학에서 사용하는 대부분의 방법을 사용할 수 없다(Popper, 1961: 5~6).

이러한 차이점이 있지만, **역사주의**는 자연과학과 사회과학의 방법에는 두 가지 공통적인 요소가 있다는 점을 인정한다. 두 과학 모두 이론적이고 경험적인 방법을 사용한다는 것이다. 두 과학 모두 이론을 사용함으로써 사건을 설명하거나 예측하고자 하며, 또한 관찰에 의존해서 사건을 판별해내고 이론을 채택하거나 기각한다. 역사주의는 과거에 있었던 유형이나 경향을 관찰함으로써 미래의 경향을 예측할 수 있다고 주장한다.

역사주의는, 일식(日蝕)이나 혜성의 경로와 같이 천문학적 현상을 예측할 수 있는 위치천문학 등과 같은 분야의 성공에 고무되어 사회과학도 혁명 등과 같은 미래의 사건을 예측할 수 있다고 주장했다. 사회적 예측이 자연과학이 보여주는 예측의 세밀함과 정확함을 갖지는 못하겠지만, 사회적 예측의 범위와 중요성이 그 불명료함을 보충한다고 인정한다. 역사주의는 단기적 예측이 아니라 대규모의 예상에 관심을 가지고 있다(Popper, 1961: 36~37).

역사주의는 제일성의 법칙이 아니라 역사발전법칙, 즉 이어지는 역사적 시기를 연결하는 법칙과 과정과 변동의 법칙을 발전시키고자 한다. 실험적 방법은 그러한 법칙을 검증하는 데 부적절하다. 그러한 역사적 법칙의 타당성을 확인하는 유일한 방법은 미래 사건에 대한 관찰이다. 그러므로 역사주의는 사회학이라는 학문분과가 이론적 역사학이라고 주장한다. "따라서 역사주의자가 보기에 사회학은 미래 —개인의 미래가 아닌 집단과 인류의 미래 — 에 대한 예언이라는 오래된 문제를 해결하고자 하는 시도다"(Popper, 1961: 42). 그러므로 역사주의는 사회과학들이 실험과 같은 방법을 사용해서 보편법칙을 발전시킬 수 있는 능력을 갖지 못한다고 지적하지만, 역사발전법칙을 확인함으로써 미래의 역사 과정을 예측할 수 있다고 주장한다.

포퍼는 역사주의가 기초하는 네 가지 주장, 즉 사회이론 및 사회변동에 대한 전체론적 접근, 역사법칙의 특성, 실험 조건들의 가변성, 그리고 일반화의 상대성을 공격했다(Popper, 1961). 뒤의 두 가지 주장은 앞 절에서 다루었기 때문에 여기서는 앞의 두 가지 주장만 논의하기로 하자.

역사주의가 취하는 사회이론과 사회변동에 대한 전체론적인 접근의 대안으로, 포퍼는 과학적 탐구에 자신이 '점진적 공학(piecemeal engineering)' 또는 '점진적 수선(piecemeal tinkering)'이라고 이름 붙인 접근을 채택했다(Popper, 1961: 67). 이는 어떤 현상을 이해하기 위해 그리고 원하지 않는 결과를 회피하기 위해 사용하는 점진적 과정이다. 이 과정에는 기대했던 것과 달성한 것을 비교해서 검토하는 작업이 포함된다. 그러므로 포퍼는 발생하는 과정이 이해할 수 없을 만큼 복잡하고 광범한 사회변동을 제안하거나 실험하는 일은 피해야 한다고 주장했다. 변동은 다룰 수 없거나 바람직하지 않은 방향으로 전개될 수도 있다. 이러한 이유 때문에 포퍼는 일련의 이상에 입각해서 사회를 완전히 재건하고자 하는 '공상적 공학(utopian engineering)'을 거부했다. 그는 시행착오에 의한 학습 – 그 착오가 통제 가능한 정도라는 조건에서의 – 을 선호했다.

포퍼는 역사적 발전의 법칙, 즉 미래를 예측하는 데 사용할 수 있는 사회진화의 법칙을 찾아내는 것이 사회과학의 임무라고 주장하는 **역사주의**의 중심 교의에 대해 비판적이었다. 그는 이런 주장이, 진화론적 '이론들'이 보편법칙을 포함하고 있다는 그릇된 견해에 기초하고 있다고 주장했다. 포퍼는 그러한 명제가 그저 개별적인 역사적 진술이라고 말했다(Popper, 1961: 108~109).

포퍼는 때로는 역사가 특정한 방식으로 되풀이될 수도 있지만, 그렇다고 해서 그것이 미래에도 계속해서 반복되거나 순환될 것임을 의미하지는 않는다고 주장했다(Popper, 1961: 114). 사회변동이 특정한 경향이나 추세를 가질 수도 있지만, 그러한 경향이 보편법칙은 아니다. 경향은 수백 년 동안 지속될 수도 있지만 미래의 어느 순간에 변할 수도 있다(Popper, 1961: 116). 포퍼는 과거의 추세로부터 미래의 상태를 일반화하는 데 사용되는 논리에 반대했다.

역사주의에 대한 포퍼의 공격은, 역사에 기록된 혁명들은 피지배자가 지배자를 전복하는 일관된 경향을 보여준다는 카를 마르크스(Karl Marx)의 주장에 대한 공격이다. 마르크스는 이러한 경향을 사용해서 우리 시대의 계급투쟁의 결과를 예측 – 프롤레타리아트가 부르주아지를 전복하면 계급투쟁이 끝나고 무계급사회가 창출될 것이라는 – 했다는 것이 포퍼의 생각이다. 역사주의를 공격하는 과정에서 포퍼는 다음 장에서 비판적 합리주의라는 이름으로 다룰 또 다른 과학관을 위한 주장을 제시했다.

자연과학의 방법은 무엇인가?

"사회과학은 자연과학과 동일한 방법 및 절차를 사용할 수 있는가?"라는 질문에 답하기 위해서는 또 다른 질문에 답해야 한다. "자연과학의 방법은 무엇인가?" 지난 50여 년 동안 이 질문과 관련해서도 앞의 질문 못지않게 많은 논쟁이 지속되었다. 과학적 지식을 발전시키는 과정에서 관찰의 특성과 중요성, 관찰이 이루어지는 시점, 이론의 구성에 사용해야 하는 논리의 적절한 형태, 이러한 과정에서 이론 자체의 역할, 이론의 구조, 그리고 과학자들이 열린 자세로 연구하는 정도, 또는 자신이 속해 있는 과학공동체의 신념들, 가치들 그리고 공인된 실천들에 의해 과학자들이 제약되는 정도 등과 같은 쟁점을 놓고 많은 과학철학자가 의견을 제시하며 논쟁을 벌여왔다.

자연과학들의 방법들에 관한 질문의 배후에는 유일의(the) 과학적 방법이라고 부르는 무언가가 있다는 공통된 가정이 숨어 있다. 그런데 일부 철학자들은 우리에게 과학적 방법에 대한 상식적인 견해, 즉 과학자들이 주의 깊게 관찰하고 실험을 수행하며 그 행위들이 과학적 '발견들'로 이어진다는 견해가 논리적으로 불충분할 뿐 아니라 훌륭한 과학적 실천을 반영하는 것도 아니라고 말하고 있다.

그러므로 과학적 방법에 대한 하나의 규정(prescription)을 제공하는 일은 더 이상 가능하지 않다. 유일의 과학적 방법이라고 생각하는 것이 지난 50년간 변화해온 것이다. 자연과학의 방법이 무엇인가라는 질문에 대한 답은 세 가지 주요한 범주로 나눌 수 있는데, 1장에서는 그 범주를 귀납적·연역적·역행추론적 연구 전략이라고 판별했다. 귀납적 전략은 과학적 연구가 순수한 관찰에서 시작하고 관찰에서 일반화나 이론을 만들어낸다고 제안한다. 연역적 전략은 과학적 연구가 잠정적인 이론 — 관찰된 현상을 설명해줄 것이라고 기대하는 — 에서 시작하고 그다음으로는 그 이론을 받아들일 수 있는가를 검증하기 위한 관찰을 수행한다고 주장한다. 역행추론적 전략은 관찰된 규칙성은 숨은 구조들 그리고/또는 기제들이 만들어내는 것이기 때문에 그러한 구조와 기제에 대한 모형을 구성하고 그다음으로는 그것들이 존재하는 증거를 찾아야 한다고 제안한다. 간단히 말해, 무엇이 **유일**의 과학적 방법을 구성하는가에 관해서는 합의가 존재하지 않는다. 수많은 경쟁자가 있는 것이다(연구 전략에 관한 1장과 3장의 논의를 볼 것).

여기서 우리는 앞의 질문, '사회과학은 가능한가?'라는 질문으로 돌아가게 된다. 사회과학이 '진짜' 과학으로 취급받기 위해 사회과학에 적합한 방법은 무엇인가? 앞에서 논의한 것처럼, 일부 논자들은 사회적 삶은 그 자체에 대한 어떤 종류의 과학적 탐구도 허락하지 않는다는 견해를 주장해왔다. 다른 논자들은 사회과학도 과학으로 인정받으려면 자연과학이 제시하는 선도를 따라야 한다고 주장한다. 그리고 사회과학은 자연과학과는 다른 종류의 과학이라는 또 다른 입장이 있다.

이러한 논의에서 우리는 자연과학에서 사용하는 방법들과 절차들이 사회과학에도 적합한가라는 질문에, 간단히 '그렇다' 또는 '아니다'라고 답하는 것이 불가능하다는 결론을 이끌어낼 수밖에 없다. 결국 이 질문은 한 세기를 넘어서 지속된 격렬한 논쟁의 주제였으며 1970년대 사회과학에서 벌어진 패러다임 논쟁의 중심 쟁점이었다.[4] 우리는 한 가지 이상의 방법과 논리가 자연과학에 적합하다는 주장이 있어왔다고 논의한 것처럼, '그렇다'와 '아니다'라는 답변 모두 여러 방식에서 자격이 있음을 알게 될 것이다. 이 질문에 대한 여러 답과, 자연과학과 사회과학 모두에서 특정한 논리나 방법을 사용한다는 주장을 이후의 장들에서 탐구할 것이다.

주요한 딜레마

사회과학의 지식을 어떻게 발전시킬 것인지 선택하면서, 연구자들은 수많은 심각한 딜레마에 직면한다. 이 딜레마는 대부분 사회연구를 수행할 때 존재론적 가정과 인식론적 가정을 전제해야 한다는 사실에서 비롯된다.

존재론적 딜레마

이 범주의 딜레마들은 연구 전략과 연구 패러다임을 선택할 때 대안적인 존재론적 가정에 직면한다는 사실에서 비롯된다. 여기서는 이 딜레마들을 사회연구자가 다루어야 하는 두 가지 질문으로 논의하겠다.

- 모든 사회적 상황에 단 하나의 사회적 실재만 있는가?
- 우리는 '왜'라는 연구 문제에 대한 답을 어디서 찾는가?

모든 사회적 상황에 단 하나의 사회적 실재만 있는가?

피상적인 실재론의 존재론과 그것에 동반되는 경험주의 인식론은 으레 모

---

4) 예컨대, Winch(1958), Friedrichs(1970), Douglas(1971), Gouldner(1971), Filmer et al.(1972), Giddens(1974, 1976a), Fay(1975), Keat and Urry(1975, 1982), Ritzer(1975), Bernstein(1976, 1983), Benton(1977), Hindess(1977), Bhaskar(1979), Stockman(1983), Johnson et al.(1984), Habermas(1987)를 볼 것.

든 특정한 맥락에 단 하나의 사회적 실재만 있다는 견해와 결합된다. 그 실재는 '저기에' 있으며, '객관적'이고 '실재적'이다. 반면 **관념론적** 존재론과 **구성주의** 인식론은 모든 사회적 맥락에서 다수의 실재가 존재할 가능성을 인정한다. 다수의 실재는 상이한 집단이 자신들의 세계를 바라보고 이해하는 상이한 방식 — 물려받은 그리고/또는 창조한 — 을 가진 결과이다. 극단적인 경우, 이들 집단이 비록 동일한 일반적인 지리적 또는 사회적 공간을 차지하고 있더라도 이들은 상이한 세계에 살고 있다고 생각할 수 있다. 단일한 실재만 강조하는 것과 다수의 실재가 존재할 가능성을 인정하는 것의 차이는 연구 패러다임 간의 차이를 낳는다.

피상적인 실재론적 존재론에서 생겨난 한 변종에서는 오직 하나의 실재만 존재하지만 사람들은 그 실재에 대해 상이한 견해를 갖는다고 주장한다. 그것은 사람들에게 자동차 사고에서 무슨 일이 일어났는지 보고하라고 요청하면 서로 다르게 해명하는 상황과 상당히 비슷하다. 묻는 사람은, 법정에서 그러하듯, 실제로 무슨 일이 일어났는가를 알아내기를 희망하므로 궁극적으로 정확한 소견은 하나뿐이라고 상정한다. 관찰자 각각의 해명은 사건에 대한 부분적인 견해만 나타낸다고 생각하는 것이다.

심층 실재론적 존재론에서는 상황이 훨씬 더 복잡하다. 실재가 층화되어 있다는 견해는 '경험적' 수준에서 다수의 실재들이 있다거나 구성된다는 견해와 함께, 하나의 독립적인, 그리고 아마도 대부분 숨어 있는 '실재적' 영역의 실재가 존재할 가능성을 인정한다.

다수의 실재가 존재한다고 주장할 경우, 즉 상이한 집단의 사람들이 상이한 사회세계에 살고 있다고 간주할 경우, **유일의**(the) 사회적 실재에 관해 이야기하는 것 또는 단일의 실재에 대해 상이한 견해를 갖고 있다고 이야기하는 것은 납득되기 어렵다. 일정한 사회적 공간 안에서 집단들이나 공동체들은 상이한 사회적 실재들 속에 살아가므로, 그 실재를 지속하고 그 실재의 정당성을 옹호할 것이다. 예를 들어, 1960년대의 민권운동이 성공하기 전의 미국 남부의 주들이나 근래의 남아프리카공화국처럼 인종주의를 승인하는 지역이나 나라에서도 인종 간 평등을 믿는 집단이 존재했다. 평등주의 이데올로기를 가진 사람들과 지배적인 인종차별 이데올로기를 고집하는 사람들은 상이한 세계에서 살고 있는 것이다. 그들은 같은 나라에 살지만 세계를 다르게 보고 다르게 경험했다. 대립하는 집단들의 구성원들은 자신의 입장이 옳다고 믿으며 자신의 독특한 가치에 기초한 주장을 통해서 자신의 견해를 옹호했다.

사회과학에서 상이한 이론적 관점을 지닌 옹호자들 사이에서도 동일한 종류의 논쟁을 찾아볼 수 있다. 수십 년 전으로 돌아가 1960년대에 미국사회학에서 구조기능주의자와 갈등이론가와 상징적 상호작용론자 사이에 격렬하게 전개된 이론 논쟁을 살펴보자. 각각의 이론적 관점에 선 옹호자들은 상이한 이론적 세계 속에 살고 있었다. 이 각각의 이론적 세계에 사는 거주자들은 자신들이 사회적 활동과 사회를 이해하는 최선의 방안을 가지고 있다고 믿었다. 그렇지만 그들이 자신들 입장의 상대적 장점이나 정당성을 판단할 만한 합리적인, 즉 편견 없는 논쟁을 수행할 수 있는 중립 지대나 특권적 위치는 존재하지 않는다. 그들의 존재론적·인식론적 입장이 이를 방해한다.

각 세계관의 존재론적 가정을 조정할 수 없는 경우, 그 세계관들은 공약불가능한 것으로 간주된다. 외부자, 즉 이들 입장 가운데 그 어느 것도 따르지 않는 사람은 그 입장들 각각의 주장을 평가할 수도 있다. 그렇지만 이런 사람도 판단을 위한 자기 자신의 기준을 정해야 하기 때문에 평가하면서 어떤 입장을 택할 것이다. 그 외부자는 특정한 존재론적 가정을 취할 것이며 이 가정은 외부자의 판단에 영향을 미칠 것이다. 우리는 이 쟁점을 다음 장에서 그리고 특히 6장에서 다시 다룰 것이다.

이 논의의 귀결은 사회연구자로서 우리는 존재론적 입장에 관한 대안들을 선택하는 상황에 직면한다는 것이다. 오직 하나의 사회적 실재만 존재한다고 상정하고 그러한 기초 위에서 연구를 수행할 것인가, 아니면 모든 사회 공간에 다수의 실재들이 있을 수 있으며 이것들을 고려해야 한다고 상정할 것인가? 그렇게 해야 한다면 우리는 우리 자신의 선택을 옹호할 수 있어야 할 것이다. 그렇지만 우리는 결국 일련의 존재론적 가정을 채택하고 있다.

우리는 '왜'라는 연구 문제에 대한 답을 어디서 찾는가?

'왜'라는 연구 문제에 답하기 위해 우리는 탐구 대상인 사회적 실재 속에 어떤 요인(들) — 우리가 설명하려는 것에 영향을 미쳤다고 입증할 수 있는 — 을 위치시켜야 한다. 예를 들어, 우리의 연구 문제가 조직 내에서 낮은 수준의 직무 만족도를 설명하는 것이라고 한다면, 우리는 어디서 그 답을 찾아야 하는지를 알아야 한다. 직무 만족과 상황의 다른 요인들 — 급료나 임금 등과 같은 — 사이의 연관을, 또는 직무 자율성의 수준과 책임 사이의 연관을 살펴볼 것인가? 참여자들이 위치한 작업 상황의 여러 가지 사회적 구성을 탐구할 것인가? 또는 직무 만족이, 예컨대 직무 자율성과 연관된다면 이들을 연결하는 기제들을 찾아내고자 할 것인가? 첫 번째 경우, 우리의 존재론적 가정은 아마도 **피상적 실재론**일 것이다. 두 번째 경우는 **관념론**이고 세 번째 경우는 **심층 실재론**이다. 그러므로 연구 문제에 답하는 각각의 접근은 상이한 종류의 실재를 상정하고 상이한 곳에서 답을 찾는다.

우리가 선택해서 작업하는 존재론적 가정은 으레 우리가 믿는 또는 그 연구 기획을 위해 우리가 선택한 연구 패러다임에서 도출할 것이다. 그 결과 우리의 존재론적 가정 선택은 상당히 부수적이고 암묵적일 수도 있다. 우리는 별다른 고민 없이 단순히 해당 분야의 지배적인 연구 전통을 추종하면서 존재론적 가정을 묶음으로 채택할 수도 있다. 아니면 우리는 특정한 존재론을 강하게 받아들이면서 포함된 가정들을 뚜렷이 의식하고 연구 문제에 대한 특정한 종류의 답을 찾겠다고 선택할 수도 있다.

그 답을 어디서 찾을 것인가라는 쟁점은 우리가 지금부터 탐구할 몇 가지 인식론적 딜레마들과 겹친다. '왜'라는 연구 문제에 대한 답을 어디서 찾을 것인가라는 쟁점은 우리가 거기서 무엇을 살펴볼 것인가, 어떻게 살펴볼 것인가, 그리고 어떤 종류의 답을 만들어낼 것인가라는 문제와 뒤섞인다.

인식론적 딜레마들

이 딜레마들 또한 사회연구자가 고려해야 하는 질문들로 표현된다. 여기서는 목록이 훨씬 길다.

- 사회적 참여자들로부터 독립해서 존재한다고 상정하는 사회적 실재를 직접 관찰할 수 있는가?
- 사회연구가 객관적일 수 있는가?
- 그렇다면 객관성의 성취가 사회세계에 대한 참인 해명으로 이어지는가?
- 사회연구자들은 연구 참여자들이 자신의 세계를 개념화하고 이해하는 방식 가운데 어떤 것을 사용해야 하는가?
- 일상언어, 즉 보통 언어와 사회과학적 언어, 즉 기술적 언어 사이의 관계는 어떠해야 하는가?

사회적 참여자들로부터 독립해서 존재한다고 상정하는 사회적 실재를 직접 관찰할 수 있는가?

사회적 실재가 사회적 참여자와 연구자 모두에게서 독립해서 존재한다고 상정한다면, 우리는 그러한 실재를 어떻게 연구할 것인가라는 문제에 부딪히게 된다. 여기서의 쟁점은 그러한 외부 세계와 인간 정신 관계가 맺고 있는 특성이다.

이미 살펴본 것처럼, **경험주의** 인식론은 외부 세계가 존재한다는 생각과 인간이 그 세계를 직접 그리고 객관적으로 관찰할 능력을 가지고 있다는 생각 모두를 받아들인다. 순수한 형태의 **경험주의**는 우리가 보는 것이 바로 존재하는 것이라고 주장한다. 우리가 이러한 외부의 실재에 관해 이야기할 수 있는 개념을 필요로 한다면, 실재 자체가 고유하게 그 개념을 가지고 있을 것이다. 예를 들어 우리가 산을 관찰한다면, 우리가 관찰하고 있는 것 속에 '산'이라는 관념이 담겨 있을 것이다. 우리가 관찰자로서 개념을 고안해야 하지는 않을 것이다.

후기의 이 학파, 즉 **개념적 실재론**은 우리가 사용할 수 있는 개념이 우리가 주변에서 보는 것을 결정한다고 주장했다. 우리가 우리에게 와서 부딪히는 감각인상들의 덩어리를 구조 짓고 조직할 수 있는 것은 우리의 개념들이 그 행위를 가능하게 하기 때문이다. 우리는 어떤 사물에 관한 관념을 이미 가지고 있기 때문에 그 사물을 볼 수 있다. 우리는 어떤 형태의 객체에 '산'이라는 이름을 적용할 수 있는가를 이미 알고 있기 때문에 그 객체를 산으로 인식한다.

우리가 기술적 개념을 사용할 때, 우리는 그 개념이 자리 잡고 있는 이론으로부터 영향을 받는다. 그러므로 우리는 연구에서 이론적 개념과 견해를 선택하며 그 행위에 따라 사회적 객체들을 판별해서 관찰을 수행하고 객체들을 분류하며 객체들의 특징을 측정할 수 있다. 우리가 '관찰'을 하기 위해서는 개념을 사용해야 하기 때문에 우리의 관찰은 이미 오염되어 있다. 다른 개념을 사용하면 우리는 다른 것을 보게 된다. 이는 우리가 우리 자신의 문화 속에서 사용하는 일상언어와 우리가 선택해서 사용하는 연구 패러다임의 개념 모두가 우리가 사회적 실재라고 관찰하는 것을 결정한다는 사실을 의미한다.

대안적인 학파에는 두 유파가 있다. 하나의 유파에서는 시행착오 과정을 통해 정확한 개념과 견해를 선택함으로써, 실제로 존재하고 있는 사회세계를 관찰할 수 있다고 말한다. 그렇지만 우리는 그 시행착오 과정을 언제 종료할 수 있는지 결코 확신할 수 없다. 그러므로 사안이 그렇게 단순하지는 않다. 실재와 우리의 개념이 마침내 정확하게 부합했을 때 어디선가 그 사실을 알려주는 종이 울리는 것은 아니다. 다른 유파에서는 실재를 정확하게 정의할 수 없기 때문에 개념을 사용하는 바로 그 행위는 연구자가 그 실재에 어떤 형식을 부과하고 있음을 의미한다는 의견을 제시한다. 이 견해에 따르면 초기의 개념 선택이 최후에 '발견하는' 것에 크게 영향을 미칠 것이다.

사회연구가 객관적일 수 있는가? 그렇다면 객관성의 성취가 사회세계에 대한 참인 해명으로 이어지는가?

첫 번째 질문은 우리를 곧장 다른 두 가지 질문으로 이끈다. 이 질문들은 사회과학철학의 광범한 논쟁적 문헌들에서 다루어지고 있다. 그 문헌들은 과학적 방법을 사용하는 것이 믿을 만한 지식을 획득하는, 그리하여 세계에 관한 진리를 확인하는 궁극적인 길이라는 주장에 대응해 등장했다. 많은 사람들이 자연과학은 객관적이고 사회과학은 주관적이라는 견해를 믿어왔다. 자연과학은 초연하고 반복 가능한 관찰 절차를 사용해서 세계를 탐구하고 논리를 사용해서 설명을 구성하기 때문에, 자연과학에서 생산되는 지식은 진실이며 믿을 수 있다고 주장해왔다. 사회과학 지식에는 이런 확실성이 결여된 것으로 간주된다. 이런 견해를 옹호하는 사람도 있고 논박하는 사람도 있었으며, 다양한 대안도 제기되어왔다. 아직은 이 논쟁을 자세히 살펴볼 때가 아니다.[5] 앞으로 여러 입장을 만날 것이다. 4장에서는 고전적 해석학, 5장에서는 현대의 해석학과 여성주의를 소개하고, 6장의 한 절에서는 '객관성과 진리'를 다룰 것이다. 지금은 주요한 몇 가지 입장만 간략히 소개할 것이다.

---

5) 이 논쟁의 몇 가지 입장에 대한 유용한 개관으로는 Williams and May(1996: ch. 5)를 볼 것. 그리고 더 자세한 논의로는 Williams(2005)를 볼 것.

어떤 '객관성'인가라는 문제는 상당한 논쟁거리이다. 이 단어는 두 가지 의미로 사용된다. 첫 번째는 있는 그대로의 세계에 대한 참인 서술을 만들어내려는 욕구와 관련된다. 두 번째는 탐구의 양식, 즉 가설과 이론을 개발하고 채택하고 기각하는, 비자의적이고 비주관적인 기준의 사용과 관련된다(Longino, 1990). 통상적으로는 두 번째 의미의 객관성을 성취하면 첫 번째 의미의 객관성도 성취될 것으로 상정한다.[6)]

> 객관성은 믿음, 개인, 이론, 관찰 그리고 탐구의 방법에 다양하게 부여되는 특징이다. 일반적으로 객관성은 사물들이 어떠해야 하는가에 관한 우리의 소망이 아니라, '사실' 또는 어떤 편견도 없는 비자의적인 기준이 우리의 믿음을 결정하도록 하는 자발성을 포함하는 것으로 여겨진다. 그러한 포함의 정확한 특성에 대한 규정은 무엇을 객관적이라고 말하는가에 관한 함수이다(Longino, 1990: 62).

원래 그 논쟁은 과학에서 '사실'과 '가치'를 분리할 수 있는가, 그리고 분리해야 하는가라는 견해를 둘러싼 것이었다. '사실'은 어떤 현상에 대한 참인 서술을 가리키는 반면, '가치'는 판단 – 중요성의 부여 – 의 포함이나 어떤 행위에 대한 지시와 금지를 가리키는 것으로 생각되어왔다. 그리고 과학이 객관적이려면 '가치에서 자유로워야(value-free)' 한다고, 즉 과학은 오로지 사실에 관한 것이어야 한다고 상정했다. 과학적 탐구의 모든 단계에서 연구자의 가치는 중립적이고 초연한 절차와 태도에 따라 배제되어야 한다는 입장이다.

이런 주장에 대한 초기의 반응은 연구자들이 그러한 능력을 가졌는가 하

6) 첫 번째 의미의 객관성은 '인식론적 객관성', 두 번째 의미의 객관성은 '방법론적 객관성'이라고 할 수 있다. 여기에 더해 객체들이 사람의 인식에서 독립해서 존재한다는 의미의 '존재론적 객관성'도 있다.

는 의심이었다. 이 문제에 관한 한 가지 해결책은 연구자에게 자신의 가치를 선언함으로써, 그 연구를 이용하는 사람들이 연구 결과가 가치를 포함하고 있는지 그리고 어느 정도나 포함하고 있는지 판단할 수 있게 하라고 요구하는 것이었다. 지금도 이런 입장을 옹호하는 논자들이 있지만(예컨대 Seale, 1999: 25~26을 볼 것), 누구나 자신의 가치와 가정을 완전하게 의식할 수는 없기 때문에, 그리고 가치를 드러낸다고 하더라도 관찰자들이 그 가치의 영향을 판단하기는 쉽지 않기 때문에 이 입장이 충분히 만족스러운 것은 아니다.

마침내 연구의 여러 단계에서 가치가 개입한다는 것을 인정하게 되었다. 근본적인 수준에서, 세계를 과학적으로 관찰하는 바로 그 행위를 하기 위해 연구자는 기술적 개념들을 사용해야 하며, 그 개념들의 의미는 그 속에 자리 잡고 있는 이론과 가정을 포함하고 있다. 더욱이 연구자의 생애, 문화, 전문적 훈련 그리고 그가 속한 과학공동체 등이 연구자가 채택하는 존재론적·인식론적 가정에 영향을 미친다. 이 가정은 관찰하는 행위, 그 연구를 이해하는 방식에도 차례로 영향을 미친다. 간단히 말해서, 모든 관찰이 이론부과적이므로 관찰은 해석을 포함한다고 주장된다. 그러므로 순수한 사실이란 있을 수 없다.

이 입장에 대한 한 가지 해결책은 모든 지식이 잠정적이며 수정 가능하다는 점을 인정하는 것이었다. 연구자들은 자신들의 관찰에만 의존해서 사회세계가 어떻게 작동하는가를 말할 수 없기 때문에 시행착오의 과정을 겪어야 한다. 연구자는 사회세계가 어떻게 작동하는가를 이론화한 다음 관찰을 수행해서 그 생각을 검증하는 데로 나아갈 수 있다. 여기에는 시간이 흐르면서 이러한 비판적 검증의 과정을 통해 배움으로써 우리가 진리에 가까이 다가갈 것이라는 희망이 자리하고 있다. 이 입장은 모든 관찰이 해석이라면 이론을 실재와 대비해 검증하는 시도 역시 결함이 있는 절차라는 문제를 지닌다.

관찰이 이론부과적이라는 견해는, 연구자가 세계를 어떻게 보는가가 개인의 가정과 가치의 사안이 아니라 공유한 가정과 해석의 산물이라는 주장으로도 발전했다. 지식은 어떤 관점에 입각한 견해이며, 그 관점은 과학공동체가 공유한 세계관이다. 과학자들은 그러한 세계관 속에서 사회화되며 공동체 구성원들은 그 세계관을 유지하고 옹호한다. 무엇이 실재를 구성하며 그 실재를 어떻게 알아낼 수 있는가에 관한 가정은 개인이 선택하는 사안이 아니라 과학공동체의 자산이다.

여기서 지식이 사회적인 구성물이라는 노선의 주장이 도출된다. 배경이 되는 특정한 가정을 채택하고 승인 가능한 연구 절차를 사용함으로써 과학자들은 그러한 공동체들이 재가하는 특정한 종류의 지식을 생산한다. 무엇을 사회세계에 관한 사실로 인정하는가는 초연하고 가치자유적인 절차가 아니라 상호주관적인 합의의 사안이다. 이런 입장을 채택하면 모든 지식은 절대적인 것이 아니라 상대적인 것이라는 결론에 이르게 된다. 상이한 가정을 채택하고 상이한 절차를 사용하면 상이한 지식을 만들어낼 것이다. 지식의 상대성에 관한 이러한 견해는 지식주장의 우열을 판단할 수 있는 중립적 위치는 있을 수 없기 때문에 어떤 지식이 참인가에 관한 논쟁은 결말지어질 수 없다는, 사회세계를 서술하고 이해하는 상이한 방식들이 있을 뿐이라는 주장으로 나아갈 수 있다.

이런 입장에서 이끌어낸 결론은 "아무렇게나 해도 좋다(anything goes)"이다. 그렇지만 이런 상황을 정정하려는 시도들도 있었다. 관찰은 이론에 의존하며 지식은 사회적으로 구성된다는 점을 인정하면서도, 객관성에 대해 또 다른 견해를 제시하는 것이다. 두 가지 제안을 검토하자.

헬렌 롱기노(Helen Longino)는 객관성이, 연구가 개인적인 활동이 아니라 사회적인 활동이라는 사실에서 결과한다고 주장했다(Longino, 1990). 연구자들은 착상과 방법에서 서로에게 의존하며 기존의 과학공동체 속에서 사회화된다. 그리고 연구자들은 자신들의 활동을 가치 있게 평가하는 사회에 의존한다. 과학 지식은 상이한 종류의 활동에 참여하는 수많은 개인의 작업에서 생산된다. 가장 중요한 것으로, 무엇을 지식으로 인정하는가는 사회적 협상의 사안이다. 과학은 공공적 활동으로 동료나 더 광범한 사회의 비판에 개방되어 있다. 배경적 믿음과 가정에서 나타나는 주관적 선호의 노출도 이러한 비판의 한 측면이다. "비판의 가능성이 각각의 개인이나 공동체의 과학 실천에서 주관적 선호를 완전히 제거하지는 않더라도, 그 선호가 '과학 지식'의 형성에 미치는 영향을 제어하는 수단은 제공한다"(Longino, 1990: 73). 그러므로 배경적 믿음과 가정은 사회적 통제의 대상이며, 비판에 대면해서 그것을 수정하거나 포기할 수 있다. 비판은 변화시키는 힘(transformative)이다.

> 그러므로 객관성은 정도의 문제인 것으로 나타난다. 탐구의 방법은 변형적 비판을 허용하는 정도까지 객관적이다. 탐구 방법의 객관성은 상호주관적 비판을 포용하는 데 있는 것이 아니라 절차와 결과 두 가지가 앞에 서술한 종류의 비판에 반응하는 정도에 있는 것이다(Longino, 1990: 76).

롱기노는 변화시키는 힘이라는 비판적 담론에 이르기 위한 네 가지 기준을 제안했다. ① 증거, 방법, 가정과 추론에 대해 비판할 수 있는 승인된 통로가 있어야 한다. ② 비판자들이 불러낼 수 있는 공유된 표준이 존재해야 한다. ③ 그러한 비판에 대해 공동체 전체가 대응해야 한다. ④ 자격을 갖춘 실행자들이 지적 권위를 대등하게 공유해야 한다(Longino, 1990: 76).

객관성에 대한 이러한 접근을 받아들인다면 우리는 결국 과학자공동체가 받아들일 준비가 되어 있는 지식, 그리고 행위를 위한 기초로 사용할 수 있는 지식을 갖게 된다. 그렇지만 우리가 궁극적인 진리에 도달하는 것은 아니다. "객관적인 방법을 기초로 어떤 이론이나 가설을 받아들였다고 해서 그 이론을 참이라고 말할 수 있는 것은 아니다. 우리는 그 이론이 과학공동체가 비판적으로 성취한 동의를 반영한다고 말할 수 있을 뿐이다. 초경험적인(관찰 불가능한) 현상에 접근할 수 있는 어떤 특권적인 통로가 없는 상황에서, 우리가 더 좋은 어떤 이론을 기대해야 하는가는 분명하지 않다"(Longino, 1990: 79). 그러므로 이런 식의 객관성 성취는 진리를 보증하지 않는다.

롱기노의 접근에 대해, 특히 과학공동체의 특성과 비판에 대응하는 과정과 관련해서 결함을 지적할 수 있다. 비판은 역동적 과정이므로 동의에 도달하지 못할 수도 있고, 동의에 도달하더라도 그것이 곧 공동체의 견해가 참이라는 것을 의미하지는 않는다. 개별 연구자에게 비판이 제기될 때 그 개인이 정확하고 공동체가 그릇되었을 수도 있다(Williams, 2005: 117). 사회과학에서는 경쟁하는 공동체들이 있고 각 공동체는 특정한 연구 패러다임의 변호자로서 그 자체의 가정과 믿음을 옹호한다는 사실이 상황을 더 복잡하게 만든다. 공동체 내에서의 비판은 롱기노가 희망하는 종류의 결과를 낳을 수도 있지만, 공동체를 가로지르는 비판은 다른 문제이다. 그렇지만 우리의 관심을 객관성 문제에 대한 개인적 해결에서 과학공동체로 이동시키고 과학활동의 사회적 동역학을 강조하면서, 롱기노는 객관성에 관한 합의가 어떻게 이루어지는가 또는 이루어질 수 있는가를 조명한다.

롱기노의 견해는 자연과학의 맥락에서 제시된 것이다. 두 번째 입장 – 이것은 롱기노의 견해와 양립할 수 있다 – 은 사회과학에서 나온다(Williams, 2000, 2005). 윌리엄스는 사회학에서 객관성의 가능성이라는 쟁점을 다루면서 우리가 사회세계에 대한 과학을 가져야 한다면 무엇이 사회세계에 대한 진정한 해명인가를 판단하는 방법을 가져야 한다고 주장했다. 가치자유에 기초한 객관성은 지지할 수 없다고 인정하면서 그는 "가치에서 시작하는, 그러므로 특정한 사회적 맥락 안에 위치한 형태의 객관성이 가능하다"라고 주장했다(Williams, 2005: 99). 그는 객관성을 "**객체의 속성들에 관한 진리를 찾는 목적적 탐색**(purposeful search)"이라고 정의한다(Williams, 2005: 110).

윌리엄스는 객관성도 진리와 마찬가지로 사회적 가치이며 그러므로 맥락에 따라 상이한 것으로 볼 수 있다고 주장한다. 객관성은 어떤 공동체 – 그것이 성취를 이루었는지 심판하는 – 가 뒷받침하는 한에서 사회적인 것이다. 과학에서의 객관성은, 예컨대 법률 등과 같은 다른 영역의 객관성과 다르다.

사회세계에 대한 참인 해명에 대한 욕구는 설명의 진리성을 평가하는 최종적인 방안이 없다는 인식에 의해 조절되어야 한다. 또 다른 해결책은 편견 없는 기준을 찾아내는 문제에서 벗어나 설명의 유용성에 초점을 맞추는 실용주의적 접근이다. 실용주의에 따르면, 우리가 이론들이 수행하기를 원하는 일들 – 우리가 어떤 문제를 해결하는 데 도움을 주는 것과 같은 – 을 수행하는가 여부가 우리가 이론에 대해 가질 수 있는 관심의 전부이다. 물론 더 나아가 이론이 작동한다면 우리는 그 이론이 참일 수밖에 없다고 주장할 것이다.

사회연구자는 연구 참여자들이 자신의 세계를 개념화하고 이해하는 방식 가운데 어떤 것을 이용해야 하는가?

이 질문은 우리가 1장에서 논의한 두 가지 쟁점을 상기시키면서 또 다른 딜레마를 제기한다. 첫 번째는 지식을 생산하는 근본적으로 상이한 방식, 즉 '하향식' 연구와 '상향식' 연구와 관련된다. 두 번째는 연구자가 자신이 연구하는 사람들에게 취할 수 있는 두 가지 상이한 태도와 관련된다. 그 딜레마는 어떤 연구 문제에 숙련된 사회과학자가 제시할 수 있는 이른바 전문 지식에 비해, 사람들이 자신의 사회세계에 관해 이야기하는 것에 얼마만큼의 신뢰를 부여해야 하는가이다. 우리가 이 쟁점을 다루는 방식은, 사회적 실재가 하나인지 아니면 여러 개인지에 관한 앞선 질문에 우리가 어떻게 답하는가에 주로 달려 있다.

우리가 단 하나의 사회적 실재만이 존재하며 그 실재는 사회적 행위자들이 생각하는 것에서 독립해 존재한다는 견해를 채택한다면, 이 질문에 관해서는 우리가 전문가이기 때문에 우리의 연구 문제에 답하는 데서 사회적 참여자들의 인식과 이해보다 사회과학이론이 더 신뢰할 수 있는 기초를 제공할 것이라고 답할 것이다. 그렇지만 우리가 다수의 사회적 실재가 존재한다는 견해를 선호한다면, 그리고 **구성주의**의 인식론을 받아들인다면, 우리는 사회적 참여자들이 자신의 세계에 대해 가지고 있는 지식을 훨씬 더 신뢰할 것이다. 거기 살고 있는 참여자들이 사회적으로 구성한 세계를 우리가 달리 어떻게 알아낼 수 있겠는가? 그들이 우리에게 이야기하는 것을 얼마나 신뢰할 수 있는가라는 측면에서 의견이 다를 수 있지만, 우리는 이러저러한 방식으로 그들의 해명을 듣고자 할 것이다. 우리가 이 작업을 어떻게 수행할 것인가는 우리가 가장 적합하다고 생각하는 방법(들) 사이에서 선택하는 문제일 것이다.

일상언어, 즉 보통 언어와 사회과학적 언어, 즉 기술적 언어 사이의 관계는 어떠해야 하는가?

여기서 고려해야 할 마지막 딜레마는 다른 대부분의 인식론적 딜레마들 간의 조합에서 생겨난다. 이것은 연구기획에서 사용하는 사회과학적 개념들을 기존의 연구 그리고/또는 이론에서 끌어내야 하는가 아니면 연구대상인 사람들의 일상언어에서 끌어내야 하는가에 관한 선택이다. 일상의 삶에 사회과학의 언어를 부과해야 하는가 아니면 일상의, 즉 보통의 언어에서 사회과학의 언어를 도출해야 하는가? 연구 문제에 답하는 출발점은 기존의 사회과학적 지식이어야 하는가 아니면 일상의 지식이어야 하는가?

연구에 대한 '하향식' 접근을 택하는 연구 패러다임에서는 참여자들이 구성하는 사회세계의 부분 — 사회연구자가 관심을 가진 — 에 대처하면서 사용하는 언어와 그 세계에서 진행하는 것에 관한 그들의 생각을 믿을 수 없는 것으로, 그리고 최악의 경우에는 부적합한 것으로 간주한다. '상향식' 접근을 택하는 연구 패러다임에서는 사회적 삶에 대한 모든 해명을 참여자들의 언어로 표현해야 한다거나 또는 적어도 참여자들이 자신의 실재를 개념화하고 이해하는 방식에 기초해야 한다고 주장한다. 여기서 논의하고 있는 질문들 가운데 아마도 이 질문이 가장 중심적이고 또한 가장 논쟁이 심할 것이다. 바스카(Bhaskar, 1979: 198)는 이 질문을 사회과학에서 중심적인 방법론적 문제라고 규정했다.

우리는 6장에서 이 딜레마를 다른 형태로, 연구 패러다임들을 자세히 탐구한 다음 다시 논의할 것이다.

탈근대적 전환

탈근대적 전환 또는 **탈근대주의**(postmodernism)는 사회과학을 이해해온 전통적인 방식에 도전하는, 지난 50여 년 동안 발전해온 사회이론과 연구에 관한 일단의 관점을 가리킨다. 예술, 건축 및 문학에서도 어느 정도는 이와 유사한 과정이 진행되었다.

탈근대주의는 여러 사람에게 여러 가지를 의미하기 때문에 간략하게 정의하기는 어렵다. **탈근대주의**에 관해 생각하는 가장 손쉬운 방법은 이를 근대주의(modernism)와 비교하는 것이다. 조나단 포터(Jonathan Potter)는 두 친구의 차이를 희화화(caricatures)하는 방식으로 사회과학들의 맥락에서 이 둘의 차이를 특징짓는다.

> 근대주의자는 선의를 가지고 열심히 일한다. 그렇지만 그녀는 유머 감각은 그다지 없다. 그녀는 모든 상황에서 진행되고 있는 일을 가장 잘 이해하기 위해 분투한다. 그녀는 자신이 무엇을 좋아하는가를 알고 있다. 확신, 정직, 명확이다. 탈근대주의자는 실제로 일하는 것보다 일에 관해 말하기를 더 좋아한다.

> 그녀는 재치 있고 반어적이다. 당신은 그녀가 이야기할 때 당신을 놀리는 것인지 아니면 그녀 자신을 조롱하는 것인지 알 수 없다. 그녀가 특별한 성격을 가졌는지 아닌지 당신은 알기 어려울 것이다. 왜냐하면 그녀는 여러 모습을 가지고 있는데, 그 중의 어느 것도 다른 것보다 더 참되게 보이지 않기 때문이다(Potter, 1996: 88).

다음의 논의는 이러한 차이의 중요성을 자세히 설명한다.

탈근대주의의 유형과 기원

탈근대주의라는 개념은 상이한 세 가지 유형의 발전을 가리키는 데 사용되어왔다. 첫째는 예술과 건축에서의 변화를 의미하는데, 예술에서는 재현이라는 견해를 거부하는 것과 건축에서는 국지적이고 혼합적인 양식을 채택하는 것이 포함된다. 둘째는 현대 사회에서 일어난 탈산업적·탈자본주의적 형태로의 변화나 자본주의 안에서 일반적으로 소비주의, 대중문화, 대중매체 및 경제적 지구화와 결합된 문화적 변동을 서술한다. 셋째는 프랑스 및 영미철학과 사회이론에서의 발전을 가리키는데, 이 발전들은 사회연구에 중요한 영향을 미쳤다. 우리가 여기서 관심을 갖는 유형은 세 번째 발전이다.

탈근대 철학은, 15세기에서 17세기에 걸쳐 유럽에서 퍼져나가고, '계몽의 시대(Age of Enlightenment)'로 알려진 18세기에 절정에 도달한 과학과 지식에 대한 견해를 거부하는 주장을 제시한다. 근대의 중심적인 생각은 합리성과 진보에 대한 믿음이었다. 이로 인해 비합리와 무지와 미신에서 인류를 해방시키려는 목적으로 역사 및 전통과 철저하게 단절했다. 이러한 합리성은 자연에 대한 이해와 통제와 조작을 추구하는 과학의 엄밀성과 확실성에서 가장 분명하게 드러난다.

새로운 시대?

대부분의 논자는 제2차 세계대전 이후 선진 자본주의 사회들로부터 탈근대 사회가 도래했다고 지적한다(Dickens and Fontana, 1994: 3). **탈근대주의**가 새로운 시대(postmodernity, 탈근대)를 형성하는지 아니면 "자체의 한계와 타협하는 근대주의"(Sayer, 2000: 30)일 뿐인지는 논란이 심한 쟁점이다(B. Smart, 1996). 분명 **탈근대주의**는 근대가 확립한 가정, 주장 그리고 실천을 반성하는 시기가 등장한 것으로 볼 수 있다.

근대주의 사회와 철학의 발전은 **탈근대주의**가 더 급진적인 견해로 가는 기초를 마련했다. 우선 지난 세기에는 세계의 다양성이 증대했는데, 이는 식민주의, 인구 증가, 대규모 전쟁, 지구적 자본주의와 이주 등의 결과였다. 국민국가 안에서 문화의 혼합과 융합은 권력과 불평등이라는 사회구조의 변화와 함께 전례 없는 다양성을 낳았다.

동시에 사회과학에서는 다수의 경쟁하는 이론적 관점들 – 각각 더 뛰어난 이해를 제공한다고 주장하는 – 이 등장했다. 이러한 발전은 그 자체로 보편적 진리라는 관념에 도전할 잠재력을 가지고 있다. 그렇지만 사회가 더욱 파편화하고 사회과학 지식이 관점에 따라 상이하다는 인식이 발전하면서, 과학 지식을 발전시키는 방법이라는 경험주의의 지배적(귀납적) 논리에도 도전이 제기되었다. 앞에서 논의한 것처럼, 일부 철학자는 모든 지식이 잠정적이고 늘 수정 가능하다고 주장하기 시작했으며, 그러므로 과학의 중심 교의 가운데 하나인 과학이 확실한 지식을 생산한다는 주장이 무너졌다. 여기에 더해, **탈근대주의**의 견해들이 명료하게 표현되기에 앞서 실재를 사회적으로 구성한다는 견해가 나타나기 시작했다.

우리가 **탈근대주의**를 새로운 시대의 구성으로 보든 근대 안에서의 정교화 과정으로 보든 간에, 탈근대주의는 근대주의가 나타내는 모든 것을 완전히 거부하는 것으로 그리고 근대의 바로 그 기초를 무너뜨리는 것으로 볼 수 있다. "근대주의가 사물들이 실제로 존재하는 방식에 관한 일반화된, 의심할 수 없는 진리에 기초를 두고 있다고 주장하는 반면, **탈근대주의**는 진리에 대한 그런 모든 주장의 전체적인 인식론적 기초를 포기한다. 명료성, 확실성, 전체성 그리고 지속성을 지지하는 대신, **탈근대주의**는 모호성, 상대성, 파편성, 개별성 그리고 단속성을 신봉한다"(Crotty, 1998: 185). **탈근대주의**는 또한 보편적 이성을 통한 인류의 진보라는 믿음에도 도전한다.

특징

많은 논자가 탈근대주의를 판별하기 위해 여러 가지 개념을 사용했고 근대와 탈근대의 관계에 관해 다양한 견해들을 제시해왔는데, **탈근대주의**에서는 근대적 관념과의 단절을 보여주는 여러 주제를 찾을 수 있다(Best and Kellner, 1997: 255~258; Alvesson and Sköldberg, 2000; Alvesson, 2002, 2004). 그러나 탈근대주의를 통일된 견해라고 할 수는 없으며 오히려 이러한 다양성 속에 몇 가지 지배적인 견해가 있다고 해야 한다.

1. **거대서사에 대한 거부**: 거대서사(grand narratives) 또는 메타서사(meta-narratives)는 전면적인 철학 체계나 거대한, 즉 총체적인 사회이론들을 가리킨다. 이것들은 자신들이 전체 사회나 심지어 세계체계를 서술하고 설명한다고 주장한다. 마르크스주의, 체계이론, 자유주의 경제학 이론 등이 그 사례다(Lyotard, 1984). **탈근대주의**는 그러한 이론들이 보편적 설명을 제공한다는 견해를 거부하고 그 이론들에 아무런 특권적 지위도 부여하지 않는다. 그 이론들을 사회적 삶에 관해 이야기꾼의 관점과 이해관심에서 제시하는 이야기나 기존에 가지고 있던 권력의 기초를 유지하려는 의도가 숨은 큰 설화로 간

주한다. 더욱이 장 보드리야르(Jean Baudrillard), 장 프랑수아 리오타르(Jean François Lyotard), 미셸 푸코(Michel Foucault) 같은 탈근대 이론가들은 근대의 종언과 함께 이제는 근대 사회이론도 폐물이 되었다고 주장한다.

탈근대주의자들은 사회와 문화에 대해 총체화하지 않는 이론화를 옹호하며 작은 서사들(mini-narratives)을 선호한다. "이 서사들은 개별의 맥락들 — 추상적 이론, 보편성 또는 일반화 가능성을 요구하지 않는 — 속에 위치하는 작은 상황들에 대한 설명들을 제공한다"(Grbich, 2004: 26). 여기서는 "차이, 다양성, 파편화, 복잡성"을 강조한다(Best and Kellner, 1997: 255~256). 이것에 관한 리오타르의 견해(Lyotard, 1984)는 다음과 같이 요약할 수 있다.

> 상이한 집단들(제도, 학문분과, 공동체)은 그들이 알고 있는 것과 그들이 수행하는 것에 대해 상이한 이야기를 한다. 그들의 지식이 논리적으로 구조 지어지고 완전한 총체의 형태를 취하는 것이 아니라 그들이 자신의 목표를 성취할 수 있도록, 그리고 그들 자신이 수행하고 있는 것을 이해할 수 있도록 허용한다는 점에서 도구적인 서사의 형태를 취한다. 그러한 서사들은 모두 국지적이기 때문에 그들을 함께 연결해서 모든 지식을 통합하는 거대 서사를 형성할 수는 없다. 탈근대의 조건은 수많은 이질적인 담론들의 공존 — 상이한 분파들이 상이하게 평가하는 상태 — 을 특징으로 한다(Cillers, 1998: 114).

2. **절대적인 진리에 대한 거부:** 탈근대주의는 사회적 실재들을 다수의 사회적 구성물 — 재형성되고 재구성되는 — 이라고 파악하기 때문에 객관적 실재 및 절대적 진리라는 관념을 거부한다. 진리와 실재는 사회적 행위자들 — 각각 주관적 삶의 경험을 공유한 — 이 상호주관적으로 협상한 의미 속에 자리 잡고 있다. 지식 자체도 대화를 통해 협상한 사회적 구성물이라고 간주한다. 그 결과 다수의 진리가 있을 수 있다. 일상의 진리나 과학적 진리 중 어느 것도

절대적인 진리로 간주할 수 없는데, 그 까닭은 그것들이 국지적이고 협상된 지식에 기초하기 때문이다. "절대적 지식에는 도달할 수 없으며, 모든 지식은 상대적이고 협상의 지배를 받는다"(Grbich, 2004: 25).

3. **재현에 대한 비판:** **탈근대주의**의 지배적인 특징 가운데 하나는 언어가 실재를 반영하거나 모사한다는 생각을 거부한다는 점이다. **경험주의**에 따르면 언어는 세계에 관한 숙련된 관찰에서 나타나는 '사실들'을 서술하는 데 사용된다. 그러나 **탈근대주의**는 '사실들' 같은 것은 존재하지 않는다고 주장할 뿐 아니라, 그러한 생각을 뒷받침하는 데 사용하는 담론을 검토하고 또한 단어와 객체 사이에 있다고 주장되는 단순한 관계를 검토한다.

탈근대주의자는 어떻게 실재에 대한 이미지를 만들어내는가, 특히 어떻게 문자적 형태와 전자적 형태로 만들어내는가에 관심을 갖고 있다. 탈근대주의자는 이런 이미지가 무엇을 재현하려 하는가에 관심을 갖는 것이 아니라 이미지 자체를 이해하는 데 초점을 맞춘다.

탈근대주의에 따르면 재현은 보고적(reportorial)이기보다는 수사적(rhetorical)이다. 연구자들은 실재를 서술하거나 자신들의 발견을 보고하는 것이 아니다. 그들은 텍스트의 의미에 관해 설득하는 논증에 참여하는 것이다. 언어는 더 이상 실재의 거울이나 의미 전달의 수단이 아니다. 언어는 맥락의존적이고 비유적이며 실재를 구성한다. 그 결과 사실과 허구 사이의 경계는 무너지고 실재와 환상 사이의 구별은 소멸된다(Hollinger, 1994: 128).

4. **담론의 중심성:** 탈근대의 이론화에는 사회적 텍스트 — 사회 참여자들과 연구자들 양쪽의 문자적 또는 시각적 해명 — 에 대한 상세한 해석적 분석이 포함된다. 텍스트와 경험 자료는 동의어가 된다. 하지만 자료가 텍스트 너머에 있는 실재와 관계가 있는 것은 아니다(Antonio and Kellner, 1994: 129). "모든

것을 텍스트로 정의하는 탈근대주의자들은 의미를 '발견하고자' 하지 않고 '위치 짓고자' 한다"(Rosenau, 1992: 8). 탈근대주의는 경험적 증거를 사용해서 설명을 고안하고 검증하는 방식에 대한 관심에서 텍스트에 관한 연구자나 수사학자 — 자신과 다른 사람을 안내하고 납득시키고자 하는 — 의 대화로 의제를 전환한다(Brown, 1994: 231).

5. 정체성의 파편화: 탈근대주의는 개인 — 의도, 동기, 의미를 가지고 있으며, 역동적이고 통합적인 의식을 보유하고 있는 — 이 독특하다는 인간주의적 견해를 서구의 자종족중심성으로 간주한다. 이제는 사람을 하나의 개인이 아니라 분리된 정체성들의 집합이라고 이해한다. 이러한 정체성들은 예측할 수 없는 방식으로 형성되고 재형성되며 변화하고 사라질 수 있다. 이것은 곧 개인적·자율적·의미 부여적 주체의 죽음이다(Alvesson, 2004: 844).

6. 문화적 상대주의의 채택: 상대주의는 객관주의에 대한 반동이다. 객관주의는 "우리가 합리성, 지식, 진리, 실재, 선이나 옳음의 성질을 결정하는 데서 궁극적으로 호소할 수 있는 어떤 영구한 초역사적 모체(matrix)나 틀(framework)이 존재한다"라고 주장한다(Bernstein, 1983: 8). 그 대신 탈근대주의는 지식주장과 지식의 객관적 기초에서 수사학이 피할 수 없는 역할을 한다는 점을 인정한다.

진리와 허위를 구별하는 기초로 제시하는 객관적 기준은 무엇을 참이라고 주장하는가를 보여줄 수 있게 고안된 설득의 형식에 지나지 않는 것으로 간주된다. '타당성'과 '신뢰성'에 대한 관심은 시간에 따라 변화하고 맥락에 따라 상이한 사회적 구성에서의 변이들에 대한 관심으로 대체된다. 모든 사회적 구성은 타당하다고 간주되며 또한 어느 것도 다른 것보다 더 특권적이지 않다고 간주한다.

탈근대주의자는 온갖 형태의 상대주의를 승인한다. 상대주의는 한 문화의 구성원이 다른 문화의 가치나 실천에 관해 판단할 권리를 인정하지 않는다. 그 근거는 어떤 사람이 다른 문화에 관해서는 말할 것도 없고, 모든 것에 관해 객관적인 판단을 할 수 있는, 문화적으로 중립적인 위치가 없다는 것이다. 이런 종류의 판단을 하는 한 그 판단은 기껏해야 광범한 인간적 가치에 기초한 것으로, 그리고 최악의 경우 어떤 궁극적인 기준이 아니라 특정의 문화적 가치에 기초한 것으로 보아야 한다.

탈근대주의와 사회연구

탈근대주의가 특정한 연구 프로그램으로 이어지는 것은 아니다. 그리고 탈근대주의만에 고유한 사회과학 연구 영역이 있는 것도 아니다. 대부분의 탈근대주의자는 일반 이론적 가치를 가진 것을 만들어내는 일에 또는 지식을 진보시키는 일에 관심을 갖지 않는다(Alvesson and Sköldberg, 2000: 175~176). 탈근대적 연구는 사회연구를 단일한 이론적 준거틀을 다루거나 논리적 결과와 통일된 해석을 추구하는 작업으로 생각하는 대신, 연구자의 권위와 연구 자체를 문제삼으며, 파편적인 지식과 다수의 해석들을 추구한다.

리처드 로티(Richard Rorty)와 같은 일부 논자들은 **탈근대주의**가 모든 것을 규탄하면서 아무것도 제안하지 않는다는 점을 근거로 그것이 기생적인 편견을 갖는다고 간주한다(Rorty, 1989). 그렇지만 다른 논자들은 **탈근대주의**가 전혀 다른 두 방향으로 영향을 미쳤다고 주장해왔다. 예컨대 폴라인 로세노(Pauline Rosenau)는 **탈근대주의**가 회의적이거나 긍정적이었다고(Rosenau, 1992), 스티븐 베스트(Steven Best)와 더글러스 켈너(Douglas Kellner)는 극단적이거나 온건했다고 서술했다(Best and Kellner, 1997).

회의적 입장의 탈근대주의는 어떠한 진리도 확립될 수 없다는 생각에 기초해 '부정적' 의제를 장려한다. 재현은 어떤 것에 자의적인 의미를 부과하는 문제다. 연구는 해체(deconstruction)의 문제다. …… 이런 접근은 경험적 작업 — 적어도 관례적으로, 그리고 실증적으로 이해하는 — 을 강력하게 저지한다. 긍정적 탈근대주의 또한 진리 및 타당성의 관념에 의문을 제기하지만 사회연구에 대해서는 상당히 긍정적인 견해를 갖는다. …… 이 입장은 경험적 작업과 경험적 주장에 대해 반대하지 않으면서, 서술, 해석 및 연구자의 권위를 둘러싼 쟁점들에 대해서는 의문을 제기한다(Alvesson, 2004: 845).

탈근대주의는 그 자체에 고유한 연구 의제는 없지만 사회연구에 깊은 영향을 미쳤다. 연구 실천의 측면에서, 자료 수집이 사회적·문화적 현상에 대한 서술과 이해를 만들어낸다는 기존 견해를 대신해서 연구 참여자와 연구자 양쪽에서 실행하는 사회구성에 초점을 맞출 것을 제안한다. 초점은 소규모의 국지적 상황에서 발생하는 담론들, 즉 다수의 실재와 정체성을 창조하고 유지하는 그리고 다수의 해석에 개방되어 있는 담론들에 맞춰진다.

예를 들어 면접은 피면접자의 의미와 경험을 표현하는 실재나 자리(sites)에 대한 단순한 보고가 아니라, 지배적인 담론이 주체들 및 그들의 응답을 구성하는 국지적 상황으로 볼 수 있다. 민족지는 세심하게 수행되고 현지조사에 기초한 타문화에 대한 권위 있는 보고가 아니라 허구의 텍스트라고 간주된다. 이 텍스트에서는 피연구자들의 사회적 구성물과 저작권이, 연구의 대상이라고 주장되는 '저기에' 있는 현상들과 같은 정도로 또는 그것들보다 더 문제가 된다. 탈근대주의적 지향의 사회연구는 의미를 포착하고, 유형을 발견하고, 확고한 결론에 도달하기보다 의미의 비결정성(indecisiveness)을 입증하고 다수의 목소리에 공간을 제공하며 대안적인 읽기를 허용한다(Alvesson, 2004:

845).

비판적 실재론자(critical realists) 또는 신실재론자(neo-realists)와(Sayer, 2000) 많은 여성주의자는(예컨대 Farganis, 1994; Ramazanoğlu and Holland, 2002) 사회세계의 복잡성 그리고 지식의 상황성과 관점성을 인정하면서도 탈근대주의의 일부 특징은 거부했다.

> 여성주의자들이 반드시 탈근대 사상을 거부하거나 근대적 방법론 개념에 대한 비판을 무시해야 하는 것은 아니다. 그렇지만 탈근대주의가 제시하는 생산적인 자유를 받아들이더라도 그것은 인식론에서 벗어나거나, 지식과 권력 사이에서 또는 관념 및 경험과 실재 사이에서 어떤 연관을 만들거나 배제할 것인가의 문제를 제거하지는 않는다. 여성주의자와 탈근대주의 사상가는 계속 상이한 관심을 가지고 있다(Ramazanoğlu and Holland, 2002: 103).

특히 앤드류 세이어(Andrew Sayer)는, 탈근대주의가 제기하는 모든 쟁점을 고려하더라도 긍정적 입장을 택함으로써 신뢰할 수 있는 지식을 발전시키는 일이 여전히 가능하다고 주장한다(Sayer, 2000: 30).

탈근대주의자들의 저작을 관통하는 강력한 반(反)과학적 흐름은 사회연구자들에게 자신들의 사회탐구 접근을 자세히 검토할 것을 요구한다. 세 가지 방식의 반응이 가능하다. 첫째, 사회적 삶에 대한 모든 종류의 체계적 이해의 가능성에 대한 기대들을 포기하고, 그 대신 소설 쓰기로 전환할 수 있을 것이다. 이것은 패배주의적(defeatist) 자세이다. 둘째, 탈근대주의의 주장을 수용하고 그것이 허용하는 종류의 생산물에 만족하는 것이다. 이것은 전향주의적(converted) 자세이다. 셋째, 근대주의적 과학에 대한 피할 수 없는 존재론적·인식론적 비판들 — 실재의 맥락특수성, 다수성 및 사회적 구성성의 주장 등과 같은 — 을 받아들이고, 지식의 잠정성 — 시간과 공간에서 한계를 갖는 — 과 지식생산에서 연구자의 역할을 인정할 필요가 있다고 생각하는 것이다. 그렇게 되면 연구 결과와 지식 생산의 측면에서 훨씬 더 제한적인 열망에 만족해야 할 것이다. 이것은 **개혁주의적**(reformist) 자세이다.

근래에는 **사회적 실재론**(Social Realism) — 또는 **심층 실재론적** 존재론과 신실재론적 인식론을 채택하는 유형의 실재론 — 과 **복잡성 이론**(complexity theory)의 연구 패러다임에서 유래하는 또 다른 대안이 등장했다. 여기서는 이전의 과학철학의 전통에서 주장하는 것보다 더 복잡한 설명이 필요하다는 견해와 지식이 더 잠정적이라는 견해를 받아들이면서도 **탈근대주의**가 내세우는 상대주의적 지식관은 거부한다.

이 책에서 내가 취하는 입장은 사회과학은 가능하고, 사회과학에서도 자연과학들에서 사용하는 (그렇지만 어느 정도는 수정한) 방법들을 포함한 다수의 탐구 방법이나 논리(연구 전략)를 사용해야 하며, 또한 사회과학은 자연과학에는 적합하지 않은 고유의 특수한 논리를 가진다는 것이다. 부정주의자가 제기하는 쟁점들은 이러한 특수한 논리 속에서 다룰 수 있다. 사회연구자도 자신들의 무기고에 네 가지 연구 전략 모두를 갖춰야 하며, 그러므로 자신들의 연구 문제에 답하는 데 사용할 수 있도록 고전적인 연구 전략들을, 특히 귀납적 전략과 연역적 전략을 재구성해야 한다고 나는 믿는다. 나는 **탈근대주의**의 여러 주장에 공감하지만 실행 가능한 사회연구를, 그것의 모든 한계를 인정하면서 수행하는 것이 가능하고 또 필요하다고 믿으며 그러므로 사회연구자가 사회적 삶에 대한 유용한 지식을 제공할 수 있다고 믿는다. 후기에서 논의할 것처럼, **복잡성 이론**의 사용을 옹호하는 논자들은 보편적 지식이라는 이상을 거부하고 우리의 열망을 잠정적이며 국지적이지만 유용한 지식에 제한해야 한다고 주장한다. 이러한 이유 때문에 우리가 **탈근대주의**를 형성하는 주장들 전체를 기각할 수 있는가는 논쟁거리이다.

3장에서는 네 가지 연구 전략을 검토하고 귀납적 연구 전략과 연역적 연구 전략의 한계를 밝히면서 그 한계를 극복하기 위한 수정을 제시한다. 4장과 5장에서는 열 가지 연구 패러다임을 개관하고 논의한다. 마지막 장에서는 연구 패러다임을 존재론적·인식론적 가정의 측면에서 비교하고 평가하며 패러다임 간에 제기된 상호 비판을 논의한다. 그 장은 이 장에서 다룬 몇 가지 주요 딜레마들에 대한 논의로 마무리된다.

이 장의 요약

- 사회과학자들을 1세기 이상 갈라놓은 주요한 논쟁 가운데 하나는 사회과학과 관련된 다음 두 가지 질문을 둘러싼 것이었다. 사회과학은 가능한가? 사회과학은 자연과학에서 큰 성공을 거둔 방법과 절차들을 사용할 수 있는가?
- 이 질문에 대해 네 가지 주요한 입장이 답으로 제기되었다. 그것은 **자연주의**, **부정주의**, **역사주의**, **탈근대주의**로 정리할 수 있다.
- **자연주의**는 다루는 대상의 특성에 관계없이 모든 과학이 동일한 방법이나 탐구의 논리를 사용해야 한다고 주장한다.
- **부정주의**는 사회과학에서 자연과학의 방법을 사용할 수 없다고 주장한다.
- **역사주의**는 자연과학의 방법 가운데 일부만을, 즉 과거의 경향을 기초로 미래의 사건을 예측하는 데 적합한 방법만을 사용할 수 있다고 주장한다.
- 예측에 대한 이런 견해는 비과학적인 것이며 예언에 훨씬 가깝다는 공격을 받아왔다.
- 흔히 단 하나의 과학적 방법이 존재하며 과학자는 그 방법을 사용해서 주의 깊게 관찰하고 실험을 수행하며 새로운 발견으로 나아간다고 생각한다.

- 과학적 방법에 대한 이러한 견해는 논리적으로 불만족스럽고 훌륭한 과학적 실천을 반영하지도 못한다는 비판을 받아왔다.
- 문헌들은 자연과학에서는 귀납, 연역, 역행추론의 논리에 기초한 세 가지 주요한 연구 방법을 사용했다고 지적한다.
- 연구 문제에 어떻게 답할 것인지 선택하면서 연구자들은 여러 가지 딜레마에 부딪히게 된다.
- 존재론적 딜레마는 다음의 두 가지 질문에 관한 것이다.
  - 어떤 상황에서나 단 하나의 사회적 실재만 존재하는가?
  - 우리는 이러한 실재 또는 실재들 가운데 어디에서 '왜'라는 연구 문제에 대한 답을 찾는가?
- 이러한 딜레마들에 대응하는 여러 방안이 있지만, 어느 하나가 정확하다고 확인할 수는 없다.
- 인식론적 딜레마는 연구자들이 답해야 하는 또 다른 질문들로 표현할 수 있다.
  - 사회연구가 객관적일 수 있는가?
  - 설명이 참인지 거짓인지 판정할 수 있는가?
  - 사회 참여자들에게서 독립해 존재한다고 상정되는 사회적 실재를 직접 관찰할 수 있는가?
  - 사회연구자들은 연구 참여자들이 그들 자신의 세계를 개념화하고 이해하는 방식들 가운데 어떤 것을 사용해야 하는가?
  - 일상언어, 즉 보통 언어와 사회과학적 언어, 즉 기술적 언어 사이의 관계는 어떠해야 하는가?
- 다시 말하지만 올바른 답이 있는 것은 아니고 대안들이 있을 뿐이다.
- **탈근대주의**는 제2차 세계대전 이후에 식민주의, 인구 증가, 대규모 전쟁, 지구적 자본주의, 이주 등과 그것에서 기인하는 국민국가 안에서 문화의

혼합과 융합 그리고 불평등 및 권력의 사회구조적 변화의 효과로 일어난 다양성 증가의 맥락에서 등장했다.

- **탈근대주의**라는 개념은 세 가지 상이한 유형의 발전을 가리킨다.
  - 예술과 건축에서 변동.
  - 소비주의, 대중문화, 대중매체 그리고 경제적 지구화와 결합한 현대 사회의 변동.
  - 프랑스 철학과 영미 철학, 사회이론에서의 발전.
- **탈근대주의**는 근대에 확립한 가정, 주장 그리고 실천에 대한 전면적인 거부 또는 이것들에 대한 반성을 포함한다고 서술되었다.
- 근대성의 중심 이념은 합리성과 진보에 대한 믿음으로, 이는 무지와 미신에서 인간을 해방시키려는 것이며, 과학의 엄밀성과 확실성을 통해서 만인에게 유익하게 자연을 이해하고 통제하고 조작하는 시도로 나아가려는 것이었다.
- 그러나 사회의 파편화의 증가와 사회과학 지식의 관점화는 지식을 진보시키는 기초라는 **경험주의**의 관점에 함께 도전했다.
- 확실한 지식이라는 주장은 손상되었으며, 다음과 같은 변화를 초래했다.
  - 주요한 철학 체계와 총체적인 사회이론의 거대 서사 대신, 추상적 이론의 보편화되고 일반화된 주장을 배제한 작은 서사(mini-narratives)를 선호한다.
  - 객관적 실재와 절대적 진리 대신 사회적으로 구성된 다수의 실재들과 국지적이고 협상된 지식을 선호한다.
  - 경험주의가 함축하는, 언어가 실재를 재현한다는 견해를 채택하는 대신 언어가 실재를 구성한다고 간주한다.
  - 경험적 증거라는 관념 대신 텍스트를 자료로 취급하며 텍스트 너머에 실재가 존재하는 것은 아니라고 주장한다.

- 인간에 대한 통합적 견해 대신 파편화된 정체성이라는 개념을 선호한다.
- 객관주의 대신 상대주의를 선호한다.

- 탈근대적 연구는 연구자의 권위에 의문을 제기하며, 파편화된 지식과 다수의 해석을 추구한다.
- 탈근대적 전환은 연구자에게 세 가지 선택지를 남기고 있다.
  - **패배주의적** 자세: 사회적 삶에 대한 체계적 이해를 제공할 수 있다는 모든 기대를 포기한다.
  - **전향주의적** 자세: **탈근대주의**의 주장들을 수용하고 연구자들은 그것이 허용하는 생산물에 만족한다.
  - **개혁주의적** 자세: **탈근대주의**의 일부 측면들 — 맥락특수적인 다수의 사회적으로 구성한 실재들의 존재, 지식의 잠정적 성격 그리고 지식생산에서 연구자의 역할 등과 같은 — 을 수용하며, 그러므로 연구의 결과 및 지식 생산의 측면에서 나타나는 열망을 제한한다.
- 이 책은 **개혁주의적** 자세를 수용하며, 특히 네 가지 연구 전략의 결함을 논의할 것이다.

그 밖의 읽을거리

Alvesson, M. 2002. *Postmodernism and Social Research.*

______. 2004. "Postmodernism".

Bauman, Z. 1990. "Philosophical affinities of postmodern sociology".

Best, S. and D. Kellner. 1997. The *Postmodern Turn.*

Crotty, M. 1998. *The Foundations of Social Research.*

Dickens, D. R. and A. Fontana(eds). 1994. *Postmodernism and Social Inquiry.*

Grbich, C. 2004. *New Approaches in Social Research.*

Hollinger, R. 1994. *Postmodernism and the Social Sciences.*

Popper, K. 1961. *The Poverty of Historicism.*

Rosenau, P. M. 1992. *Post-modernism and the Social Sciences.*

Seidman, S(ed.). 1994. *The Postmodern Turn.*

Trigg, R. 1985. *Understanding Social Science.*

Williams, M. 2000. *Science and Social Science.*

Williams, M. and T. May. 1996. *Introduction to the Philosophy of Social Research.*

3

네 가지 연구 전략을 사용해 지식을 발전시키기

서론

연구자들은 사회현상에 관한 새로운 지식을 만들어내기 위해 연구 문제에 답하는 탐구의 논리, 즉 연구 전략을 채택해야 한다. 우리는 자연과학의 세 가지 주요한 연구 전략, 즉 귀납적 전략, 연역적 전략, 역행추론적 전략을 검토할 것이다. 사회과학에서는 이 세 가지 자연과학에서 쓰이는 연구 전략의 사용을 옹호하는 사람들이 있었고, 지금도 있다. 그렇지만 그 전략들에 더해서 오로지 사회과학에만 적합한 네 번째 연구 전략이 있다. 바로 가추적 전략이다.

사회과학에서는 이 네 가지 연구 전략을 사용할 때의 상대적 장점에 관한 논쟁을 다룬 문헌이 아주 많다. 그 논증은 논리적·이론적 기초와 이데올로기적 기초를 가지고 있다. 그 결과 모든 연구 전략은 약점을 – 무엇을 약점으로 볼 것인가는 특정 비판자가 어떤 연구 전략을 선호하는가에 의해 크게 좌우되지만 – 드러냈다. 논쟁은 복잡하며 때로는 결론에 도달하지 못한다.

이 책은 이 논쟁에 실용주의적으로 접근한다. 각각의 연구 전략을 각 연구 전략의 주창자와 신봉자들이 제시해온 형태로 개관한다. 그다음 그 연구 전략의 장점과 약점에 대응하면서 연구 전략을 실제의 사회연구자들이 사용할 수 있도록 수정할 것을 제안한다. 이러한 수정은 각 전략을 원래의 옹호자들이 주장하던 것보다 덜 독단적인 것으로 만들려는 시도이다.

네 가지 연구 전략은 매우 상이한 방식으로 수수께끼를 해결한다. 각 전략은 다음의 사안에서 상이하다.

- 존재론적 가정
- 출발점
- 단계나 논리
- 개념과 이론의 사용
- 설명이나 이해의 양식
- 생산물의 지위

각각의 연구 전략은 어디서 연구를 시작하고 어떻게 연구를 진행하는가라는 문제를 다룸으로써 새로운 사회과학 지식을 만들어내는 네 가지 상이한 방식을 형성한다. 1장에서 논의한 것처럼, 하나의 전략은 자료 수집과 자료들에서의 일반화를 중심으로 한다. 다른 하나의 전략은 검증할 수 있는 몇 가지 가설을 제공할 적절한 이론을 찾는 것에서 출발한다. 세 번째 전략은 기저에 있는 인과기제를 탐색한다. 네 번째 전략은 사회적 행위자들에게서 의미와 해석을 발견하고 그것을 사용해서 사회과학적 서술과 이해를 만들어내고자 시도하는 것에서 시작한다.

귀납적 연구와 연역적 연구 전략의 배후에 자리한 원칙은 가추적 연구와 역행추론적 연구 전략의 원칙보다 많이 알려져 있다. 연구에서 귀납추론 및 연역추론의 사용은 이제 연구 방법에서, 특히 이론 구성과 관련한 사회과학

문헌에서 잘 확립되어 있다(예를 들어 Babbie, 1992; de Vaus, 1995, 2001; Neuman, 2000; Wallace, 1971, 1983을 볼 것).

연구 전략에 대한 여기서의 서술이 사회연구자의 실천보다는 지식생산의 논리에 관심을 가진 철학자와 사회과학자의 견해에 더 의지하고 있다는 점은 지적해두어야 한다. 그 견해는 사회연구자들이 연구를 수행하는 방법을 정리하기보다는 지식 생산의 이상화된 방식을 보여준다. 그 방식은 어떻게 연구를 수행해야 하는가를, 사례를 보여주기보다는, 주장한다. 이 방식은 주장을 경험적으로 예증하는 데서 문제를 일으키며, 그 결과 사용된 사례들은 일부 사회연구자들이 특정한 논리를 염두에 두고 어떻게 연구를 시작하는가를 정리하기보다는 그들이 수행했을 것으로 보이는 작업들을 재구성하는 경향이 있다. 그 논리는 사용하는 논리(logics-in-use)이기보다는 재구성한 논리(reconstructed logics)이다(Kaplan, 1964).

추론 양식들

귀납적 연구 전략과 연역적 연구 전략은 두 가지 대조적인 추론 양식에 기초하고 있으며, 두 양식 모두 선형(linear)적인 특성을 갖고 있다. 즉, 그들은 한 견해에서 다른 견해로 논리적으로 움직인다. 그렇지만 귀납적 전략과 연역적 전략의 결합이라고 추정되는 것 때문에 다른 두 가지 대안적인 추론 형태, 즉 역행추론과 가추라는 추론 양식도 발전했다. 이 두 양식은 선형의 논리가 아니라 순환적인 또는 나선형의 과정에 기초한다.

귀납적·연역적 연구 전략에서 사용하는 추론 양식은 당연히 귀납과 연역이다. 두 양식은 두 종류의 중심적인 진술들로 구성되어 있다. 한 가지는 **단칭 진술**(singular statements)로, 특정 시간과 장소에서 특정 사건이나 상태를 가리킨다. 다른 한 가지는 **일반 진술**(general statements)로, 모든 장소와 시간에서 특정한 종류의 모든 사건을 가리킨다. 다음은 특정 맥락의 특수한 문제에 대해 탐구한 결과라고 할 수 있는 단칭 진술의 사례이다.

이 에레혼 출신의 장기 실업 상태에 빠진 공장 노동자는 자존심을 잃었다.[1)]

이 진술의 일반적인 형태는 다음과 같다.

장기 실업 상태에 빠진 사람들은 자존심을 잃는다.

귀납 논증은 다수의 단칭 진술에서 시작해서 일반 진술이나 보편 진술로 결론을 맺는다. 이 논증의 전제는 어떤 사건이나 상태의 특수한 사례들에 관한 진술이며, 결론은 이러한 전제들에서 도출해낸 일반화이다. 전제는 자존심을 잃은 실업 상태의 많은 공장 노동자에 관한 진술로 구성될 것이다. 이들 진술이 모두 일관성이 있다면, 그리고 자존심을 어느 정도 지키고 있는 실업 노동자의 사례를 전혀 관찰하지 못한다면, 장기 실업 상태에 빠진 사람들은 자존심을 잃는다고 결론을 내릴 수도 있을 것이다. 이러한 일반 진술은 사람들이 어디에 사는지 또는 그들이 얼마나 오랫동안 실업에 처했는지, 또는 이전의 고용형태가 어떠했는지에 관해 아무런 제한도 가하지 않는다. 그러나 실업 상태에 빠진 사람들에 관한 단칭 진술 가운데 일부가 자존심의 상실을 언급하지 않는다면, 이 논증은 다른 형태의 일반 진술로 결론을 맺을 것이다.

장기 실업 상태에 빠진 사람들은 자존심을 잃을 위기에 처해 있다.

---

1) 에레혼(Erehwon)은 거꾸로 표기하면 'nowhere', 즉 '없는 곳'이다.

이 진술은 일반적이긴 하지만 보편적이지는 않다. 왜냐하면 그것은 일부 장기 실업자가, 특정 조건 아래서, 자존심을 잃지 않을 수 있는 가능성을 열어놓기 때문이다. 둘 중 어느 경우에서든, 귀납 논증에서 결론은 전제들이 포함하고 있는 것을 넘어서는 주장을 펼친다. 귀납 논증은 어떤 현상에서 관찰한 사례들을 넘어섬으로써 지식을 확장하고자 한다.

연역논증은 반대이다. 이 논증은 적어도 하나의 일반 진술이나 보편 진술인 전제를 포함한 상태에서 단칭 진술인 결론으로 움직인다. 결론은 전제보다 적게 포함한다. 동일한 사례를 사용하면, 연역적 형식의 논증은 특정 개인이나 특정 범주의 개인이 왜 자존심의 상실로 고통받는가를 설명하는 일에 착수할 것이다. 간단히 표현하면, 그 논증은 다음과 같을 것이다.

1. 장기 실업 상태에 빠진 사람들은 자존심을 잃는다.
2. 메리 스미스는 2년 동안 실업 상태에 있다.
3. 그러므로 메리 스미스는 자존심을 상실하는 고통을 겪는다.

전제들(진술1과 진술2)은 일반 진술과 단칭 진술을 포함하고 있으며, 결론(진술3)은 단칭 진술이다. 결론에 도달하기 위해 전제에 더해지는 것은 전혀 없다. 전제들의 진리는 결론의 진리를 보증한다.

귀납과 연역에 아리스토텔레스는 제3의 추론 양식, 즉 **환원**(reduction)을 추가했다. 19세기 후반과 20세기 초반에 주로 저술 활동을 한 퍼스는 이 제3의 추론 양식을 '가추' 또는 '역행추론'이라고 번역했으며, 때로는 '가설화(hypothesis)'라고 번역했다(Peirce, 1934). 퍼스는, 역행추론적/가추적 추론에는 관찰한 것을 설명해주는 것으로 보이는, '가설을 만드는 무언가'가 포함되어 있다고 지적했다. 그 추론 형식들은 어떤 현상을 관찰하고 그다음 그 현상을 발생시켰을 무언가에 관해 주장한다.

모든 탐구는 어떤 놀라운 현상에 대한 관찰에서 시작한다. 관찰은 수수께끼를 해결할 관점에 대한 탐색으로 이어진다. 퍼스에 따르면 과학은 논리적 절차를 엄격하게 따르는 작업이 아니라 납득가능성(intelligibility)을 얻으려는 노력이다. 퍼스는 역행추론에서의 추론의 형식을 다음과 같이 표현했다.

> 놀라운 사실, C를 관찰한다.
>
> 그러나 만일 A가 참이라면, C는 당연한 일일 것이다.
>
> 그러므로, A가 참이라고 생각할 근거가 있다(Peirce, 1934a: 117).

그는 역행추론의 과정이 자물쇠를 여는 열쇠를 찾는 일과 유사하다고 생각했다. 하지만 이전에는 그 열쇠를 본 적이 없을 것이다.

퍼스는 행성이 타원 궤도를 따라 태양 주위를 공전한다는 요하네스 케플러(Johannes Kepler)의 발견을 지금까지 수행한 역행추론 가운데 가장 위대한 사례라고 간주했다. 케플러는 관찰한 것들을 단순히 서술하거나 일반화하지 않았다. 오랜 탐구 과정과 매우 주의 깊고 분별력 있는 성찰을 통해서 그는 자신의 이론이 관찰에 들어맞는 형태가 될 때까지 수정할 수 있었다. 그 작업은 착상을 찾아내려고 애쓰는 임의의 과정이 아니라 방법적(methodical)이고 사유적인(thoughtful) 활동이다. 그러므로 역행추론은 용이한 작업이 아니다. 역행추론은 추론의 과정을 포함하고 있지만 확실성에 이르는 과정은 아니다. 역행추론은 연구 문제에 대한 **하나의**(a) 답을 찾아내는 데서 절정에 이른다.

역행추론적 연구 전략에서 역행추론의 사용에 관한 논의는 퍼스의 견해에 크게 의지한다. 그러나 퍼스는 역행추론과 가추를 같은 것으로 보기 때문에 가추적 연구 전략이라는 논의의 기초는 다른 곳에서 찾아야 한다. 그렇지만 우리의 결론은 퍼스의 견해에서 얻은 통찰을 인용할 것이다.

귀납적 연구 전략

귀납적 연구 전략은 과학에 대한 매우 매력적인 견해를 보여준다. 그 전략은 과학자의 활동에 대한 대중적인 견해, 즉 과학자들이 주의 깊게 관찰하고[2] 실험을 수행하며 획득한 자료를 엄밀하게 분석함으로써 새로운 발견이나 이론을 만들어낸다는 견해와 부합한다. 우리가 진정한 지식이라고 믿는 것에 도달하기 위해, 이 과정에서 개인적 의견은 배제된다.

세계에 관한 지식을 발전시키기 위해 사용한 최초의 귀납 형식은 아리스토텔레스와 그의 제자들에게서 찾아볼 수 있다. '열거적 귀납(enumerative induction)'으로 알려진 형식인데, 여기서는 **순진한 귀납**(naïve induction)이라고 부를 것이다. 그 형식은 제한된 수의 관찰에서 제한된 부류(class)의 사물이나 사건에 관한 지식을 생산한다. 그러나 귀납을 훨씬 더 도전적으로 사용한다면, 개방적이거나 무제한적인 부류의 사물 및 사건에 관해 일반적인 결론들을 만들어낼 것이다(Quinton, 1980).

과학에 대한 이러한 견해는 종종 **경험주의**(empiricism)라고 불리는데, 그 까닭은 이 방식이 그리스 철학이나 성경을 세계에 관한 지식의 근원으로 삼는 것에 반대해서 관찰을 과학적 지식의 기초라고 강조했기 때문이다. 이 견해에 따르면, 당신이 자연을 이해하고자 한다면 아리스토텔레스의 저작이나 종교 문헌에 질문할 것이 아니라 자연에 질문해야 한다. 이 견해는 과학을 세계가 어떻게 작동하는가에 관한 어떤 선지적인(preconceived) 관념 위에 구성되는 것이 아니라, 관찰에 의해 얻은 사실들 위에 구성되는 것으로 생각한다.

롬 하레(Rom Harré)는 귀납적 연구 전략이 세 가지 원리로 구성된다고 서

2) '관찰'이나 '경험'은 인간의 감각으로 직접 지각될 수 있는 것에 한정되지 않는다. 관찰은 감각 — 감각으로부터 검토되거나 해석될 수 있는 이해 — 을 확장하는 기계 및 다른 도구의 사용을 포함한다.

술했다(Harré, 1972: 42).

- **축적의 원리**: 지식은 잘 입증된 더 많은 사실을 추가함으로써 성장하며, 그 결합에 새로운 사실을 추가해도 이전의 사실을 변경시키는 것은 아니다.
- **귀납의 원리**: 관찰과 실험의 결과를 서술하는 참인 진술에서 참인 일반화를 도출할 수 있다.
- **범례 확증의 원리**: 일반화의 진리성에 대해 우리가 지닌 믿음의 수준은 관찰한 사례의 수에 비례한다.

귀납적 연구 전략은 네 가지 주요 단계로 구성된다고 특징지어져왔다(Hempel, 1966: 11).

1. 상대적인 중요성에 관한 선택이나 추측 없이 모든 사실을 관찰하고 기록한다.
2. 가설을 사용하지 않은 상태에서 이러한 사실을 분석·비교·분류한다.
3. 이러한 분석으로부터 그 사실들 사이의 관계에 관한 일반화를 귀납적으로 도출한다.
4. 이러한 일반화를 미래의 검증에 부친다.

피터 메다워(Peter Medawar)는 귀납적 전략을 다음과 같이 표현했다.

> 먼저 자료들을 수집하자. 관찰에 의해서 그리고 실험에 의해서 자연의 상태에 대한 진정한 기록을 수집하고, 우리의 시야가 선입견에 의해 더럽혀지지 않도록 주의하자. 그런 다음에는 귀납적 추론이 효력을 발휘할 것이고 법칙과 원리와 필연적 연관이 드러날 것이다(Medawar, 1969a: 40).

필수적인 관찰 장비와 숙련, 선입견을 제거할 수 있는 능력을 제외하면, 과학자에게 필요한 것은 논리적으로 사유할 수 있는 능력이 전부이다. 일반화는 자료로부터 논리적으로 도출될 것이다. 이러한 일반화에 도전이 제기된다면, 귀납주의적인 과학자는 그 일반화가 사실에 기초하며 오로지 객관적이고 논리적인 절차만을 사용했다는 주장을 내세워 일반화를 방어할 것이다.

귀납적 전략은, 서술할 수 있고 설명할 수 있는 규칙성을 보여주는 실재가 '저기에' 존재한다고 상정하는 **피상적인 실재론적** 존재론을 구현하고 있다. 그 전략은 연구자가 객관적 절차를 채택하는 한 이러한 실재를 관찰하는 임무에서는 본질적으로 아무런 문제도 없다고 생각하는 **경험주의**의 인식론적 원리를 채택한다. 이러한 입장은 실재가 감각에 직접 부딪힌다고 주장한다. 즉, 우리가 '보는' 것이 세계에 존재하는 것이다. 뒤에서 볼 것처럼, 다른 연구 전략은 이 입장과 다른 존재론적·인식론적 가정들을 가지고 있다.

귀납적 연구 전략은 프랜시스 베이컨(Francis Bacon)과 밀(Mill, 1947)의 저작에서 유래한다. 근대 가장 주요한 과학철학자인 베이컨은 자신의 『신기관(Novum Orgavum)』(1889)에서 귀납법을 자세하게 설명했으며,[3] 귀납법을 **유일의**(the) 과학적 방법으로 간주하는 사람들이 아직도 많이 있다.[4] 베이컨은, 단순히 관찰을 일반화함으로써 지식을 축적하는 것이 아니라 부정적인 사례들에 초점을 맞추는 작업이 필요하다고 주장했다. 이 때문에 그의 방법은 **소거적**(eliminative) 귀납이 되었다. 긍정적 사례보다 부정적 사례를 강조함으로써, 베이컨은 이 방법이 진리인 이론을 만들어낼 가능성이 다른 형태의 귀납보다 더 많다고 주장했다. 그는 이 방법이 소수의 사례에서 결론으로 비약하는 경향을 통제한다고 주장했다. 이 방법은 과학자에게 상이한 사례들

---

3) 베이컨의 방법이 엄격하게 귀납적인가에 관해서는 철학자들 사이에 약간의 논쟁이 있다. 예를 들어, Harré(1972: 38)와 O'Hear(1989: 12)를 볼 것.

4) 베이컨 견해에 대한 이 논의는 주로 Quinton(1980)과 O'Hear(1989)로부터 끌어낸 것이다.

을 광범하게 검토하도록 요구한다. 그리고 이 방법은 가능한 원인들 – 원인들 가운데 하나는 우리가 관찰할 수 있는 모든 자연현상과 관련되어 있다고 자신이 믿는 – 에 대한 탐구를 포함한다.

200년 넘게 베이컨의 과학관은 지배적인 위치를 차지했다. 밀은 이런 견해를 정교화하면서(Mill, 1947), 과학의 목적은 원인을 발견하고 그리하여 일반법칙을 만들어내는 것이라고 믿었다. 그는 수많은 방법 또는 '귀납의 규준(Canons of Induction)'을 제시했는데, 그 가운데서는 일치의 방법(method of agreement)과 차이의 방법(method of difference)이 가장 중요했다. 일치의 방법에서는 현상의 두 사례가 한 가지를 제외하고 모든 특징에서 차이가 있으며, 차이의 방법에서는 두 사례가 한 가지를 제외한 모든 특징에서 유사하다. 현상은 이런 특징을 가진 것으로 제시된다. 두 경우 모두에서 상이한 특징을 현상의 원인이나 결과로 생각할 수 있다.

사회과학에서 귀납적 전략의 옹호자

에밀 뒤르켐(Emile Durkheim, 1858~1917)은 사회학에서 귀납적 연구 전략의 사용을 초기에 옹호한 인물이다. 그가 사회에 대한 과학을 주창한 최초의 사회학자는 아니었다. 그는 프랑스에서 오귀스트 콩트(Auguste Comte)가 그리고 영국에서 허버트 스펜서(Herbert Spencer)가 이미 확립한 전통을 이어받았다. 그러나 뒤르켐은 사회에 대한 과학이 어떠해야 하는가 관한 그들의 생각은 대부분 거부했으며, 그 과정에서 새롭게 발전하는 학문분과에서 경험적 연구의 지배적 양식을 확정했다.

뒤르켐은 사회에 관한 거대이론을 모색하지 않고 매우 제한된 문제들에 관심을 집중했다는 점에서 이전의 사회이론가들과는 달랐다. 그는 『사회학적 방법의 규칙(The Rules of Sociological Method)』(1964)에서 자신의 접근

방법을 제시했고, 자살에 관한 연구에서 그 방법을 예증했다(Durkheim, 1970). 그는 당시 지배적이었던 사회적 삶에 대한 설명 양식 — 관념들(ideas)에 대한 분석과 조합에 기초한 — 에서 벗어나 사물들(things)에 대한 관찰, 서술 그리고 비교의 과정으로 이동하고자 했다. 그는 사회학자들이 철학적이거나 형이상학적인 이론이 아니라 경험적 증거에 기초를 두고 설명을 해야 한다고 생각했다. 더 자세하게 말하면, 그는 사례들 — 비록 그것이 관찰에 기초한 것이더라도 — 로 주장을 뒷받침하는 형태의 설명을 피하고, 관찰들에서 일반화(또는 이론)를 생산하는 형태의 설명을 옹호하고자 했다. 간단히 말해, 그는 귀납 논리를 사용하자고 주장했다.

뒤르켐은 사회현상에 대한 설명은 독립적으로 존재하는 힘 — 개인들 외부에서 개인들에게 작용하는 — 에 입각해야 하며, 이러한 힘은 자연에서 작용하는 힘과 같은 유형적(有形的) 형태를 갖지는 않지만 동일하게 객관적이고 사물적인 속성을 갖는다고 주장했다. 그렇다면 그 힘의 존재는, 예컨대 중력과 어느 정도는 유사하게, 그것들이 만들어내는 결과에 의해 입증될 수 있다.

뒤르켐에 따르면 사회현상들은 독립적 존재들이기 때문에, 그 현상들은 사물처럼 다룰 수 있고 다루어야 하며 자연현상과 유사한 방식으로 관찰해야 한다(Durkheim, 1964). 그러나 그는 관찰자가 가진 상식적인 생각이나 선입견이 관찰 과정을 왜곡하도록 방치할 위험이 있다고 생각했다. 그러므로 그는 이러한 선입견을 제거한다면, 그리고 탐구하는 현상들을 미리 정의한다면, 과학적 설명을 만들어내기 위해 축적해야 하는 적절한 사실들을 인식할 수 있을 것이라고 주장했다. 그 목적은 독립된 실재에 관한 객관적 자료를 만들어내고, 그러한 과정에 의해 진리인 일반화를 만들어내는 것이다.[5] 경험적 사례에 관해서는 다음의 〈상자 3.1〉을 보라.

---

5) 뒤르켐의 입장에 관한 유용한 정리로는 Giddens(1976a: 132)를 볼 것.

〈상자 3.1〉 경험적 사례: 직업적 권위

나는 귀납적 연구 전략의 사례로 뒤르켐의 자살 연구를 사용하지 않기로 했다. 그의 연구를 재구성하면 연역적 연구 전략의 사례가 될 수 있기 때문이다. 그 대신 나는 제2차 세계대전 이후 세계 여러 곳에서 수행된 사회적 분화와 불평등에 관한 광범한 연구를 살펴볼 것이다. 이 연구는 1950년대부터 1980년대 초까지 전성기를 누렸으며, 이 시기에는 실증주의와 경험주의가, 특히 미국사회학을 지배했다.

이 현상은 '사회계급',* '사회적 지위', '사회경제적 지위' 등의 다양한 이름으로 불렸으며 여러 가지 방법을 사용해 측정되었다. 개념과 범주는 일정하지 않지만, 이 분야의 연구자들은 일반적으로 직업과 관련해, 그리고 때로는 소득 및 교육과 관련해 일종의 사회적 위계가 존재한다고 상정했다. 이러한 직업의 구조가 독립적으로 존재한다고 보았으며, 이 구조 속의 위치는 부분적으로는 교육 수준에 따라 위치가 결정되는, 그리고 상이한 수준의 소득을 얻는 사람들이 차지한다고 보았다.

연구자들은 이러한 사회적 실재를 측정하기 위해 여러 가지 방법을 개발했다. 일단의 사람들을 표본으로 선정하고, 그들에게 흔히 직업의 사회적 순위나 권위를 어떻게 생각하는가를 질문하고 그 응답을 직업별 점수의 위계로 통합해서 정리했다. 이를 수행하기 위해 여러 가지 순위 정하기 및 비율 정하기 방법을 사용했다. 획기적인 연구는 1947년 미국의 전국여론조사연구소(National Opinion Research Centre)가 수행한 것이었다(Duncan, 1961; Lasswell, 1965를 볼 것). 이 시기에 그리고 그 이후 20~30년 동안 세계의 여러 곳에서는 유사한 연구가 수없이 수행되었다(예컨대, 영국의 경우 Hall and Jones, 1950; Moser and Hall, 1954; Goldthorpe and

Hope, 1974; Stewart, Prandy and Blackburn, 1980; 미국의 경우 Hodge, Siegel and Rossi, 1966; Blau and Duncan, 1967을, 캐나다의 경우는 Blishen, 1967; Pineo and Porter, 1967을, 그리고 호주의 경우 Broom, Jones and Zubrzski, 1968; Congalton, 1969; Daniel, 1983을 볼 것). 직업별 점수나 범주를 정하기 위해 그 직업을 가진 사람들의 교육 수준과 소득을 사용하기도 했다. 이러한 직업 위계를 점수로 나타내기도 하고, '사회계급' 범주로 나누기도 했다. 특히 전국 조사의 공통적인 관행은 직업을 상대적인 숙련 정도 그리고/또는 생산과정에서의 권위, 책임 및 통제의 정도에 따라 범주화함으로써 사회계급으로 정하는 것이었다.

일단 이러한 척도나 일련의 범주를 정해놓으면 계급구조나 지위구조하에 개인들을 배치할 수 있었다. 개인을 직접 계급 범주에 할당하는 데는 또 다른 방법을 사용했다. 응답자들에게 자신이 속한다고 생각하는 사회계급을 지정하라고 요청하거나, 응답자들에게 일련의 계급 범주를 제시하고 그 가운데 자신에게 적용될 수 있다고 생각하는 것을 선택하라고 요청하는 것이었다. 여기서는 개인들이 계급구조에 대해 인식하고 있으며 그 구조 속에서 자신들이 어디에 위치하는가를 알고 있다고 가정한다. 이 방법이 상이한 존재론적 가정들 – 직업 위계가 아니라 사회계급 – 을 사용하고 있다는 사실에 관계없이 둘을 흔하게 서로 바꿔어 사용되고 있으며, 동일한 것을 측정한다고 생각했다.

직업 지위/권위 연구들에서 이끌어낸 주요한 결론은, 이를 측정하는 방법은 다양하지만 사람들 사이에는 그러한 위계의 존재와 그 속에서 직업의 위치에 관해 합의된 견해가 있다는 것이다(예컨대, Hodge, Siegel and Rossi, 1966을 볼 것). 더욱이, 1947년과 1963년 사이에 수행한 직업 권위에 대한 28개 국가의 연구를 기초로 로버트 호지(Robert Hodge) 등은 모든 사회가 공통된 사회구조적 특징을 보여준다고 결론 내렸다. "다양한 수준으로 산업화되고 다양한 문화적 배경을 가진 많은 나라를 가로질러, 직업 순위에 대한 대중적 평가는 대체로 동일하다"라는 것이다(Hodge, Treiman and Rossi, 1966: 310. 또한 Treiman, 1977도 볼 것). 연구자들은 직업 권위에 대한 국가별 측정치들이 매우 강력한 연관을 보여준다는 점이 각 척도의 타당성을 입증하는 것이라고 간주했다(예컨대 Jones and Jones, 1972를 볼 것). 일부의 연구자는 더 나아가 직업 권위가 사회학의 "위대한 경험적 상수(invariant)"라고까지 주장했다(Marsh, 1971; Featherman, Jones and Hauser, 1975).

사회의 불평등한 구조를 연구하는 데는 여러 가지 방법이 있지만, 이 연구 분야는 **피상적인 실재론적** 존재론 및 **경험주의적** 인식론과 결합한 귀납 논리 사용의 모든 특징을 보여주고 있다. 이 구조를 직접 관찰할 수는 없지만, 그리고 구조를 '드러내기' 위해 다양한 척도를 사용하지만, 연구자들은 그들 자신이 모든 사회의 보편적 특징을 찾아낸다고 믿었다.

이러한 연구 전통은 많은 문제를 가지고 있는데, 그것들 가운데 일부는 귀납 논리 자체의 결함과 관련된 것이다(다음 절을 볼 것).**

* 이 맥락에서는 '사회계급'을 사회적 위계를 가리키는 총칭적 개념으로 사용한다. 이 개념을 마르크스의 '계급' 개념과 혼동하지 말아야 한다.

** 20여 년 전, 나는 호주에서 이러한 존재론적·인식론적 가정에 관해 이 전통의 일부 옹호자와 격렬한 논쟁을 벌였다(Blaikie, 1977, 1978, 1981을 볼 것).

문제점

일찍이 1930년대부터 설득력 있는 비판이 제기되었지만, 과학계와 철학계의 일부에서는 1960년대까지 귀납을 주요한 연구 전략으로 계속 사용해왔다. 그렇지만 이제 대부분의 자연과학자와 사회과학자는 고전적 형태의 귀납을 거부하고 있으며, 과학철학자는 결함이 있다고 지적하고 있다.

원리를 정당화하기

첫 번째 난점은 귀납의 원리를 어떻게 정당화할 것인가이다. 귀납 추론을 논리적으로 정당화할 수 있는가? 일부의 초기 철학자들은 귀납의 원리를 과학과 일상생활에서 널리 인정하고 있기 때문에, 귀납의 진리성은 경험에 기초하고 있다고 주장했다. 이 주장에 대해 포퍼는, 귀납의 원리가 경험에서 도출한 보편 진술이라고 주장하는 것은 귀납을 사용해서 귀납의 원리를 정당화하는 것이라고, 즉 무한회귀(infinite regress)를 포함하는 것이라고 논박했다(Popper, 1959: 29). 그러므로 일련의 단칭 진술들에서 이끌어내서 보편 진술의 타당성을 입증할 수 있는 순전히 논리적이거나 기계적인 귀납 과정은 없다는 이야기가 된다(Hempel, 1966: 15).

증거를 넘어서는 주장 제시

첫 번째 결함만으로도 귀납적 전략의 주장을 폐기하기에 충분하다. 그러나 검토할 필요가 있는 다른 중요한 비판도 많다. 귀납 논증에서는, 전제들이 참이라고 하더라도 결론이 참이 되지는 않는다. 장기 실업과 관련해 관찰한 모든 사례에서 자존심을 상실했다 하더라도, 그다음 관찰에서는 그렇지 않을 수도 있는 것이다. 따라서 지금까지의 관찰들에 기초를 둔, '장기 실업에 빠진 사람은 자존심을 잃는다'라는 결론은 참이라고 할 수 없다.

귀납주의자는, 우리가 귀납 논증의 결론을 100% 확신할 수는 없지만 개연적 참으로 간주할 수는 있다고 답할 것이다. 관찰의 수가 많으면 많을수록, 그리고 관찰을 수행하는 조건이 다양하면 다양할수록, 그 결론이 참일 개연성은 더 높아진다. 그러나 이렇게 조정하더라도 그 결론이 얼마만큼의 개연성을 가진 것인가를 확인할 수는 없다는 주요한 난점이 그대로 남아 있다. 가능한 모든 관찰을 수행할 수는 없기 때문에(그런 일은 결코 일어날 수 없다), 보편 진술과 일치하지 않는 관찰 진술들의 비율을 확실하게 밝힐 수는 없다.

얼마나 많이 관찰해야 하는가?

또 다른 문제점은 일반화가 가능하기 위해 필요한 관찰의 수와 관련된다. 귀납적으로 도출한 일반화의 진리성을 확신하기 위해서는 현재, 과거, 그리고 미래에 발생하는 현상의 모든 사례를 관찰해야 할 것이다. 이는 분명 불가능하다. 그러나 관찰의 시기를 현재에 한정하더라도 언제 관찰을 멈출 것인가의 문제는 여전히 남아 있다.

귀납주의자는 모든 '관련된' 관찰을 하는 것이 필요할 뿐이라고 주장할 수도 있다. 그런데 무엇과 관련되었다는 말인가? 모든 연구는 어떤 질문에 답하거나 어떤 문제를 해결하는 것을 겨냥한다. 연구 문제가 '어떤 요인이 자존심의 상실을 초래하는가?'라면, 장기간의 실업은 주의를 집중할 수 있는 하나의 가능한 영역일 뿐이다. 다른 요인이 더 관련되었을 수도 있다. 그러나 우리는 그 요인을 어디서 찾아야 할 것인지를 어떻게 알아내며, 왜 실업이 '관련될' 수도 있다고 생각하는가? 우리가 그것을 깨닫고 있는가 여부와 관계없이 우리는 우리가 보는 것들 가운데서 선택하고 있는 것이다.

서술은 설명이 아니다

귀납적 연구 전략은 연구에서 탐구하는 현상에 대한 많은 수의 관찰이 필요한 것의 전부임을 시사한다. 우리가 자존심 상실에 대해 충분히 많은 사례를 연구한다면 우리는 그 현상과 관련된 요인들을 발견해낼 것이며 그러므로 그 현상에 대한 설명, 즉 그 현상이 장기 실업의 결과라는 설명을 제공할 수 있을 것이다. 그렇지만 이 전략이 만들어내는 것은 기껏해야 관련된 유형에 대한 서술일 뿐이다. 그러나 그 관련을 아무리 확신한다고 하더라도, 우리는 자존심의 상실이 장기간 실업의 결과라고 결론 내릴 수는 없다. 자존심의 상실은 다른 어떤 것에 의해 야기되었고, 그 어떤 것이 불만족스러운 작업 수행을 가져왔으며, 그렇게 해서 결국 실업으로 이어졌을 수도 있다.

그러므로 자존심 상실에 대한 설명은 귀납적인 서술 이상을 필요로 한다. 잘 확인된 관련조차도 여전히 설명을 필요로 한다. 사건들을 설명하기 위해서는 단순한 사건들의 보고를 넘어서야 한다. 중요한 문제는 어디에서 그 설명을 찾을 것인가이다. 귀납적 전략은 아무런 답도 제공하지 않는다. 사실상 귀납적 전략은 연구자가 어떤 직감을 따르는 것조차도 의도적으로 금지한다. '사실들이 스스로 말해야 한다'라는 것이다.

베이컨의 방법과 밀의 방법을 사용하는 것은 실질적으로는 아무런 도움도 되지 않는다. 왜냐하면 둘 모두, 어떤 '상황'에 주목해야 할 것인가를 알기 위해서 과학자들이 그 현상의 가능한 원인들에 관해 일정한 생각들을 가질 것을 요구하기 때문이다. 하레(Harré, 1972)가 지적한 것처럼, 왜 식물이 추운 기후에서보다 따뜻한 기후에서 더 잘 자라는가를 설명하고자 한다면, 밀의 방법을 사용해 열과 빛 가운데 하나를 가능한 원인으로 선택하는 것은 불가능하다. 우리는 열과 빛의 독립적 효과를 검증하는 통제된 실험을 수행할 수도 있고, 빛이 유력한 원인으로 보이지만 약간의 열도 필요하다는 결론에 도달할 수도 있다. 그러나 이 과정을 통해 우리는 광합성이 성장의 기제라고 결론 내리는 방향으로 나아갈 것인가? 하레에 따르면 밀의 방법은 탐구의 예비 단계에서는 유용한 안내자일 수 있지만, 이론을 발견하거나 검증하는 방법으로는 적합하지 않다.

관찰은 해석을 포함하고 있다

여기서 우리는 귀납적 연구 전략의 또 다른 반대이자 훨씬 더 심각한 반대를 만난다. 그 반대는 관찰이라는 활동과 관련된 것이다. 귀납주의자는 관찰에 관한 두 가지의 중요한 가정을 가진다. 하나는 모든 과학은 관찰에서 시작한다는 것이고 다른 하나는 관찰이 지식의 확실한 기초 — 관찰에서 지식이 도출될 수 있는 — 를 제공한다는 것이다(Chalmers, 1982: 22). 그러나 포퍼는 모든 관찰이 해석을 포함하고 있다고 주장했다. 사실상, "우리가 대상에 관해 어떤 생각을 갖기 전에는 대상을 보고 관찰할 수 없다는 점이 자연과학에서보다 사회과학에서 훨씬 더 명백하다. 왜냐하면 사회과학의 대상들은 대부분 — 전부가 아니라면 — 추상적 객체, 즉 이론적 구성물이기 때문이다"(Popper, 1961: 135). 예를 들어, '자존심'은 실업 상태에 처한 사람들을 관찰하는 것에서 기계적으로 귀납할 수 없는 이론적 개념이다. 우리는 무엇을 관찰할 것인지를 미리 알고 있어야 그것을 볼 수 있다. 우리는 다음 장들에서 이 문제를 계속해서 다룰 것이다.

요약

귀납적 연구 전략에 대한 초기 비판가들인 포퍼와 카를 헴펠(Carl G. Hempel)은 자신들의 견해를 다음과 같이 요약했다.

> 나는 우리가 언제나 관찰과 함께 시작해 관찰에서 우리의 이론을 도출하고자 한다는 의미에서 귀납적 일반화를 한다고는 믿지 않는다. 나는 이런 식으로 작업을 진행한다는 편견은 일종의 시각적인 환상이며, 과학적 발전의 어떤 단계에서도 가설이나 편견, 또는 '흔히 기술적인' 문제 — 우리의 관찰을 일정한

방식으로 안내하며, 그러므로 우리의 관심거리가 될 수 있는 무수한 관찰 대상들에서 우리가 선택하는 데 도움을 주는 — 와 같이 그 성질에서 이론이라고 할 수 있는 것 없이는 우리가 연구를 시작할 수 없다고 믿는다(Popper, 1961: 134).

그러므로 일반적으로 적용할 수 있는 '귀납의 규칙' — 그 방법에 의해 경험적 자료에서 가설이나 이론을 기계적으로 도출하거나 추론할 수 있는 — 은 있을 수 없다. 자료에서 이론으로의 이행은 창조적인 상상력을 필요로 한다. 우리는 과학적 가설과 이론을 관찰된 사실에서 도출하는 것이 아니라, 그 사실을 설명하기 위해 가설과 이론을 고안한다. 가설이나 이론은 우리가 연구하는 현상들 사이에서 얻을 수도 있는 연관에 대한, 즉 그 현상들이 발생하는 기초에 자리할 수도 있는 제일성들과 유형들에 대한 추측이다. …… 유망한 과학적 추측에 도달하는 방식은 체계적 추론의 과정과는 전혀 다르다(Hempel, 1966: 15).

귀납적 연구 전략의 사용에 대해 저명한 생물학자이자 노벨상 수상자인 메다워는 의학적 작업의 맥락에서 조금은 과장된 형태로 다음과 같은 사례를 제시한다.

한 환자가 가여운 상태로 주치의를 찾아오고, 의사는 무엇이 잘못되었는가를 찾기 시작한다. 귀납적 관점에 의하면, 의사는 모든 편견과 선입견을 버리고 자신의 환자를 열심히 관찰한다. 그는 환자의 안색을 기록하고, 맥박을 측정하고, 반사 신경을 시험하고 혀를 검사한다(혀는 다른 사람들이 살펴볼 수 있도록 내놓는 일이 거의 없는 기관이다). 그리고 나서 그는 더 정교한 행위들로 나아간다. 그는 환자의 소변을 검사할 것이다. 혈구 수를 측정하고 혈액균을 배양할 것이다. 간과 골수의 생체조직을 병리검사실로 보낼 것이다. 모든 구멍에 관을 삽입하고 외부로 노출된 모든 표면에 전극을 붙일 것이다. 그런 다음 그렇게 수집한 사실적 증거를 분류하고 귀납의 규준에 따라 '처리할' 수 있을 것이다. 그리고 그것을 기초로, 원칙적으로 컴퓨터에 맡겨 처리할 수 있는 — 논리적이기 때문에 — 추론에 의해 어떤 진단에 도달할 것이며(예컨대, '그가 먹은 것이 잘못되었다'), 그 진단은 진단의 원료인 사실 정보가 그릇되거나 불완전하지 않다면 정확할 것이다(Medawar, 1969a: 42~43).

연구자들이 자신의 과거 경험과 지식과 기대의 영향을 받는다면, 그리고 불가피하게 어떤 언어 안에서 작업을 시작하며 모든 관찰이 이론적 가정을 수반한다면 어떻게 객관성이 가능할까? 상이한 문화적 배경과 삶의 궤적을 가지고 있으며 상이한 이론적 가정을 가지고 연구하는 상이한 연구자들은, 기껏해야 실재에 대해 상이한 견해를 가질 것이다. 객관성이 불가능하다면 진리의 발견 또한 불가능할 것이다.

수정

귀납적 연구 전략은 그것이 보편적 일반화와 참인 설명을 만들어낼 수 있다는 주장에 기초하고 있다. 하지만 바로 앞에서 논의한 이유 때문에 이러한 주장은 유지될 수 없다. 그렇다면 왜 이러한 연구 전략의 사용을 고집하는가?

사회연구자들이 '무엇이'라는 연구 문제에 답하려면 사회현상을 서술해야 한다. 그들은 단일한 개인이나 사건을 언급하는 기초적인 서술을 생산할 수 있다. 그렇지만 연구자들은 자신들의 문제에 답하려면 더 일반적인 서술을 필요로 한다. '어떤 종류의 사람이 실직하는가?'라는 연구 문제에 답하려면 실직자들에 관한 광범한 자료가 필요하다. 이 질문에 답하는 서술은 귀납 논리를 사용하도록 요구된다. 우리는 우리가 연구하는 모든 실직자에 대한 서술을 살펴보고 그들의 특징에 관한 일반적 서술을 생산한다. 예를 들어, 우리가 선택한 실업자의 표본은 교육 수준이 낮고 직업 숙련이 제한적이며 자신의 가치에 대해 무감각(자존감 결여)할 수 있다. 연구 문제에 답하기 위해 생산하는 서술이 어떤 것이든 간에 연구자는 가능한 특징들의 끝없는 목록 가운데서 선택을 해야 한다.

어떤 특징을 찾아내야 하는지 우리가 어떻게 아는가? 단지 수집된 자료를 근거로 이를 결정할 수는 없다. 왜냐하면 우리는 어떤 자료를 수집해야 할 것인가를 결정해야 하기 때문이다. 그 결과 우리는 귀납 논리의 원리들 대부분을 위반하게 된다. 우리는 무엇을 찾아야 할 것인가를 먼저 결정한다(연구과정에서 우연히 다른 특징들을 발견할 수도 있기는 하다). 그리고 우리는 제한된 특정한 영역 – 넓거나 좁은 – 에서 자료를 수집한다. 이론과 이전의 연구에서 얻은 배경 지식이 '무엇이'라는 질문에 대한 우리의 대답에 영향을 미칠 것이며, 그 답의 시간과 공간을 제한할 것이다. 우리는 지금 실업에 대한 하나의 설명을 생산했다고 주장하는 것이 아니다. 우리는 지금 우리의 연구 기획과 현재의 지식 상태라는 한계 안에서 실업자들에 관한 최선의 서술을 만들어내는 것이 우리가 할 수 있는 일의 전부라고 이야기하고 있는 것이다.

우리는 몇 가지의 개별적인 특징을 언급하는 것에 더해, 이 특징들이 가진 연관의 유형도 서술할 수 있다. 예를 들어, 우리는 자존감의 수준과 연령 및 성별 사이의 관계를 확인할 수도 있다. 그러한 유형에 대한 서술은 훨씬 정교한 것이며, '어떤 사회인구학적 특징들이 자존감의 상실과 관련되는가?' 등과 같은 연구 문제에 답할 것이다. 그렇지만 이 질문에 답하려면, 우리는 먼저 우리가 선정한 표본의 사람들이 자존감의 수준에서 차이가 있다는 것을 확인해야 한다.

귀납 논리를 이런 식으로 사용하려면 고전적 형태의 귀납 논리에서 사용한 것과는 상이한 존재론적·인식론적 가정들을 채택해야 한다. 〈표 3.1〉은

〈표 3.1〉 수정한 연구 전략들

	귀납적	연역적	역행추론적	가추적
목표	• 특징과 유형에 대한 서술의 확립	• 이론의 시험 • 허위 이론의 소거와 생존이론의 보강	• 관찰한 규칙성을 설명해주는 기저의 기제를 발견	• 사회적 행위자들의 동기와 이해에 입각한 사회적 삶에 대한 서술과 이해
존재론	• 신중한 실재론 또는 심층 실재론 또는 미묘한 실재론	• 신중한 실재론 또는 심층 실재론	• 심층 실재론 또는 미묘한 실재론	• 관념론 또는 미묘한 실재론
인식론	• 협약주의	• 협약주의, 반증주의	• 수정한 신실재론	• 구성주의
시작	• 특징 그리고/또는 유형에 관한 자료 수집 • 서술의 생산	• 설명해야 할 규칙성의 판별 • 이론 구성과 가설 연역	• 규칙성의 기록과 모델 구성 • 맥락과 가능한 기제들에 대한 서술	• 일상의 개념, 의미, 동기의 발견 • 일상의 해명에서 기술적 해명의 생산
종결	• 특징과 유형들을 연구 문제들과 연결지음	• 가설을 자료와 비교해서 시험함	• 그 맥락에서 어떤 기제(들)가 최선의 설명을 제공하는가를 확인함	• 이론을 개발하고 그것을 반복해서 정교화함

수정한 귀납적 연구 전략과 다른 세 가지 연구 전략의 목표, 가정, 논리를 보여준다.

수정한 귀납적 연구 전략의 목표는 어떤 사회현상에서 관찰한 또는 측정한 특징들의 분포와 그 현상들 사이에 연관된 유형에 관해 제한된 일반화를 확립하는 것이다. 연구 대상 모집단과 표본의 전형적인 특징은 인구학적(예컨대, 성별, 연령, 교육 수준, 종교)이거나 이론적인 개념(예컨대, 사회계급, 신앙심의 정도, 여러 종류의 태도)에 기초한다. 연구 참여자들에 대해 외부/전문가의 입장을 취한다면, 연구자는 연구자가 정의한 개념들을 통해서만 사회세계를 관찰하거나 측정할 수 있을 것이다.

고전적인 형태의 귀납적 연구 전략에서는 **피상적인 실재론적** 존재론을 채택했지만, 이는 더 이상 유지될 수 없다. 또한 **개념적인 실재론적** 존재론도 경험적인 사회연구에는 그다지 적합하지 않다. 그러므로 수정한 귀납적 연구 전략에서 사용하는 존재론적 가정은 다른 형태의 실재론들, 즉 **신중한 실재론**, **심층 실재론**, **미묘한 실재론** 가운데 하나일 것이다. 서술적인 연관을 연역적 연구 전략이나 역행추론적 연구 전략으로 설명해야 한다면, 존재론은 각각 **신중한 실재론**이나 **심층 실재론**이 될 것이다. 민족지에서처럼 질적 자료를 사용한다면, **미묘한 실재론적** 존재론을 채택할 수도 있다.

경험주의 인식론은 더 이상 유지될 수 없기 때문에 다른 인식론을 채택해야 한다. 귀납적 연구 전략만을 사용한다면 **협약주의** 인식론이 적절할 것이다. 그렇지만 이 연구 전략을 연역적 전략이나 역행추론적 전략과 조합해서 사용한다면 수정한 인식론들을 채택할 수 있다.

수정한 귀납적 연구 전략으로 생산한 서술은, 그것이 단일 변량 서술이든 다변량 서술이든,[6] 시간과 공간에서 제한적이다. 그것들은 통상적으로 양적인 것이지만, 이런 형태의 자료만을 사용하는 것은 아니다. 그렇지만 연구할 특징들의 선택, 그리고 그 특징들에 대한 정의와 측정은 모두 연구자의 관점에 입각해서 수행하게 된다. 〈상자 3.2〉를 보라.

〈상자 3.2〉 수정한 귀납적 연구 전략의 사용

수정한 형태의 귀납적 연구 전략의 사용을 예시하기 위해 1장에서 소개한 장기 실업에 관한 연구 주제를 다시 살펴보자. 1장에서는 두 가지 '무엇이'라는 문제와 한 가지 '왜'라는 문제를 제기했다.

1. 어떤 종류의 사람들이 장기적인 실업을 경험하는가?
2. 장기간의 실업 상태에 있으면 어떻게 되는가?

6) 이들 분석 수준에 대한 자세한 논의는 Blaikie(2003: ch. 3과 ch. 4)를 볼 것.

3. 왜 그런 사람들은 실업 상태에 있는가?

수정한 귀납적 연구 전략은 연구 문제 1에 답하는 최선의 선택지이다. 답은 그 사람들의 특징을 서술하는 형태를 취할 것이다. 그렇지만 연구자가 어떤 특징을 포함할 것인가를 선택하는 데 몇 가지 안내물이 있어야 한다. 안내물로는 그 분야에서 이전에 수행되었던 연구가 유용할 것이며 고려 대상인 모집단에서 뽑은 소규모 표본에 대한 탐색적 연구도 유용할 것이다. 숙련된 연구자들은 의존할 수 있는 아이디어 창고를 가지고 있을 테지만, 그들의 지식과 과거 경험은 그들이 선호하는 연구 패러다임(들)과 함께 그들의 선택을 촉진하고 제한할 것이다. 이를 대신할 대안은 없다.

양적 방법을 선택했다면, 각 특징에 대한 측정 도구를 고안할 필요가 있다.* 몇 가지 명백한 사례로 연령, 성별, 교육의 수준과 형태, 혼인/가족 상황, 거주 지역, 고용 경험, 실업 기간 등이 있다. 특징들을 선택하는 데는 적절한 이유가 있어야 한다. 또한 의미 있는 선택이 되기 위해서는, 이러한 특징의 대부분에 관해 그 분포를 연구 대상 모집단의 특징과 비교해야 할 것이다. 우리는 무엇 때문에 이 사람들이 차이를 보이는지 찾고자 한다.

서술에는 이들 일부 특징 사이의 관계에서 보이는 유형에 대한 분석도 포함될 수 있다. 예를 들어, 청년 실업자들은 특히 교육, 혼인/가족 상황, 고용 경험에서 고령 실업자들과 차이가 날 것이다. 그러한 유형의 확인은 또 다른 '왜'라는 질문을 유발할 것이다. 이것은 우리가 이른바 '생각 없는 경험주의(mindless empiricism)'라고 부르는 것으로, 단지 변수를 측정하고 변수의 상관관계를 찾는 일에 몰두하지 말아야 한다는 이야기이다. 이러한 유형들은 더 자세한 서술을 제공할 것이며 그러므로 '무엇이'라는 질문에 대한 더 풍부한 답을 제공할 것이다. 물론 질적 방법을 사용해서 연구 문제 1에 답할 수도 있다. 그런 경우에도, 아마도 그 정도는 덜하겠지만, 연구자는 무엇을 찾아야 할 것인가에 관해 일정한 견해를 가지고 있어야 할 것이다.

연구 문제 2는 그 자체에 대한 주요한 연구를 요구할 수도 있다. 양적 방법을 사용한다면, 연구자는 무엇을 관찰할 것인가에 관해 그리고 모집단의 구성원이나 표본에 무엇을 물을 것인가에 관해 상당히 많은 안내 지침을 필요로 할 것이다. 질적 방법으로는 아마도 심층면접을 사용하는 것이 이 연구 문제에 답하는 데 적합할 것이다. 어떤 방법을 사용하든, 그 결과는 귀납 논리의 사용에 의해 도달하는, 즉 많은 사람에게서 얻은 자료를 종합해 일반적인 진술을 도출함으로써 도달하는 자세한 서술이 될 것이다. 중심경향값과 분산의 측정, 그리고 연관성 측정 등과 같은 여러 가지 통계적 절차는 귀납 논리를 함축한다.

귀납 논리는 '왜'라는 질문에 답하는 데는 그다지 유용하지 않다. 특징들 사이에서 확인된 유형이나 자세한 질적 서술은 가능한 답의 방향을 가리킬 수 있다. 그렇지만 연구 문제 3에 답하려면 다른 연구 전략이 필요하다.

* 나는 이런 예시에 대한 논의 전체에 걸쳐, 변수라는 용어보다는 특징이라는 용어를 사용했다. 변수는 이러한 특징들에 대한 척도를 고안했을 때 나타난다. 예시는 연구에서 이러한 단계의 직전에서 멈출 것이며, 또한 변수라는 용어를 사용하지 않는 질적 서술의 가능성도 열어놓는다.

연역적 연구 전략

연역적 연구 전략은 귀납적 전략의 대안으로 제시되었다. 또 다른 의사는 환자를 어떻게 진단하는가에 대한 메다워의 예시에서 두 연구 전략의 차이를 볼 수 있다.

> 또 다른 의사는 항상 어떤 목적을 가지고, 즉 어떤 생각을 가지고 자신의 환자를 관찰한다. 환자가 병원에 들어오는 순간부터 그 의사는 선행 지식이나 감각적 단서가 촉발하는 질문을 스스로에게 던진다. 그리고 이 질문은 그의 생각을 선도하며, 그가 지속적으로 형성해온 잠정적인 견해들이 타당한지 아니면 터무니없는지 그에게 이야기해줄 새로운 관찰로 그를 안내한다. 정말로 그는 병이 났는가? 정말 그가 먹은 것이 잘못되었는가? 호흡기 질병 바이러스가 돌아다니고 있는데 이 증상과 관련되었는가? 그의 간은 치유할 수 없을 정도로 손상되었는가? 여기서 상상하는 과정과 비판하는 과정 사이에, 즉 상상적 추측과 비판적 평가 사이에 신속한 상호작용이 일어난다. 그 상호작용을 진행하면서, 치료나 또 다른 검사를 위한 타당한 기초를 제공해줄 가설 — 물론 그 의사는 대체로 이 가설을 결론으로 생각하지 않지만 — 을 형성할 것이다 (Medawar, 1969a: 44).

순진한 반증과 세련된 반증

연역주의도 그 연원을 고대로까지 거슬러 올라갈 수 있다. 이미 기원전에 유클리드(Euclid)는 소수의 가정(공리나 원리)에서 수많은 명제(정리)를 연역함으로써 그 명제들을 증명하거나 입증하는 기하학 체계를 발전시켰다. 유클리드 기하학은 나중에 아리스토텔레스 논리학 — 논리적 논증에 의해 지식을 발전시키는 기초로 사용되었던 단순 삼단논법 — 이 계승했다. 이러한 공리적이고 삼단논법적인 체계는 매우 강력해서, 과학적 이론도 이러한 연역적 형태로 구성되어야 한다는 견해가 생겨났다.

연역적 연구 전략은 때때로 **가설연역적** 방법 또는 추측과 논박의 방법으로 불린다. 이 전략은 **신중한 실재론적** 존재론과 **반증주의** 인식론에 기초한다. 포퍼는 이 전략의 선구자이자 가장 확고한 옹호자이다.

고전적 귀납주의자들은 자신들의 일반화를 확증할 증거를 찾는 반면 [그 때문에 종종 그 전략을 **정당화주의**(justificationism)라고 부른다], 연역주의자들은 자신들의 가설을 기각하고자 한다. 연역적 연구 전략의 사용은 설명하거나 이해해야 할 질문이나 문제에서 시작한다. 관찰에서 시작하는 대신, 첫 단계는 질문에 대한 가능한 답을 만들어내는 것, 즉 기존의 이론에서 문제에 대한 설명을 찾거나 또는 새로운 이론을 고안하는 것이다.

리처드 브레이스웨이트(Richard Braithwaite)는 연역적 연구 전략에 대해, 자연과학자가 이론을 제안하는 데서는 막대한 자유를 갖지만 그 이론에서 도출하는 결론들이 참인지 허위인지 여부를 결정하는 임무는 자연에 넘겨줘야 하는 전략이라고 표현했다(Braithwaite, 1953: 368). 이 전략의 "목적은 유지할 수 없는 체계들의 생명을 구하려는 것이 아니라, 정반대로 비교에 의해, 즉 체계 모두를 가장 격렬한 생존 투쟁에 노출시킴으로써 최적의 체계를 선택하려는 것이다"(Popper, 1959: 42).

이 연구 전략에 대한 포퍼의 견해(Popper, 1959: 32~33)는 다음과 같이 요약할 수 있다.

1. 이 전략은 이론을 형성하는 잠정적인 생각, 추측, 가설이나 일련의 가설을 제시하는 것으로 시작한다.
2. 아마도 이전에 채택한 다른 가설들의 도움으로, 또는 가설들을 유지할 수

있다고 기대되는 조건을 밝힘으로써 하나의 결론이나 다수의 결론을 연역한다.

3. 결론과 그 결론을 만들어낸 논증의 논리를 검토한다. 그 논증이 우리의 이해에서 진보를 구성하는가를 알아보기 위해 그 논증을 기존 이론들과 비교한다. 이러한 검토가 만족스럽다면,
4. 적절한 자료를 수집함으로써 결론을 검증한다. 즉, 필요한 관찰이나 필요한 실험을 수행한다.
5. 이 검증이 실패한다면, 즉 자료가 그 결론과 일치하지 않는다면 그 '이론'은 틀림없이 허위이다. 원래의 추측은 실재와 부합하지 않으며 따라서 기각해야 한다.
6. 그러나 그 결론이 검증을 통과한다면, 즉 자료가 그 결론과 일치한다면 그 '이론'은 잠정적으로 지지를 받는다. 즉, 참이라고 입증하지는 않지만 그것을 확인한다(corroborated).

포퍼는 또한 이 전략에 대해 여러 가지 요건을 제시했다. 첫째, 어떤 이론이든 과학적인 것으로 간주되려면, 적어도 원칙적으로는 (그것에 도전하는 증거를 사용해서) 그것을 반증할 수 있어야 한다. 검증에 부칠 수 없는 이론은 과학적 이론이라고 부를 수 없다(Popper, 1959: 40, 48). 훌륭한 이론은, 세계에 관한 명확한 주장을 하기 때문에 반증 가능한(falsifiable) 이론이다. 이 요건은 과학적 이론을 다른 형태의 설명과 분리하기 때문에 '구분기준(demarcation criterion)'이라고 알려져 있다. 둘째, 검증은 가능한 한 엄격해야 하는데, 왜냐하면 엄격한 검증을 이겨낸 이론은 취약한 검증을 받은 이론보다 더 받아들일 만한 것이기 때문이다(Popper, 1961: 134). 또한 이론은 정확하게 진술할수록 더 반증 가능해진다. 그리고 이론은 반증 가능할수록 더 좋다(Chalmers, 1982: 42). 경험적 사례는 〈상자 3.3〉을 보라.

〈상자 3.3〉 경험적 사례: 뒤르켐의 이기적 자살 이론

앞에서 논의한 것처럼, 뒤르켐은 귀납적 연구 전략의 충실한 옹호자이다. 그는 귀납적인 사회학적 설명의 우월성을 입증하기 위해 자살 연구를 선택했다(Durkheim, 1970). 그러나 그의 연구를 자세하게 검토하면 그의 설명의 기저에 있는 논리는 연역이라는 사실이 드러난다. 이기적 자살 이론에 대한 연역적 재구성은 그의 절차를 엄밀하게 따른 것이다. 비록 이것이 그 문제들의 일부를 해소하기는 하겠지만, 이러한 연역적 재구성이 뒤르켐 비판자들이 제기해온 문제들을 다루려는 것은 아니다(Douglas, 1967; Atkinson, 1978).

뒤르켐은 '자신을 희생시키는 긍정적이거나 부정적인 행위에서, 그리고 그것이 어떤 결과를 낳을 것인가를 자신이 알고 있는 행위에서 직접 또는 간접적으로 결과하는 모든 경우의 죽음'이라고 자살을 정의하면서 연구를 시작한다(Durkheim, 1970: 44). 그는 그러한 정의를 사용함으로써 비교 가능한 자료들을 구할 수 있을 것으로 믿었다.* 그런 다음 그는 자살에 사회적 원인이 있다는 자신의 주장을 뒷받침하는 자료들을 제시한다. 먼저 그는 1841년부터 1872년 사이의 프랑스, 영국, 덴마크 그리고 지금은 독일에 속하는 나라들 – 프러시아, 삭소니, 바바리아 – 에서 자살한 사람의 절대적 수를 비교한다. 그는 이 기간의 비율이 상당히 일정했으며, 나라들 사이에 특징적이고 안정적인 차이가 있다는 것을 발견한다. 그는 또한 모든 나라에서 어느 정도는 비율의 증가와 감소가 일어났다고 지적하며, 그 비율을 유럽 전체에 걸친 사건에서 기인하는 변동과 각국의 내부 사건에서 기인하는 변동으로 나눠서 이해한다. 뒤르켐은 이러한 '사실들'이 사회적 원인이 있음을 알려주는 증거라고 주장한다.

그런 다음 그는 정신 질환, 연령, 인종, 종족, 유전 등과 같은 비사회적 원인들과 지리적 위치, 계절 변화, 낮의 길이 등과 같은 물리적 원인들을 제거하는 데로 나아간다. 또한 그는 자살이 모방 행위일 가능성에 대해서도 탐구한다. 변이가 존재하지만 이러한 요인들로는 자신이 확인한 자살률에서의 차이를 해명할 수 없다고 믿는다는 것이 뒤르켐이 탐구한 결과이다.

뒤르켐은 자살률에서의 다른 한 가지 차이에 주목한다. 즉, 개신교 국가에서의 자살률이 가톨릭 국가보다 높고, 종교가 혼성인 국가들의 자살률이 중간 비율을 보인다는 것이다. "유럽의 자살 지도를 훑어보면, 스페인, 포르투갈, 이탈리아 등과 같은 가톨릭 국가에서는 자살 비율이 매우 낮은 반면, 프러시아, 삭소니, 덴마크 등의 개신교 국가에서는 최대치를 보인다는 것이 금방 확실해진다"(Durkheim, 1970: 152). 그는 또한 독일 내에 있는 나라들(주들)에서의 자살률이 개신교도의 수에 정비례하고 가톨릭교도의 수와 반비례한다는 점을 확인했다. 방금 검토한 비사회적·물리적 요인들은 이런 차이를 설명하는 데 도움을 줄 수 없었다.

이 문제를 다루기 위해 뒤르켐은 자살을 세 가지 유형, 즉 이기적 자살, 이타적 자살, 아노미적 자살로 구분한다. 이기적 자살은 어떤 사람이 집단의 목표와 규범에 약하게 몰입할 때, 그리고 자신의 자원에 의존해야 할 때 일어난다. 이타적 자살은 반대로, 어떤 사람이 집단의 목표와 규범에 깊이 몰두할 때, 심지어 자살이 의무일 때 일어난다(예컨대, 일본의 사무라이와 가미카제 특공대, 인도의 전통에서 남편의 죽음을 따르는 미망인). 아노미적 자살은 위기의 시대나 급속한 사회변동이 집단의 규범을 약화시킴으로써, 개인이 어떻게 행위 해야 할 것인가를 확신할 수 없을 때 일어난다. "이기적 자살은 사람이 더 이상 삶에서 생존의 기초를 발견할 수 없는 것에서 비롯된다. 이타적 자살은 이러한 생존의 기초가 삶 자체를 넘어서기 때문에 일어난다. 세 번째 종류의 자살은 사람의 활동에 대한 규제물이 없고 그러므로 이로 인해 고통을 겪는 것에서 비롯된다"(Durkheim, 1970: 258). 이런 자살 유형에 대한 서술은 그 서술들이 정의(定意)인 만큼 이론이기도 하다. 바로 이 지점에서 뒤르켐은 자신이 공언한 귀납적 연구 전략의 사용에서 벗어나기 시작한다. 그는 이론적인 생각을 자료에 넣는다.

뒤르켐은 자살률에서 나타나는 종교적 차이를 설명하기 위해 이기적 자살이라는 개념을 사용한다. 그는 가톨릭은 종교적 활동이 일정하고 규칙적인 통합 종교이며 그러므로 연대감과 귀속감을 창출한다고 주장한다. 반면 개신교는 사람들에게 의심 없이 교리에 동의하기보다는 혼자 힘으로 생각할 것을 권장한다. 이러한 '자유로운 탐구 정신'은 논쟁과 분열을 조장한다. "그러므로 가톨릭보다 개신교가 개인의 사유에 더 많은 자유를 허용한다면, 개신교가 공통의 믿음과 관습을 더 적게 보유하고 있기 때문이다. …… 자살이라는 측면에서 개신교가 더 높은 비율을 보이는 것은 개신교 교회가 가톨릭 교회보다 약하게 통합되었다는 점에서 비롯된다"(Durkheim, 1970: 159).

이기적 자살에 관한 뒤르켐의 생각은, '자살률'(인구 1000명당 자살자의 수), '개인주의'(사람들이 어떤 집단의 믿음과 규범에 동조하기보다는 혼자 힘으로 생각하고 독립적으로 행위하는 경향),** 그리고 '개신교주의'(유럽에서 종교개혁의 결과로 형성된 기독교 집단의 무리)라는 세 가지 주요 개념을 사용해 다섯 가지 명제로 정식화할 수 있다.

1. 어떤 집단에서나 자살률은 개인주의의 정도와 직접 관련되어 변화한다(이기주의).

2. 개인주의의 정도는 개신교주의의 발생 정도와 직접적으로 관련되어 변화한다.
3. 그러므로 자살률은 개신교주의의 발생 정도에 따라 변화한다.
4. 스페인에서 개신교주의의 발생 정도는 낮다.
5. 그러므로 스페인에서는 자살률이 낮다(Homans, 1964: 951).***

이 이론은 한 쌍의 개념들 간에 관계의 형태를 진술하는 두 개의 보편 명제(1과 2)를 포함하고 있다. 각 명제의 의미는 자세하게 진술할 수 있으며, 그 명제를 포함한 이유를 제시할 수 있다. 세 번째 명제는 앞의 두 명제에서 논리적으로 도출되며, 자살률과 '개신교주의'(이것은 '개인주의'보다 덜 추상적인 개념이다)를 연결한다. 각각의 명제는 단독으로는 아무것도 설명하지 못하지만, 세 가지의 명제를 모두 결합하면 자살률의 차이에 대한 설명을 구성한다. 서술적 진술인 명제 4를 추가함으로써, 검증할 수 있는 — 상대적인 자살률을 만족스럽게 확인할 수 있다고 상정하고 — 예측(명제 5)을 이끌어낼 수 있다. 마찬가지로 다른 나라들(예컨대, 아일랜드 공화국)에 대해 예측함으로써 그 이론을 더 많이 검증할 수 있다. 명제 5와 관련해서 예측이 아니라 설명을 해야 한다면, 앞의 전제들이 설명을 제공할 것이다.

이러한 개별 이론에서, 이들 개념쌍과 관련된 자료를 여러 모집단에서 수집함으로써 명제 1~3을 직접 검증할 수 있을 것이다. 필요한 것은 두 개념 사이에, 또는 두 개념에 기초한 변수들 사이에 있을 연관의 형태와 강도에 대한 서술이 전부이다. 그러므로 포퍼에 따르면, 이론들을 이러한 연역적 방식으로 구조 지을 때, 설명과 예측과 검증 사이에는 단지 강조의 차이만 있을 뿐이다.

뒤르켐의 연구는 연역적 연구 전략의 특징인 여러 단계를 통과했다. 그는 설명을 요구하는 규칙성 – 자살률과 종교의 관계 – 을 확인했다. 그는 기존의 수많은 이론을 검토하면서 그 이론들이 아무런 도움도 주지 못한다는 점을 발견했다. 그러므로 그는 그 규칙성을 이해할 수 있게 해주는 이론을 고안했다. 그는 이 이론을 연역 논증의 형식으로 표현하지는 않았지만, 이 이론은 연역적 형식에 적합하다. 이기적 자살에 대한 이론은 다른 종교 집단이나 사회와 비교해서 검증할 수 있으며, 다른 유형의 사회집단들과 비교하도록 재정식화할 수 있다. 실질적으로 뒤르켐이 자살률은 혼인 상태에 따라 변화한다는 것을 발견했을 때 그는 바로 이를 수행한 것이다. 자녀를 가진 기혼자의 자살률이 가장 낮았고, 자녀 없는 기혼자, 미망인, 이혼자, 미혼자의 순서였다. 이는 가족 집단과 종교 집단 모두에 통합되지 못한다면 동일한 결과를 낳을 수 있다는 것을 시사한다.

* 불행하게도 비판자들이 지적하듯 뒤르켐의 자료는 사인을 판단하는 사람들의 정의에 의존했다. 그러므로 뒤르켐의 정의가 요청하는 '희생자'의 동기에 정확하게 근거한 것은 아니었다. 이러한 단점은 집단과 사회 사이에서 자살률의 비교 가능성을 손상시켰고, 이로 인해 뒤르켐의 주장도 약화되었다.

** 대안적인 개념인 '사회적 통합'은 사회집단의 구성원이 그 집단의 믿음과 규범을 수용하고 실행하는 것을 가리킨다. 뒤르켐은 종교 집단에서는 자유로운 탐구가 분열로 이어질 수 있는 반면, 일부 집단에서 나타나는 믿음과 관행을 엄격하게 준수할 것을 요구하는 압력은 구성원들을 사회적으로 통합할 수 있다고 주장했다.

*** 뒤르켐의 이론을 다른 개념을 사용해서 달리 재구성한 사례는 로버트 머튼(Robert Merton)에서 찾을 수 있다(Merton, 1957: 97).

지식발전의 과정에 대한 이러한 연역주의적인 견해는 상당히 역설적이다. 왜 우리는 이론을 양육해줄 지지물을 찾아내려고 하지 않고 오히려 그것을 무너뜨리고자 하는가? 포퍼는 다음과 같이 주장했다.

> 우리가 비판적이지 못하다면 우리는 언제나 원하는 것만 찾아낼 것이다. 우리는 확증을 추구하고 찾을 것이며 우리가 아끼는 이론에 위험한 것은 회피하고 보지 않을 것이다. 이런 식으로 하면, 비판적으로 접근했다면 기각되었을, 이론에 유리한 증거들을 정말이지 너무도 쉽게 얻을 수 있다(Popper, 1961: 134).

과학에 대한 포퍼의 견해가 1960년대에는 널리 받아들여졌지만, 일부 논평자는 그 견해의 몇 가지 특징에 불만을 표시했다. 포퍼는 초기에는 단 한 번의 논박으로 이론을 충분히 거부할 수 있다고 생각했다. 그렇지만 나중에는 이론에 대한 또 다른 시험을 수행할 수 있는 한에서 이론의 수정을 허용했다.

과학의 논리에 대한 포퍼의 견해는 **순진한 반증주의**(naïve falsificationism)로 알려지게 되었다. 임레 라카토스(Imre Lakatos)는 포퍼의 방법을 개선해서 **세련된 반증주의**(sophisticated falsificationism)라고 이름 붙인 견해를 제시했다(Lakatos, 1970). 라카토스는 단일한 이론의 반증 가능성 수준을 확인하는 것을 넘어서 경쟁하는 이론들 간의 반증 가능성 정도를 비교하는 것으로 강조점을 옮겼다.

문제점

귀납적 전략과 마찬가지로 연역적 전략도 여러 비판의 대상이 되어왔다.

귀납에서 벗어날 수 없다

연역이 귀납의 사용을 포함한다는 주장이 제기되어왔다. 헴펠은 연역의 논리를 강력하게 지지하면서도, 어떤 이론이 반증되지 않는 경우 그 이론의 수용 여부는 '귀납적 지지'를 제공하는 자료에 의존한다고 주장했다(Hempel, 1966: 18).

근래에는 앤서니 오헤어(Anthony O'Hear)가 최상의 이론은 어느 때에나 가장 혹독한 검증을 견뎌낸 이론이라고 주장한 포퍼의 견해에 관해 논의했다(O'Hear, 1989). 오헤어는 귀납적 추론의 개념을 어느 정도 사용하지 않고서는 혹독한 검증을 이야기할 수 없다고 주장했다. 이론에 대한 확증의 정도는 항상 그 이론의 과거의 수행에 기초하며, 검증의 혹독성에 대한 판단은 과거의 증거에 기초한다. 그런데 어떻게 하면 과거의 경험에서 현재 또는 미래의 개연성에 대한 계산으로 나아갈 수 있는가? "중요한 점은, 오로지 과거의 경험에서 형성된 기대들을 배경으로 해야만 장차 어떤 일이 일어나지 않을 것 같다고 이야기할 수 있고 포퍼적 의미의 혹독한 검증에 대해 이야기할 수 있다는 것이다. 일종의 귀납 논증이 없다면 모든 검증이 똑같이 혹독하게 보일 것이다"(O'Hear, 1989: 40). 어떤 이론이 검증을 통과했다는 과거의 성공에 관한 지식은, 귀납적 가정을 기초로 하지 않는다면 그 이론에 근거한 미래의 행동을 위한 적절한 기초가 될 수 없다. 그러므로 오헤어에 따르면, 포퍼류의 반증의 방법은 혹독한 검증을 이겨낸 이론에 신뢰할 만한 기초를 제공하지 않는다.

이론에서 명제의 근원

실제 연구를 수행하는 연구자에게는 연역적 이론을 형성하는 명제들을 어디서 찾을 것인가가 중요한 쟁점이다. 포퍼는 이 문제에 관심이 없었다. 그는 자신이 **지식의 논리**(logic of knowledge)라고 부른 것 — 이론들을 정당화하는 방법 — 과 지식의 심리학(psychology of knowledge)이라고 부른 것 — 새로운 생각이 떠오르는 과정 — 을 구분했다.

> 최초의 단계, 즉 이론을 착상하거나 고안하는 행위는, 내가 보기에 논리적 분석을 요구하지도 않고 또한 논리적으로 분석할 수도 없다. 어떤 사람에게 새로운 생각 — 그것이 음악의 주제이거나, 연극의 갈등이거나, 과학적 이론이거나 상관없이 — 이 떠오르는 일이 어떻게 발생하는가라는 문제는 경험적 심리학에서는 중요한 관심사일 수 있다. 그러나 그 문제는 과학적 지식에 대한 논리적 분석과는 상관이 없다. …… 새로운 착상을 떠올리는 논리적 방법이나 그러한 과정에 내한 논리석 재구성 같은 것은 존재하지 않는다(Popper, 1959: 31~32).

포퍼에 따르면, 모든 발견은 '비합리적 요소' 또는 '창조적 직관'을 포함한다. 포퍼는 어떻게 이론을 검증하는가라는 문제가 과학적으로 유일하게 적절하다고 주장했다. 비슷한 주장을 한스 라이헨바흐(Hans Reichenbach)와 브레이스웨이트도 제기했다(Reichenbach, 1948: 382; Braithwaite, 1953: 20~21). 불행하게도 이런 주장은 연구를 수행하는 연구자에게 별다른 도움이 되지 않는다. 명제들은 포퍼가 주장했듯이 상상력 있는 추측에 의해 도출되는가, 아니면 포퍼가 피하고자 했던 어떤 귀납적 추론의 형식에 의해 도출되는가(Hesse, 1974: 2)?

앞서 메다워가 그랬던 것처럼(Medawar, 1969a), 메리 헤세(Mary Hesse)도 연역적 연구 전략의 이런 측면에 대해 비판적이었다. 그리고 과학적 발견 과정에서 논리와 함께 상상력이 중심적인 역할을 한다는 사실을 강조했다.

> 나는 과학적 이론이 오로지 감각자료 또는 조작적 정의에서부터 구성되는 것

> 이 아니라고, 그렇지만 형식에서는 '가설연역적'이라고 주장해왔다. 이론은 가설, 즉 그 자체로는 직접적인 관찰을 준거로 하지 않을 수도 있지만 실험의 결과 ― 실험의 언어로 적절하게 번역했을 때 ― 와 일치하는 진술을 연역할 수 있는 가설들로 구성된다. 이론에 대한 이러한 서술에서 제기되는 요점은 과학적 발견의 절차에 대해서는 아무런 규칙도 제시할 수 없다는 것이다. 가설은 연역 장치 ― 실험적 관찰을 그 속으로 투입하는 ― 에 의해 생산되는 것이 아니다. 가설은 창조적 상상력의 산물, 즉 실험 자료를 흡수해서 그 자료가 어떤 유형으로 구분되는지 찾아내는 정신의 산물이다. 창조적 상상력은 과학적 이론가에게 자신이 변화무쌍한 현상들의 표면을 뚫고 들어가 자연의 실재 구조를 파악하고 있다는 느낌을 제공한다(Hesse, 1953: 198).

이렇게 진술하면 과학적 발견의 과정이 비교적 간명한 것처럼 보일 수도 있을 것이다. 그러나 이 장의 뒷부분에서 논의할 것처럼, 자료들을 '유형으로 구분할 수 있다'는 것을 알아내는 일은 복잡하고 어려운 과정이다.

자료의 한계

연역적 연구 전략에 대한 또 다른 비판 영역은 자료를 사용해서 이론을 검증하는 문제와 관련된다. 실질적인 관점에서 볼 때, 이론의 검증 과정은 관찰을 정확하게 수행하는 행위에 의존할 뿐 아니라, 관찰의 배후에 있는 이론들과 (사용하는) 측정 도구들의 발전 단계에도 의존한다. 포퍼는 이러한 문제를 인식했지만 이러한 문제에 제한적으로만 관심을 가졌다. 그는 만족할 만한 해결책을 제시할 수 없었다. "사실의 관점에서 보면 어떤 이론에 대한 결론적인 논박은 결코 만들어낼 수 없다. 왜냐하면 실험의 결과를 믿을 수 없다고 이야기하거나 실험 결과와 이론 사이에 존재한다고 주장되는 불일치들은 단지 피상적일 뿐이라서 우리의 지적 능력이 발전하면 사라질 것이라고 이야기하는 일이 언제나 가능하기 때문이다"(Popper, 1959: 50).

메다워와 앨런 차머스(Alan Chalmers)도 동일한 관심을 표명하면서 이 문제를 심각하게 고려했다. "우리는 우리의 관찰이 가설을 반증했다고 잘못 생각할 수 있다. 관찰들 자체가 잘못될 수도 있고, 잘못된 견해를 바탕으로 관찰을 수행할 수도 있으며, 실험을 그릇되게 설계할 수도 있다"(Medawar, 1969a: 53~54). "결론적 반증은, 그 반증이 완전하게 확실한 관찰에 의존하고 있지 않다는 점에 의해 배제된다"(Chalmers, 1982: 63~64).

관찰의 이론의존성

또 하나의 비판 영역은 2장에서 간략하게 언급한 '관찰의 이론의존성' 문제에서 출발한다. 그것은 이론과 '실재'의 관계에 관한 문제이다. 귀납적 연구전략의 중심적 특징 가운데 하나는 관찰언어와 이론언어의 구분, 즉 오염되지 않은 객관적 자료에 관한 진술과 귀납으로 도출한 이론들 사이의 구분이다. 연역주의자들은 관찰이 이론에 의존하기 때문에 모든 진술은 어느 정도 이론언어로 구성될 수밖에 없다고 주장한다. 그런데 관찰언어 같은 것이 존재하지 않고 모든 관찰이 해석이라면, 이론 진술을 '실재'와 비교할 수 있는 방법은 없다. 이론 진술은 오직 이론이 주입된 개념과 측정에 의해 생산된 관찰들과 비교할 수 있을 뿐이다. 그러므로 '실재'를 직접 관찰할 수 없기 때문에 이론 진술이 '실재'와 일치하는가 여부를 알아낼 방법은 없다.

레이 포슨(Ray Pawson)은 이러한 순환성의 문제를 피하기 위해 정보 전달이라는 개념에 기초해 **측정의 변형모델**(transformation model of measurement)을 채택했다(Pawson, 1989). 그는 내연기관이 만들어낸 열을 어떻게 측정할 것인가라는 사례를 제시했다. "물리적 속성에 대한 측정에서 기본적인 전략은 물리적 체계에서 나온 에너지의 산출량을 이용하는 것으로, 그 산출량을 어떤 종류의 '신호'로 전환하고 그 정보를 어떤 종류의 기록 장치로 보내는 것이다"(Pawson, 1989: 110). 측정을 이런 식으로 파악하면, 검증되는 이론이 관찰을 안내한다는 견해 대신 자료의 생산과 관련된 온갖 이론을 동원한다는 인식에 이르게 된다. 그리고 "측정 대상에 관한 탐구에서 우리를 안내하는 이론이나 기대는 측정에 사용하는 이론이나 원리와는 다르기 때문에, 우리는 순환의 문제에서 벗어나게 된다"(Pawson, 1989: 115).

과학공동체의 역할

또 다른 비판의 범주는 과학의 실행을 둘러싼 지적·사회적 맥락과 관련되어 있다. 과학의 역사를 보면, 상치되는 증거가 있음에도 기각되지 않는 이론의 사례가 많았음을 알 수 있다. 고전적인 사례는 16세기에 니콜라스 코페르니쿠스(Nicolaus Copernicus)가 발전시킨 행성 운동 이론으로, 이 이론은 예전 그리스 천문학자들이 발전시킨 이론에 대한 대안으로 제시되었다. 근래의 사례로는 아이작 뉴턴(Isaac Newton)의 중력이론, 닐스 보어(Niels Bohr)의 원자이론, 그리고 기체의 운동이론 등이 있다(Chalmers, 1982). 왜 이런 일이 발생했는가? 이 질문에 대한 답은 과학공동체의 역할과 관련된다(6장을 볼 것).

과학공동체가 수행하는 역할에 대한 인식은 또한 가설의 원천이라는 쟁점과도 관련되어 있다. 이에 관한 견해는 페리 코헨(Perry. S. Cohen)이 '메타이론들(meta-theories)'이라고 명명한 것(Cohen, 1968), 알렉스 인켈스(Alex Inkeles)가 '모델들(models)'이라고 부른 것(Inkeles, 1964), 데이비드 윌러(David Willer)가 '일반적 모델들(general models)'이라고 부른 것(Willer, 1967), 에드워드 커프(Edward C. Cuff) 등과 그 밖의 사람들이 '관점들(perspectives)'이라고 부른 것(Cuff et al., 1979), 그리고 토머스 쿤(Thomas Kuhn)이 '패러다임(paradigms)'이라고 부른 것에서 이끌어낼 수 있다(Kuhn, 1970a). 비록 이러한 여러 개념은 의미에 차이가 있지만, 이 개념들은 모두 사회이론가와 연구자들이 추상적인 존재론적·인식론 가정들의 맥락에서 작업한다는 점을 나타내고 있다. 이런 가정들은 연구자들이 흔히 당연하게 전제하는 것으로, 명시적으로 정식화되지 않으며 비판적 검토나 검증의 대상이 되지 않는다. 그리고 이 가정들을 수정할 수는 있지만 소거할 수는 없다. 이 가정들은 사회과학자들의 연구에 배경을 제공한다. 이것들은 사회세계에 대한 '관찰'과 '이해'를 가능하게 하며, '보(아야 하)는 것'과 '알아내(야 하)는 것'에 한계를 부과한다. 연구자의 직관이나 창조성이 작용하더라도, 그 과정은 연구자가 속한 공동체가 공유하는 총체적인 견해들의 가능성과 한계 안에서 일어난다.

쿤, 마이클 폴라니(Michael Polanyi), 라카토스, 헤세, 래리 라우든(Larry Laudan) 그리고 파울 파이어아벤트(Paul Feyerabend) 등은 귀납적·연역적 연구 전략이 과학에 제시하는 제한적인 견해를 폐기하는 데 기여했다(Kuhn, 1970a; Polanyi, 1958; Lakatos, 1970; Hesse, 1974; Laudan, 1977; Feyerabend, 1978). "그들의 탐구는 모든 과학적 학문분과에 이론이 얼마나 중요하고 핵심적인 역할을 하는가를 가르쳐주었다. 또한…… 과학이론이 가설연역 체계를 구성한다는 견해가 과학에서 이론이 수행하는 다양한 기능을 설명하는 데 너무 협소하고 그릇되었다는 점도 입증했다"(Bernstein, 1976: 105).

논리의 과잉

파이어아벤트는 과학을 위해 엄밀하게 논리적인 전략을 찾아내고자 하는 관심을 공격했다(Feyerabend, 1978). 그는 합리적 절차에 대한 집착이 과학의 진보를 방해한다고 주장했다. 그리고 이런 비판의 맥락에서 과학적 무정부주의(scientific anarchism)를 제안하는 입장으로 전환했다.

> 과학이라는 과업을 수행하기 위한, 확고하고 변함없고 절대적으로 구속력 있는 원리를 담고 있는 방법이 있다는 생각은 과학의 역사를 연구한 결과에 비

추어보면 상당한 난점들을 가진 것으로 드러난다. 그렇게 되면 우리는, 아무리 그럴듯하고 아무리 확고하게 인식론에 기초했다 하더라도, 언제라도 위반되지 않는 단일한 규칙이란 없다는 사실을 깨닫게 된다. 그러한 위반들은 우연한 사건이 아니라는 것, 지식의 불완전함이나 피할 수 있었던 부주의의 결과가 아니라는 점은 자명해진다. 반대로 우리는 그 위반들이 진보를 위해 필수적이었음을 알게 된다. …… 모든 상황에서 그리고 인간 발전의 모든 단계에서 옹호될 수 있는 단 하나의 원리가 있으니, 그것은 바로 아무렇게나 해도 좋다(anything goes)라는 원칙이다(Feyerabend, 1978: 23, 28).

이 원리는 열렬한 환영을 받은 것으로 보이는데, 특히 복잡한 철학적 논쟁은 난해하고 짜증나며 연구 절차에 대한 규정은 금지하는 일투성이라는 점을 발견한 사회과학도들 사이에서 그러했다. 그렇지만 이 원리는 형편없는 연구에 대한 변명이 될 수도 있다.

수정

사회연구자들은 그들이나 또는 다른 사람들이 관찰한 유형을 설명할 수 있어야 한다. 즉, '왜'라는 연구 문제에 답할 수 있어야 한다. 기존의 이론을 사용하거나 새로운 이론을 고안하는 것은 이를 달성하기 위한 방안이다.

수정한 연역적 연구 전략의 목표는 이론 ― 적합성을 검증할 수 있는 ― 을 제안함으로써 두 개념(예컨대, 장기 실업과 자존감 상실) 사이에 연관되는 유형을 설명하는 것이다. 유형 자체는 수정한 귀납적 연구 전략을 사용해 확인할 수 있다. 물론 가추적 연구 전략을 사용해서 만들어낸 서술이 출발점이 될 수도 있다(〈표 3.1〉을 볼 것).

일단 유형을 확인하면, 첫 번째 단계는 그 연관의 유형을 설명할 수 있는 이론을 빌려오거나 구성하는 것이다. 이 이론은 연역 논증 형식으로 표현해야 하는데, 설명해야 할 연관이 논증의 결론이 된다(예컨대, '장기 실업은 자존감 상실과 연관된다'). 두 번째 단계는 논증의 설명적 개념에 관한 자료를 수집하는 것이다. 세 번째 단계는 논증 속의 명제들을 시험하는 것이다. 즉, 자료에서 찾을 수 있는 연관의 유형 및 강도를 논증 속 명제들의 형태와 비교함으로써 이 개념과 설명되어야 할 이론 사이에 연관되는 유형을 시험하는 것이다(〈상자 3.3〉에 제시된 뒤르켐의 이기적 자살 이론의 재구성을 볼 것). 이론에 대한 결론적 논박은 불가능하기 때문에 이러한 이론적 논증이 '왜'라는 연구 문제에 어느 정도나 답하는가를 판단해야 한다.

양적 자료를 사용하는 경우, 이러한 수정된 연역적 연구 전략에서는 일종의 **신중한 실재론적** 존재론을 사용할 수 있다. 그렇지만 질적 자료를 사용할 때는 **미묘한 실재론적** 존재론이 더 적합할 수도 있다.

고전적인 연역적 연구 전략을 사용해 생산한 설명은 늘 잠정적이며 그러므로 수정이나 대체가 가능하다는 지위를 부여했지만, 그럼에도 목표는 '참인' 설명을 찾아내는 것이었다. 포퍼가 인정하듯, 언제 그 설명을 달성할 수 있는지 알 수 있는 방법은 없다. 연구자가 외부의 실재가 존재한다고 상정하는 한 여전히 이런 입장을 택할 수 있다. 그렇지만 수정한 형태의 연역적 연구 전략은 덜 야심적이고 더 실용적이어야 한다. **유일의**(the) 진리를 추구하는 대신 모든 연역적 설명을 여러 가능한 설명 가운데 하나로 간주해야 할 것이다. 그 설명이 특정한 맥락에서 연구 목표를 충족하고 관련자를 만족시키며 유용한 결과를 생산한다면, 그보다 더 나은 설명이 등장하기 전까지는 그것을 받아들일 수 있다. 그러므로 **반증주의**의 인식론은 진리에 대한 **협약주의적 견해** ─ 포퍼가 그의 초기 저작에서 채택한 것으로 보이는 입장 ─ 와 일관성을 갖도록 수정할 수 있다(Kuhn, 1970b, 1970c를 볼 것). 〈상자 3.4〉를 보라.

〈상자 3.4〉 수정한 연역적 연구 전략의 사용

장기 실업이라는 연구 주제로 되돌아가서, 먼저 인식할 것은 연역적 연구 전략은 '무엇이'라는 연구 문제에 대한 답을 제공할 수 없다는 점이다. 그것의 강점은 '왜'라는 문제에 답하는 것이며 그러므로 연구 문제 3에 초점을 맞출 필요가 있다.

3. 왜 그 사람들은 실직하는가?

여기서의 핵심 개념은 '그 사람들', 즉 연구 문제 1에 대한 답에서 찾아낸 특징을 갖는 사람들이다. 특히 연역적 연구 전략은 특징들 사이의 유형이나 관계에 대한 설명을 제공할 수 있다.

연구 문제 1에 답하면서 귀납적 연구 전략을 사용해 찾아낸 한 가지 유형이 청년층과 노년층에서는 실업 수준이 높고 중년층에서는 낮은 것이라고 상정하자. 우리는 왜 그런지 알고자 한다. 다음의 연구 문제는 연구 문제 3을 특수하게 변형한 것이다.

3a. 왜 실직자들 가운데 청년층과 노년층은 많은 것으로 나타나고 중년층은 적은 것으로 나타나는가?

연역적 연구 전략은 우리에게 이 질문에 답할 이론을 찾아내거나 개발할 것을 요구한다. 그러한 이론은 실업의 정도와 기간 그리고 교육의 형태에 관한 생각을 포함할 수 있다. 이론 속의 명제들은 특히 청년층이 각박한 직업 시장에서 고용주들이 원하는 노동 경력을 갖지 못하기 때문에 높은 수준의 실업률을 보이고, 노년층은 자신들이 평생 동안 종사해온 직업 분야가 이를테면 새로운 기술의 도입으로 소멸하고 있는데도, 자신들의 직무를 변경시킬 수 있는 종류의 교육을 받지 못하기 때문에 높은 수준의 실업률을 보인다고 제시할 수 있다. 청년층의 경우, 제한적인 교육만 받았다면, 그리고 아마도 직업과 관련된 교육을 받지 않았다면 이중의 위험에 처해 있다고 할 것이다. 이런 견해들은 연역 논증의 형식으로 결합하면 검증에 부칠 수 있는 이론을 제공할 수 있을 것이다. 우리는 적절한 이론을 구성하고자 할 것이다.

귀납적 전략과 연역적 전략의 결합

귀납 논리와 연역 논리 사이의 관계는 150여 년에 걸쳐 논란이 되어왔다. 예를 들어, 1874년에 윌리엄 제본스(William Jevons)는 모든 귀납 추리가 연역 추리를 정반대로 적용한 것이라고 지적했으며(Jevons, 1958), 윌리엄 휴얼(William Whewell)은 귀납과 연역이 같은 계단을 각각 올라가는 것과 내려가는 것이라고 주장했다(Whewell, 1847). 이들 두 연구 전략을 결합함으로써 두 전략의 장점을 활용하고 결점을 최소화할 수 있는가?

월터 윌리스(Walter Wallace)는 그러한 도식을 제시했으며(Wallace, 1971), 그 과정에서 순진한 귀납과 순진한 반증 두 가지 견해 모두의 결점을 극복하고자 했다. 윌리스의 도식(〈그림 3.1〉을 볼 것)은 이론화와 연구 실행, 그리고 귀납과 연역이라는 두 묶음의 중첩된 과정으로 이루어진다.[7] 이 과정들은 일련의 순환적인 단계로 연결되는데, 이 단계들은 예를 들면 관찰에서 시작해서 경험적 일반화로, 이론으로, 가설로, 그리고 또 다른 관찰을 통한 검증의

7) 다음의 논의는 주로 윌리스의 초기 저작(Wallace, 1971)에 기초하고 있다. 그렇지만 그의

〈그림 3.1〉 이론 구성과 검증의 순환

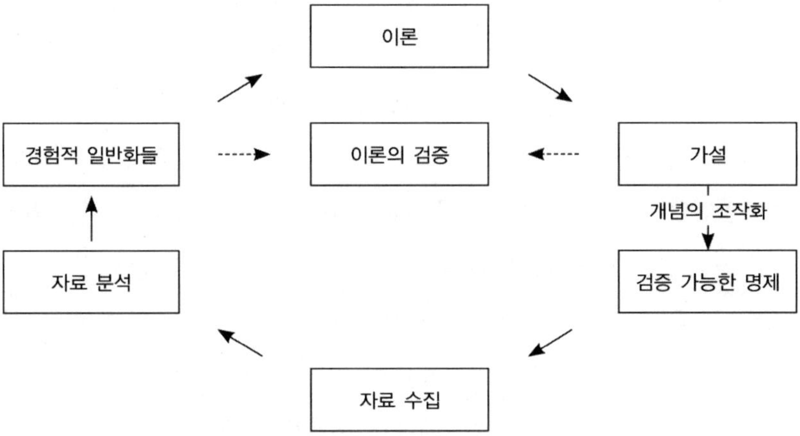

자료: Wallace, 1971, 1983; de Vaus, 1995를 수정.

순서로 일어날 수 있다. 월리스는 과학의 과정을 이렇게 재구성하지만, 이 과정에 유연성이 없다는 이야기는 아니라는 점을 애써 지적했다. 예를 들면, 한 단계에서 다른 단계로 이동하는 과정은 일련의 예비적 시도들 – 정신적 실험, 사전 검증, 그리고 예비연구 등을 포함하는 – 을 포함할 수도 있다. 즉, 되먹임 고리(feedback loops)를 구축할 수도 있다. 또한 그 과정은 순환의 어떤 단계에서든 시작될 수 있다. 그러나 그는 관찰에서 시작하는 과정을 논의했다.

관찰에 관한 한 월리스는 귀납주의자가 아니다. 그는 관찰들이 과학적 과정에서 거의 가장 중요한 결정자이지만 "과학에서 관찰의 우선성을, 관찰이 '직접 주어졌다'거나 관찰의 기원인 경험적 일반화, 이론, 그리고 가설 – 그 관찰들을 발생시킨 – 에서 완전히 분리되었다는 것을 의미하는 것으로 취급해

후기 저작(Wallace, 1983)에서는 '순수'과학과 '응용'과학의 연구과정들을 더 정교한 도식을 통해 구별하고 있다.

서는 안 된다"라고 주장했다(Wallace, 1971: 33). 그러므로 관찰은 과학적 과정의 산물이면서 동시에 과학적 과정에 정보를 제공한다. 사회연구에서, 어떤 모집단의 표본에서 수집한 자료는, 통계적 추론의 기법을 통해서, 통계적(즉, 경험적) 일반화를 산출한다. 머튼(Merton, 1957)을 따라서 월리스는 이러한 경험적 일반화들을 보편법칙 – 순진한 귀납주의자들이 주장하는 – 이 아니라 관찰된 제일성들의 요약에 지나지 않는 것으로 간주했다. 이 책에서 귀납적인 연구 전략을 수정하면서 취하는 입장도 이것이다. 월리스에 따르면 이 과정은 순환의 **귀납적인 연구 단계**로, 여기서는 개념들을 측정하고 통계적인 연관을 확인한다. 뒤르켐의 이기적 자살 이론의 재구성에서는(〈상자 3.3〉) '종교적 소속'과 '자살률' 사이의 관계가 이 과정일 것이다.

과정의 다음 단계는 개념을 형성하고 명제를 개발하고 정리함으로써 경험적 일반화에서 이론을 구성하는 것이다. 이것은 **귀납적 이론화 단계**이다. 월리스에 따르면 이 과정에는 경험적 일반화의 용어들과 그 용어들의 관계를 더 추상적인 것으로 만드는 작업이 포함된다. '종교적 소속'이라는 서술적 변수와 관련된 이론적 개념으로서의 '개인주의의 정도'를 판별해내기 위해서는 창조적 도약이 이루어져야 한다. 그렇게 해서 이론에서 가장 추상적인 명제, 즉 '자살률은 개인주의의 정도와 직접적으로 관련되어 변화한다'라는 명제에 도달하며, 그 명제는 이제 이론을 형성하는 추상성과 유사한 추상성을 갖는 명제들에 맞춰 정리할 수 있다. 불행하게도 월리스는 이 과정의 복잡성을 과소평가한 것으로 보이는데, 이 과정을 귀납적이라고 하기는 어려울 것이다. 이 쟁점은 이 장의 뒷부분에서 다시 다룰 것이다.

우선, 경험적 일반화를 통해 이론을 구성하는 것이 가능하다고 상정하면, **연역적 이론화**, 즉 그다음 단계의 첫걸음은 이론의 내적 일관성을 검토하고 그 이론이 다른 이론과 비교해 이론의 범위가 넓고 추상화 수준이 높다는 점에서 더 우월한지, 그리고 더 절약적인지를 알아보는 것이다. 그렇게 되면 그 이론에서 가설이나 예측을 이미 논의한 방식으로 연역할 수 있다.

연역적 연구 단계는 가설 속의 개념들을 측정 도구와 척도와 표본추출 기법 등을 포함하는 측정 절차로 번역하는 작업을 필요로 한다.[8] 그렇게 되면 새로운 관찰을 수행함으로써 이론을 검증할 수 있다. 우리는 관찰을 예측들과 비교할 수 있으며, 관찰에 의해 그 이론이 확인 또는 확증되는가, 이론이 기각되는가, 또는 이론을 수정해서 다시 검증할 수 있는가에 관해 판단할 수 있다. 이론적 개념을 다양한 방식으로 상이한 맥락에서 측정함으로써 처음에 확증된 이론을 여러 차례 검증할 수 있게 된다. 검증 결과들이 이론을 충분히 확증하지 않는다면 이론의 수정이나 새로운 이론의 개발이 자극받을 수도 있다. 머튼은 이것을 연구의 '우연한 발견물(serendipity)'이라고, 즉 "**예상 밖의, 변칙적이며 전략적인** 자료 — 새로운 이론을 개발하거나 다른 이론을 확대하는 계기가 되는 — 의 관찰이라는 매우 흔한 경험"이라고 서술했다(Merton, 1957: 104).

윌리스의 귀납적·연역적 연구 전략 사용법은 원래의 정식화와는 다르다. 그리고 그의 견해는 이 책에서 제시한 두 연구 전략의 수정과 일치하기 때문에 그의 도식은 쉽게 채택될 수 있다. 그렇지만 이 도식은 사회적 실재의 사회적 구성성을 대비하지 못하고 있다는 점을 인식하는 것이 중요하다. 이 도식에 사회적 행위자들이 사회적 실재를 구성한다는 점을 접목하려는 시도는 단지 존재론적·인식론적 혼란을 초래할 수 있는 것이다.

근래, 로버트 루빈스타인 등(Robert Rubinstein, et al.)은 과학을 귀납과 연역의 체계적 교체에 따라 세계를 점진적으로 탐구하는 과정이라고, 즉 생각들을 정교화하고 검증하는 반복적인 과정이라고 주장했다(Rubinstein et al., 1984). 그러나 이 과정은 수집한 자료의 의미를 파악할 수 있게 만드는 생각

---

8) 이 사례로는 Blaikie(2000: ch. 8)에 제시된 'Research Design 2'를 볼 것.

들을 찾아내는 어려운 활동에는 아무런 도움도 주지 않는다.

역행추론적 연구 전략

귀납적 연구 전략과 연역적 연구 전략의 결합에 대한 인식은 두 가지 대안적인 연구 전략, 즉 역행추론적 전략과 가추적 전략의 개발 또는 재(再)주장으로 이어졌다. 이 두 전략은 선형적 논리가 아니라 순환적·나선형적 과정에 기초한다. 역행추론 전략의 옹호자들은 자연과학과 사회과학 모두가 이 전략을 사용한다고 주장했다.

철학자들은 이미 오래전부터 역행추론적 전략에 대해 논의해왔으며, 역행추론적 전략은 과학의 초기부터 사용되었다는 주장도 제기되었다. 그러나 이 전략이 정교한 과학철학 속에 통합된 것은 최근에 일어난 발전이다. 역행추론적 연구 전략에서 중심적인 문제는 관찰되는 규칙성을 설명해준다고 상정되는 구조와 기제에 어떻게 도달할 것인가 하는 것이다. 연구자들이 그런 구조나 기제에 관한 견해를 갖는 데 도움을 주는 적절한 추론 양식이 있는가? **발견의 논리**는 있는가?

이 쟁점은 상당한 논쟁거리였다. 다수의 공감을 받은 논자들은 발견의 논리가 있다면 그 논리에는 창조적 상상력(Hempel, 1966), 직관(Medawar, 1969b), 추측(Feynman, 1967), 또는 우리 정신의 자유로운 창조(Popper, 1972)가 포함된다고 주장했다. 역행추론적 연구 전략이나 가추적 연구 전략은 모두 발견의 논리를 사용할 것을 요구한다.

역행추론적 연구 전략은 **심층 실재론적** 존재론 — 실재를 경험적인 영역, 현실적인 영역, 실재적인 영역의 세 영역으로 구분하는 — 을 채택하며, **신실재론**의 인식론 또는 **신실재론**과 **구성주의**를 조합한 인식론을 사용한다.

구조와 기제

바스카의 제안(Bhaskar, 1979: 15)에 따라 여기서는 역행추론의 논리를, 경험적 현상을 만들어낸다고 상정하는 구조와 기제에 대한 가설적 모델들을 구성하는 과정을 가리키는 데 사용한다. 그 과정은 훈련받은 과학적 상상력을 필요로 한다.

역행추론적 연구 전략은 다음과 같이 요약할 수 있다.

1. 관찰한 현상을, 그리고 그것들 사이에서 찾아낸 규칙성을 설명하기 위해서 과학자들은 적절한 구조와 기제를 발견하려고 노력해야 한다.
2. 일반적인 관찰로는 그 구조와 기제에 접근할 수 없을 것이기 때문에 우리는 먼저 그것들의 모델을 구성한다.
3. 모델은, 만일 그것이 그 구조와 기제를 정확하게 재현한다면 경험적 현상들을 인과적으로 설명할 수 있을 것이다.
4. 그런 다음, 우리는 모델 – 실제로 존재하고 있는 실체와 그것들 사이의 관계에 대한 가설적 서술로서의 – 에 대한 검증으로 나아간다. 이를 수행하기 위해 우리는 경험적으로 검증할 수 있는 방식으로 진술할 수 있는 더 많은 결과들(즉, 우리가 설명하려는 현상 이외의 결과)을 그 모델로부터 산출해낸다.
5. 이러한 검증들이 성공적이라면, 이것은 그 구조와 기제가 존재한다고 믿을 수 있는 충분한 근거를 제공한다.
6. 무엇이 존재한다는 이러한 주장은, 적절한 도구의 개발과 사용을 통해 더 직접적으로 확증될 수도 있다.
7. 그런 다음, 이렇게 발견한 구조와 기제를 설명하기 위해 또 다른 (더 심층적인 수준의) 모델을 구성하는 전체적인 과정을 되풀이할 수도 있다(Harré, 1961; Keat and Urry, 1975: 35).

바스카에 따르면, 이런 식으로 인식한 과학은 양파 껍질 벗기기와 유사하다. 일련의 구조들와 기제들의 존재를 상정하고 검증하며 '드러낸다'면, 그것보다 '아래의' 수준에 있는 또 다른 구조들와 기제들도 동일한 과정을 거친다. 그러므로 **현실적** 영역과 **실재적** 영역의 구분은 실재의 층위들이 드러남에 따라 계속 변화한다. 즉, 실재는 **존재론적 깊이를** 갖는다(Bhaskar, 1979: 15).

역행추론적 연구 전략에 대한 견해는 하레가 초기에 발전시켰고(Harré, 1961, 1970) 이어서 바스카가 발전시켰다. 그들은 자연과학에서 설명이 어떻게 이루어지는가 또는 이루어져야 하는가를 논증하고자 했다. 나중에 그들은 역행추론의 논리를 사회과학에도 적용했다. 하레는 자연과학에서 모델의 사용에 상당한 관심을 기울였으며(Harré, 1970), 사회과학에서도 모델을 사용하자고 주장했다(Harré and Secord, 1972; Harré, 1974, 1976, 1977). 여기서는 자연과학에서의 모델 사용에 대해서는 자세히 논의할 지면이 없지만,[9] 사회과학에서의 모델 사용에 관해서는 주목할 필요가 있다.

사회과학에서 모델의 사용

사회과학들에서 '모델'이라는 개념에 대한 한 가지 공통된 견해는 모델을 형식화된 이론이라고, 즉 다양한 개념들 사이의 관계를 진술하고 경험적 검증을 성공적으로 통과한 일련의 통합된 명제들이라고 보는 것이다. 이것은 종종 **이론적** 모델이라 불린다. 우리는 명제들을 특정한 기호적 용어들로 번역한 것을 수학적 모델이라고 부른다. 이와 달리, 때때로 '이론'이라는 개념을, '이론적 관점(theoretical perspective)'이나 '일반모델(general model)' 등으로 표현되는 특정한 관점(perspective)이나 패러다임 – 예컨대, 갈등이론이나

9) 이러한 논의에 관해서는 이 책의 1993년 판 pp. 170~172를 볼 것.

합의이론 – 과 동의어로 간주하기도 한다. 이러한 관점들은, '메타이론들(meta-theories)'이나 이 책에서처럼 연구 패러다임이라고 생각하는 것이 더 유용할 것이다.

하레가 자연과학과 사회과학에서의 이론과 모델에 대해 생각한 것(Harré, 1972, 1976)은 이러한 쓰임새와는 달랐다. 이론들은, '왜 지금 현상의 유형이 이러한 것으로 나타나는가?'라는 질문에 대한 답을 제공한다. 이론은 서로 상호작용하면서 드러난 유형을 만들어내는 사물들의 구성과 움직임에 대한 설명을 제공한다. 반면 모델들은 설명적 기제를 재현하고자 하는 의도에서 구성하는 그림이나 이미지이다[하레는 그것들을 조각 그림들(icons)이라고 불렀다]. 모델들은 기제가 어떨 것인가를 보여주며 그에 따라 연구자가 기제들을 탐색하는 데 도움을 준다.

이러한 조각 그림 모델은 여러 원천에서 생겨날 수 있다. 하레는 무대의 배우들, 즉 사회적 역할을 수행하는 연기자와 사람의 유형화된 행위의 관계를 사례로 사용했다. 사람들의 행위는 사회적 역할을 수행하는 연기자들의 행위와 유사하다고 볼 수 있으며(따라서 '사회적 배우들'이라는 개념을 사용할 수 있다), 이러한 역할을 수행하는 연기자들은, 적어도 몇 가지 측면에서는, 무대의 배우들과 같다. 여기서 '무대'는 조각 그림 모델을 위한 근거를 제공하며, 차례로 이는 유형화된 행위에 대한 설명에 가설적 기제를 제공한다(Harré, 1979).

하레는 그 자신이 **일상생활발생적**(ethogenic) 관점이라고 불렀던 연구 – 여러 측면에서 구성주의에 의존하는 접근 – 에서 모델을 사용했다(Harré, 1976). 여기서는 인간을 자신들이 속한 사회세계의 우연성에 반응하는 수동적 반응자가 아니라, 사람들과 그들의 상황에 관한 이론 및 관련된 사회적 기술을 사용하는 행위주체로 간주한다.

여기서는 한 사람의 사회적 역량이 그 사람이 보유하고 있는 인지적 장비와 관련되어 있다고 생각한다. 이러한 인지적 장비는 사회적 행위자나 다른 사회적 행위자들 또는 사회과학자들이 쉽게 검사할 수 없기 때문에 그 사람이 사유하는 방식에 대한 모델을 구성할 필요가 있다. 하레에 따르면, 사회적 행위자들은 서로 상호작용하는 과정 속에서 모델을 구성하는데, 사회과학자들은 사회적 삶에서의 유형을 설명하기 위해 모델을 구성해야 한다. 사회적 행위자는 자신이 잘 알고 있으며 자신들이 규칙적으로 상호작용하는 사람은 물론 멀리 떨어진 사람에 대해서도 모델을 구성한다. 하레는 자신보다 앞서서는 슈츠가, 그리고 자신보다 뒤에는 앤서니 기든스(Anthony Giddens)가 생각했던 것과 마찬가지로, 이해라는 사회과학의 방법이 일상생활의 방법과 동일한 형식을 갖는다고 생각했다.

일상생활 발생론자들은 주로 개인들 사이의 만남이라는 사회적 사건들(social episodes) 속에서 사회세계를 찾는다. 그 사회적 사건들은 의례라는, 알 수 있는 형식적 사회적 행위부터 아무런 명시적인 규칙도 갖지 않는 비공식적 상호작용 – 행위자들이 그러한 의례적 성격을 깨닫지 못할 수도 있는 – 에 이르기까지 광범하다. 사람들은 이러한 미시사회적 상황에 자신의 인지적 자원들을 가져오며, 이 상황은 규칙들과 사회적 제재들에 의해 제약된다. 이러한 사건들을 파악하기 위해서는 그 상황들에 대한 추상적 서술, 즉 그 상황들에 대한 이미지[하레가 동형(homeomorphs)이라고 명명한 것]를 구성할 필요가 있다. 그런 다음 대체로 알려지지 않은 사람들의 특성, 그들의 인지적 자원, 또는 심리적 '기제들'에 대한 설명적 모델[하레가 이형(paramorphs)이라고 부른 것]을 구성할 필요가 있다. 그리고 마지막으로 사회세계의 거시구조를 판별할 필요가 있다.

하레는 사람들이 '계급구조' 등과 같은 사회질서에 대해 가지고 있는 이미지가 사회적 상호작용의 관리에서 사용하는 인지적 자원들의 일부에 지나지 않는다고 간주했다(Harré, 1976: 37). 사회에 대한 이러한 이미지는 이중적인 의미에서 모델이다. 한편으로 그 이미지는 사람이 살아가기 위해 구성해야만 하는 실재에 대한 모델이다. 그리고 다른 한편으로 그 이미지는 세계에 대한 어떤 견해 — 실재적이거나 상상적인 — 위에서 모델화된 것이다. 사회질서에 대한 이러한 모델들은, 세계 속에 실재하는 차이들 — 남성으로 간주되거나 여성으로 간주되는 사람들 등과 같은 — 을 연결 짓는다는 점에서 실재론적이거나, 또는 사회세계를 구조 — '사회세계에서 도출하는 것'이 아니라 '사회세계에 가져다놓은 것'인 — 라고 본다는 점에서 허구적이다.

모델 구성과 관련한 자연과학과 사회과학의 중요한 차이는 자연과학자들은 존재하는 세계에 대한 모델을 창출하는 반면 사회적 행위자들은 어떤 모델에 기초해서 세계를 창출한다는 점이다.

> 사람들과 그들의 사회적 행위에 관한 이론 — 우리가 다른 사람들과 우리의 상호작용을 관리하면서 채택하는 — 에 대한 분석에서 사회의 이미지는, 자연과학에서 세계에 대한 형이상학적 전망들이 차지하는 위치를 차지하고 있다. 사회에 대한 이미지는 (사회 속에) 어떤 역할들이 존재할 수 있는지에 대한 견해를 우리에게 제공하며, 그러므로 우리는 그 역할들이 채워진다면 누구에 의해서 어떻게 채워지는가를 경험적으로 발견한다. 자연과학과의 유일한 차이는 우리가 세계를 구성할 수 있으며, 또한 세계를 구성함으로써 이미지를 완성한다는 사실이다(Harré, 1976: 36).

설명에서는 사회세계의 이러한 구성을 요소로써 사용해야 한다.

일부 모델에는 참여자들이 사회적 사건에 관해 보고할 수 있는 것을 벗어나서 참여자들이 인식하지 못하는, 그리고 아마도 결코 의식할 수 없는 요소들과 구조들이 포함되어야 한다. 그렇지만 하레에 따르면 그 요소나 구조의 진실성은 그 모델이 포함하고 있는 가정들에 기초한 사회적 과정을 모사(模

寫)하려고 노력함으로써 점검할 수 있다. 이 작업이 성공적이라면 그 모델이 행위 유형을 만들어내는 인지적 구조와 유사하다고 상정할 수 있다. 하레는 모델에 관한 최선의 점검은 사회적 행위를 만들어내는 심리적 기제들을 위치시키는 것이라고 생각했다. 물론 그는 현재로서는 이것이 불가능하며 가까운 미래에도 가능할 것 같지 않다고 인정한다.

하레의 모델 사용법은 **미묘한 실재론적** 존재론과 **신실재론**의 인식론을 함축한다. 그렇지만 역행추론은 **심층 실재론적** 존재론도 함께 사용하고 있다. 후자의 경우 숨은 사회구조와 과정에 대한 모델을 구성할 필요가 있다.

대체로 모델이 특정한 학문공동체나 과학공동체에서 당시에 지배적인 과학적 세계관에 부합하면 타당한 것으로 간주될 것이다. 그 세계관의 존재론적 가정에서 벗어난 모델들은 받아들여지기가 상당히 어려울 것이다. 학문분과 또는 하위분과의 세계관 — 연구 패러다임 — 은 무엇을 실재하는 것으로 간주할 것인가를 결정한다. 〈상자 3.5〉의 경험적 사례를 볼 것.

〈상자 3.5〉 경험적 사례: 실재론적 논리의 응용

자연과학에서 역행추론 논리를 사용하는 경험적 사례를 찾는 일은 어렵지 않다. 그렇지만 그 사례와 관련된 과학자들은 아마도 자신들이 그 논리를 사용하고 있다는 사실을 인식하지 못할 것이다. 자주 인용하는 사례는 바이러스(viruses)의 발견이다. 일부의 질병은 박테리아라는 병원체의 존재로는 설명될 수 없었다. 이 질병의 발병을 설명하기 위해서 바이러스가 존재한다고 상정한 것이다. 그리고 시간이 지나면서 바이러스의 존재와 작동 양식을 입증했다. 원자 구조에 대한 '발견'도 동일한 과정을 거쳤다. 처음에는 원자는 가설적 실체였으며, 일정한 시간이 지난 후에야 실제로 원자를 관찰할 수 있었다. 마찬가지로 유전 형질에 대한 유전자의 설명은 하나의 착상에서 출발했으며 확인되기까지 수백 년이 걸렸다. 언어학에서는 노암 촘스키(Noam Chomsky)의 '심층 구조(deep structure)' 개념에서 그 예를 찾을 수 있다. 그는 언어 능력을 설명하기 위해 그 개념을 사용했다(Taylor, 1982: 163). 이 모든 사례에서, 인과구조들 그리고/또는 기제들을 관찰로 접근할 수 없었기 때문에, 먼저 그것들이 어떠할 것인가를 상상하고 그다음 그런 착상을 어떤 이미지나 모델로 정식화했다.

이 사례들은 역행추론적 관점에서 재구성한 것으로, 역으로 틀림없이 이념형적인 역행추론적 연구 전략을 재구성하는 방식을 이해하는 데 도움을 준다. 이 이념형은 사회과학과는 그다지 관련이 없는 것으로 보이며, 이 때문에 사회연구에서는 이 논리를 명시적으로 사용한 사례가 거의 없다고 할 수 있다. 특히 영국에는 **심층 실재론적** 존재론을 옹호하는 사회과학자 집단이 있지만, 그들도 **신실재론**의 인식론을 사용하지는 않는 것으로 보인다. 대신 알려져 있는 구조와 기제를 상정하고 그것들의 적합성을 확인하는 경향을 볼 수 있다.

심층 실재론적 존재론을 기초로 사회연구를 수행하는 독창적인 시도는 '실재론적 설명의 논리(logic of realist explanation)'를 사용하는 포슨의 작업(Pawson, 1989, 2000; Pawson and Tilley, 1997)에서 찾을 수 있다. 포슨에 따르면, 관찰한 규칙성들에 대한 실재론적 설명은 "개인과 제도들의 어떤 '인과적 힘(causal powers)'이 드러나는 것을 포함한다". 즉, 구조와 행위주체가 어떻게 결합해서 그러한 규칙성들을 만들어내는가를 보이는 것이다. 그러므로 실재론자들은 사회적 실재의 기저에 작동하는 동력에 대해 사람들이 이용할 수 있는 자원과 함께 그들의 추론 능력에 입각해서 생각한다(Pawson, 2000: 294, 295). 그의 입장은 다음 인용문에서 잘 요약되어 있다.

설명은 흥미롭고 궁금하며 사회적으로 의미 있는, 결과된 유형들(O)에 초점을 맞춘다. 설명은 그러한 결과를 만들어낸 기저의 어떤 기제(M)를 설정하는 형태를 취한다. 그 설명은 구조적 자원들과 행위자의 추론이 어떻게 규칙성을 구성했는가에 관한 명제들로 구성될 것이다. 그러한 기제들의 작동은 언제나 우연적이고 조건적이며, 그러므로 그 기제들의 작동에 개입하는 국지적이고 제도적이며 역사적인 맥락들(C)과 관련된 가설도 구성할 것이다(Pawson, 2000: 298).

이런 설명 논리의 기본 요소는 〈그림 3.2〉처럼 나타낼 수 있다(Pawson, 2000: 298. 그리고 Pawson and Tilley, 1997: 72를 수정).

〈그림 3.2〉 설명 논리의 기본 요소

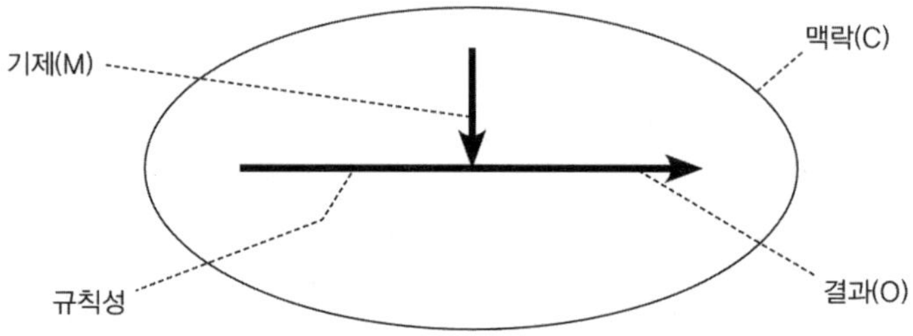

경험적 결과를 만들어낸 기저의 기제들과 그 기제들의 작동을 가능하게 하거나 조절하거나 무력화(無力化)하는 맥락적 조건의 대차대조표를 상정하는 것이 연구자의 임무이다(Pawson, 2000: 297).* 포슨은 자신의 실재론적 설명의 논리를 두 가지 고전적 연구에 적용했다. 하나는 고든 마셜(Gordon Marshall), 하워드 뉴비(Howard Newby), 데이비드 로즈(David

Rose), 캐럴린 보글러(Carolyn Vogler)의 『현대영국의 사회계급(Social Class in Modern Britain)』(1988)이며, 다른 하나는 피터 로시(Peter Rossi), 리처드 버크(Richard Berk), 케네스 레니한(Kenneth Lenihan)의 『돈, 일 그리고 범죄(Money, Work and Crime, 1980)』이다(Pawson, 2000: 300~320).

머튼이 제안한 '중범위이론'(Merton, 1957)의 계승자인 포슨은 뒤르켐의 자살 연구에 실재론적 해석을 덧붙였다. 아노미적 자살에 관해 그는 자살률의 차이에 대한 설명을 개인의 행위와 사회적 제약에서 찾아야 한다고 주장했다. "자살하겠다는 결정은 개인의 절망, 불행, 고립 등의 문제이지만 자살의 성향은 사회적으로 구조 지어지며 그러므로 각각의 공동체들이 주변화한 구성원들에게 제공할 수 있는 사회통합과 지원에 따라 변화할 것이다. 일반화하자면 연구자들은 사람들이 수행하는 선택 속에서, 그리고 소속된 집단에서, 그들이 이끌어내는 능력에서 사회적 기제를 찾아야 한다고 말할 수 있다"(Pawson, 2000: 295). 그러므로 포슨에 따르면 아노미는 자살과 단순한 상관관계에 있는 것이 아니라 공동체들에 따라 상이한 자살률을 만들어내는 기제이다.

역행추론 전략에 대한 이런 해석은 새로운 설명적 구조와 기제를 고안하는 데 필요한 창조적 과정은 강조하지 못하는 것으로 보인다. 아마도 사회과학 발전의 이러한 단계에서는, 새로운 유형의 구조들과 기제들을 발견하는 험난한 구역으로 너무 멀리 진출하기에 앞서 이미 알고 있는 유형의 구조들과 기제들이 가진 설명 능력을 자세히 살펴볼 필요가 있다. 기존 이론들에서 설명적 기제들을 찾아낼 수 있기 때문이다.

테일러는 뒤르켐의 자살 이론에 대한 대안을 만들어내기 위해 한 가지 예외적인 시도를 했다(Taylor, 1982). 그는 뒤르켐이 수행한 연구의 중요성을 인정하면서도 **심층 실재론**의 존재론을 채택하고 그가 이론적 성찰과 추상화라고 부르는, 즉 역행추론 논리를 사용한 설명적 기제들을 찾아내고자 했다. 그는 대부분의 자살이 모험 행위이기 때문에 진정한 자살 행위와 성공을 의도하지 않은 자살 행위를 명확하게 구별하기는 어렵다고 주장했다. 뒤르켐과 달리 그는 사회적 행위자들의 의미에 주목했으며, 네 가지 상호 관련된 의미의 상태들 가운데 하나가 다양한 개별적인 자살 수행을 어떻게 만들어내는가를 보여주고자 했다. 이 사례들 가운데 어느 것도 관찰이나 경험에서 도출된 것은 아니다.

* 피터 헤드스트롬(Peter Hedström)도 행위의 설명에서 믿음과 욕망과 기회의 조합을 사용하는 비슷한 모델을 제시했다. 믿음과 욕망은 동기를 부여하는 힘을 갖는 정신 상태이며, 기회는 욕망의 실현을 가능하게 또는 불가능하게 만드는 조건이다(Hedstrom, 2005: 38~42). 마거릿 아처(Margaret Archer)는 이 모델을 받아들이고 **구조들**(포슨의 '맥락'과 헤드스트롬의 '상황')이 **행위주체**(포슨의 '기제들'과 헤드스트롬의 '믿음'과 '욕망'의 조합)에 어떻게 영향을 미치는가라는 문제를 다룸으로써 이를 더 확대했다. 아처는 사회적 행위주체들이 사회적 상황, 즉 제약하는 것과 가능하게 하는 것 ― 그들이 내부적 대화(internal conversation), 즉 자아의 객관적 측면과 주관적 측면 사이의 대화에 의해 직면하는 ― 에 대해 성찰적으로 숙고한다고 주장했다(Archer, 2003: 130).

수정

〈상자 3.5〉의 경험적 사례는 주요한 사회과학 연구자들이 이념형적인 역행추론적 연구 전략을 어떻게 수정했는지 보여준다. 관찰한 규칙성을 특정한 맥락에서 설명해주는 기저의 기제들을 발견한다는 목표는 여전히 남아 있다. 첫 번째 단계는 설명해야 할 규칙성에 대해 적절한 서술을 제공하는 것이다. 연역적 연구 전략에서와 마찬가지로 이 단계에서는 수정된 귀납적 연구 전략이나 가추적 연구 전략을 사용할 필요가 있다. 이 다음으로 탐구를 진행하는 맥락의 특징에 대한 검토와 가능한 대안적인 기제들에 대한 검토가 이어질 것이다. 이 기제들의 적합성이 탐구될 필요가 있을 것이며, 맥락의 특징을 기제(들)의 작동을 촉진하거나 방해하는 방식의 측면에서 확인해야 할 것이다(〈표 3.1〉을 볼 것). 〈상자 3.6〉을 보라.

〈상자 3.6〉 수정된 역행추론적 연구 전략의 사용

역행추론적 연구 전략은 연령과 실업 수준 사이에서 왜 U자 같은 곡선형의 연관이 나타나는가라는 연구 문제 3a에 답하는 데도 사용될 수 있다. 우리는 **구조주의적** 형태와 **구성주의적** 형태의 두 가지 대안을 가지고 있다. 뒤에서 논의할 것처럼, 구성주의적 견해는 가추적 연구 전략과 여러 가지 공통점이 있으며 그들 사이의 차이는 주로 인식론에 있다. 가추적 연구 전략의 **관념론적** 존재론에는 외부에 독립적인 사회적 실재가 존재한다는 믿음이 결여된 반면, **구성주의적** 견해의 **미묘한 실재론적** 존재론은 여전히 이 믿음을 환영하고 있으며, **구조주의적** 견해의 **심층 실재론적** 존재론은 이 믿음을 확고하게 유지한다. **구조주의적** 견해는 기저의 사회구조에 입각한 설명을 추구하고 **구성주의적** 견해는 인지적 기제에 주목한다.

연구 문제 3a에 대한 **구조주의적** 답은 교육에 대한 접근 – 좋은 질의 교육제도에 대한 근접성의 측면에서 – 에 불리한 사회적 위치와 불평등 구조 – 이것은 일부 사람에게는 특정 시설들, 특히 비싼 비용을 부과하는 양질의 시설을 이용하는 데 필요한 경제적 자원이 결여되고 있음을 의미한다 — 에 초점을 맞출 수 있다. 한 나라의 노동시장 그리고 국제노동시장은 또 다른 가능한 탐구의 영역이다. 중요한 점은 연구자가 이러한 구조들에 대한 모델이나 이미지를 구성하고 그 사람들의 삶 속에 그것들이 존재하는가 여부를 확인하는 작업에 착수해야 한다는 것이다.

구성주의적 답은 교육적이고 직업적인 세계의 제한적 구성(이것은 교육적·직업적 열망을 제약할 수 있다), 과거에 충실한 교육을 받지 못한 결과로서 낮은 자존감, 개인의 선택에 영향을 미치는 하위 문화적 생활양식의 규칙과 기대의 내면화 등에 초점을 맞출 수 있다. 이러한 유형의 인지적 자원들은 개인의 의사결정과 문제해결 능력에 심각한 제약을 가할 것이다. 다시 말하면, 개인의 인지적 자원에서 이런 가설적인 측면들의 존재를 확인하는 것이 문제에 대한 답을 구성할 것이다.

이 두 형태의 역행추론적 연구 전략은 연구 문제에 대한 답을 상이한 곳에서 찾지만 이들이 상호 배타적인 것은 아니다. 포슨이 설명하는 논리에서는 기제와 구조들(맥락)이 함께 작동하는 것으로 생각한다. 기제(사람들의 추론)의 작동은 맥락(구조적 자원)에 의해 가능해지거나 억제된다. 상이한 연령 집단은 상이한 맥락에서 살아왔다. 그들의 생애사는 상이한 시점에서 교차한다. 기회와 제한은 맥락에 따라, 즉 사회사와 세계사에서의 서로 다른 시기에 따라 상이하다. 이를 통해 연령과 실업 수준 사이에 나타나는 곡선형의 연관을 설명할 수 있다.

가추적 연구 전략

가추 논리는 원래 자연과학에서 가설을 만들어내는 방법으로 제시한 것이다. 그러나 이제는 해석적 사회과학에서 이론 구성의 적절한 방법으로 옹호되고 있다. 가추적 연구 전략은 일상 활동의 맥락에서 사회적 행위자들이 사용하는 언어, 의미 그리고 해명에서 이론을 구성한다. 그 연구는 그러한 활동과 의미에 대한 서술로 시작하며, 그다음 당장의 문제에 대한 이해나 설명의 기반을 형성할 수 있는 범주와 개념을 도출한다. 그 연구는 **관념론적** 존재론과 **구성주의**의 인식론에 기초한다.

가추적 연구 전략은 귀납적·연역적 연구 전략이 무시하는 것 – 즉, 사람들이 일상적 삶에서 사용하는, 그리고 사람들의 행위를 안내하는 의미, 해석, 동기, 의도 등 – 을 통합하고 사회이론과 사회연구의 중심에 올려놓는다. 그 결과 사회세계는 그 구성원들이 '내부'에서 지각하고 경험하는 세계이다. 사회과학자의 임무는 이러한 '내부자' 견해를 발견하고 서술하는 것이지, 그것에 '외부자' 견해를 부여하는 것이 아니다. 그러므로 사회과학의 목표는 사람들에게 행위의 방향을 제공하는 대체로 암묵적인 상호적 지식, 상징적 의미, 의도 및 규칙을 드러냄으로써 사람들이 수행하는 일을 왜 수행하는지 밝혀내는 것이다. 상호적 지식은 대체로 명확히 표현할 수 없는, 그렇지만 사회적 행위자들이 서로 상호작용하면서 지속적으로 사용하고 수정하는 배경적 지식이다.

가추적 연구 전략은 많은 층위를 가지고 있다. 사회세계에 대한 기본적인 접근 통로는 사람들이 그들 자신의 행위와 다른 사람들의 행위에 대해 제시할 수 있는 해명이다. 이러한 해명은 참여자들이 그들 자신의 세계를 구조 짓는 데 사용하는 개념들과, 진행되고 있는 일을 설명하기 위해 그들이 사용하는 '이론'을 포함하고 있다. 그러나 사회적 삶에서 대부분의 활동은 상투적이며, 따라서 그 활동을 당연시하는 비성찰적인 태도로 수행된다. 그리고 사회적 행위자들은 자신들의 행위에 관해 다른 사람들(사회과학자 등과 같은)이 탐구하고자 할 때, 또는 사회적 삶이 붕괴되고 그리고/또는 예측 불가능해질 때, 그러한 의미와 해석을 탐색하거나 구성해야 한다. 그러므로 사회과학자는 그러한 의미와 이론을 찾아내기 위해 이러한 성찰을 자극하는 절차에 호소해야 할 수도 있다.

일부 사회과학자는 사회적 행위자들의 해명을 보고하는 것이 사회적 삶을 이해하기 위해 가능하고 필요한 작업의 전부라고 주장한다. 다른 사회과학자들은 이러한 해명을 특정 사회집단(공동체나 사회)의 삶의 방식에 대한 사회과학적 서술로 전환하고자 하지만, 그러한 서술을 사회적 행위자들이 사용하는 언어와 밀접하게 결합시키도록 강조할 것이다. 그렇지만 일단 이러한 서술을 만들어내면, 기존의 사회이론이나 관점에 입각해서 서술을 이해하는 것도 가능하다. 또 다른 사회과학자는 사회적 행위자들의 해명으로부터 만들어낸 서술에서 추상적 서술이나 심지어는 이론을 산출하고자 할 것이다.

이 층위는 다음과 같이 요약할 수 있다.

일상의 개념과 의미

↓ (기초 제공)

사회적 행위/상호작용

↓ (탐구 대상)

사회적 행위자들이 제공할 수 있는 견해

↓ (유추)

사회과학적 서술

↓ (유추, 이해하는 기반)

사회이론 또는 관점

바스카에 따르면 일상의 또는 보통의 개념들 및 의미들과 사회과학적 또는 기술적 개념 및 이론 사이의 관계는 사회과학 방법의 핵심적 문제이다(Bhaskar, 1979, 1986). 그러나 사회이론가들과 사회연구자들은 아직도 이 영역에 거의 관심을 갖고 있지 않다. 가추의 개념은 사회적 삶에 대한 일상의 서술에서 사회적 삶에 대한 기술적인 서술로 이동하는 바로 그 과정에 적용된다.

옹호자

가추적 연구 전략이라는 이름을 사용하지는 않았지만, 여러 학자가 사회적 행위자의 개념들과 의미들과 이론들을 새로운 사회과학 지식을 만들어내는 기초로 사용하는 것을 옹호해왔다. 이제 그러한 학자들 가운데 몇 사람을 선택해서 검토할 것이다. 여기서는 이해나 설명을 성취하려는 학자만 다루고 일차적으로 서술에 관심을 가진 학자들(예컨대 일상생활방법론자들)은 제외한다. 검토는 이념형을 사용해서 설명을 발전시키고자 한 베버에서 시작한다. 슈츠는 이런 생각을 더 진전시켰고 피터 윈치(Peter Winch)와 함께 가추적 연구 전략의 기초를 제공했다고 할 수 있다. 그들을 검토하고 나서 미국의 공헌자[잭 더글라스(Jack Douglas)]와 영국의 두 공헌자[존 렉스(John Rex)와 기든스]의 연구를 검토할 것이다. 마지막으로, 가추 논리를 상당히 다르게 사용하는 사례인 바니 글레이저(Barney G. Glaser)와 안젤름 스트라우스(Anselm L. Strauss)의 '근거이론(Grounded Theory)'을 논의하겠다.

베버의 이념형

베버는 사회학이, 추상적 개념을 사용해서 행위의 구체적인 과정과 실제의 역사적 사건을 재현하는, 일반화된 과학이어야 한다고 기대했다. 베버에 따르면, 사회학은 역사적으로 그리고 문화적으로 중요한 현상들에 대한 일반화와 인과적 설명을 추구하고 문화적 중요성을 갖는 개인의 행위와 구조와 과정을 분석하고자 한다.

베버는 이념형을 통해 의미 있는 행위 등의 추상적인 개념과 구체적이고 역사적으로 의미 있는 행위 사이의 관계를 다루었다. 이념형은 사회과학자가 실제의 일의 상태에 접근하기 위해 구성한 추상화이며, 그러므로 베버(Weber, 1964: 110)에 따르면 그것들은 의미 수준에서 적합성을 가져야 한다.

'의미 수준에서의 적합성'이라는 관념은 베버가 가진 적절한 설명을 만들어내려는 관심과 그 설명이 행위자들이 사용하는 실제 의미와 관련되어 있음을 보증하려는 관심 모두에서 중심적인 것이었다. 탐구 대상인 행위는 규칙적인 유형을 보여야 하지만, 그것이 아무리 규칙적이더라도(통계적으로 개연성이 있더라도) 그러한 행위와 전형적으로 결합되어 있는 의미를 제시하지 않는다면 설명된 것이 아니다. 더욱이 이념형이 포함하고 있는 의미는, 특정 상황에서 행위를 하는 사람들이 가지고 있을 동기에 관한 **통상의**(normal) 기대와 부합해야 한다. 그렇지만 여기서는 누구의 견해가 통상적인 것인가라는 문제가 중요하다.

사람들이 자신이 사용하는 의미를 항상 의식하고 있는 것은 아니기 때문에, 베버는 특정 행위와 결합된 주관적 의미에 대한 이념형을 구성하는 과정이 사회과학자들에게 몇 가지 실질적인 어려움으로 다가온다는 점을 인식했다. 그는 탐구 대상인 행위를 해명해주는 의미에 대한 가설적인 이념형을 구성하고 이 가설에 대한 검증으로 나아가는 것이 사회과학자의 임무라고 주장했다. 이러한 가설 검증 과정은 연역적 또는 역행추론적 논리를 사용하는 것으로 볼 수 있다. 이념형을 발전시키기 위한 베버의 전략은, 사회적 행위자들이 사용하는 실제의 의미들에 대한 직접적 탐구를 우회하는 것이다. 그렇지만 베버가 자신의 역사적 연구에서 이런 방식으로 작업을 진행하는 것을 제외하면 대안이 없었다는 점은 인정해야 한다.

슈츠의 일차적 구성물과 이차적 구성물

베버와 마찬가지로, 슈츠 역시 주관적 의미 구조들에 대한 사회과학적 개념과 이론을 어떻게 만들어낼 것인가라는 문제를 다루었다. 그는 이념형을 사용함으로써 이렇게 할 수 있다는 베버의 견해를 받아들였지만, 이념형의 성질과 기원에 대해서는 상이한 생각을 가졌다. 베버는 사회학자가 전형적 의미를 이념형에 부과하는 것을 허용한 반면, 슈츠는 사회과학자들의 이념형(이차적 구성물)이 사회적 행위자들의 사회적 실재를 구성하는 일상의 전형화(일차적 구성물)에서 도출되어야 한다고 강조했다.

> 이러한 사회적 실재를 파악하기 위해 사회과학자가 구성하는 사유객체(thought objects)는 자신들의 사회세계 안에서 일상적 삶을 살아가는 사람들의 상식적 사유가 구성하는 사유객체들에 기초를 두어야 한다. 그러므로 사회과학의 구성물들은 말하자면 이차의 구성물, 즉 사회적 무대 위의 행위자들 — 그들의 행위를 사회과학자가 관찰하고 설명해야 하는 — 이 만드는 구성물들에 대한 구성물이다(Schütz, 1963a: 242).

일차적 구성물과 이차적 구성물의 중요한 차이는, 상이한 목적을 염두에 두고 상이한 맥락에서 구성된다는 점이다. 사회적 행위자들이 사용하는 일차적 구성물은 특정한 일상적 지식을 당연한 것으로 받아들이며 사회적 문제에 대처하기 위해, 즉 참여자들이 사회적 상호작용을 이해하고 실행하기 위해 만들어졌다. 이차적 구성물은 사회과학적 문제를 다루려는, 즉 사회현상을 서술하고 설명하려는 의도에서 생산되며, 이따금 그것을 당연한 것으로 받아들이는 사회과학적 지식체와 관련되어야 한다(Schütz, 1963b: 337~339).

일차적 구성물에서 이차적 구성물로 이동하기 위해 사회과학자는 일상적인 삶의 활동과 의미들 가운데서 당장의 목표에 적합하다고 생각하는 것을 선택하고, 사회세계에 대한 모델들 — 전형적인 상황에서 전형적인 동기와 전형적인 행위 과정을 보이는 전형적인 사회적 행위자들 — 을 구성해야 한다.

슈츠는 사회세계에 대한 모든 과학적 지식은 간접적 지식이라고 주장했다. 사회과학은 각각 독특한 의식을 가진 살아 있는 개인으로서의 사람을 이해할 수 없다. 오히려 사람들을, 비개인적이고 익명적인 시기에 존재하는 개인적인 이념형들 — 어느 누구도 실제로 경험한 일이 없는 또는 경험할 수 없는 — 로서만 이해할 수 있다.

슈츠에 따르면, 사회과학자는 사회적 행위가 합리적이라는 가정하에 이념형을 구성한다. 풀어서 말하면 사회과학자는 개인이 사회과학자가 적합하다고 포함시킨 모든 요소에 더해 오로지 그 요소들에 대해 완전한 지식을 가지고 전형화된 행위를 수행할 것이며, 개인이 이용할 수 있는 가장 적절한 수단을 사용해 이념형에서 규정하는 목표를 성취할 것이라고 가정한다(Schütz, 1963b: 334). 그러므로 이념형은 합리적인(수단-목적) 행위의 모델이며, 그 자체를 이해를 발전시키는 방법으로서 실제의 사회적 행위와 비교해 볼 수 있다. 여기에 더해 모델의 요소를 바꿈으로써 여러 모델을 만들어내고 그 결과를 비교해볼 수 있다. 베버와 마찬가지로 슈츠도 이념형들에서부터 설명을 발전시키고자 했으며, 이념형들을 검증 가능한 가설들을 담고 있는 이론체계들이라고 생각했다(Schütz, 1963a: 246).

연구자가 이념형을 구성할 때 부딪히는 궁극적인 제약은 슈츠가 제시한 **적합성의 가정**(postulate of adequacy)에 담겨 있다. 그는 사회과학의 개념이 상식, 즉 일차적 개념들과 일치해야 한다고 주장했다. 간단히 말해, 사회적 행위자들의 행위나 상황을 재현하기 위해 구성한 이념형들과 일차적 개념들을 동일시할 수 없다면, 연구자는 이념형을 잘못 만들었거나 일상생활의 개념에서 너무 멀리 벗어난 것이다.

윈치의 일상적 언어와 서술적 언어

베버와 슈츠는 의미와 동기에 관심을 둔 반면, 윈치는 사회적 행위를 인과적으로 규칙적인(causally regular) 행위가 아니라 규칙준수(rule-following) 행위로 이해해야 한다고 주장했다(Winch, 1958). 규칙은 행위의 이유와 동기, 즉 의미를 제공한다. 슈츠와 마찬가지로, 윈치도 사회행위자들의 언어와 연구자들이 사용하는 언어의 관계에 관심을 가졌다. 그는 자연과학에서는 연구자의 언어가 이용 가능한 유일한 언어라고 생각했다. 반면 사회과학에서는 두 언어, 즉 사회과학자들의 언어와 참여자들의 언어를 이용할 수 있다. 연구는 탐구자의 맥락이 아니라 탐구 대상의 맥락에서 수행되어야 한다. 또는 (이런 표현이 괜찮다면) 사회학적 실재가 아니라 사회적 실재에서 시작해야 한다.

윈치는 또한 다른 형태의 삶, 특히 연구자와는 매우 상이한 언어와 문화를 지닌 삶의 형태들을 이해하는 문제에 관심이 있었다. 그는 낯선 사회를 이해하고 해석하고 설명하고자 하는 시도에서 왜곡이 발생하지 않을까 염려했다(Bernstein, 1983: 28). 그것은 "원시 (원문 그대로) 문화 — 합리성과 이해 가능성에 대한 그 문화의 기준이 우리의 기준과는 명백히 다른 — 에 속한 제도들을 어떻게 우리의 관점에서 이해할 수 있도록 만들 것인가"라는 문제이다(Winch, 1964: 315).

윈치는 "원시 사람들이 사용하는 개념은 오로지 그 사람들이 가진 삶의 방식이라는 맥락에서만 해석될 수 있다"라는 입장을 택했다(Winch, 1964: 315). 그는 연구자의 문화에서 사용하는 합리성의 기준에 입각해서 낯선 문화의 합리성을 판단하는 자종족중심주의적 태도에 반대했다.

윈치에 따르면, 일상적 언어와 기술적 언어는 앞의 것을 기초로 뒤의 것을 만드는 관계에 있다. 그렇지만 윈치가 일상적 개념에서 도출한 개념만 기술적 개념으로 한정해야 한다는 독단적인 입장을 취한 것은 아니다. 사회과학자는 자신이 속한 학문분과의 기술적 개념들에 의지할 필요가 있다고 느낄 수도 있지만, 그렇다고 하더라도 윈치는 그러한 개념이 사회적 행위자들의 개념에 대한 이해를 담고 있다고 생각했다. 그는 경제학의 '유동성 선호

(liquidity preference)'라는 개념을 사례로 제시한다. 일반적으로 일상적인 경제활동을 수행하는 기업가들은 이 개념을 사용하지 않지만, 경제학자들은 이 개념을 사용해서 특정한 종류의 경제적 행위를 설명하고 있다.

더글라스의 이론적 입장

더글라스가 제시한 실존적 사회학은 슈츠의 견해와 해럴드 가핀켈(Harold Garfinkel)의 일상생활방법론에 크게 의존하고 있지만, 둘 모두에서 벗어난다. 더글라스가 씨름했던 중요한 질문은 일상의 삶에 대해 어떤 입장을 채택할 것인가, 그리고 어떤 분석 방법을 사용할 것인가였다.

더글라스가 서 있는 입장의 주요한 특징은 일상의 삶을 그 자체의 관점에서 연구해야 한다는 것, 그리고 "현상의 통합성을 유지하는 관찰 및 분석의 방법만을 사용해야 한다는 것이다. 이를 가장 간단하게 표현하면, 연구해야 하는 현상은 실험 상황에서 만들어낸(또는 걸러낸) 현상이 아니라 일상의 삶에서 경험하는 현상이어야 한다는 것을 의미한다"(Douglas, 1971: 16). 그렇지만 그는 사회과학자는 일상의 삶이 지닌 상식적 의미와 행위를 체계적으로 연구하는 것에 더해 "일상의 삶에 대한 더 일반적인 초상황적(객관적)인 이해를 추구해야 한다"라고 주장했다(Douglas, 1971: p. x). 그는 연구자의 선입견에 오염되지 않은 순수한 형태로, 즉 순진한 귀납을 사용해서 일상의 행위와 의미를 서술할 수 있다는 가정하에 그러한 서술에 스스로를 한정하는 자연주의적인 사회학을 반대했다.

이런 입장을 택하면서 더글라스는 객관성의 문제를 다루어야 한다는 점을 인식했다. 연구과정에 전제들이 개입한다면, 그리고 객관성을 확립하려는 경험주의 전략을 받아들일 수 없다면 다른 해결책을 찾아야 한다. 간단히 말해, 그의 해결책은 유용한 지식을 객관적 지식으로 정의하고 공유 가능한 지식을 유용한 지식으로 정의하는 것이었다. 지식의 공유 가능성은 다음과 같은 방식으로 구할 수 있다.

> 구체적 현상에 대한 지식을, 그것을 알아낸 상황에서 점진적으로 해방시킴으로써 [성취할 수 있다] …… 더욱이 우리는 이러한 해방을 지식을 객관적인 것처럼(objectlike) 또는 사물적인 것처럼(thinglike) 만듦으로써 수행하는 것이 아니라 다른 관찰자가 동일한 종류의 상황을 구성하려는 방식을 (부분적으로) 우리가 밝힐 수 있는 상황을 검토함으로써 수행한다(Douglas, 1971: 28).

더글라스의 관심은 일상의 삶에 관한 근본적인 진리를 확립하는 것이 아니라, 일상의 삶에 대한 '더 심층적인' 분석을 수행함에 따라 대체될 부분적(객관적) 진리를 추구하는 데 있었다. 더글라스의 입장은 윈치, 렉스 그리고 기든스가 보여준 영국의 전통과 밀접한 친화성을 갖는 것으로 드러난다.

렉스의 신베버주의

시기적으로 앞섰던 슈츠와 마찬가지로, 렉스는 베버를 사회학에 대한 자신의 접근법의 주요 기초로 삼았다(Rex, 1971, 1974). 그는 베버의 입장을 발전시키려고 하면서 동시에 귀납적·연역적 연구 전략의 극단 – 사회적 행위자의 의미를 무시하는 – 과 베버가 경험적 현상학(empirical phenomenology)이라고 부르는 것 – 오로지 행위자들의 의미에만 관심을 갖는 – 을 피하고자 했다. 렉스는 슈츠와 가핀켈에 의존하고 있으며, 위르겐 하버마스(Jurgen Habermas)의 비판이론에 공감했다.

렉스는 또한 사회적 행위자들의 구성물과 사회학자가 생산한 이론들의 관계라는 문제도 다루었다. 렉스에 따르면, 사회적 행위자들이 일상생활에서 사용하는 언어와 의미는 사회학자에게 '최초의 그리고 가장 기본적인 소여물(givens)'이다. 사회학자는 이념형을 확립하기에 앞서 '그 언어를 학습하는'

것이 필요하다. 그런 다음에 사회학자의 이념형이 어떤 방식으로, 그리고 어느 정도나 사회적 행위자들이 사용하는 개념 및 의미와 상이한가가 문제가 된다.

이념형을 정식화하는 과정에서 행위자들의 이론이 일정한 역할을 한다는 점을 인식했지만, 렉스는 전자와 후자가 다르다는 사실을 인정했다.

> 왜냐하면 행위자들의 의미 사용은 개방적이고 상황 구속적이며 종종 일관성이 없는 반면, 자신의 이념형적 이론을 설명적 목적에 사용하면서 그 이론 속에서 정의 및 변형의 규칙을 제공하기 위해 이런 의미를 사용하는 사회학자는, 그(원문 그대로 인용)가 원한다면, 자신이 행위자들에게서 넘겨받는 해석과 의미를 언제나 일정한 종류의 검증에 부칠 수 있다. 그리고 그가 동료 사회학자들과 논쟁을 벌이고 있을 때는 그렇게 할 가능성이 크다. 사용하고 있는 개념의 내적 일관성에 관해, 그리고 사회적·문화적 세계에 대해 행위자들이 사용하는 서술이 정당화할 수 있는 것인가에 관해 그는 동료 사회학자들과 논쟁할 수도 있다. 여기서 일상생활방법론자들 및 그 밖의 현상학적 지향의 사회학자들이 '현상의 온전성(integrity of the phenomenon)'을 보존해야 한다고 믿고 또한 '구성원의 이론들'에 개입하거나 그 이론들을 변경하려는 시도가 바람직하지 않다고 믿더라도, 그들이 접하는 구성원들의 의미를 자세히 살펴본다는 점을 지적해두어야 한다(Rex, 1974: 47).

그러므로 렉스는 행위자들의 의미와 해명을 비판 없이 수용해야 한다고 생각하지 않았다. 마르크스와 마찬가지로 그는 사람들이 '허위의식'으로 고통을 받고 있으며 광범한 사회적 맥락에 대해 그리고 그 속에서 자신들의 위치에 대해 부적절하게 이해할 수 있다는 점을 인정했다. 그는 사회적 행위에 대해 행위자들 자신의 해명과는 상이한 해명을 제공하는 역할이 사회과학자들에게 있다고 주장했다. 그렇지만 이렇게 되면 사회과학자들은 자신들의 해명이 더 받아들일 만한 것이라는 점을 입증할 수 있는가라는 문제가 발생한다. 결국 렉스는 "사회학은 행위의 의미에 대해 참이면서 객관적인 해명을 제시할 수 없고, 경쟁하는 상이한 해명만 제공할 수 있다고 제안했다. 그렇지만 이 주장이 사회학자의 설명이 단지 또 다른 해명일 뿐 행위자들 자신의 해명이나 어떤 이데올로기주의자의 해명보다 더 나을 것이 없다는 이야기는 아니다"(Rex, 1974: 48).

렉스는 일상언어에 추상화의 과정이 포함된다고 말한 것 외에 일상언어에서 이념형을 어떻게 도출해야 하는가에 대해서는 자세하게 제시하지 않았다. 그럼에도 그는 사회이론들이 일상의 의미에 기초하고 있다고 확신했다. 그러나 그는 행위자들의 해명을 비판하면서 동시에 그 해명을 일반화하는 사회학자들을 반대하지는 않았다. 궁극적으로 그는 '실재하는' 사회구조나 적어도 사회학자들은 실재한다고 간주하지만 사회적 행위자들은 깨닫지 못할 수도 있는 사회구조에 대한 준거를 포함하는 사회학적 개념과 이론을 수립하고자 했다. 이 점에서 렉스는 슈츠나 더글라스 그리고 다른 현상학자들 및 일상생활방법론자들과 차이를 보였다.

기든스의 삶의 형식에의 몰입

기든스는 주로 슈츠에 의지해서 가추적 연구 전략을 수립하는 데서 가장 중요한 현대적인 공헌을 했다. 기든스는 사회적 행위자들이 타인과 만나 협상하는 데 그리고 사회적 활동을 이해하는 데 사용하는 상호적 지식(mutual knowledge)이 사회과학의 근본적인 주제라고 주장했다. 사회과학자는 사회적 활동에 참여하면서 사회적 행위자들이 알고 있는 것 – 그들이 명시적으로 보고할 수 있거나 암묵적으로 상정하는 – 에 대해 알지 못하고서는 그 어떤 사회적 활동에 대해서도 서술을 시작할 수 없다.

사회과학적으로 상호적 지식을 서술하는 과정은 복잡하고 다양하다. 기든스에 따르면 그 과정은 사회적 행위자들이 사용하는 '의미의 틀(frames of meaning)을 관통하는 해석학적 작업'에 의존하며, 이때 사회과학자는 그 집단의 삶의 방식에 자신을 몰입시켜야 한다. 이는 특히 어떤 집단의 문화가 연구자 자신의 문화와 매우 다를 때 – 전통적으로 인류학자의 경우가 그러했다 – 필요하지만, 자신이 살고 있는 사회 안에서 연구를 수행하는 사회과학자에게도 필요하다. 선진사회는 예를 들면 사회계급, 인종, 연령, 성 그리고 종교에 기초한 많은 하위문화로 구성되어 있기 때문에, 연구자는 자신의 상호적 지식이 그 사회를 이루는 다른 하위문화의 상호적 지식과 반드시 유사할 것이라고 가정할 수 없다. 사회연구자가 그러한 집단 또는 공동체의 완전한 구성원이 되는 것은 필수적이지 않고 일반적으로 가능하지도 않지만, 사회연구자는 적어도 어느 정도는 그 하위문화에 참여할 수 있도록 그러한 삶의 방식을 충분히 배워야 한다고 기든스는 주장했다.

삶의 방식을 배우려는 연구자가 활용할 수 있는 기술은 어떤 집단이나 공동체의 성원이 되고자 하는 사람이 활용할 수 있는 기술과 동일하다. 다른 사람이 하는 말과 수행하는 일의 의미를 이해하는 것은 전문적인 사회연구자의 전유물이 아니라, 능력 있는 사회적 행위자들이 능숙하게 실행하는 행위이다(Giddens, 1976b: 322). 그러한 기술에는 관찰하기와 듣기, 무엇이 적절한 행위인지 또는 부적절한 행위라면 그것이 왜 (부)적절한 행위인지에 대해 묻기, 시행착오의 행위를 성찰적으로 추적하기와 같은 것이 포함된다.

사회과학자는 사회적 행위자들이 자신의 활동을 이해하는 데 사용하는 것과 동일한 '상호적 지식'에 의지해야 한다. 몰입하지 않고는 드러난 행위의 배후에 자리하고 있는 것과 드러난 행위를 구조 짓는 것을 적절하게 이해할 수 없다. 사회연구는 사회세계의 참여자들이 이미 의미 있는 것으로 구성한 그 사회세계를 다루어야 한다. 이 세계를 파악하기 위해서는 사회적 행위자들이 이미 알고 있는 것, 그리고 그들의 일상 활동에 참여하기 위해 알아야 하는 것을 파악해야 한다.

기든스는 초기 저작에서 자신의 견해를 일련의 '사회학적 방법의 규칙들(rules of sociological method)'이라고 정리했다(Giddens, 1976a: 160~162). 렉스와 마찬가지로, 기든스도 사회이론을 일상언어에 기초하게 만드는 것은 '비판적 의지의 마비'로 이어질 수 있다고 우려했다.

> 삶의 형식에 관한 타당한 서술을 만들어낼 수 있다는 것은, 원칙적으로 그 삶의 형식에 참여할 수 있음(실천에서 반드시 그렇게 하는 것은 아니지만)을 의미한다는 주장은 정확하다. …… 이런 의미에서 해석학적 작업은 사회과학에 필수적인 요소이다. 그렇지만 그것이, 삶의 형식에 포함되어 있는 믿음과 실천을 비판적으로 평가할 수 없다는 결론으로 이어지는 것은 아니다. 우리는 믿음의 진정성에 대한 존중과 …… 믿음의 정당화에 대한 비판적 평가를 구별해야 한다. …… 우리는 내가 '상호적 지식'이라고 부르는 것과 단지 '상식'이라고 부를 수 있는 것의 차이를 알아야 한다. …… 상호적 지식은 사회학 연구자가 고칠 수 있는 것이 아니다. …… 상식은 사회과학과 자연과학이 주장하는 발견들에 비추어 수정될 수 있다. …… 그러므로 우리는 비판적 의지의 마비에 수동적으로 굴복해서는 안 된다. …… 믿음과 실천에 대한 비판적 평가는 사회과학들이 제시하는 담론의 피할 수 없는 특징이다(Giddens, 1979: 251~253).

간단히 말해, 사회적 활동을 참여자의 관점에서 이해해야 한다면 상호적 지식을 진지하게 다루어야 한다. 그것은 사회과학자가 정정할 수 있는 것이 아니다. 그렇지만 상식 속에 담겨 있는 일상의 설명은 자연과학과 사회과학의 발견에 입각해서 정정할 수 있다. 슈츠 및 기든스의 견해에 부합하는 경험적 사례는 〈상자 3.7〉을 보라.

〈상자 3.7〉 경험적 사례: 고령화의 한계

이 연구는 고령자들이 고령화의 한계를 경험하면서 받는 돌봄의 종류와 질에 영향을 미치는 요인들에 관한 것이다(Stacy, 1977, 1983; Blaikie and Stacy, 1984). 연구는 두 단계로 수행되었다. 첫 번째 단계에서는 고령 세대 성원들이 스스로 결정을 해야 한다고 생각하는 두 세대로 이루어진 일곱 가족에 초점을 맞췄다. 12개월 동안 개별 가족 구성원들과의 심층면접, 가족 모임에서의 참여관찰, 비공식적 방문을 수행했다. 여기서는 다른 가족 구성원들보다는 고령 세대 구성원들과 더 많은 시간을 보냈다. 떠오른 일차적 개념들 ― 예를 들어, '독립', '질병', '책임' ― 은 의사결정과 관련해서 사용되는 것으로 밝혀졌다. 이런 개념이 가진 의미의 범위는 가족들 내에서 그리고 가족들 사이에서 발견되었다. 또한 고령의 구성원이 가족 구성원들과 갖는 관계의 형태에도 주의를 기울였다. 몇 개월이 지난 뒤, 서술적 사례연구처럼 가족들을 자세히 기록했다. 그리고 개인들이 자신의 상황을 이해하는 방식과 그들이 서로를 관련짓는 방식의 다양성에 어떤 질서를 부여할 수 있는 견해를 얻기 위해 사회학 문헌을 참고했다. 간단히 말해, 연구자는 한쪽의 일차적 개념과 다른 쪽의 유용하다고 생각하는 사회학적 개념 간의 대화를 수행함으로써 적절한 이차적 개념을 찾고자 했다.

이러한 대화 과정에서 가족들 사이의 차이가 두 가지 과정, 즉 주고받기과정과 의사결정의 과정을 중심으로 한다는 점이 분명해졌다. 주고받기를 이해하는 데는 '의무', '호혜성', '권리'라는 이차적 개념이 유용한 것으로 드러났다. 의사결정 과정은 고령자의 상황에 실질적이거나 잠재적인 변동이 나타나는 것으로 인식되었을 때 일어났다. 이때 구성원 중 누군가는 결정을 내려야 한다고 느꼈다. 차이는, 변동을 어떻게 인식하는가(일시적인 것인가 아니면 영구적인 것인가), 결정을 내려야 할 필요를 확인하는 데서 누가 주도적인 역할을 할 것이며 다른 구성원들은 이에 어떻게 반응할 것인가, 누가 결정을 내리는가, 그리고 의사결정자는 다른 사람을 고려하는가 등에서 나타났다. 이러한 두 가지 과정 속에서 세 가지 일차적 개념에 부여하는 여러 가지 의미를 조정할 수 있는 것으로 나타났다.

여기서는 두 가지 유형으로 분류되었는데, 하나는 **가족 관계**와 관련된 것이고 다른 하나는 **고령자의 세계관**과 관련된 것이다. 가족 관계에서는 세 가지 유형을 찾아냈다. 독립적, 의존적, 호혜적 유형이 그것이다. 독립적 유형에서는 고령자가 의사결정에서 자신의 독립성을 유지하면서 또한 가족 구성원들도 간섭하지 않고 자신의 결정을 돕기를 기대했다. 의존적 유형에서는 고령자가 가족이 문제를 찾아내고 그것에 관해 결정할 것을 기대했으며 그 결정을 받아들였다. 호혜적 유형에서는 대안을 논의하고 필요하다면 타협에 도달했다.

고령자의 세계관에서는 세 가지 유형을 발견했다. '이행(progressing through)', '현재(present living)', '경험축적(accumulated experience)' 유형이 그것이다. '이행형'에서는 과거와 현재와 미래가 예정되어 있다고 간주한다. 따라서 목표의 추구보다는 가치의 유지와 물리적 주변 환경에 대한 애착이 중요하다. 사람 및 사건과의 관계는 고령자 자신이 생각하는 환경 안에서 일어난다. '현재형'의 고령자가 속한 세계는 어떤 주어진 시점에 연관을 맺는 사람들을 중심으로 삼는다. 그들은 자신들의 물리적 환경에 적응하고 다른 사람들의 기대에 순응한다. 과거와 미래는 별다른 중요성을 갖지 않으며 현재의 사회적 애착에서 의미와 충족을 이끌어낸다. '경험축적형'의 세계는 사람들과 물리적 주변 환경 모두를 포함한다. 이 사람들은 목표를 추구하며 자신들의 삶에서 자신이 과거의 사건들에 영향을 미쳤으며, 미래에도 영향을 미칠 수 있다고 믿는다. 의미는 사회적 상호작용과 목표 성취에서 이끌어낸다.

두 가지 유형은 연관성이 있는 것으로 나타났다. '독립적' 유형과 '이행형'이, '의존적' 유형과 '현재형'이, '호혜적' 유형과 '경험축적형'이 연결된다.

유형 분류는 수많은 대화 참여를 통해 구성된 것이다. 연구자와 사회적 행위자들 사이의 대화, 일차적 개념과 사회학 문헌에서 찾아낸 관념들을 연결하는 (연구자가 수행한) 대화, 드러난 유형을 현지 조사한 기록 등에 있는 축적된 정보에 되돌려 연결하는 (연구자가 수행한) 대화, 그리고 연구자와 한 명 이상의 '공감적' 외부자 – 동료나 상급자 – 사이의 대화가 그것이다. 이러한 반복적이고 필요한 사항이 매우 많은 과정의 목표는 관찰한 개인적 그리고/또는 사회적 활동과 특징을 군집으로 나누어 묶는 것이다. 이때 처음에는 최종적인 결과가 어떠할 것인가에 대해 아무런 견해도 갖지 않는다. 그 과정은 관찰과 적극적인 참여, 정보의 축적 및 이에 대한 성찰 그리고 착상에 대한 검증의 과정이다.

이러한 개별 유형들을 개발하려면, 고령자들과 가족들의 견해와 행위가 일차적 개념들 그리고 새로 등장하는 이차적 개념과 어떻게 연결되는가에 관해 차이를 보이는 방식을 검토하는 작업도 해야 한다. 여기에는 관찰한 현상에 대한 설명을 찾아내는 활동과, 가족 관계의 측면 및 고령자가 자신에게 제공되는 돌봄의 종류에 반응하는 방식에 관한 예측을 함으로써 새로 등장하는 착상을 검증하는 활동이 포함된다. 일단 이런 유형을 개발하면 그 유형을 가족 구성원들이 관련될 수 있는 그리고 그들에게 비공식적으로 제시될 수 있는 언어로 서술한다. 이 과정을 통해 그 구성원들이 자신들의 상황과 관련된 유형들을 받아들일 수 있고 의미 있음을 알게 된다는 사실을 확인할 수 있다. 따라서 모든 고령자와 그들 가족의 유형을 판정하는 것이 가능하다.

연구의 두 번째 단계는 많은 집단을 통해 이 유형 분류를 엄밀히 점검하는 작업을 포함한다(219명의 고령자에 대한 사례연구). 이때 염두에 둔 목표는 상이하다. 즉, 건강복지기관 구성원들과의 상호작용이 고령자들이 받는 돌봄의 종류와 질에 어떤 영향을 미치는가를 이해하고자 한다. 이 경우에는 앞의 유형 분류가 배경으로 유지되면서, 훨씬 더 광범한 일차적 개념들이 나타난다. 이 과정은 사회학 문헌에서 훨씬 광범한 착상을 찾도록 요구한다. 그 결과 고령자를 네 가지 유형으로 구별할 수 있었다. '통제(controlling)', '분투(striving)', '반응(responding)', '협상(negotiating)' 유형이 그것이다. 각 유형은 주요한 판별적 특징, 사회적 관계의 형태, 시간과 공간의 개념, 삶에서의 목표, 보상의 원천, 가능한 대안들과 미래에 대한 견해, 고령화의 한계에 대한 반응 등에 입각해 서술되었다.* 단지 13가지 사례만 어느 한 유형에 배치될 수 없었다. 한 사례는 시기에 따라 다른 유형을 보였다. 세 가지 사례는 특징을 거의 보이지 않아서 유형에 배치될 수 없었다. 일곱 가지 사례는 혼합적인 특징을 가졌다. 그리고 두 가지 사례에서만 이런 유형들이 부적합한 것으로 보였다.

제2의 유형 분류는 공동체 기관들에 소속된 건강복지 전문가들의 표본에서, 그들이 자신의 활동 대상인 고령자들에 대해 갖는 태도에 초점을 맞춰 발전시킨 것이다. 동일한 과정을 사용해 두 가지 유형이 드러났다. '보살핌(looking after)' 유형과 '조력(enabling)' 유형이 그것이다. 아주 간략히 말하면, '보살핌' 유형의 전문가는 고령자가 충분한 신체적 돌봄을 받을 권리가 있다고 믿는다. 그들은 고령자들에게 무엇이 최선인가를 알고 있으며, 고령자들이 제공된 도움을 받아들이고 감사할 것을 기대한다.

'조력' 유형의 전문가는 고령자들이 스스로를 보살필 수 있게 하는 도움을 받을 권리가 있다고 믿는다. 그들은 고령자들이 독립적일 수 있도록, 적극적일 수 있도록, 그리고 제공된 프로그램 안에서 책임을 맡을 수 있도록 돕는다.

두 번째 단계에서 개발한 유형 분류와 관련해, 두 유형의 전문가들이 상이한 유형의 고령자를 대상으로 활동할 때 나타날 결과를 예측할 수 있다.

* 불행하게도 지면의 부족으로 이 유형들에 대해서는 여기서 자세하게 서술하지 못한다(Stacy, 1983: 164~170을 볼 것).

글레이저와 스트라우스의 근거이론

마지막으로, 발견의 논리의 사례로 근거이론을 검토하는 것이 적절하다. 그렇지만 근거이론은 일상언어와 이해에 근거하는 것이 아니라 오로지 매우 넓게 이해한 자료에만 근거한다는 점에서 방금 검토한 가추 논리의 사용법과는 다르다.

근거이론은 경험주의적 방법들이 지배력을 행사하고 해석적 연구가 대체로 서술적이던 시기에 미국에서 시작되었다. 근거이론의 창시자인 글레이저와 스트라우스는, 1960년대의 사회학적 연구 방법은 측정의 정확성 향상과 이론의 엄격한 검증에 일차적인 관심을 두었을 뿐 탐구하는 영역에 어떤 개념들과 가설들이 적합할지 발견하는 선행 단계를 무시했다고 주장했다. 그들은 이론들의 생산과 검증은 대등한 중요성을 가지며 두 활동은 서로 밀접하게 관련되어 있다고 지적했다(Glaser and Strauss, 1968: 2).

그들의 해결방안은 자신들이 '귀납적'이라고 서술하는 과정을 통해 자료들에서 이론을 산출하는 것이다. 그들은 이 방식을 통해 적절하고 유효한 이론을 만들어낼 수 있다고, 즉 개념과 범주가 적절하며, 의미 있게 관련되고, 탐구하는 현상에 대한 설명과 예측을 제공할 수 있는 이론을 만들 수 있다고 주장했다. 그들은 이론 산출이 연구의 과정에 선행하는 것이 아니라 그 과정과 긴밀하게 관련되는 것이라고 간주한다. "자료에서 이론을 산출한다는 것은, 대부분의 가설과 개념이 자료에서 나올 뿐 아니라 가설과 개념이 연구과정 안에서 자료와 관련해 체계적으로 형성된다는 것을 의미한다"(Glaser and Strauss, 1968: 6). 이는 다른 근원들 ― 기존 이론 또는 자신이나 타인의 통찰 등과 같은 ― 에서 나온 이론적 착상을, 연역적 연구 전략의 경우처럼, 연구과정 안에서 검증할 뿐 아니라 훨씬 적은 공식적인 시행착오 과정을 통해서 자료와 연결해 형성해야 한다는 것을 의미한다. 그러므로 이론 산출은 진화의 과정이다.

근거이론에서는 두 유형의 ― 실질적·형식적 ― 이론을 만들기 위해서 비교분석을 사용한다. 실질적 이론은 특수한 맥락에서 생산되며 죽음과 같은 특수한 사회적 과정과 관련되어 있다. 반면 형식적 이론은 훨씬 더 높은 일반성의 수준에서 생산되며 수많은 실질적 영역들에 적용할 수 있는 권력, 사회이동 등과 같은 개념을 포함한다(Glaser and Strauss, 1968: 32).

이론 생산의 과정은 지속적인 자료 수집의 맥락에서 잠정적인 가설을 떠올리고 그 가설을 비공식적으로 검증하는 시행착오의 과정이다.

> 사회학자가 질적 자료들을 동시에 수집하고 분석하는 데서 알 수 있듯, 자신이 보는 거의 모든 것을 중요하다고 생각하기 때문에 기록하는 혼돈의 상태에서 시작하든 훨씬 더 명확하게 정의한 목적을 가지고 시작하든 간에, 그의 연구는 금방 가설의 산출로 이어진다. 그가 이론 생산이라는 명백한 목적을 가지고 가설화를 시작할 때, 연구자는 더 이상 인상들의 수동적인 수용자에 그

> 치지 않고 능동적으로 자료 묶음들을 비교함으로써 자신의 가설을 생산하고 검증하는 활동으로 자연스럽게 나아간다. 특징적으로 이런 종류의 합동적인 자료 수집과 분석에서는 동시에 다수의 가설을 추적한다. 일부의 가설은, 그 가설의 생산과 검증이 사건의 전개와 연결되어 있기 때문에, 오랜 기간에 걸쳐 추적된다. 그동안에도 연구자는 계속 새로운 가설을 찾는다(Glaser and Strauss, 1968: 39).

이때 강조할 것은 관찰과 성찰의 과정, 그리고 지속적인 비교 분석이다. 이 과정을 진행하면서 새로 등장하는 가설을 다른 가설과 통합함으로써 형식적 이론을 생산한다.

근거이론의 구성에는 자료 수집, 부호화 그리고 분석이라는 통합된 과정이 필요하지만, 글레이저와 스트라우스는 연구 활동의 그러한 측면을 서로 엇갈리는 단계로 구분할 필요가 있다고 지적했다. 초기 단계에서는, 부호화와 분석보다는 자료 수집에 더 많은 시간을 투여할 것이지만, 연구를 진행함에 따라 그 배분은 변화한다. 마지막에 가까워지면 분석이 대부분을 차지하고 자료 수집은 명확하지 못한 결말을 정리하기 위해 짧게 이루어진다. 분석은 특히 초기 단계에서 초연함과 성찰의 기간을 필요로 한다. 나중에 범주들이 명확해지면 일부 분석은 자료 수집과 동시에 진행된다. 그들은 근거이론이 자료와 밀접하게 연결되어 있기 때문에 간단히 논박할 것이 아니라 연구과정을 진행하면서 수정하고 재정식화할 것이라고 주장했다. 연구 보고서의 출판은 이론 생산이라는 끝나지 않는 과정에 위치한 잠깐의 휴지기일 뿐이다.

근거이론은 이 책에서 가추적 연구 전략이라고 부르는 것에 가까운 실용적인 방법을 가장 명백하게 해설한다. 그렇지만 그 개념들을 일상언어에서 명시적으로 도출하지는 않는다. 그 개념들은 연구자가 자료를 조직할 때 사용하는 범주를 나타내기 위해 연구자가 구성하는 이름표이다. 근거이론은 본

질적으로 질적 자료를 수집하고 분석하는 방법이다.[10]

수정

여러 사회과학자가 가추적 연구 전략의 발전에 기여했고, 또한 다양한 견해를 제시했다. 글레이저와 스트라우스를 제외한 대부분의 논자들은 사회과학의 서술과 설명이 연구의 기초로 사회적 행위자들의 개념들과 의미들을 사용해야 한다는 데 동의한다. 하지만 그다음에 어떻게 해야 하는가에 관해서는 의견이 다르다. 다음의 요약은 특정 논자의 작업을 수정한 것이라기보다는 하나의 관점으로 지배적인 주제들을 묶어서 정리한 것이다.

이 연구 전략은 여러 측면에서 다른 세 전략과 다르다. 특히 전략의 존재론적·인식론적 가정에서 그러하다. 이 전략은 전통적으로 **관념론적** 존재론과 **구성주의적** 인식론에 기초한다. 그렇지만 순수한 **관념론적** 입장에 대한 대안으로 **미묘한 실재론적** 존재론을 채택하지 못할 이유는 없다.

어떤 판형의 가추적 연구 전략에서든 첫 번째 단계는 사회적 행위자들이 자신의 세계에서 연구자가 관심을 가진 부분을 어떻게 보고 이해하는가를 발견하는 것이다. 처음에 연구자는 사회적 행위자들이 자신이 속한 세계의 특징을 전형화하기 위해 사용하는 일상의 개념들, 그리고 그 개념들에 부여하는 의미 두 가지 모두를 발견해야 한다. 또한 사회적 행위자들의 동기와 자신의 행위 및 타인의 행위, 사회적 상황을 해석하고 이해하는 방식을 구별해야 할 것이다(〈표 3.1〉을 볼 것).

일부 연구자는 이러한 작업이 필요한 일의 전부라고 주장한다. 연구자의 임무는 이러한 개념, 의미, 동기 그리고 해석을 가능한 한 사회적 행위자의

10) 방법에 관한 근래의 설명으로는 B. A. Turner(1981), Strauss(1987), Strauss and Corbin (1990, 1998)을 볼 것.

언어에 가까운 언어로 보고하는 것이다. 하지만 연구가 이 지점에서 멈춘다면 실질적으로 가추 논리는 작동하지 않을 것이다. 더 나아가기를 원하는 연구자들은 그 이상의 하나 또는 두 단계 사이에서 선택하게 된다. 첫 번째 선택지는 위의 첫 번째 단계에 이어지는 두 번째 단계로, 연구자가 일차적인 일상의 개념에서 추상화하거나 이차적 개념을 산출하는 것이다. 행위자들의 사회세계를 서술하고 이해하기 위해 연구자가 사용하는 언어는 일상언어에서 도출되어야 하고 또한 가능한 한 일상언어에 가깝게 머물러야 한다. 가추 논리는 일차적인 일상의 개념 및 의미와 이차적인 기술적 개념 및 의미 사이의 해석학적 대화를 요청한다.

이러한 기술적 언어는 사회적 행위자의 세계로부터 어느 정도 연구자를 격리하지만, 연구자가 그 세계와 밀접한 연관을 유지하기 위해서는 이차적 개념을 생산하는 과정을 제약할 필요가 있다. 사회적 행위자들이 이차적 해명 속에서 자신과 타인들을 인식할 수 있어야 한다는 것이다. 이 과정이 필요한 이유는 여러 가지이다. 첫째, 연구자가 사회적 행위자의 세계를 적절하게 파악했는가를 알아야 한다. 둘째, 이차적 해명이 연구자의 구성에 의해 과도하게 '오염되지' 않아야 한다. 이차적 해명은 '온전성(integrity)'을 유지해야 는데(Douglas, 1971: 16을 볼 것), 이것은 사회적 행위자들이 가장 잘 점검할 수 있다. 일상생활방법론자들은 이 과정을 '구성원 점검(member checking)'이라고 서술한다. 상황에 따라 이를 가능하게 만들기 위해 이차적 개념에 대한 역(逆)번역이 필요할 수도 있다.

세 번째 단계에서는 두 번째 단계에서 획득한 이해를 적어도 두 가지 방향으로 다룰 수 있다. 하나는 아마도 동일한 맥락에 있는 다른 사회적 행위자들에 대해, 또는 비슷하거나 비교 가능한 사회적 맥락으로 이동해 이 연구 전략을 계속 사용하면서 이 이해를 정교화하고 더 발전시키는 것이다. 다른 가능성은 두 번째 단계에서 얻은 이해를 받아들이고 그 이해를 다른 연구 전략에서 사용할 수 있는 형태로 번역하는 것이다. 예를 들어, 구성주의자들이 제시하는 역행추론적 연구 전략으로 이동해서 사회적 행위자들이 깨닫지 못하는 설명적 기제를 탐색할 수도 있다. 이 과정에는 행위자들의 관점에서 도출한 이해를 연구자의 관점에서 제시한 설명적 해명으로 보충하는 작업이 포함될 것이다. 연구자는 그것들을 결합해 상호보완적인 존재론적 가정을 사용하면서 연구 문제들에 대해 더 풍부한 답을 제시할 수 있다.

이 과정을 확장하는 또 다른 방식은 두 번째 단계의 이해를 연역적 연구 전략을 사용해 검증할 수 있는 이론의 기초로 사용하는 것이다. 이 작업은 존재론적·인식론적 가정의 전환을 요구할 수도 있기 때문에, 그 결과로 얻는 설명은 가추적 연구 전략만 사용해 생산하는 이론과는 다른 종류의 이해가 될 것이다. 그렇지만 연구자가 이러한 가정들의 변화를 처리할 수 있다면 사회현상을 더 광범하게 이해할 수 있을 것이다. 이 과정이 필요한가 여부는 연구 문제를 정식화하는 방식에 달려 있다. 장기 실업에 관한 연구에서 수정한 연구 전략을 적용한 〈상자 3.8〉의 마지막 사례를 참고하라.

〈상자 3.8〉 수정한 가추적 연구 전략의 사용

가추적 연구 전략은 우리가 제안한 장기 실업에 대한 연구의 세 가지 연구 문제 모두에 대해 답을 제공할 수 있다.

1. 어떤 종류의 사람들이 장기적인 실업을 경험하는가?
2. 장기간의 실업 상태에 있으면 어떻게 되는가?
3. 왜 그런 사람들은 실업 상태에 있는가?

실업자들의 모집단이나 표본에 대한 몇몇 형태의 참여관찰 그리고/또는 심층면접 등과 같은 질적 방법을 사용한 연구를 통해 연구자는 실업자들의 특징, 그들의 실업 경험 그리고 그들이 왜 실직했는가에 대한 자신들의 해명에 대한 유형 분류를 만들 수 있을 것이다.

연구 문제 1에 답하기 위해, 연구자는 일련의 특징을 탐색해야 할 것이다. 그렇지만 어떤 것을 특징으로 선택할 것인가는, 연구자가 중요하다고 생각하는 것에서 시작하기보다는, 적어도 처음에는 그 사람들이 그들 자신에 관해 드러내는 것을 통해 결정해야 할 것이다. 연구자가 일단 특징에 대한 서술에 만족한다면 다음 단계는 그것들을 군집으로 묶을 것인지를 시도하고 확인하는 일이 될 것이다. 예를 들어, 자료에서 세 가지 유형의 장기실업 — 교육 수준이 낮고 직업훈련을 거의 또는 전혀 받지 않았으며 직업 경험도 거의 또는 전혀 없는 청년층, 제한적인 교육을 받았고 미숙련이며 자신들이 하던 일을 기계와 컴퓨터가 대신하고 있는 고령층, 그리고 자신들이 종사하던 직무가 저임금의 국가들로 이전했기 때문에 일자리를 잃은, 숙련 수준이 다양한 실업자층 — 을 찾아낼 수 있을 것이다. 그리고 각각에 '고난(struggling)'형, '대체(superseded)'형, '희생(sacrificed)'형이라는 이름을 붙일 수 있을 것이다.

이 세 유형이 연구 대상인 실업자들을 거의 모두 포괄한다고 상정해보자. 이 유형들을 조합하면 귀납적 연구 전략을 사용해 발견한 것과 동일한 연령과 실업 사이의 곡선형 연관을 보여줄 수도 있을 것이다(연구 문제 3a를 볼 것). 그렇지만 이 경우에는 그 연관을 통계적으로 표현하기보다는 담론적으로 표현하게 될 것이다. 각 유형에 대한 자세한 서술은, 각 유형의 실업에 대한 상이한 설명들이 필요하다고 제시할 것이다. 그 서술은 또한 이러한 연관에 대해 가능한 설명도 암시할 것이다.

이러한 유형을 구성하는 데 사용된 자료는 연구 대상자들이 자신과 자신의 상황에 대해 제시한 해명에서 나왔겠지만, 그들의 일상언어에서 유형에 대한 연구자의 서술로 이동하는 데 필요한 추상화의 정도는 제한적일 것이다. 하지만 이 쟁점은 연구 문제 2와 3에 답하는 데 매우 중요하다.

연구 문제 2에 대한 답은 실업 경험에 대한 자세한 개인적 해명에서 비롯될 것이다. 연구자는 그 해명을 검토해서 공통점들을 찾아낼 것이다. 다시 말하면, 연구자는 광범한 경험 안에서 각 하위집단의 개인들이 비슷한 경험을 공유하고 있는가를 확인하려고 할 것이다. 개인들은 자신의 경험을 다양한 방식으로 표현할 것이기 때문에 연구자는 사회적 행위자들의 해명에서 전형적인 경험을 추상해야 할 것이다.

연구 문제 3은 초기에는 위와 동일한 자료 수집 방법을 사용하면서 실업에 대한 일상의 설명을 탐색할 것을 요청한다. 다시 말하면, 사회적 행위자들의 광범한 해명에서 일상적 설명의 유형을 찾아낼 수 있어야 한다. 그런 다음 연구자는 이 유형 분류를 사용해 또 다른 수준의 설명을 구성하고 그 설명 속에 기존의 이론적 견해나 새로운 이론적 견해를 넣을 수 있다. 이 지점에서 연구자는 일상의 해명에서 벗어나서, 사회적 행위자들이 의식하지 못할 수도 있는 구조와 과정에 대한 논의로 나아가게 된다. 그리고 그 이론을 연역적 또는 역행추론적 연구 전략을 사용해 검증할 수 있다.

이러한 세 가지 연구 문제에 대한 답이 세 가지 별개의 연구를 요구하는 것은 아니라는 점을 지적해야 한다. 예를 들면 일련의 면접을 통해서, 연구자는 이 실업자들과 지속적으로 대화하면서 연속해서 연구 문제들을 다룰 수도 있을 것이다. 그렇지만 이런 형태의 면접은 매우 유연하기 때문에 일부 피면접자들은 초기의 면접에서 왜 자신들이 실직했는가를 이야기할 수도 있다. 그 사안을 언급하지 않는 사람들에 대해서는 나중의 면접에서 이야기하도록 유도해야 할 것이다.

> 이 과정의 핵심적인 특징은, 사회적 행위자들이 자신의 세계를 바라보고 이해하는 방식과 사회과학자가 이러한 견해와 해명의 다양성을 이해하려는 시도에서 상호작용이 일어난다는 점이다. 이는 으레 사회과학자에게 그가 연구하는 사회세계에 몰입하고 그런 다음 성찰과 분석을 위해 거기에서 벗어나는 과정을 요구한다. 그리고 또 다른 몰입과 벗어남의 단계들이 이어진다. 일련의 심층 면접 그리고/또는 일정 기간의 참여관찰은 이러한 작업을 수행하는 유용한 방법이다.

슈츠(Schütz, 1963a)와 기든스(Giddens, 1976a)는 가추적 연구 전략의 배후에 자리한 원리를 제시했다(4장과 5장을 볼 것). 그렇지만 일상의 해명에서 이념형을 만들어내는 방법에 대한 자세한 개관은 아직도 쉽게 구할 수 없다. 그 작업은 학술대회 논문집(Blaikie and Stacy, 1982, 1984)과 대학원생 논문집(예컨대, Stacy, 1983; Drysdale, 1985, 1996; Balnaves, 1990; Priest, 1997, 2000; Ong, 2005를 볼 것)에서 찾아볼 수 있다.[11] 이러한 연구 전략을 어떻게 이용할 것인지 볼 수 있는 다른 사례들은 블래키(Blaikie, 2000)에서 찾을 수 있다.[12]

---

11) 나는 이 연구 모두를 직접적으로 또는 간접적으로 지도했다.

12) Blaikie(2000)의 4장과 7장에는 외계에서 온 사회과학자가 지구상에서의 삶을 이해하기 위해 네 가지 연구 전략을 사용하면 어떨까라고 가정하는 우화가 실려 있고, 8장에는 이 연구 전략 가운데 한 가지를 각각 사용하는 네 가지 연구 사례가 실려 있다.

역행추론적 전략과 가추적 전략의 결합

5장에서 논의하겠지만, 현대의 수많은 연구 패러다임은 가추적 연구 전략의 측면을 통합했다. 몇 가지 형태의 가추는 비판이론, 사회실재론, 구조화이론의 출발점을 제공하며, 여성주의에서도 가추는 지배적인 전략이다. 이러한 모든 연구 패러다임은, 사회세계에 대한 행위자들 자신의 서술을 적어도 다른 연구 전략의 기초로 확보하는 것이 필수적임을 받아들인다.

하버마스는 해방적 사회과학에 대한 역행추론적·가추적 연구 전략의 적합성을 인식했고, 브라이언 페이(Brian Fay)는 자신의 비판이론에 가추적 연구 전략을 통합했다. 그렇지만 가추와 역행추론의 논리를 결합한 것은 하레의 작업이다. 하레와 폴 시코드(Paul Secord)는 행위에 대한 일상의 설명들이 심리학 이론에 최상의 모델을 제공한다고 주장했다(Harré and Secord, 1979: 29).

> 사회적 행위에 관한 설명의 핵심은 그 행위의 기저에 깔려 있는 의미를 판별하는 것이다. 그 의미를 발견하려는 접근은 해명(accounts) ― 자신이 왜 문제의 행위를 수행했는가, 자신이나 타인의 행위들이 어떤 사회적 의미를 갖는가에 관한 행위자 자신의 진술 ― 의 확보를 포함한다. 연구자는 의미와 해명들을 수집하고 분석하며, 종종 그 행위의 기저에 있는 규칙의 발견으로 나아간다. …… 일상언어는 이러한 의미를 확보하는 데 사용되는 중요한 도구이다. 사회적 상호작용의 유형을 이유와 규칙에 입각해 설명하려면 그 언어를 잘 채택해야 한다(Harré and Secord, 1972: 9~10).

귀납적·연역적 연구 전략들을 사용해온 심리학의 지배적 학파와 대조적으로 일상생활발생학(ethogeny) ― 하레의 용어로 ― 은 "사회세계의 관리자이자 해석자로서 일상적인 인간들의 지적 능력'을 존중해야 한다"라고 주장했다.

"어떤 의미에서 사람은 누구나 상당히 능력 있는 사회과학자이며, 그러므로 우리는 사회세계와 그 안에서 자신의 위치에 관한 그의 (또는 그녀의) 이론을 경시하면 안 된다"(Harré, 1974: 244). 그러나 사회적 행위자들의 해명이 출발점이고 그 해명들을 진지하게 취급해야 하지만, 그것들을 무비판적으로 받아들여야 하는 것은 아니다(Harré and Secord, 1972: 101).

그러므로 역행추론적 연구 전략의 한 형태는 **심층 실재론적·관념론적** 존재론의 측면들 모두를 통합하고 **신실재론**과 **구성주의**의 인식론을 결합한다. 뒤에서 볼 것처럼, 다른 연구 패러다임도 적어도 연구의 예비 단계들에서는 가추적 연구 전략의 사용을 허용하며 그런 다음 다른 연구 전략을 사용하는 단계로 나아간다.

이 장의 요약

- 연구 전략은 네 가지 상이한 추론양식에 기초를 두고 있다. 귀납적 전략과 연역적 전략은 선형의 추론에 기초하는 반면, 역행추론적 전략과 가추적 전략은 순환적 과정 또는 나선형적 과정에 기초한다.
- 일반적으로 귀납 추론과 연역 추론의 형식은 잘 알려져 있으며, 흔히 우리가 이용할 수 있는 형식은 이들이 전부라고 생각한다.
- 귀납 논증은 다수의 단칭 진술이나 개별 진술(전제들)에서 시작하며 일반 진술이나 보편 진술로 결론을 낸다. 결론은 전제들이 포함하고 있는 것을 넘어서는 주장을 한다.
- 연역 논증은 전제들에서 시작하는데, 전제들 중 적어도 하나는 일반 진술이나 보편 진술이다. 결론은 단칭 진술이며 전제들보다 적게 포함한다.
- 귀납적·연역적 연구 전략은 자연과학들과 사회과학들에서 이론을 만들어

내는 과정에 관한 철학적 견해들을 지배해왔다.

- 귀납적 연구 전략은 **유일의**(the) 과학적 방법이 있다는 대중적 견해를 대표한다. 그 방법은 자연과학의 확립에까지 거슬러 올라갈 수 있으며, 많은 사람은 사회과학에도 이 방법이 기초를 제공하기 때문에 적합하다고 강력하게 주장했다.
- 귀납적 연구 전략은 '저기에' 실재가 존재하며, 그와 함께 서술하고 설명할 수 있는 규칙성들이 나타난다고 상정하는 **피상적인 실재론적** 존재론을 구체화하며, 이러한 실재를 관찰하는 임무는, 연구자가 객관적 절차를 채택하는 한, 본질적으로 아무런 문제도 없다고 간주하는 **경험주의**의 인식론적 원칙을 채택한다.
- 귀납적 연구 전략의 배후에 있는 논리는 다음과 같이 서술할 수 있다.
  - '객관적인' 관찰과 실험을 수행함으로써 자료들을, 그 자료들의 상대적 중요성에 관해 아무런 판단도 하지 않은 채 결합한다.
  - 귀납 추론을 사용해서 자료들 속의 유형에 관한 일반화에 도달한다.
  - 그 유형을 또 다른 시험에 부쳐서 자연적 또는 사회적 삶에 대한 과학적 법칙을 확립한다.
- 귀납적 연구 전략은 곧바로 공격을 받게 되었다. 그러한 공격은 특히 관찰의 역할에 대한 귀납적 전략의 순진한 견해와 그 전략이 기초한 귀납 논리의 불만족스러운 특성 때문이었다.
- 연역적 연구 전략은 귀납적 전략의 결함을 극복하고자 했다.
- 연역적 연구 전략의 옹호자들은 그 전략이 과학이론의 진리 지위의 문제를 해결하고 과학과 비과학을 구분하는 기준을 제공한다고 주장했다.
- 연역적 연구 전략의 배후에 있는 논리는 다음과 같이 서술할 수 있다.
  - 이론을 형성하는 하나의 가설이나 일련의 가설들을 제시한다.
  - 하나 또는 그 이상의 결론을 연역한다. 이때 이전에 채택한 가설이 도움

을 줄 수 있다.

- 이론의 논증에 담긴 논리를 비판적으로 검토하고, 결론이 지식의 진보를 구성하는가를 판단한다.
- 적절한 자료를 수집해서 결론을 시험한다.
- 자료들이 결론과 부합하지 않으면 이론을 허위라고 판단해야 한다.
- 그렇지만 자료들이 이론과 일치한다면 이론은 잠정적으로 지지된다. 이론은 **확인된**(corroborated) 것이지만 입증된 것은 아니다.
- 연역적 연구 전략에서는 연구를 도출한 일반화를 귀납적으로 확증하는 활동이 아니라 허위의 추측을 논박하고자 하는 활동으로 간주한다. 검증이 아니라 반증이 구호가 되었다.
- 연역적 연구 전략을 정교화하고 세련화하려는 여러 시도가 있어왔으며, 일부의 경우 그 전략을 변형하고자 했다.
- 한 가지 제안은 순진한 반증(naïve falsification)을 세련된 반증(sophisticated falsification)으로 대체하는 것이었다. 고립된 개별 가설에 대한 시험 대신 구조화된 총체로서의 이론 또는 그물이나 패러다임의 개념으로 대체하는 것이다.

- 여기에 더해서, 과학공동체들의 세계관을 상호 배타적이고 공약 불가능한 존재론적·인식론적 심판자로 취급해야 한다는 제안도 있었다.
- 접근에서의 이러한 변화에는 몇 가지 근본적인 변동이 포함되었다.
  - 귀납적 연구 전략에서는 이론의 진리를 결론적으로 확인할 수 있다고 주장한다.
  - 연역적 연구 전략에서는 진리의 추구가 과학의 목표이기는 하지만 모든 과학이론은 잠정적인 것이라고 주장한다.
  - 이 관점은 모든 과학이론을 과학공동체들의 상대주의적인 생산물로 보는 협약주의적(conventionalist) 입장으로 이어졌다.

- 역행추론적 추론 형식과 가추적 추론 형식은 잘 알려져 있지 않지만 많은 연구자들이 암묵적으로 사용했다고 할 수 있다.
- 역행추론은 결론에서 추론의 전제를 찾아낸다는 점에서 귀납 논리 및 연역 논리와 근본적으로 다르다.
- 역행추론은 관찰에서 설명으로 되돌아가는 운동을 포함한다. 그리고 일단 설명적 착상이 떠오르면 그 운동은 압도적이고 저항 불가능할 것이다.
- 퍼스는 가추와 역행추론을 동등한 것으로 보았기 때문에 가추적 연구 전략에서 가추의 형식을 사용하는 데 대한 영감은 다른 곳에서 찾아야 한다.
- 귀납과 연역에 대한 대안으로서 역행추론 전략은 사회과학들에 적합한 전략으로 옹호되어왔다.
- 이 연구 전략은 이전에는 관찰되지 않았을, 그렇지만 관찰되는 현상들을 만들어낸다고 상정되는 구조와 기제에 대한 가설적인 모델을 만들어내는 데 사용된다.
- 관찰되는 규칙성을 만들어낸다고 상정하는 것에 대한 설득력 있는 모델은 훈련된 과학적 상상력을 사용해서 고안할 수 있다. 그것은 관찰에서 설명으로 되돌아가는 운동을 포함한다.
- 일차적으로 가설적인 구조와 기제의 실재성을 상정한다. 그렇지만 그 실재성은 경험적으로 입증되어야 한다.
- 일단 이러한 입증이 이루어지면 그 구조와 기제의 지위는 '실재적인 것(the real)'에서 '현실적인 것(the actual)'으로 변화한다. 그것들은 설명해야 할 현상들이 된다.
- 일부 사회과학자들이 역행추론적 연구 전략에 대한 이러한 이상화된 견해를 수정했다.
- 가추는 수많은 연구 패러다임에 내재하는 전략이며, 사회과학에 유일하게 적합한 전략으로 또는 다른 연구 전략에 대한 핵심적인 부가물로 옹호되

어왔다.

- 가추는 사회적 삶에 대해 사회적 행위자들이 제공할 수 있는 일상의 해명에서 전문가의 해명을 이끌어내고자 하는 연구 패러다임의 특징이다.
- 대부분의 사회적 삶이 관례적이고 관습적이며 무반성적으로 일어난다는 사실을 감안하면, 사회적 행위자들의 해명이 언제나, 그들의 상호작용을 뒷받침하는 대체로 암묵적인 의미들을 드러내는 것은 아니다.
- 그러므로 사회과학자는 사회적 행위자들의 해명에서 주워 모을 수 있는 의미들의 파편들을 짜맞춰야 한다. 이것은 알려진 부분을 통해 알려지지 않은 전체를 파악하고자 하는 해석학적 과정이다(4장과 5장을 볼 것).
- 여기서 논의하는 형태의 가추적 연구 전략은 여러 가지 공통된 특징을 가지고 있지만, 다음과 같은 중요한 측면에서 차이가 있다.
  - 현상의 온전성을 유지하는 쟁점
  - 일상의 설명을 어느 정도나 일반화하는 것이 적절한지, 그리고 이를 통해 어느 정도나 탈맥락화하는 것이 적절한지의 정도
  - 설명을 목표로 삼는 정도
  - 일상의 설명을 사회학 이론에 비추어 정정하거나 해석하는 것이 적절한지 여부
- (행위자들 자신의) 일차적 개념에서 (사회과학자의) 이차적 개념을 만들어내는 데 적합한 기법을 발전시키기 위해서는, 즉 일상언어에서 기술적 언어로 이동하기 위해서는 해야 할 일이 많이 남아 있다.

그 밖의 읽을거리

Bhaskar, R. 1979. *The Possibility of Naturalism*. Harvester Press.

Blaikie, N. 2000. *Designing Social Research.* Polity Press. ch. 4.

Chalmers, A. F. 1982. *What is this Thing Called Science?* Hackett.

Durkheim, E. 1964. *The Rules of Sociological Method.* The Free Press.

______. 1970. *Suicide.*

Giddens, A. 1976a. *New Rules of Sociological Method.*

______. 1984. *The Constitution of Society.*

Harré, R. 1974. "Blueprint for a new science".

______. 1977. "The ethogenic approach: theory and practice".

______. and P. F. Secord. 1972. The Explanation of Social Behaviour.

Hempel, C. E. 1966. *Philosophy of Natural Science.*

Medawar, P. B. 1969a. *Induction and Intuition in Scientific Thought.*

______. 1969b. *The Art of the Soluble.*

O'Hear, A. 1989. *An Introduction to the Philosophy of Science.*

Outhwaite, W. 1975. *Understanding Social Life.*

______. 1983. "Towards a realist perspective".

Pawson, R. 2000. "Middle-range realism".

Popper, K. R. 1959. *The Logic of Scientific Discovery.*

______. 1961. *The Poverty of Historicism.*

Riggs, P. L. 1992. *Whys and Ways of Science.*

Schütz, A. 1963a. "Concept and theory formation in the social sciences".

______. 1963b. "Common-sense and scientific interpretation of human action".

Winch, P. 1958. *The Idea of Social Science and its Relation to Philosophy.*

4

고전적 연구 패러다임들

서론

사회연구자들은 이 책에서 연구 패러다임이라고 부르는 것을 사용함으로써 상이한 이론적·방법론적 관점에서 연구 문제들에 접근한다. 연구 패러다임은 연구 과제의 선택, 연구 문제들의 정식화 그리고 하나 또는 그 이상의 연구 전략의 선택을 지배하거나 뒷받침한다. 각 연구 패러다임에는 존재론적 가정과 인식론적 기정의 특정한 조합이 자리 잡고 있으며, 이 가정들은 성취할 연구 결과의 종류에 영향을 미친다.

이 장과 다음 장에서는 열 가지의 연구 패러다임을 검토하고 토론할 것이다. 여기서 '고전적인 것'으로 제시하는 네 가지 패러다임은, 자연과학의 방법을 사회과학에 적용하고자 하는, 또는 그러한 적용을 거부하고자 하는 초기의 시도들을 대표한다.[1] 저자들의 대부분은 19세기와 20세기 전반에 저술 활동을 했으나, 착상의 다수는 이 시기보다 앞서서 나타났다. 고전적 연구 패

1) 고전적 연구 패러다임과 현대적 연구 패러다임은, 대체로 그 작업이 20세기 중반 이전의 것인가 이후의 것인가를 기준으로 구분했다.

러다임은 실증주의(Positivism), 비판적 합리주의(Critical Rationalism), 고전적 해석학(Classical Hermeneutics) 그리고 해석주의(Interpretivism)이다.

각각의 연구 패러다임은 "자연과학의 방법을 사회과학에 적용할 수 있는가?"라는 문제에 대해 그 패러다임만의 독특한 답을 제공한다. 실증주의의 답은 간명하게 '그렇다'이다. 이 입장은 모든 과학이, 자연과학과 사회과학을 가릴 것 없이, **경험주의**의 인식론을 사용해야 한다고 주장한다. 두 번째 비판적 합리주의가 제공하는 답은 '그렇다. 그리고 아니다'이다. 이 입장은 지식의 진전을 위해 동일한 방법 또는 논리의 사용을 옹호하지만, 실증주의와 결합된 과학관을 거부하고 다른 과학관을 내세운다. 고전적 해석학이 제시하는 세 번째 답은 확고한 '아니다'이다. 이 입장은 설명이라는 자연과학의 목표가 사회과학에는 부적절하다고 주장한다. 사회과학은 해석, 특히 텍스트에 대한 해석을 추구한다는 것이다. 해석주의가 제시하는 네 번째 답 또한 '아니다'이다. 이 입장은 자연과학의 방법이 사회과학에 적합하지 않다고 거부하며, 그들이 다루는 주제의 질적 차이 때문에 상이한 종류의 접근이 필요하다고 주장한다.

실증주의

여러 형태의 실증주의가 과학에 대한 고전적인 견해를 제시해왔다. 19세기에는 실증주의가 단순한 과학철학에 그치지 않았다. 그것은 과학의 성취를 찬양하는 매우 일반적인 세계관을 표현했다. 사회과학과 관련해서 실증주의는 **자연주의**(naturalism)의 명제에 기초를 두고 있다. '실증주의'라는 용어는 콩트(Comte, 1970)가 만들었다. 그는 사회학의 창시자들 가운데 한 사람인지만, 그가 실증주의의 교의를 정식화한 것은 아니다.[2)]

특징

실증주의의 중심 교의를 정리하고자 한 시도들은 수없이 많다(예컨대, Abbagano, 1967; von Wright, 1971; Kolakowski, 1972; Giedymin, 1975; Hacking, 1983; Stockman, 1983을 볼 것). 다음은 실증주의의 특징을 보여준다고 일반적으로 인정되는 규칙들이다.

현상론(Phenomenalism): 이 규칙은 과학적 지식에 대한 믿을 수 있는 단 하나의 기초라는 경험의 유일성을 단언한다. 관찰자의 감각으로 지각될 수 있는 것에 기초한 것만을 지식으로 취급할 수 있다는 것이다. 이 지각은 백지상태의 의식이 얻는 '순수 경험'이어야 한다. 따라서 이 현상론은 수동적인 지식 모델이다. "과학적 발견의 일화는 명백하고 윤색되지 않은 감각증거에서, 즉 순수하고 편견 없는 관찰에서 시작해야 한다"(Medawar, 1969b: 147).

명목론(Nominalism): 명목론의 규칙은, 과학적 설명에 사용하는 모든 추상적 개념들 또한 경험에서 도출되어야 한다고 주장한다. 형이상학적 개념들 — 그것을 관찰할 수 없는 — 은 이름이나 단어 등과 같은 것을 제외하고는 존재한다고 정당하게 주장될 수 없다. 예컨대 '신'이라는 개념은 신을 관찰할 수 없기 때문에 과학적인 것으로 간주될 수 없으며, "신은 존재한다"나 "신은 존재하지 않는다"라는 진술은 그 진술과 관련 있는 관찰적 증거를 얻을 수 없기 때문에 의미 없는 것이다. 이 규칙은, 관찰을 서술하는 데 사용하는 언어가 그 어떤 이론적 관념에 의해서도 오염되지 않아야 한다는, 그리고 이러한 언

2) 많은 문헌이 '실증주의'라는 개념을 사회과학이 채택한 자연과학의 방법을 가리키는 데 사용한다. 그 결과 실증주의와 비판적 합리주의를 한데 묶어서 분류한다. 주요한 예외는 Guba(1990a)인데, 그는 실증주의와 후기실증주의(post-positivism)를 구별했다.

어로 표현하는 진술은 '실재'를 준거로 진위를 쉽게 확인할 수 있다는 믿음으로 발전했다. 서술적 용어는 이론적으로 중립적인 관찰언어 속에 실재하는 객체와 상응한다. 그러므로 이러한 특권적인 언어에 속하지 않는 용어, 즉 관찰 불가능한 것을 가리키는 이론적 용어는 관찰 가능한 것으로 번역될 수 있어야 한다. 그렇지 않다면 그 용어는 의미 없는 것으로 간주된다.

원자론(Atomism): 이 규칙은 개별적이고 독립적인 사건 — 세계의 궁극적이고 근본적인 요소들을 구성하는 — 을 경험의, 즉 관찰의 대상으로 간주한다. 이러한 고립 가능한 인상을 일반화로 만드는 한, 그 일반화는 세계 속의 추상적인 객체를 가리키는 것이 아니라 단지 그러한 사건들 사이의 규칙성을 가리키는 것일 뿐이다(Harré, 1970).

일반법칙(General laws): 과학적 이론을 일련의 매우 일반적인, 즉 법칙적인 진술로 간주하며, 그러한 일반법칙을 확립하는 것이 과학의 목표이다. 이러한 과학적 법칙은 현상들 사이의 단순한 관계 또는 항상적 결합을 밝힘으로써 관찰을 요약한다. 설명은 개별 사례를 적절한 법칙 아래에 포섭함으로써 달성된다. 이러한 법칙은 광범한 관찰을 포괄한다는 점에서 그 범위에서 일반적이고, 시간과 공간을 가로질러 예외 없이 적용된다는 점에서 그 형식에서 보편적이다.

가치판단과 규범적 진술: 이 규칙은 '사실'과 '가치'를 구분할 것을 요구하며, 가치는 지식의 지위를 갖지 못한다고 규정한다. 기든스는 이 규칙에 대해, "가치에 대한 판단은 경험에 비추어 그것의 '타당성'을 시험할 수 있게 해주는 그러한 종류의 경험적 내용을 갖지 않는다는 생각"이라고 표현했다(Giddens, 1974: 3).

검증(Verification): 이 규칙은 과학적 진술의 진위를 결말짓는 방식에 관한 것이다. 관찰 가능한 일의 상태를 준거로 과학적 법칙을 검증한다. 관찰에서 도출한 처음의 일반화는 증거의 축적에 의해 더 확인할 수 있다. 확증하는 증거의 무게가 무거울수록 그것의 주장은 세계에 관한 더욱더 진실한 주장일 것이다.

인과관계(Causation): 실증주의의 중심 교의는, 자연 속의 인과관계는 관찰될 수 없으며 한 종류의 사건에 다른 종류의 사건이 늘 이어지는 사건들 사이의 규칙성이나 항상적 결합만을 관찰할 수 있다는 것이다. 예를 들어, 물을 담은 적절한 용기에 충분히 열을 가하면 액체가 기체로 변화하는 것을 관찰할 수 있다. 순수한 물이라면, (해수면에서의) 정상적인 기압 아래에서 일정한 온도에 도달할 때 이런 변화를 관찰할 수 있다. 실증주의에 따르면, 이 온도가 무엇인지 결정하는 것이 유일한 관심사이며, 그 온도가 일정하다면 열을 가하는 사건과 물의 상태가 변화하는 사건 사이에 항상적 결합은 참인 것으로 주장될 수 있다. '물에 열을 가하는 행위가 물을 액체에서 기체로 변화시키는 원인이다'와 같은 인과적 언어는 불필요하다. 우리가 알아야 할 것은 한 사건에 다른 사건이 이어진다는 것이 전부이다. 그러므로 관찰한 사건을 설명하기 위해서는 그 사건을 광범한 규칙성 속에 위치시키기만 하면 된다. 우리는 물의 상태가 왜 변화하는지 어떻게 아는가? 열을 가한 뒤에 그런 변화가 일어나기 때문이다. 마찬가지로, 물에 열을 가할 때 무슨 일이 일어날 것인지 예측하기 위해 우리가 필요로 하는 것은 '열을 가한 뒤에 물이 액체에서 기체로 변화한다'라는 항상적 결합이 전부이다.

종류들

피터 하프페니(Peter Halfpenny)에 따르면(Halfpenny, 1982), 실증주의는 12가지의 변종으로 구별할 수 있다. 윌리엄 오드웨이트(William Outhwaite)는 이것을 세 가지로 줄일 수 있다고 제시했다(Outhwaite, 1987). 최초의 실증주의는 세계에 대한 신학적·형이상학적 이해방식에 대한 대안으로 콩트가 정식화한 것이다. 모든 과학적 지식은 관찰에서 도출한 인과법칙에 기초하고 있으며, 모든 과학은 맨 아래층의 수학을 기초로, 그 위에 천문학, 물리학, 화학, 생물학 그리고 꼭대기에 사회학이 자리하는 연관된 층위의 위계 속에 통일된다. 그렇지만 콩트는 그 위계의 낮은 층위에 있는 과학이 다루는 실재들과 구별되는 독립적인 사회적 실재, 즉 다른 과학의 법칙으로 환원될 수 없는 법칙의 지배를 받는 실재가 존재한다고 믿었다. 달리 말하면 콩트는 환원주의를 거부했다.

논리실증주의로 알려진 두 번째 종류의 실증주의는 1920년대에 비엔나에서 등장했다. 이 철학자들의 구호는 일의 상태와 상응하지 않는, 즉 경험에 의해 검증할 수 없는 개념이나 명제는 모두 의미 없는 것으로 간주한다는 것이었다('현상론'의 규칙). 동시에 그들은, 높은 수준의 과학 개념이나 명제는 낮은 수준의 과학 개념이나 명제로 환원될 수 있다고 주장했다. 즉, 그들은 사회과학의 명제들은 궁극적으로 물리학의 명제들로 분석될 수 있다고 주장했다. 이 입장은 환원주의이다.

실증주의의 세 번째 변종은 종종 과학철학의 '표준적 견해(standard view)'라고 불리는 것으로, 두 번째 변종에서 생겨나 제2차 세계대전 이후 영어권 국가들을 지배했다. 그 입장의 근본적인 교의는 (사회과학을 포함하는) 모든 과학은 보편법칙이나 일반화 형식의 설명을 발전시키는 데 관심을 가지고 있다는 것이다. 모든 현상은 그 현상이 어떤 보편법칙의 개별 사례라는 것을 증명하는 것에 의해 설명될 수 있다('일반법칙'의 규칙).

여러 형태의 실증주의들은, 세부적으로는 어느 정도 다르지만, 자연과학의 방법에 대한 독특한 견해를 가지고 있다. 사회과학에서 자연과학의 방법을 사용할 수 있는가라는 질문에 다르게 답하면서 실증주의의 견해를 수용하지 않을 수도 있다. 그러므로 이 질문에 긍정적인 답을 내놓는 자연주의와, 과학철학으로서 실증주의를 특징짓는 독특한 특징을 구별하는 것이 유용하며, 그렇게 되면 과학에 대한 비실증주의적 견해에 기초한 자연주의를 채택하는 것이 가능하게 된다(Keat and Urry, 1975: 2).

사회과학들에서의 실증주의

실증주의는 콩트와 뒤르켐의 작업을 통해서 사회학에 도입되었다(Comte, 1970; Durkheim, 1964). 이에 관한 뒤르켐의 견해는 3장에서 논의했다. 여러 형태의 실증주의가, 특히 제2차 세계대전 후 수십 년 동안 사회학을 지배했으며, 오늘날에도 심리학이나 경제학 같은 학문분과는 계속 지배하고 있다. 지난 4반세기 동안 실증주의는 사회학 안에서 수많은 비판의 대상이었다(예컨대 Giddens, 1974; Fay, 1975; Keat and Urry, 1975, 1982; Adorno et al., 1976; Benton, 1977; Hindess, 1977; Halfpenny, 1982; Bryant, 1985를 볼 것).

요약

실증주의는 실재가 고립된 사건들로 구성되며 그 사건들을 인간의 감각으로 관찰할 수 있다고 생각한다. 이러한 실재에 대해 받아들일 수 있는 유일한 지식은 경험에서 도출한 지식, 즉 '감각의 윤색되지 않은 증거'의 기록이다. 이러한 지식을 서술하는 데 사용하는 언어는 실재하는 객체들에 상응하는 개념들로 구성된다. 그리고 이 언어에서 진술의 진리성은 그 어떤 이론적 관념에 의해서도 오염되지 않은 관찰에 의해 결정될 수 있다.

실증주의는 이러한 실재 속에 관찰한 사건들이나 객체들 사이의 항상적 결합이라고 요약할 수 있는 질서가 있다고 상정한다. 이러한 규칙성은 시간과 공간을 가로질러 적용할 수 있는 것으로 일반법칙을 구성한다. 그러나 그 규칙성이 인과관계는 아니다. 설명은 이러한 규칙성이 더 일반적인 법칙의 개별 사례라는 것을 입증하는 것으로 달성된다. 실증주의, 특히 논리실증주의로 알려진 실증주의는 경험에서 도출되지 않은 이론적 또는 형이상학적 개념은 모두 거부한다. 마찬가지로 가치판단도 과학 지식에서 배제한다. 그 지식의 타당성을 경험을 통해 시험할 수는 없기 때문이다. 이런 종류의 실증주의에서는 경험으로 검증할 수 없는 것은 의미 없는 것이라고 주장한다.

비판적 합리주의

비판적 합리주의는 자연과학과 사회과학이 내용에서는 차이가 있지만 사용하는 방법의 배후에 있는 논리에서는 차이가 없다는 입장을 채택한다. 비판적 합리주의는 **신중한 실재론**의 존재론과 **반증주의**의 인식론을 통합한다. 비판적 합리주의는 실증주의의 **경험주의** 인식론을 거부하기 때문에 때로는 후기실증주의(post-positivism)로 불린다(Guba, 1990b; Lincoln and Guba, 2000). 비판적 합리주의의 배후에는 시행착오라는 비판적 방법에 기초한 설명의 논리의 개념이 자리하고 있다. 그 방법은 이론을 '실재'에 비추어 시험한다. 통상적으로 '가설의 방법(method of hypothesis)', 가설연역적 방법(hypothetico-deductive method) 또는 반증주의의 방법(method of falsificationism)으로 알려져 있는 이 접근은 연역적 연구 전략의 기초를 제공한다

(3장을 볼 것).

초기의 기초

이 연구 패러다임의 초기 기초는 영국의 수학자이자 신학자인 휴얼(1794~1866)의 기념비적 저작 『귀납적 과학의 철학(The Philosophy of the Inductive Sciences)』(1847)이 마련했다. 과학에 대한 베이컨의 견해는 과학이 어떠해야 한다고 믿는 것에 근거했던 반면, 휴얼은 실제로 과학자들이 어떻게 연구를 수행하는지를 검토했다. "고전적인 가설연역적 과학론에 관한 휴얼의 설명은 20세기에 과학철학이 성숙한 학문분야가 되기 이전의 저술들 가운데서 아마도 가장 훌륭할 것"이라는 평가를 받았다(Butts, 1973: 57).

휴얼은 밀과 같은 시대의 사람으로, 귀납의 특성을 두고 밀과 논쟁을 벌였다. 그는 과학적 지식이 수많은 개별 관찰들로부터 일반화를 형성하는 것으로 구성된다는 밀의 견해를 비판하고 아무런 선입관 없이 관찰을 수행할 수 있다는 견해에 도전했다. 그는 관찰들로부터의 일반화가 보편적으로 적절한 과학적 방법이라는 생각을 거부하고, 관찰되는 것을 설명하기 위해 과학 연구의 초기 단계에서부터 가설을 고안해야 한다고 주장했다. 휴얼에 따르면, 관찰은 연구자가 제공하는 어떤 '개념화(conception)', 즉 총괄(colligation)이나 조직화하는 착상(organizing idea)에 의해 조직되기 전까지는 별다른 의미를 갖지 못한다. 이러한 근본적인 착상은 관찰에서 연역될 수 있는 것이 아니다. '모든 사실은 무의식적으로 착상을 포함하고 있기' 때문에 이러한 착상은 사실 속에서 찾아낼 수 있는 것이 아니다. 사실들은 새로운 사유에 의해, 즉 '정신의 작용'에 의해 결합된다. 달리 말하면, 자료에 어떤 질서를 부여하려면 가설을 적용해야 한다.

그러한 개념화는 이러한 '사실들'에 이전에는 적용하지 않았던 새로운 개념이나 진술을 사용하는 것을 포함한다. 케플러의 경우 새로운 개념은 타원 궤도였으며, 뉴턴에게는 인력이었다. 그렇지만 휴얼은 이러한 '개념화'를 만들어내는 규칙을 제공할 수 없었으며, 또한 그 과정을 가르칠 수 있다고도 생각하지 않았다. 오히려 그러한 개념화가 '발명적 재능(inventive talent)'을 필요로 한다고 보았다. 발명적 재능은 여러 개의 '개념화들'을 추정하고 그것들 가운데서 정확한 것을 골라내는 능력이다. 그는 설명의 근원을 관찰에서 과학자의 정신 속에서의 구성으로 전환했다.

> 정확한 개념화가 문득 떠오른다는 것은 어려운 진전이다. 그리고 일단 이러한 진전을 성취하면, 사실들은 이전에 지니지 못했던 다른 측면을 갖게 된다. 그렇게 되면 사실들을 새로운 관점에서 보게 된다. 그리고 이러한 관점을 포착하는 것은 정신의 특별한 작용이며, 특별한 재능과 사유 습관을 필요로 한다. 그 이전에는 사실들을 분리되고 고립되고 무법칙적인 것으로 생각하지만, 그 이후에는 사실들을 연결되고 단순하며 규칙적인 것으로 생각한다. 하나의 일반적인 사실의 부분으로, 그리고 개념화에 의해 이전에는 보지 못했던 무수한 새로운 관계를 갖는 것으로 생각하게 된다(Whewell, Brody and Capaldi, 1968: 137에서 재인용).

그러한 개념화 모두가 좋은 이론을 생산하는 것은 아니다. 그렇지만 휴얼은 어떤 가설이 사실과 부합한다면 가설의 진리성을 의심하는 것은 불가능하다고 생각했다. 그는 가설이 이런 종류의 자기비준성(self-validation)을 가지고 있음을 인정하면서도, 또한 예측을 하고 적절한 관찰을 함으로써 가설을 검증에 부치려고 했다. 예측과 관찰에 의한 검증이라는 바로 이 과학관에 의해 휴얼은 포퍼식 접근의 선조가 되었다.[3] 포퍼는 조직화하는 착상으로서의 가설이라는 생각에 대해서는 별다른 관심을 갖지 않았다. 앞에서 논의한 것처럼, 이것은 역행추론의 논리와 훨씬 더 밀접하게 관련된다. 오히려 포퍼는 연구 과제에 대한 잠정적인 답으로 가설이나 추측을 생산하고 그런 다음 그 가설과 추측을 검증한다고 주장하는 과학관에 관심을 가졌다.

포퍼의 견해

비판적 합리주의의 창시자인 포퍼는 1934년에 독일어로 출판하고 1959년에 영어로 번역한 『과학적 발견의 논리(The Logic of Scientific Discovery)』에서 자신의 견해를 처음으로 발표했고, 이후 여러 저서에서 자신의 견해를 제시했다(Popper, 1961, 1972, 1976, 1979). 포퍼는 비엔나학파(Vienna Circle) ― 1920년대에 논리실증주의를 주창한 과학자, 철학자, 수학자 집단 ― 의 구성원은 아니었지만 그 학파 구성원들과 친밀한 지적 관계를 유지했다. 그는 과학적 지식이, 그것이 아무리 불완전하다고 할지라도, 인간이 이용할 수 있는 가장 확실하고 신뢰할 수 있는 지식이라는 견해를 비엔나학파와 공유했다. 그렇지만 그는 실증주의, 특히 논리실증주의에 비판적이었고, 그것과 거리를 두기 위해 노력했다. 그는 관찰이 과학 이론의 기초라는 생각을 거부했으며, 과학 이론의 형성에서 형이상학적 견해가 수행하는 중요한 역사적 역할을 인정했다.

포퍼에 따르면, 실증주의자들이 주장하는 것처럼 우리가 어떠한 이론적인 성격도 갖지 않는 순수한 관찰에서 시작할 수 있다고 상상하는 것은 터무니없는 일이다. 그는 관찰은 언제나 선택적이라고, 그러므로 관찰은 특정의 준거틀 안에서 또는 '기대의 지평(horizon of expectations)' 안에서 일어난다고 주장했다. 우리는 관찰에서 규칙성이 스스로 부여되기를 기다리는 것이 아니

3) 휴얼의 저작에 대한 상세한 논의는 Butts(1968, 1973)를 볼 것.

라, 능동적으로 세계에 규칙성을 부여하는 것이다. 설령 나중에 관찰이 그 결론이 그릇된 것임을 보여주어 결론을 폐기하게 되더라도, 우리는 결론으로 도약해야 한다. 이는 시행착오의, 즉 추측과 논박(conjecture and refutation)의 과정이다(Popper, 1972). 그러므로 포퍼는 이론이라는 형태로 규칙성을 발명하는 일이 과학자에게 주어진 임무라고 결론 내렸다. 그렇지만 그다음 적절한 관찰을 수행함으로써 그 이론을 시험해야 한다. 과학자의 태도는 독단적이어서는 안 되며 비판적이어야 한다. 과학자는 이러한 과정에 의해 만들어지는 이론을 교리(dogmas)로 받아들일 것이 아니라 더욱 개선해야 한다는 명령과 함께 다른 과학자에게 넘겨주어야 한다.

이러한 비판적 태도는 언어적 논증과 관찰이라는 두 가지 방법을 모두 사용한다.

> 논리적 논증, 즉 연역적인 논리적 추론의 역할은 여전히 비판적 접근에서 가장 중요하다. 이는 그 논증이 우리에게 우리의 이론을 증명할 수 있도록 허용하거나 관찰 진술로부터 이론을 추론할 수 있도록 허용하기 때문이 아니라, 오로지 순수한 연역적 추론에 의해서만 우리가 이론들에 함축된 것을 발견할 수 있고, 그럼으로써 그 이론들을 효과적으로 비판할 수 있기 때문이다. 비판은…… 한 이론이 가진 취약점들을 발견하려는 시도이며, 대체로 그 취약점들은 그 이론에서 도출할 수 있는 매우 멀리 떨어진 논리적 귀결에서만 찾을 수 있다. 바로 이 점에서, 순수하게 논리적인 추론은 과학에서 중요한 역할을 하는 것이다(Popper, 1972: 51).

이론과 관찰 가운데 어느 것이 최우선 고려 사항인가는 포퍼에게 문젯거리가 아니다. 설명을 필요로 하는 문제를 만들어내는 것이 바로 관찰이다. “그러나 그러한 관찰들은 차례로 어떤 준거의 틀, 기대의 틀, 이론의 틀의 채택을 전제한다"(Popper, 1972: 47).

포퍼가 주창하는 비판적 합리주의는 세계에 관한 진리를 추구한다. 그렇지만 포퍼는 우리가 이론이 정말로 참인지 확인할 수 있을 것이라 기대할 수는 없다고 주장했다. 우리가 희망할 수 있는 것은 다만 거짓인 이론을 제거하는 것이다. 과학은, 관찰한 일의 상태에 대한 서술에 비추어 이론을 시험하는 합리적 비판의 과정에 의해 가능한 한 진리에 가까이 도달하는 것을 목표로 한다. 우리는 이론들을 기각하거나 아니면 잠정적으로 채택하며, 그런 다음 또 다른 시험에 부친다. 우리는 우리가 진리인 이론을 언제 만들어낼 것인가를 결코 알 수 없다. 우리가 알고 있는 것은 다만 지금 우리가 가진 이론이 이러한 비판적 검증 과정을 견뎌냈다는 점이다.

포퍼는 그의 후기 출판물 가운데 하나에서 사회과학의 방법에 대해 언급하면서, 자신의 중심 명제를 다음과 같이 요약했다(Popper, 1976: 89~90).

1. 자연과학의 방법이 그러하듯, 사회과학의 방법도 특정한 문제들 — 우리 탐구의 출발점이 되며 탐구하는 동안 판명되는 문제 — 에 대한 잠정적인 답을 시험하는 것으로 구성된다. 답을 제안하고 비판한다.
2. 시도된 답이 적절한 비판에 개방되어 있다면 우리는 그 답을 논박하고자 한다. 왜냐하면 모든 비판은 논박의 시도로 이루어져 있기 때문이다.
3. 시도된 답이 우리의 비판에 의해 논박된다면 우리는 또 다른 답을 내놓는다.
4. 시도된 답이 비판을 견뎌낸다면 우리는 그것을 잠정적으로 받아들인다. 우리는 그것을 더 논의하고 비판할 가치가 있는 것으로 받아들인다.
5. 따라서 과학의 방법은 우리의 문제를 해결하기 위한 잠정적 시도들 가운데 하나로, 혹독한 비판으로 통제되는 추측에 의해 이루어지는 시도이다. 그것은 '시행착오' 방법을 의식적이고 비판적으로 발전시킨 것이다.
6. 이른바 과학의 객관성은 비판적 방법의 객관성에 자리한다. 이것은, 무엇보

다도 비판에 의한 공격을 피할 수 있는 이론은 없다는 것을 의미한다.

과학과 가짜과학을 구별한다

논리실증주의자들은 과학과 형이상학을 구별하기를 원했는데, 이러한 동기와 유사하게 포퍼의 주요 관심사 가운데 하나는 과학과 가짜과학을 구별하는 확실한 기준을 발전시키는 것이었다. 포퍼는 과학이 자신의 이론을 엄격한 경험적 시험에 부칠 수 있고 그럼으로써 반증의 가능성에 내맡길 수 있다는 사실에서 다른 형태의 지식과 구별한다. 포퍼는 마르크스의 역사이론(역사주의)과 프로이트의 정신분석학을 가짜과학적인 이론들로 규정한다. 정신분석학은 개인이 행하거나 경험할 수 있는 모든 것을 설명할 수 있다. 반면 마르크스 이론은, 이론을 반증할 수 있는가 여부보다, 이론이 이미 반증되었음에도 여전히 존속하고 있다는 점이 문제이다. 그 이론의 옹호자들은 계속해서 이론을 수정함으로써 반증하는 증거라고 할 수 있는 비판을 거부해왔다. "당신이 눈을 그렇게 뜬다면 당신은 어디서나 확증하는 사례들을 보게 될 것이다. 세계는 이론을 확증해주는 사례로 가득 차 있다"(Popper, 1972: 35). 모든 관찰을 그러한 이론을 통해 설명하거나 변호할 수 있기 때문에 그 이론에 도전할 수 있는 관찰은 없다. 그러므로 포퍼에 따르면, 이론을 반증할 수 없다면 그 이론은 과학의 지위를 갖지 못한다. 포퍼는 비과학이 의미 없는 것임을 입증하려고 하지 않았다. 오히려 포퍼는 이론들이 형이상학적 관념을 포함하고 있다면, 검증의 과정을 통해 그 이론들이 과연 과학적 지위를 갖는지 확인할 수 있을 것이라고 생각했다.

요약

비판적 합리주의는 실증주의를 공격하고 자연과학의 방법에 대한 완전히 상이한 견해를 옹호했다. 그것은 감각경험이 과학 이론의 확실한 기초라는 견해를 거부했으며, '순수한' 관찰이 불가능하다고 지적했다. 그러므로 비판적 합리주의는 모든 이론을 절대적인 참이 아니라 잠정적인 것으로 간주한다. 관찰은 늘 어떤 준거틀 안에서 특정한 기대와 함께 이루어진다. 그러므로 비판적 합리주의는, 제한된 일련의 '순수하지 않은' 관찰에서 일반화되는 것은 과학 이론을 발전시키는 만족스러운 기초가 아니라고 주장했다.

비판적 합리주의는 관찰 진술과 이론 진술을 구별하지 않는다. 모든 관찰은 이론 의존적이며, 어떤 '기대의 지평' 안에서 일어난다. 연역 추론을 돕는 데 관찰이 사용되고 관찰에서 이론이 도출되는 것이 아니라, 관찰을 해명하기 위해 이론이 고안되는 것이다.

관찰들은 규칙성 – 설명할 필요가 있는 – 에 대한 증거를 제공할 수도 있지만, 설명의 과정은 잠정적인 이론에서, 즉 관찰한 것을 해명할 수 있는 착상에서 시작해야 한다. 그런 다음 그러한 추측을 비판적 검토와 '실재'와 대조하는 엄격한 시험에 부쳐야 한다. 과학자들은 자연이 그 자체의 규칙성을 드러내기를 기다리는 것이 아니라 세계에 규칙성을 부과해야 하며(연역적 이론) 그런 다음 관찰을 사용한 시행착오의 과정을 통해 허위의 이론을 기각해야 한다. 관찰은 이론에 적절한 자료들을 수집할 필요가 있다. 이 자료들이 이론과 일치하지 않는다면, 이론을 기각하거나 적어도 수정하고 재검증해야 한다. 포퍼가 주장하듯, "시행착오의 방법, 즉 추측과 논박의 방법 – 대담하게 이론들을 제안하고 그 이론들이 오류라는 것을 입증하기 위하여 최선을 다하며 우리의 비판적 노력이 성공하지 못했을 때 그 이론들을 잠정적으로 받아들이는 – 보다 더 합리적인 절차는 없다"(Popper, 1972: 51).

고전적 해석학

이 장에서 다루는 모든 연구 패러다임 가운데 고전적 해석학이 가장 다양하고 복잡하다. 사회과학자의 이해가 가장 부족한 것도 이 분야이다. '해석학'은 문자적으로는 불명확한 것을 명확하게 만드는 것을 의미하지만 일반적으로는 '해석하기(to interpret)'라고 번역된다.[4] 대부분의 경우, 해석학은 텍스트의 해석에 관심을 두었다. 그렇지만 해석학이 현대 사회과학과 맺는 관련성은 사회적 삶을 만드는 기록을 텍스트로 간주할 수 있는 가능성, 그리고 텍스트를 해석하는 그러한 접근의 적용에 있다.

기원

해석학은 17세기 독일에서 출현했는데 처음에는 개신교 학자들이 성직자들에게 성경 주해를 위한 안내서를 제공하기 위해 발전시킨 성경 해석의 교본을 가리켰다. 하지만 종교와 문학과 법학 영역에서의 텍스트 주해와 해석 이론은 고대에도 존재했다. 당시 영어권에서는 그 단어에 숨은 의미를 파악하기 위한 비성경적 해석, 특히 모호하거나 상징적인 텍스트들에 대한 해석을 의미했다. 18세기에 **합리주의**가 도래하면서 성경을 '계몽된 합리적인' 사람들에게 적합한 것으로 만드는 해석이 등장했다. 성경의 신화적 요소를 제거했을 때 위대한 도덕적 진리가, 그것이 숨어 있는 역사적 맥락에서 자연적 이성에 의해 추출되었다[이 활동은 철학적 해석학(philosophical hermeneutics)으로 알려져 있다). 그러므로 초기 해석학은 근본적으로 다른 시대와 상황에서

---

4) 해석학적 전통에 대해 여기서 제시하는 개관은 주로 Palmer(1969), Outhwaite(1975), Makkreel(1975), Linge(1976), Rickman(1976, 1979, 1988), Bauman(1978), Thompson(1981a, 1981b), Betanzos(1988) 그리고 Gadamer(1989)에 기초하고 있다.

쓰인 텍스트를 이해하는 것을 목표로 했다.

슐라이어마허의 해석학적 순환

프리드리히 슐라이어마허(Friedrich Schleiermacher, 1768~1834)가 발전시킨 그다음 단계의 해석학은 근대적 해석학의 기초를 제공했다. 그는 해석학을 언어로 구성된 모든 언명을 이해하고자 하는 과학으로 보았다. 그리고 이 때문에 그는 과거부터 전해져온 텍스트의 분석에 대한 관심에서 한 문화나 한 역사적 시대의 구성원이 다른 문화나 시대의 구성원의 경험을 어떻게 파악하는지, 또는 한 역사적 시기를 겪은 사람이 다른 역사적 시기의 삶을 어떻게 이해에 대한 관심으로 넘어갔다. 그 관심은 이해 자체에 대한 연구, 즉 역사적 시대들 사이에 대화의 조건에 대한 연구가 되었다[이것은 일반적 해석학(general hermeneutics)으로 알려져 있다].

슐라이어마허는 이해가 두 가지 차원을 지니고 있다고 생각한다. 한 차원은 **문법적** 해석(grammatical interpretation)으로, 이것은 이해의 언어적 측면에 상응하며 사유가 작동하는 한계를 설정한다. 다른 한 차원은 **심리적** 해석(psychological interpretation)으로, 이것은 텍스트나 사회적 활동을 만들어내는 창조적 행위를 재구성하고자 시도한다. 심리적 해석은 저자나 사회적 행위자가 텍스트를 쓰거나 어떤 사회적 행위를 준비하고 그 행위에 참여할 때, 그 사람이 알고 있는 것을 알아내기 위해 해석자 자신을 저자나 사회적 행위자의 마음속에 위치시키는 것을 포함한다. 그 방식은 텍스트의 저자나 사회적 행위자가 발화했을 당시의 정신적 과정을 재경험하는 기법이다. 그 방식은 완성된 표현이나 활동에서 시작해서 그 표현을 산출한 정신적 활동으로 되돌아가는 것이기 때문에, 텍스트나 대화를 만들어낸 과정을 역행한다. 여기에는 활동을 수행하는, 그리고 그 활동이 의미가 있는 삶의 맥락을 구성하기 위해 노력하는 수고스러운 과정이 포함된다. 이러한 과정은 해석학적 순환(hermeneutic circle)으로 알려져 있으며, 알고 있는 부분을 이해하기 위해 알려지지 않은 전체를 파악하고자 애쓰는 과정이다.

> 우리는 문장 전체를 준거로 개별 단어를 바라봄으로써 그 단어의 의미를 이해한다. 그리고 역으로, 전체 문장의 의미는 개별 단어의 의미에 달려 있다. 이것을 확대해보면, 개별 개념은 그 개념이 자리 잡고 있는 맥락이나 지평에서 의미가 도출된다. 그런데 그 지평은 그 개념에 의미를 부여하는 바로 그 요소들로 구성된다. 전체와 부분 사이의 변증법적 상호작용에 의해, 각각은 다른 쪽에 의미를 부여한다. 이해는 순환적이다(Palmer, 1969: 87).

의사소통은 대화적 관계이기 때문에, 해석학적 순환은 화자(또는 저자)와 청자(또는 독자)가 의미를 공유하는, 의미의 공동체를 상정한다. 그렇지만 이렇게 공유한 의미들의 증거는 '대화' 속의 요소라는 대체로 이해 불가능한 파편들로 구성되어 있다. 과제는 그 파편을 결합해서 공유된 의미를 재구성하는 것이다.

해석에 대한 문법적 접근은 비교의 방법을 사용하고 일반적인 것에서 개별적인 것으로 나아간다. 심리학적 접근은 직관적이고, 비교의 방법과 '예견의(divinatory)' 방법을 사용한다. 예견의 방법에서는, 관련된 정신적 과정을 파악하기 위해 해석자는 자신을 저자로 전환하고자 한다. 이 두 접근은 동등한 지위를 지니고 있지만, 슐라이어마허는 그것들을 동시에 실행할 수는 없다고 주장한다. 공통의 언어를 고려할 때는 필자를 망각하며, 저자를 이해할 때는 언어를 망각한다. 궁극적으로 저자나 사회적 행위자를 심리학적 관점에서 이해하는 목적은 텍스트에서나 사회적 활동에서 의미하는 것에 접근하는 것이다.

해석자에게 이러한 해석의 과정은 어떤 '대화'의 참여자가 관여해야 하는 이해 활동보다 훨씬 더 수고스럽고 어려운 것이다. 대화 참여자의 이해는 대부분 당연시되며 성찰 없이 이용된다. 그렇지만 슐라이어마허가 주장했듯이, 외부자로서의 해석자는 '총체성'을 파악하고 서술하는 데 저자보다 유리한 위치에 있다.

딜타이의 생생한 경험의 이해

성경 해석 및 그 밖의 텍스트 해석이라는 배경에서, 해석학은 인간의 문화적이고 물리적인 삶의 모든 위대한 표현을 이해할 수 있는 기초를 제공하는 핵심 분야로 간주되었다. 이러한 전환의 추동자는 빌헬름 딜타이(Wilhelm Dilthey, 1833~1911)였다. 그는 이러한 일련의 관심을 '인간연구' 또는 '인간과학(Geisteswissenschaften: 정신과학)'이라고 불렀다. 딜타이는 자연현상에 대한 연구는 인과적 설명(erklären)을 추구해야 하는 반면, 인간 행위에 대한 연구는 참여자들의 주관적 의식을 파악하는 이해(verstehen)의 방법에 기초해야 한다고 주장했다. 그는 자연과학의 방법이 인간과학에는 적합하지 않다고 기부하고, 그 자신의 연구에서 인간과학에서는 객관성이 어떻게 가능한가라는 문제를 다루었다. 그는 그 자신이 모든 인간과학에 적용 가능하다고 믿는 객관성과 타당성을 보증할 방법, 접근 그리고 범주에 대한 논증을 시작했다. 딜타이가 이 시도에 성공했는가는 논쟁거리이다. 그렇지만 일부 논자는 그를 19세기 후반의 가장 중요한 철학자로 생각한다.

딜타이는 초기 저작에서 인간과학의 토대가 서술적 심리학, 즉 의식에 대한 경험적 해명(인과적 설명에는 관심을 갖지 않는)일 것이라고 생각했다. 그는 수학이 자연과학의 기초를 이루는 것과 똑같은 방식으로 심리학이 다른 사회과학에 기초를 제공할 수 있다고 믿었다. 그는 문화를 포함하는 인간의 모든 생산물은 정신적 삶에서 도출된다고 생각했다. 그러나 그는 나중에 이런 입장의 한계를 인식했고, 따라서 방향을 바꿔 에드문트 후설(Edmund Husserl)의 현상학, 특히 그가 제시한 의식의 **지향성**(intentionality) 교의로 방향을 바꿨다. 이어서 그는 이것이 충분히 광범하거나 심층적이지 않다고 믿게 되었다. 마침내 그는 개인의 정신적 삶에 초점을 맞추는 이해에서 사회적으로 생산된 의미 체계에 기초를 두는 이해로 옮겨갔다. 그는 사회적 맥락을, 그리고 그가 '객관적 정신(objective mind)'이라고 부른, ― 인간 정신의 객관화 또는 외부화 ― 즉 '정신이 창출한 세계' ― 이것은 역사 속에, 즉 사회과학자들이 이제 문화라고 부르는 것 속에 침전되어 있다 ― 의 역할을 강조했다.

그리하여 딜타이는, 현상을 그것의 의미를 도출하는 더 큰 전체 속에 위치시켜야 한다고 주장했다. 부분은 전체로부터 의미를 획득하며 전체는 부분에 의해 의미를 부여받는다. 이제 "강조점은 다른 사람들의 정신적 과정에 대한 감정이입적 통찰이나 재구성에서 문화적 생산물과 개념적 구조에 대한 해석학적 해석으로 이동한다"(Outhwaite, 1975: 26).

딜타이는 인간에 대한 이해의 기초는 합리적 사변이나 형이상학적 이론에 있는 것이 아니라, 삶 그 자체에 있다고 강조했다. 삶(그는 이것으로 인간세계 ― 사회적·역사적 실재 ― 를 의미했다)은 우리에게, 이러한 이해를 만들어내는 데 필요한 개념들과 범주들을 제공해준다. 딜타이는 존 로크(John Locke), 데이비드 흄(David Hume), 임마누엘 칸트(Immanuel Kant) 등과 같은 철학자의 인간 이해 접근에 비판적이었는데, 그 까닭은 그들이 상정하는 인간 주체가 '동맥 속에 흐르는 생생한 피'를 결여한 채 '단순한 정신적 활동으로서의 이성의 맹물'만을 가졌기 때문이다.

그는 인간 경험의 가장 근본적인 형태는 **생생한 경험**(lived experience: Eelenis)이라고, 즉 일차적이고 근원적이며 무반성적인 경험이라고 생각했다. 그러한 경험은 일련의 행위들, 즉 그 속에서 의지적이고 감성적인, 그리고 사유능력과 상상력을 가진 창조적인 인간들이 물리적 환경 및 다른 사람들과 상호작용하며 그 과정 속에서 자신의 세계를 창조하는 일련의 행위들이다. 이러한 생생한 경험은 오로지 그것의 표현들 — 몸짓, 표정, 행위의 비공식적 규칙, 예술 작업, 건축물, 도구, 문학, 시, 연극, 법률, 사회제도(종교와 문화 체계 등과 같은) — 을 통해서만 이해될 수 있는데 이것들은 그 자체의 독립적인 존재를 지니게 된다. 이러한 '삶의 객체화' 또는 문화적 성취물과 물리적 대상 속에 남은 우리의 사유의 잔재는 'verestehen'이라는, 즉 해석적 이해라는 내적 과정을 통해서 이해될 수 있다.

당연시되는 의미를 그것을 외재화한 생산물에서 발견해내고, 그 생산물을 그것이 기초하고 있는 의미에 입각해서 이해하는 이중의 과정은 슐라이어마허가 이전에 **해석학적 순환**이라고 불렀던 것이다. 딜타이는 계속해서, (비록 인간과학이 이러한 순환적 이해 방법을 사용한다고 하더라도) 객관적 이해가 인간과학들의 궁극적인 목표여야 한다는 견해를 강조했다.

인간의 생산물을 이해하는 다른 사람의 능력이나 직업적 관찰자의 능력은, 딜타이에 따르면 모든 인간이 공통적으로 어떤 것을 가지고 있다는 믿음에 기초하고 있다. 그렇지만 딜타이는 한 집단의 인간적 '표현들'이 다른 집단의 구성원에게는 이해되지 못할 수도 있을 가능성을 인정했다. 반면, 그것들은 너무 친숙한 것이어서 해석이 필요하지 않을 수도 있다.

후설의 순수한 의식

많은 학자가 해석학의 발전에 기여해왔다. 그렇지만 여기서는 방법론적 연관성을 갖는 또 다른 두 사람의 초기 공헌자, 즉 후설과 마르틴 하이데거(Martin Heidegger)만 논의하고자 한다. 후설은 해석학에 필적하는 지적 전통인 **현상학**(phenomenology)의 확립에 기여했다(Husserl, 1964, 1967).

현상학은, 심리학과 사회과학에서 자연과학의 방법을 사용하는 데 ― 특히 실증주의가 옹호하는 것과 같은 ― 반대하는 것에서 시작했다. 이러한 방법은 인간의 행위를 내적 또는 외적 원인에 입각해서 설명할 것을 강조함으로써 현상들이 우리의 의식 속에서 우리에게 나타나는 방식을 기껏해야 왜곡하고 최악의 경우 놓치게 된다는 것이었다.

> '현상(phenomenon)'이라는 용어는 의식적인 개인의 지각이나 의식 속에서 주어지는 것, 또는 그 속에서 명백히 나타나는 것을 겨냥한다. 현상학은 그러므로 의식의 현상들을 서술하고 그 현상들을 어떻게 구성하는지 서술하려는 시도로 이루어진다. 하지만 그러한 운동의 다양한 가닥에 대한 서술과 구성적 분석은 그것이 의식을 보는 방식에서 차이가 있다(Phillipson, 1972: 121).

현상학 철학은 19세기 후반의 프란츠 브렌타노(Franz Brentano: 1838~1917)의 저작에서 그 기원을 찾을 수 있다(Brentano, 1972). 그렇지만 현상학의 기초는 브렌타노의 제자 가운데 한 사람인 후설이 20세기 초반에 마련했고, 특히 1960년대에 모리스 메를로-퐁티(Maurice Merleau-Ponty, 1962, 1964)와 장 폴 사르트르(Jean Paul Sartre, 1968, 1969)가 계승했다. 그들은 의식의 문제와 인간이 자기 자신과 주변의 세계를 의식하는 방식에 관심을 가졌다. 그렇지만 훗날 두 저자는 후설이 발전시킨 현상학과는 다른 견해를 제시했다. 후설은 '초월적 현상학(transcendental phenomenology)'을 제시했는데, 이것은 관념론의 한 형태라고 할 수 있다. 반면 두 저자는 '실존적 현상학(existential phenomenology)'에 관심을 가졌는데 이것은 훨씬 더 실재론적이었다(Phillipson, 1972).

브렌타노는 지향적인 의식적 활동이라는 관념에 초점을 맞추고 사람들의 정신적 행위를 다뤘다. 그는 의식이 능동적인 주체가 그 속에서 어떤 객체를 의식하는 활동이라고 주장했다. "사유하는 활동 속에는 사유의 대상인 무엇인가가 있다. 믿는 활동 속에는 믿는 대상인 무엇인가가 있다. 사랑하는 활동 속에는 사랑의 대상인 무엇인가가 있다. 모든 의식적 활동이 그러하다" (Roche, 1973: 2).

브렌타노는 사람이 자신의 지속적인 의식적 활동을 서술할 수 있는 방식으로 '내적 지각(inner perception)'의 사용을 옹호했다. 내적 지각은, 간단히 말해 어떤 사람이 지금 무엇을 하고 있는가를 스스로 아는 것인데, 어떤 특정 시점에 자신의 의식적 활동을 "몽상을 하고 있다", "셈을 하고 있다", "거짓말을 하고 있다", "딴 생각을 하고 있다"와 같이 서술할 수 있는 것이다(Roche, 1973: 3). 그렇지만 브렌타노는 경험에 대한 이러한 현상학적 서술이 심리학의 유일한 관심사는 아니라고 주장했다. 그것(서술심리학)과 함께 신경심리학이 있는데, 신경심리학의 관심은 뇌세포 활동 속에 있는 경험의 기원을 설명하는 것이다. 이런 관점에서 그는 심리학의 생리적 측면에서는 자연과학 방법의 사용을 인정하면서도 현상학적 측면에서의 사용은 거부했다.

브렌타노는 생리적 특징과 의식의 능력을 가지고 있는 개인의 존재에 관해서는 **실재론적** 존재론을 승인했다. 동시에 그는 정신적 현상에 관해서는 **관념론적** 입장을 받아들였다. 그는 정신적 현상이 물리적 현상과는 상이한 종류의 존재이지만 그럼에도 실재하는 것이라고 주장했다. 그러므로 그는 인간의 감각으로 감지할 수 있는 것만이 실재한다는 견해를 거부했고 물리적 현상보다 정신적 현상에 우위를 부여하는 경향을 보였다(Roche, 1973: 5).

후설은 내적 지각의 개념을, 의식의 대상의 본질에 대한 직관적 탐색이라고 근본적으로 재정식화함으로써 스승의 작업 가운데 상당 부분을 거부했다. 그는 본질을 어떤 객체가 그것의 정체성을 유지할 수 있게 하는 필수적인 특징으로 보았다.

초기 저작에서 후설은 역사적·사회적 조건의 구속을 받는 상대주의에서 해방되어 순수한 이해를 얻을 수 있는 방법을 개발하는 것을 자신의 과제로 삼았다. 그것은 현상학적 환원의 방법으로, 여기서는 의식이 전제에서 해방되고 그러므로 의미를 그것의 진정한 본질 속에서 파악할 수 있게 된다. 후설이 수행하고자 한 것은 의식의 대상의 본질에 도달하기 위해 '자연적 태도' — 자연적·사회적 세계를 실재하는 것으로 간주하는 일상적 삶의 순진한 태도 — 를 제쳐놓는 것이었다. 이 방법은 어떤 것도 이미 주어진 것으로 취급하지 않을 수 있도록 모든 선판단을 제거하는 작업을 포함했다(Phillipson, 1972: 128). "세계로부터 해방된 의식은 진정한 의미를, 즉 우연한 의미, 보이는 그대로의 의미가 아니라 세계의 진정하고 필연적인 본질 속의 의미를 파악할 수 있을 것이다"(Bauman, 1978: 111).

후설은 '실재' 세계에 관심을 가진 것이 아니라, 단지 "의식의 대상들[노에마(noema)]을 서술하고 그것들이 어떻게 구성되는가[노에시스(noesis)]를 보여주는 일"에만 관심을 가졌다(Phillipson, 1972: 125). 후설에 따르면, 현상학은 "경험적인 작업이 아니다. 환원을 통해 수행하는 현상학의 서술은 존재의 실재하는 대상들에 관심을 갖는 것이 아니라 본질에 관심을 갖는다. 본질적인 서술은 실재하는 것을 다루지 않고 가능한 것으로 상상된 사물들을 다룬다"(Phillipson, 1972: 131).

후설은 사회역사적 상황에서 사람들이 일상적으로 생각하는 것과 독립된 진리를 확립하고자 했다. 후설은 일상생활 속에서 사람들은 별 생각 없이 자신들의 세계를 자명한 것으로 받아들인다고, 사람들은 그 세계에 대해 의문을 제기하거나 의심할 생각을 갖지 않는다고 주장했다. 오로지 예외적인 사람만이 이러한 자연적 태도를 깨뜨리고 나와, 그러한 태도가 우리에게 상정하도록 요구하는 모든 것을 절대적인 괄호로 묶어둘 수 있다. 필요한 것은 초월적 판단 중지(transcendental epoche), 즉 믿음의 일시 정지이다. 이러한 초월적 환원을 수행한 이후에 남는 것은, 후설에 따르면 개인들이 그들 자신의 세계를 이해하는 방식에 영향을 미치는 역사적·문화적·사회적 요인에서 해방된 순수한 의식이다. 그러므로 후설에 따르면 진리로 가는 길은 순수한 의식을 통한다.

당연하게 받아들이는 관념, 신념, 편견에 의해 오염되지 않고, 또한 개인적 지식과 경험의 한계에 의해 제약되지 않은 진리로 향하는 길에 대한 이러한 열망은 새로운 것이 아니다. 후설에게서 새로운 것은 인간이 순수한 의식의 상태 속에서 존재할 수 있다는 믿음이다. 그것은 오로지 부정적인 방식으로만, 즉 공백(emptiness)으로서만 상상할 수 있는 상태이다.

후설이 왜 오염을 낳는 외부의 영향에서 벗어난 순수한 의식을 원했는가는 이해할 수 있지만 사회역사적 내용을 포함하지 않는, 다른 사람들과 결합되거나 영향을 받지 않는 공백의 의식을 상상하기는 어렵다. 지그문트 바우만(Zygmunt Bauman)이 지적했듯, 세계를 괄호로 묶어버리면서 경험적 개인을 그대로 남겨두는 것은 "도둑을 집안에 그대로 남겨둔 채 대문에 도둑 침입 경보 장치를 설치하는 것과 같다"(Bauman, 1978: 121). 또한 바우만은 후설의 입장에 나타나는 엘리트주의, 즉 순수 의식은 극소수의 사람만이 성취할 수 있는 위업이라는 주장에 대해서도 비판적이었다.

모리스 로체(Maurice Roche)는 현상학의 주요한 특징(그것의 본질!)을 추출했는데(Roche, 1973: 34~35), 그 특징의 대부분은 후설에게서 유래한다.

- 사람들은 자신들이 의식을 가지고 있다는 것을 의식할 수 있다. 진술하는 일은 드물지만 이것이 현상학의 근본적인 가정이다.
- 의식은 지향적이다. 의식의 모든 행위는 특정한 종류의 실체적이거나 상상적인 객체를 가리킨다. 의식은 검사할 수 있는 내용들을 채운 용기(用器)가 아니다. 의식은 상상하고 믿고 셈하고 욕망하는 것으로 서술될 수 있는, 그러한 특정 객체와 관련되는 정신적 활동들로 구성된다.

- 현상학적 서술은 개인들이 경험하는 것에 대한 연구를 필요로 한다.
- 이 입장은 **순진한 실재론** – 의식의 모든 대상이 실제로 존재한다고 판단하는 – 을 괄호로 묶음으로써 전제 가정 없는 방식으로 작업을 수행할 것을 요구한다.
- 이러한 **순진한 실재론**은 일상세계의 존재를 당연하게 받아들이는 자연적 태도의 특징이다.

후설은 자연적 태도를 제거함으로써 의식의 대상의 본질에 도달하기를 원했다. 그러나 메를로-퐁티의 실존적 현상학(Merleau-Ponty, 1962)에서는, 특히 슈츠의 사회적 현상학 – 해석주의 절을 볼 것 – 에서는 자연적 태도가 일차적인 관심 영역이었다. 그는 대상을 괄호로 묶는 대신, 이해하는 것을 목표로 했다.

하이데거의 존재양식으로서의 이해

하이데거(1889~1976)는 딜타이의 영향을 받았지만, 또한 자신의 스승인 후설의 현상학적 방법에서도 영향을 받았다. 결국 하이데거는 현대 해석학 가운데 한 분야의 기초를 형성하는 데 기여했다.

후설의 연구에서 하이데거가 매력적이라고 생각했던 것은 현상을 파악하는 전(前) 개념적 방법(preconceptual method)이라는 관념이다. 딜타이와 마찬가지로 하이데거도 삶에서 그 자체의 관점에서 드러내는 방법을 확립하기를 원했다. 그렇지만 하이데거는 이 새로운 방법을 후설과는 다르게 생각했다. 그리고 결국 그는 후설의 입장을 반대로 뒤집었다. 후설은, 우리의 의식을 해방시켜 진리를 파악하기 위해서는 일상세계에 대한 개입에서 근본적으로 벗어나야 한다고 주장했다. 반면 하이데거는, 보통 사람들이 이해를 파악해야 한다고 주장한다. 이해는 인간 존재의 기초라는 것이다. 그들 견해의 차이는 후설이 수학에서 훈련받았고 하이데거가 신학에서 훈련받았다는 사실과도 관련이 있을 것이다.

하이데거의 연구에서 중심적인 생각은, 이해는 지식의 양식이 아니라 존재의 양식이라는 것, 즉 인식론적인 문제가 아니라 존재론적인 문제라는 것이다. 이해는 우리가 지식을 어떻게 확립하느냐에 관한 것이 아니라, 사람들이 세계에서 어떻게 존재하는가에 관한 것이다. 이해는 사람임(being human)의 기초이다. 하이데거에게 이해는 사회관계들의 망 속에 뿌리 내리고 있는 것이며, 해석이란 단지 이러한 이해를 언어로 명시화하는 것이다. 일상의 세계에서 이해는 오로지 세계가 적절하게 기능하지 않을 때에만, 무엇인가가 제대로 되지 않을 때에만 필요하다. 그러므로 이해는 모든 사람이 닿을 수 있는 범위 안에서의 성취물이다. 이해는 "우리가 그것에 대항해 싸울 수 있는, 그렇지만 그것에서 도피할 수는 없는 우리의 운명이다"(Bauman, 1978: 166).

하이데거의 입장이 지닌 함의 — 그는 이 점을 분명히 인식하고 있었다 — 는, 말하자면 역사를 외부로부터 살펴보는 것이 아니라 내부로부터 살펴본다는 것으로, 역사 외부로부터의 역사 이해는 없다는 것이다. 하이데거가 언급했듯이, "해석은 결코 어떤 것을 전제 가정 없이 미리 파악하는 것이 아니다". "정말로 거기에" 있는 것이 자명하다고 가정하는 것은 당연하게 받아들이는 전제 가정들 — 그렇게 가정한 자명함이 근거하고 있는 — 을 인식하지 못하는 것이다. 모든 이해는 현세적(temporal)이다. 어떤 사람이 역사나 자신의 사회세계 밖으로 나가는 것은 불가능하다. 그러므로 하이데거는 딜타이와 후설 모두로부터 벗어났다.

요약

고전적 해석학은 텍스트에 대한 이해의 결여를 극복하기 위해 등장했다. 고전적 해석학의 목적은 텍스트가 의미하는 바를 발견하는 것이었다. 슐라이어마허는 텍스트에 대한 해석에서 한 문화나 역사적 시기의 성원이 다른 문화나 역사적 시기의 성원의 경험을 파악하는 방법에 대한 이해로 강조점을 옮겼다. 그는 심리학적 해석의 방법을, 즉 텍스트의 저자나 대화 속 화자의 정신적 과정을 재경험하는 방법을 옹호했다. 이것은 **해석학적 순환**, 즉 알려지지 않은 전체를 파편화된 부분으로부터 파악하고, 또한 부분을 이해하기 위해 이를 이용하는 과정의 사용을 포함했다. 그다음 딜타이는 다시 인간과학을 위한 보편적 방법론의 확립으로, 즉 어느 모로 보나 자연과학의 방법과 마찬가지로 엄격하고 객관적일 방법론의 확립으로 강조점을 옮겼다. 그는 정신적 상태에서 사회적으로 생산된 의미 체계로, 내관적인(內觀的) 심리학에서 사회학적 성찰로, 정신적 과정의 재구성에서 외부화된 문화적 생산물들에 대한 해석으로 이동했다. 생생한 경험은 이러한 이해에 개념과 범주를 제공한다. 슐라이어마허와 딜타이 모두, 해석자의 편견이 불가피하게 그/그녀의 이해를 왜곡할 것이기 때문에 사회역사적 맥락에서의 구속으로부터 자신을 이탈시킬 필요가 있다고 주장했다. 후설은 자연적 태도를 괄호로 묶음으로써 순수 의식으로 가는 길을 확립하고 또한 그럼으로써 순수 진리로 가는 길을 확립하고자 했던 반면, 하이데거는 이해가 인간 실존에 기본적인 것이며 따라서 보통 사람의 과제라고 생각했다. 하이데거는 역사 외부로부터의 이해는 없으며, 사람들은 그들의 사회세계나 그들이 살고 있는 역사적 맥락의 외부로 나갈 수 없다고 주장했다. 우리의 문화에 의해 형성된 선판단이 우리가 가진 유일한 도구이다(Bauman, 1978: 170을 볼 것).

고전적 해석학을 분열시킨 근본적인 쟁점은 관찰자의 사회적이고 역사적인 위치라는 제약에서 해방된 '객관적' 지식을 생산할 가능성과 관련된 것이었다. 사람들이 순수한 의식의 상태 속에 존재할 수 있다는 열망은 이것이 가능하지 않을 뿐 아니라 바람직하지도 않다는 완숙한 인식에 길을 양보했다. 사회세계는 참여자들이 그 세계를 이해하는 것과 똑같은 방식으로 그 자체의 관점에서, 즉 전문가가 차지하고 있는 어떤 외부적 위치에서가 아니라 말하자면 내부로부터 이해되어야 한다.

해석주의

해석주의는 해석학과 현상학에 그 기원을 두고 있다. 이 연구 패러다임을 식별하기 위해 반(反)자연주의, 반실증주의 또는 후기실증주의 등과 같은 여러 용어를 사용해왔다. 해석주의의 중심 교의는 자연과학과 사회과학의 주제 사이에는 근본적인 차이가 있다는 것이다. 자연현상에 대한 연구는 과학자에게 서술과 설명을 위한 개념과 이론을 고안하도록 요구한다. 과학자는 자연을 '외부'에서부터 연구해야 한다. 자연과학자는 이론을 사용해서 탐구하고 있는 문제에 무엇이 적절한지를 선택한다. 해석주의에 따르면, 사회현상에 대한 연구는 사회세계 — 사람들이 구성했으며 사람들의 계속되는 활동을 통해 재생산되는 — 에 대한 이해를 필요로 한다. 그렇지만 사람들은 자신의 세계 — 사회적 상황, 다른 사람들의 행위, 자신의 행위, 그리고 자연적 대상과 인간이 창조한 대상들 — 를 해석하고 재해석하는 데 끊임없이 관여한다. 사람들은 자신들의 활동을 위해 함께 의미를 발전시키며, 또한 이러한 활동을 이해하는 데 무엇이 알맞은가에 관한 생각을 가지고 있다. 간단히 말해, 사회세계는 사회과학자가 접근하기 전에 이미 해석되어 있는 것이다.

여기서 선택해서 다루는 해석주의의 공헌자들은 독일의 지적 전통과 영국의 일상언어 철학에 뿌리를 두고 있다. 베버, 슈츠, 윈치가 그들이다. 슈츠와 윈치의 연구는 현대에 출판되었지만 그들의 연구는 선구적인 것으로 간주되어왔으며, 많은 저자에게 영감을 주었다.

의미 있는 사회적 행위에 대한 베버의 합리적 모델

베버(1864~1920)는 해석학적 전통을 따랐지만, 또한 그 전통에 매우 비판적이었다. 그는 인과적 설명을 확립하는 데 관심을 가졌으며, 그 결과 그의 연구는 해석주의적 접근과 실증주의적 접근을 혼합했다고 볼 수 있다. 베버의 근본적인 방법론적 관심은 해석적 이해(interpretive understanding)의 타당성을 확립하는 조건과 그것의 한계에 있었다. 딜타이와 마찬가지로 베버도 본질적으로 주관적인 사회학의 주제를 이해하는 객관적인 방법을 고안하고 주관적인 것에 대한 객관적 과학을 확립하는 것을 자신의 과제로 삼았다. 이해(verstehen)라는 용어가 영어권 사회과학자들에게 알려지게 된 것은 베버가 쓴 저작의 번역을 통해서였다.

베버 입장의 핵심은 그가 사회학을 그리고 사회학의 방법론적 기초를 정의한 구절에서 찾아볼 수 있다(Weber, 1962, 1964; Runciman, 1977). 그는 사회학을 "사회적 행위에 대한 해석적 이해를 시도하고, 그 시도를 통해 사회적 행위의 과정과 결과에 대한 인과적 설명에 도달하려는 과학"이라고 정의했다(Weber, 1964: 88). 이러한 해석적 이해는 사회적 행위자들의 정신의 주관적 상태와 의미 — 그들이 특정한 사회적 행위에 참여할 때 사용하는 — 를 겨냥한다. 그러나 베버에게 이해는, "철학자들이 좋아하는 미묘한 직관적 감정이입이 아니라, 행위에 대한 지적·분석적·예측적 설명이다"(Sahay, 1971: 68).

베버는 **행위**와 **사회적 행위**를 구별한다. 행위는 "행위를 하는 개인이 그 행위에 주관적 의미를 부여할 때, 그리고 부여하는 한에서의 모든 인간의 행동"

을 가리킨다(Weber, 1964: 88). "'사회적' 행위는 행위주체 또는 행위주체들에게 의도된 의미가 다른 사람의 행동의 관계를 포함하는 행위와 그 관계가 행위를 진행하는 방식을 결정하는 행위를 의미한다"(Runciman, 1977: 7). 그러므로 행위가 사회적인 것으로 간주되고 사회과학자의 관심거리가 되기 위해서는, 행위자가 행위에 주관적 의미를 부여해야 하며 그것이 다른 사람의 활동을 겨냥해야 한다. "사회적 행위 ― 여기에는 행위 하지 못한 실수와 수동적인 동의도 포함된다 ― 는 다른 사람들의 과거, 현재 또는 예상된 미래의 행위를 지향할 수 있다. …… '다른 사람들'은 개인일 수도 있고 행위자에게 그렇게 알려졌을 수도 있으며, 아니면 막연한 다수일 수도 있고 개인이라고는 전혀 알려지지 않았을 수도 있다"(Weber, 1964: 112). 달리 말하면 사회적 행위자들은 알려진 사람들 그리고 '빈민들'이나 특정한 군중 등과 같은 사람들의 범주나 집단 모두를 향해 행위 할 수 있다. 이러한 정의는 살아서 움직이지 않는 대상을 겨냥하는 명백하게 비사회적 행위를 사회과학자의 관심에서 제외한다.[5]

베버에 따르면, 주관적 의미에는 세 가지 종류가 있을 수 있다. 그 의미는 사회적 행위자가 사용하는 실제의 의도를 가리킬 수도 있다. 또 수많은 사회적 행위자들이 사용하는 평균적인 또는 개략적인 의미들을 가리킬 수도 있다. 또는 가설적인 사회적 행위자에게 귀속된 전형적 의미라고 생각할 수도 있다(Weber, 1964: 96).

딜타이에 의존해서, 베버는 네 가지 이해의 양식을 구별했다. **합리적**(rational) 이해와 **감정이입적**(empathetic) 이해 또는 **감상적**(appreciative) 이해라는 두 가지의 커다란 유형, 그리고 합리적 이해의 두 가지 형태인 **직접적**

5) 베버의 **행위**(action) 개념이 행동(behaviour)을 대신하는 새로운 용어가 아니라는 점을 인식하는 것이 중요하다. 행위는 행동과 동기가 결합된 것이다. 베버에 따르면, 우리는 행동을 관찰하며 동기를 추론한다.

(direct) 이해와 **동기부여적**(motivational) 이해가 그것이다. "행위의 영역에서, 사물들은 대체로 우리가 그것들이 의도된 의미가 가진 맥락의 행위요소를 지적으로 명확하게 파악할 때 합리적으로 명백해진다. 감정이입적 또는 감상적 정확성은 행위가 일어난 감정적 내용을, 우리가 공감적 참여를 통해 적절하게 파악할 수 있을 때 성취된다"(Weber, 1964: 90~91). 인간의 표현이나 행위에 대한 **직접적** 이해는 문장이나 사상이나 수학 공식의 의미를 파악하는 것과 같다. 그 이해는 일상의 상황에서 일어나는, 그리고 광범한 맥락에 대한 지식을 필요로 하지 않는, 직접적이고 분명하며 사실적인 종류의 이해이다. 반면, 사회적 행위에 대한 **동기부여적** 이해는 어떤 목적을 달성하기 위한 수단의 선택과 관련된다.

베버가 주로 관심을 가졌던 것은 바로 이러한 동기부여적 형태의 합리적인 행위이다. 그는 이러한 합리적 특성을 결여한 인간 행위를 이해할 수 없는 것으로 간주했다. 직업과 종교의 관계 등과 같은, 양적 자료를 사용해서 생산한 통계적 유형들은 그 자체로는 이해될 수 없다. 관계 맺고 있는 두 구성요소를 연결하는 관련된 행위를 특정해야 할 뿐 아니라 이 행위에 부여되는 의미 또한 밝혀야 한다(Weber, 1964: 100).

베버의 접근은 『프로테스탄트 윤리와 자본주의 정신(The Protestant Ethic and the Spirit of Capitalism)』(1958)에 관한 그의 연구에 잘 나타나 있다. 그는 프로테스탄트들과 가톨릭교도들이 주로 가진 직업의 차이에 주목했다. "어떤 나라든 복잡한 종교 구성에 관한 직업 통계를 살펴보면 …… 기업 지도자와 자본 소유자 그리고 고급의 숙련 노동자, 그리고 심지어는 현대 기업에서 훨씬 더 기술적·상업적으로 훈련된 직원들은 압도적으로 프로테스탄트라는 사실이 …… 놀라운 빈도로 드러난다"(Weber, 1958: 35).[6]

6) 직업과 종교 사이의 이러한 상관관계는 이제 대부분의 사회에서 그다지 뚜렷하게 나타나지 않는다.

베버는 이러한 차이를 부분적으로는 역사적 상황 — 상속 재산의 이점, 재산이 제공하는 교육 기회 등과 같은 — 에 의해 설명할 수 있다는 것을 인정하면서도, 프로테스탄트와 가톨릭교도들의 종교적 신념의 고유한 특징에서 설명을 찾아야 한다고 주장했다. 상이한 종류의 동기를 찾으면서 그는 두 교도들이 일에 부여하는 의미의 차이에 초점을 맞추었다. 그리고 이러한 차이는 두 집단의 지배적인 교리의 차이에서 나온다고 생각했다. 간단히 말해, 캘빈교의 예정설 — 신은 누가 천국에 갈 것인가를 이미 결정했으며, 아무리 회개하거나 선행을 베풀더라도 이것을 바꾸지는 못할 것이라는 — 은 신도에게 자신이 선택된 사람인지 밝혀낼 수 있는가라는 문제를 야기했다. 순수하고 정직하며 근면한 삶을 살 수 있는 능력이 단서로 간주되었으며, 이것은 일을 '소명(calling)'으로 보는, 즉 일을 신에게 봉사하는 방식으로 — 심지어는 예배하는 방식으로 — 보는 견해를 동반했다. 이러한 교리에 따라 프로테스탄트는 근면과 검약을 중시했다. 그리고 근면과 검약의 결과는 초기의 프로테스탄트에게 자본주의적 경제 혁명을 자극하고 또한 그것의 이점을 이용할 수 있는 동기와 자원을 부여했다. 일에 대한 이러한 접근은 **프로테스탄트적 노동 윤리**로 알려지게 되었다. 이와 대조적으로 가톨릭에서 '소명'은 특별히 종교적인 삶과 관련된 것이었고, 일은 생존을 위해 필수적이기는 하지만 종교적 특성은 갖지 않는 것으로 생각되었다. 베버에 따르면, 다른 주요한 세계 종교들도 모두 이러한 의미를 결여하고 있으며, 따라서 일에 대한 동기부여를 결여했다. 그러므로 종교와 직업 사이의 통계적 상관관계에 대한 설명은, 일에 대해 상이한 의미의 부여로 나타나는 종교적 신념의 차이에서 발견할 수 있었다.

베버는 동기를, "행위자나 관찰자가 문제가 되는 행위의 적절한 근거로 여기는 주관적 의미의 복합체"라고 정의했다(Weber, 1964: 98). 그는 동기가 합리적이면서 동시에 비합리적일 수 있다는 점, 행위에 대해 어떤 목적의 수단으로서의 특징을 갖게 하는 동기를 정식화할 수 있다는 점, 또는 동기가 정서적(감정적) 상태와 결합될 수 있다는 점을 인정했다. 그리고 오직 합리적 동기의 경우에만 사회학적인 설명을 정식화하는 것이 가능하다고 생각했다.

베버는 의미에 대한 해석을 검증할 필요가 있는 타당한 가설로 생각했다. 사회과학에서는 일반적으로는 실험을 이용할 수 없기 때문에, 그는 비교의 방법 — 자연 상황에서 실험적 조건을 추구하는 — 을 사용할 것을 권고했다. 베버는 이 방법이 불가능하다면 연구자는 '상상적 실험(imaginary experiment)'에 의존해야 할 것이라고 제안했다. "상상적 실험은 동기의 연쇄의 특정한 요소들을 생각해내고, 아마도 그다음에 잇달아 발생할 행위 과정을 찾아내고, 그렇게 해서 인과적 판단에 도달하는 것으로 구성된다"(Weber, 1964: 97).

베버의 방법론은 의미 있는 사회적 행위를 기초로 삼았지만, 그는 사회적 관계에 특히 더 많은 관심을 가졌다. 그는 사회적 관계를 "둘 또는 그 이상의 사람이 행위에 참여하며, 행위 속에서 각자가 다른 사람들의 행동을 의미 있는 방식으로 고려하고, 그러므로 그러한 관점에서 지향되어 있는 상황"으로 정의했다(Weber, 1962: 63). 베버는 행위자 자신의 주관적 의미에 일차적으로 관심을 둔 것이 아니라, 구성된 가설적 행위자에게 그 상황이 갖는 의미에 관심을 두었다.

베버는 해석학에서 영향을 받았지만 다른 쟁점을 다루었다. 그는 텍스트의 해석에 매달리기보다는 사회적 행위와 사회관계를 이해하고 설명하고자 했다. 그의 연구는 주로 역사적 자료를 다루었지만, 그는 역사적 접근보다는 사회학적인 접근을 채택했다. 그는 역사학은 개별 행위들을 다룬다고 생각한 반면, 사회학은 일반적 개념과 일반화된 제일성들에 관심을 두고 있는 것으로 생각했다(Weber, 1962: 51).

이해(verstehen)에 대한 자신의 입장을 발전시키면서, 이해를 전형적인 동기에 기초 짓는 견해로 발전시킴으로써 베버는 점차 해석학과 결별했다. 그는 이해의 주관성을 합리적인 사회적 행위 모델의 구성에 기초한 이해로 전환했다.

또한 베버는 기꺼이, 사회적 행위자가 자신의 행위에 부여하는 의미와 관찰자가 적절하다고 간주하는 의미를 동등한 것으로 취급하려고 했는데, 이 측면은 훗날 사회학자들이 베버에게 접근할 때 어려움을 야기했다. 그는 사회적 행위자들이 그들 자신의 행위에 부여하는 특정한 의미에 특별한 관심을 갖기보다는 근사치와 추상화에 관심을 가졌다. 어찌되었든 그는 당시의 상황이나 미시적 상황만을 한정해서 연구하고자 하지 않았기 때문에, 관찰자의 해석을 다룰 수밖에 없었다. 그렇지만 그는 그러한 해석을 검증해야 할 가설로만 간주했다. 예를 들어 프로테스탄트 윤리에 대한 그의 연구는, 일에 대해 장 칼뱅(John Calvin)이나 그의 추종자들 가운데 누군가가 부여한 의미가 아니라, 초기 캘빈주의자들이 부여한 전형적인 의미를 다룬 것이었다.

통계적 제일성들을 이해(verstehen)와 연결하려 한 베버의 욕구는 그의 해석주의에 대한 다양한 해석을 초래했다. 그의 연구에 관심을 가진 실증주의자들은 이해라는 구성요소를 단순히 가설의 잠재적 원천으로 간주하는 경향을 보여온 반면, 해석주의자들은 통계적 제일성과 인과적 설명에 대한 그의 관심을 무시하는 경향을 보여왔다. "이들 두 가지 입장 가운데 어느 것도 베버를 제대로 평가하지 못했다. 이런 입장들은 두 가지 유형의 설명에 관한 베버의 전체적인 주장이 진정으로 사회학적인 개념들(즉, 행위의 의미뿐 아니라 사회관계와 사회관계의 구조도 가리키는 개념들)에 관한 논의로 나아가려는 의도를 가졌다는 점을 간과하고 있다"(Rex, 1971: 24).

슈츠의 전형화의 방법론

베버는 방법론적 쟁점을 자신의 실질적인 연구에 필요한 수준을 넘어서서는 다루지 않았기 때문에 많은 암묵적인 가정을 가지고 연구했으며, 그의 개념들 가운데 일부는 적절히 발전되지 못했다. 슈츠(1899~1959)는 베버 작업의 이러한 측면들을 공감하며 수용했다(Schütz, 1963a, 1963b, 1970, 1976), 슈츠의 연구는 베버와 후설에 기초를 두고 있다. 베버와 마찬가지로 슈츠도 "사회과학방법론이 답해야 하는 가장 심각한 문제는, '주관적 의미 구조에 대한 객관적 개념들과 객관적으로 검증 가능한 이론을 형성하는 것이 어떻게 가능한가?'"라고 생각했다(Schütz, 1963a: 246). 그는 사람들이 자신의 행위와 상황에 부여하는 의미와 해석을 사회현상을 구별 짓는 특징이라고 간주했다. 사회적 실재는 "우리 모두가 그 속에서 태어나고 그 속에서 우리의 연관을 찾아야 하며 그것과 결합해야 하는 문화적 객체와 사회제도로 이루어진다. 사회라는 무대 위에 서 있는 배우인 우리는, 처음부터 우리가 살고 있는 세계를 자연의 세계와 문화의 세계로, 사적 세계가 아니라 상호주관적 세계로 경험한다"(Schütz, 1963a: 236).

사회적 실재는 당연한 것으로 받아들여지는 의미와 해석의 세계로, 사회관계를 촉진하고 구조 짓는다.

사회적 실재에 관해 이러한 견해를 갖는다면, 해석적 사회과학은 자연과학과는 전혀 다른 접근을 필요로 하게 된다.

> 자연이라는 우주의 어떤 부분이, 그 속의 어떤 사실과 사건이, 그리고 그러한 사실과 사건의 어떤 측면이 …… 자신들의 특정한 목적에 …… 관련 있는가를 판정하는 것은 자연과학자의 몫이다. …… 관련성은 자연 그 자체에 고유한 것이 아니라, 자연 속의 사람 또는 자연을 관찰하는 사람의 선택적이며 해석적인 활동의 결과이다. 자연과학자가 다루어야 하는 사실, 자료, 그리고 사건은 단지 그(원문 그대로)의 관찰영역 내의 사실, 자료, 그리고 사건일 뿐, 이 영역이 그 속에 있는 분자, 원자 그리고 전자에 어떤 것을 '의미'하지는 않는다. …… 그러나 사회과학자 앞에 놓여 있는 사실, 사건 그리고 자료들은 전적

으로 다른 구조를 갖는다. 그(원문 그대로)의 관찰영역, 즉 사회세계는 본질적으로 무구조적(structureless)인 것이 아니다. 그것은 그 속에서 삶을 영위하고, 사유하고, 행위 하는 사람들에게 특별한 의미와 관련 구조를 지니고 있다. 사람들은 일상적 삶의 현실이라는 일련의 상식적 구성물에 의해 이 세계를 사전(pre)에 선택하고 사전에 해석해왔다. 그리고 바로 이러한 사유적 객체들이 사람들의 행위를 결정하고 사람들의 행위의 목적과 그것의 달성을 위한 이용 가능한 수단을 결정한다. 간단히 말해, 이러한 사유적 객체들은 사람들이 자신들의 자연적·사회문화적 환경 속에서 자신들의 연관을 찾아내고 그 환경과 결합하도록 도움을 준다(Schütz, 1963b: 305).

처음부터 슈츠의 목적은 베버의 사회학을 확고한 기초 위에 올려놓는 것이었다. 이러한 과제를 추구하면서 그는 행위 개념을 정교화했을 뿐 아니라 이념형의 방법론을 제공했다(Schütz, 1963a, 1963b). 의미 있는 행위라는 개념이 사회현상의 기초적이며 환원 불가능한 구성요소라고 상정하면서, 슈츠는 베버가 무엇보다도 행위가 일어나는 동안 사회적 행위자가 가지고 행위하는 의미와, 사회적 행위자가 완결된 행위나 미래의 어떤 행위에 부여하는 의미, 그리고 사회학사가 그 행위에 부여하는 의미를 구별하지 못했다고 주장했다. 첫 번째 경우에서, 행위 자체가 진행되는 동안 그리고 그 행위가 발생하는 맥락에서 사회적 행위자가 가지고 있는 의미는 보통 당연한 것으로 받아들여진다. 두 번째 경우에서, 어떤 행위에 행위자가 부여한 의미는 사회적 행위자의 목적과 관련될 것이다. 세 번째 경우, 의미의 맥락은 사회적 행위자가 아니라 관찰자의 맥락일 것이다. 그런데 베버는 관찰자의 맥락이 사회적 행위자가 부여한 의미에 도달하는 적절한 기초라고, 그리고 완결된 행위나 미래 행위의 의미에 관해서 행위자들 사이에, 또는 행위자와 관찰자 사이에 논란이 없을 것이라고 상정하는 것으로 보인다.

슈츠는 사회적 행위자가 부여하는 의미와 사회과학자가 (적절한 이론을 만들어내기 위해) 부여해야 하는 의미를 연결하는 방법론적 가교의 기초를 제공했다. 슈츠에 따르면, 면대면(面對面)의 상황과 익명적 상황 모두에서 사회적 삶은, 사회적 행위자들이 사람과 행위 과정 모두에 대해 전형화(typifications)를 사용하는 한에서 가능하다. 사회적 행위자들이 사용하는 특정한 전형화는 전기적(傳記的)으로 그리고 상황적으로 결정된 그들의 관심 및 연관성의 체계와 관련될 것이며, 시행착오의 과정에 의해 사회적으로 전달되고 구성되며 정교화될 것이다(Schütz, 1963a: 243).

친밀한 면대면의 상황에서는 사회적 행위자들과 다른 행위자들이 자신의 행동에 부여하는 주관적인 의미의 단편을 파악할 수 있을 것이다. 그렇지만 슈츠에 따르면 이러한 상황에서 그리고 특히 익명적인 상황에서는, 주관적 의미들 — 동기, 목표, 선택, 계획 등 — 을 오로지 그것들의 전형성 속에서만 경험할 수 있다(Schütz, 1963a: 244). 슈츠는 바로 이러한 전형화로부터 사회이론이 구성되어야 한다고 주장했다.

> 그런데 우리가 의미 있는 것으로 직접 경험하는 바로는 이러한 사회세계는 또한 사회과학자의 관점에서도 의미 있는 것이다. 그러나 그 속에서 사회과학자가 이러한 세계를 해석하는 의미의 맥락은 생생한 경험의 맥락이 아니라 체계화하는 검사(scrutiny)의 맥락이다. 그렇지만 사회과학자의 자료는 사회세계의 활동적인 참여자들이 이미 구성한 의미이다. 그(원문 그대로)의 과학적 개념은 궁극적으로 바로 이렇게 이미 의미를 가진 자료를 참조해야 한다. 즉, 개개의 남성과 여성의 의미 있는 행위, 그들 서로에 대한 일상의 경험, 서로의 의미에 대한 그들의 이해, 그리고 그들 자신이 창시하는 새로운 의미 있는 행위를 참조해야 한다. 나아가 사회과학자는 사람들이 자신과 다른 사람의 행동의 의미가 가지고 있는 개념, 그리고 그들이 온갖 종류의 인공물의 의미에 대

해 가지고 있는 개념에 관심을 둘 것이다(Schütz, 1976: 10).

슈츠는 사회과학에서 이해의 역할에 관해 그 개념의 세 가지 용법을 구별함으로써 논의를 진전시켰다. 첫째, 그것은 이해가 어떻게 가능한가라는 인식론적 문제를 가리킨다(가다머의 문제). 둘째, 그것은 사회과학의 독특한 방법을 가리킨다(딜타이의 문제). 그러나 셋째, 그것은 사회적 행위자가 사회세계를 다루는 경험적 형식을 가리킨다(하이데거의 문제). 슈츠는 이해, 즉 다른 사람이 가진 행위의 동기에 대한 이해가 "관찰자의 사적이며 통제 불가능하고 검증 불가능한 직관에 의존한다는 의미에서, 또는 그 사람의 사적인 가치체계를 가리킨다"는 의미에서 '주관적'인 것은 아니라고 주장했다(Schütz, 1963a: 240). 오히려 이해는, 사회적 행위자가 그/그녀 자신의 행위로 무엇을 '의미하는가'를 이러한 행위가 그 상황의 다른 사회적 행위자에게 또는 외부의 관찰자에게 갖는 의미와 대비해서 발견하려는 것이 목적이기 때문에 '주관적'이다.

윈치의 규칙준수

영국에서 윈치(Winch, 1958, 1964)가 발전시킨 해석적 사회과학의 또 다른 전통은 루드비히 비트겐슈타인(Ludwig Wittgenstein)의 후기 철학의 영향을 받았다. 윈치는 자연과학과 사회과학을 명확하게 구분 짓고자 하면서, 동시에 사회과학과 철학에는 본질적인 동일성이 있다고 주장했다. 그는 영국의 일상언어철학을 '사회적'이라는 개념이 무엇을 의미하는가를 밝히기 위한 기초로 이용한 최초의 인물 가운데 하나이며, 그 과정에서 그의 주장은 비트겐슈타인의 '언어게임'과 '삶의 형식' 개념에 크게 의존했다.

실증주의와 비판적 합리주의가 영어권 사회과학에서 최고의 지배력을 행사하고 있을 때, 윈치는 사회를 이해하는 것은 자연을 이해하는 것과는 개념적으로 그리고 논리적으로 다르기 때문에 사회과학을 자연과학에 기초 짓는 것은 잘못이라고 주장했다(Winch, 1958: 72, 94, 119). 사회와 자연의 차이는 밀이 주장했던 것(Mill, 1947)처럼 단순히 자연보다 사회가 훨씬 복잡하다는 종류의 차이가 아니다. 윈치는 심리적 상태나 일반적 성향 또는 인과적 설명에 기초해서 인간의 활동을 이해하고자 하는 시도를 거부하고 특정한 방식으로 행위 하는 '이유'에 기초한 이해를 선호했다.[7]

윈치가 자연과학에 대한 실증주의적 해석을 받아들였는가에 관해서는 논란이 있지만(예를 들면, Keat, 1971; Stockman, 1983을 볼 것), 분명 그는 자연과학과 사회과학 사이에는 근본적인 차이가 있다고 주장했다. 윈치는 언어를 '삶의 형식'이나 문화 내에서의 규칙준수(rule-following)로 보는 비트겐슈타인의 견해를 따랐다. 자연과학은 인과연쇄를 확인하는 데 관심을 두는 반면, 사회과학은 규칙준수의 관점에서 인간 행위의 의미를 이해하는 데 관심을 둔다. 어떤 사람이 수행하는 일을 이해하기 위해서는 그가 준수하는 규칙을 파악해야 한다. 이러한 규칙은 사적인 것이 아니다. 그 규칙은 어떤 사회적 맥락에 있는 사람들이 공유하고 유지하며 또한 다른 사람들의 행위 속에서 구현된다. 한 사람의 행위는 그 사회적 맥락에서 무엇이 적절한가에 대한 인정된 표준을 그 행위가 준수하는 한에서 다른 사람들에게 납득 가능하다. 사회적 규칙성의 존재는 어떤 규칙이 작동하고 있다 ― 사람들이 그 규칙을 의식적으로 인식하는가 여부와 관계없이 ― 는 사실의 증거로 사용된다. 규칙은 행위의 이유와 동기 두 가지 모두를 제공하며, 그러한 규칙의 학습은 "사회적 존재로서 살아가는 것을 학습하는 과정에 속한다"(Winch, 1958: 83). 따라서 윈치는 의미 있는 행위라는 개념을 규칙준수와 연결했다.

---

7) 윈치의 입장에 대한 유용한 개관과 비판으로는 Turner(1980)를 볼 것.

윈치는 근본적인 인식론적 질문, 즉 '세계'와 우리가 '그 세계'를 서술하고자 하는 언어 사이에 어떤 관계가 있는가라는 질문을 제기하고 그것에 답하고자 노력했다(Winch, 1958: 120). 그는 무엇을 '세계'로 취급할 것인가를 언어가 결정한다고 주장했다.

> 우리는 실재의 영역에 속하는 것에 대한 생각을 우리가 사용하는 언어 속에서 형성한다. 우리가 가진 개념들이 우리가 세계에 대해 갖는 경험의 형태를 규정한다. …… (그렇지만) 우리가 세계에 대해 이야기할 때 우리는 사실상 우리가 '세계'라는 표현으로 의미하는 것에 관해 이야기하고 있는 것이다. 우리가 개념들 ― 우리는 그 개념들에 입각해서 세계에 대해 생각한다 ― 을 벗어날 길은 없다. …… 이러한 개념을 통해 우리에게 제시되는 것이 세계이다. 이것은 우리의 개념이 변화하지 않을 것이라는 이야기가 아니라, 그 개념이 변화할 때 세계에 대한 우리의 개념도 변화한다는 이야기이다(Winch, 1958: 15).

이러한 입장에서 윈치는, 언어와 사회적 행위는 분리 불가능하게 결합되어 있다는 견해로 나아갔다. 더욱이 그는 "사람들 사이의 사회관계 그리고 사람들의 행위가 구현하고 있는 관념은 사실상 동일한 것을 상이한 관점에서 고려한 것이다"라고 주장했다(Winch, 1958: 121). 달리 말하면, 사회관계라는 '사회적 실재'는 사회적 맥락의 참여자들이 그들 자신의 '세계'에 관해 이야기하기 위해 사용하는 개념에 구현되어 있다는 것이다. 윈치는 "사회관계는 사회에서 통용되는 관념 속에서만, 그리고 관념을 통해서만 실제로 존재한다는 것, 또는 대안적으로 사회관계는 관념 사이의 관계가 속하는 것과 동일한 논리적 범주에 속한다는 것"을 보여주고자 했다(Winch, 1958: 133).

요약

해석학과 현상학은 자연과학과 사회과학의 관계에 대한 해석주의의 견해에 기초를 제공했다. 해석주의에 따르면, 사회적 실재는 그 속에서 살아가는 사람들의 생산물이다. 그것은 참여자들이 일상 활동의 필수적인 부분으로 생산하고 재생산하는 의미에 의해 이미 해석된 세계이다. 그러므로 자연과학과 사회과학이 다루는 주제에서의 이러한 근본적인 차이 때문에 두 과학은 상이한 방법을 필요로 한다.

해석주의의 창시자들은 사회세계를 구성하는 의미에 대한 검증 가능한 지식을 생산하려는 목적을 가지고 주관적인 것에 대해 객관적 과학을 수립하고자 한 고전적 해석학이라는 분파를 따랐다. 여기서는 의미 있는 사회적 행위의 성질, 사회적 삶의 유형에 대한 이해에서 그 행위의 역할, 그리고 이런 의미를 어떻게 평가할 수 있는가에 관심을 집중했다. 이 해석주의자들은 사회적 행위자들이 특정한 사회적 행위에 부여하는 실제의 의미를 확인하고자 하기보다는 더 높은 일반성의 수준에서 작업할 필요가 있다고 생각했다. 사회적 규칙성은, 전형적인 상황에서 전형적인 행위 경로에 참여하는 전형적인 사회적 행위자들이 사용하는 전형적인 의미에 대한 모델을 구성함으로써 이해될 수 있고, 아마도 설명될 수 있다. 그러한 모델은 시험해야 하는 잠정적인 가설을 구성한다. 특성에서 합리적인(즉, 어떤 목적에 대한 수단으로 의식적으로 선택한) 사회적 행위만을 이해 가능한 것이라고 생각한다.

이러한 이념형을 구성하는 데 누구의 의미를 사용하는가라는 문제는 논란거리이다. 가능한 의미를 추정하는 데 관찰자의 관점을 사용할 수 있는가? 아니면 반드시 사회적 행위자의 관점에서 의미를 얻어야 하는가? 해석주의의 후기 논자들은 사회적 행위자들의 개념 및 의미와 사회이론에서 사용하는 개념 및 의미의 관계에 대해 질문을 제기하고, 사회이론의 개념 및 의미는 반드시 사회적 행위자들의 개념 및 의미에서 도출해야 한다고 주장했다. 여기서는 언어를 사회적 상호작용의 매개체로, 그리고 일상의 개념이 사회적 실재를 구성하는 것으로 보게 되었다. 사회적 삶에 대한 사회과학적 해명의 기초는 사회연구자들의 관점이 아니라 사회적 행위자들의 관점이라고 주장하는 것이다.

이 장의 요약

- 네 가지 주요한 고전적 연구 패러다임 — 실증주의, 비판적 합리주의, 고전적 해석학, 해석주의 — 은 자연과학과 사회과학의 방법의 관계라는 문제에 대해 근본적으로 상이한 답을 제시한다.
- 실증주의는 **자연주의**의 명제를 지지하면서 **경험주의**라는 공통의 깃발 아래 자연과학과 사회과학에서 동일한 탐구 논리를 사용할 것을 주장한다.
- 비판적 합리주의 또한 두 과학이 공통의 논리를 사용한다고 인정하지만, 추측과 논박이라는 비판적 방법을 옹호하면서 **경험주의**를 거부한다.
- 고전적 해석학과 해석주의는 자연과학의 방법에 대한 실증주의나 비판적 합리주의의 견해에는 도전하지 않지만 사회과학이 근본적으로 다른 방법을 사용한다고 지적하면서 실증주의나 비판적 합리주의를 거부한다.
- 고전적 해석학은 사회과학이 다루는 주제에서의 질적인 차이 때문에 사회과학에서는 이해(verstehen)의 방법을 사용하는 것이 필요하다고 주장한다.
- 고전적 해석학에는 여러 흐름이 있는데 그 가운데 두 가지는 정면으로 대립한다. 하나는 역사의 외부로부터, 그리고 역사에 얽매이지 않고 진정한 (객관적인) 이해로 가는 길을 추구한다. 다른 하나는 역사 외부로부터의 이해는 없으며, 해석은 일상적인 삶의 본질적 부분이며 진정한 이해에는 도

달할 수 없다고 주장한다.

- 해석주의도 주제의 차이를 들어 사회과학에서 자연과학 방법의 사용을 거부한다. 그러므로 자연은 '외부'로부터 연구되어야 하는 반면, 사회현상은 '내부'로부터 연구되어야 한다.
- 베버와 슈츠 모두, 그들보다 앞선 딜타이와 마찬가지로 주관적인 의미 구조에 대한 객관적 개념 및 객관적으로 검증 가능한 이론을 어떻게 형성할 것인가에 관심을 가졌다.
- 윈치는 의미 있는 사회적 행위에서 '삶의 형식' 속의 규칙준수로 강조점을 바꿨다. 그는 또한 언어와 사회적 활동이 분리할 수 없을 정도로 결합되어 있다고, 그 결과 사회관계라는 사회적 실재는 사회적 맥락의 참여자들이 그들 자신의 '세계'를 이야기하면서 사용하는 개념 속에 구현되어 있다고 주장했다.
- 해석주의자들은 설명보다는 이해에 일차적인 관심을 두었지만, 베버나 슈츠 같은 일부 논자는 중도적 입장을 취했다.
- 실증주의와 해석주의를 상호 배타적인 선택지로 취급하는 경향이 있는데, 이것은 틀림없이 1960년대와 1970년에 특히 압도적인 지배력을 행사한 실증주의에 대항해 자신들 입장의 정당성을 주장하고자 한 해석주의자들의 욕구에서 비롯된 경향일 것이다.

그 밖의 읽을거리

Anderson, R. J., J. A. Hughes and W. W. Sharrock. 1986. *Philosophy and the Human Sciences*.

Bauman, Z. 1978. *Hermeneutics and Social Science*.

Betanzos, R. J. 1988. "Introduction".

Bryant, C. G. A. 1985. *Positivism in Social Theory and Research.*

Chalmers, A. F. 1982. *What is this Thing Called Science?*

Giddens, A. 1974. *Positivism and Sociology.*

Halfpenny, P. 1982. *Positivism and Sociology.*

Keat, R. and J. Urry. 1982. *Social Theory as Science*, 2nd edn.

O'Hear, A. 1989. *An Introduction to the Philosophy of Science.*

Outhwaite, W. 1975. *Understanding Social Life.*

Palmer, R. E. 1969. *Hermeneutics.*

Phillipson, M. 1972. "Phenomenological philosophy and sociology".

Popper, K. R. 1959. *The Logic of Scientific Discovery.*

______. 1961. *The Poverty of Historicism.*

Roche, M. 1973. *Phenomenology, Language and the Social Sciences*, ch. 1.

Schütz, A. 1963a. "Concept and theory formation in the social sciences".

______. 1963b. "Common-sense and scientific interpretation of human action".

______. 1976. *The Phenomenology of the Social World.*

Smith, M. J. 1998. *Social Scicnce in Question.*

Weber, M. 1964. *The Theory of Social and Economic Organization.*

Winch, P. 1958. *The Idea of Social Science and its Relation to Philosophy.*

______. 1964. "Understanding a primitive society".

5

현대의 연구 패러다임들

서론

이 장에서 논의하는 여섯 가지의 현대적 연구 패러다임은 실증주의와 비판적 합리주의에 대해 비판적이거나 그것들을 완전히 기각하며, 정도의 차이는 있지만 고전적 해석학 그리고/또는 해석주의를 사용하거나 그것에 기초하고 있다. 이 연구 패러다임은 '사회과학에서 자연과학의 방법을 사용할 수 있는가?'라는 핵심적 질문에 또 다른 일련의 답을 제공한다.

검토할 첫 번째 현대적 연구 패러다임인 비판이론(Critical Theory)은 그 질문에 '그렇다. 그리고 아니다'라는 답을 제공하고 있다. 비판이론은 사회과학들에서 방법들을 조합 – 실증주의와 해석주의의 일부 측면들을 포함하는 – 할 것을 주장하며 인간해방에 대한 관심을 덧붙인다. 두 번째 연구 패러다임은 일상생활방법론(Ethnomethodology)으로 '아니다'라는 답을 제공한다. 이 패러다임은 자연과학의 방법이 사회과학에 부적합하다고 주장할 뿐 아니라, 일부 현상학자의 통찰을 받아들이면서, 해석학과 해석주의도 함께 거부한다. 세 번째 연구 패러다임인 사회적 실재론(Social Realism)도 또 다른 '그렇다.

그리고 아니다'라는 답을 제공한다. 이 입장도 자연과학과 사회과학 주제들 사이의 질적인 차이를 인정하면서 해석주의의 여러 측면을 수용하지만, 다른 답변들이 내세우는 것과는 다른 탐구의 원리를 옹호하면서 이 원리가 두 과학 영역에 공통적으로 적용된다고 주장한다. 네 번째 연구 패러다임인 현대의 해석학(Contemporary Hermeneutics)은 또 다른 방식으로 단호하게 '아니다'라고 답한다. 이 패러다임은 다른 어떤 답변보다도 고전적 해석학의 관심을 실증주의와 비판적 합리주의로부터 멀리 벗어난 방향으로 발전시킨다. 다섯 번째 연구 패러다임인 구조화이론은 본질적으로 '아니다'라는 답을 제시한다. 이 패러다임은 현대의 해석학과 해석주의 그리고 일상생활방법론에 주로 기초를 두고, 여러 이론적·철학적 전통의 측면을 종합하고 있다. 이 패러다임의 관심은 인식론적이기보다는 존재론적이지만, 앞의 연구 패러다임들이 가진 많은 결점을 넘어선다. 마지막 연구 패러다임은 또 다른 '아니다'라는 답을 제공하는 여성주의(Feminism)이다. 이 패러다임은 다른 패러다임들에 결여된 여러 쟁점 — 예컨대, 과학의 남성성에 관한 관심, 여성을 피압박계급으로 파악하는 것이 지식에 미치는 영향 등 — 을 다룰 뿐 아니라 다른 패러다임과 공유하는 여러 가지 쟁점들과도 씨름하고 있다. 이 패러다임은 해석주의, 비판이론 그리고 구조화이론의 몇 가지 특징을 공유하고 있으며, 현재의 발전 상태에서는 다양한 견해를 포함하고 있다. 이러한 현대적인 연구 패러다임은 대부분의 고전적 패러다임들보다 훨씬 더 복잡하며 또한 훨씬 더 높은 수준의 내적 다양성을 통합하고 있다는 점도 지적해두어야 한다.

비판이론

비판이론은 1930년대에 독일의 프랑크푸르트학파가 확립했으며 독일의 지적 전통에서 발전했다. 제2차 세계대전 – 이 기간에 프랑크푸르트학파의 창시자들은 나치의 박해를 피해 미국으로 건너갔다 – 이후 프랑크푸르트학파는 독일 밖에서 대중적 인기를 얻었는데 1960년대 후반에 특히 그러했다. 이 학파는 이성이 인간이 가진 최고의 잠재력이라는 생각과 이성의 사용을 통해서 기존 사회의 성질을 비판하고 기존 사회에 도전할 수 있다는 생각에 기초를 두었다. 초기 비판이론가들, 특히 막스 호르크하이머(Max Horkheimer)와 헤르베르트 마르쿠제(Herbert Marcuse)는 인간이 자유롭고 자발적인 행위주체이며, 그들의 사회가 소외되어 있지 않다면 그들 자신의 삶을 창조하고 통제할 수 있다고 생각했다. 그들은 자본주의 사회를, 그것이 기존의 필요를 충족하지 못하고 허위의 필요와 욕구를 만들어낸다는 점에서 근본적으로 비이성적인 것이라고 간주했다. 그러므로 초기 비판이론가들의 저작은 인간에 대해 특정한 견해를 제시할 뿐 아니라 자본주의에 대한 비판도 제출했다.

동시에 비판이론가들은 실증주의, 특히 논리실증주의에 반대했는데, 실증주의가 이성 개념의 납득 가능성을 부인한다는 점이 주된 이유였다. 논리실증주의자들에 따르면, 이성은 경험에서 도출된 것이 아니기 때문에 과학적 지식의 영역에 속하지 않는다. 그러므로 비판이론가들이 보기에, 실증주의는 이러한 비판 능력에 기초한 사회의 가능성을 배제하기 때문에 현상을 옹호하는 것이다(Keat and Urry, 1975: 220).

하버마스의 세 가지 지식 형태

여기서 논의하는 자연과학과 사회과학의 관계에 관한 비판이론은 현대의 주도적인 이론가인 하버마스 견해에 국한된다. 해석학에 지적 뿌리를 두고 있는 하버마스는 자연과학과 사회과학이 다루는 주제가 근본적으로 다르며 그러므로 상이한 경험의 양식을 사용한다고 주장했다. 자연과학은 '감각경험

(sense experience)'을 사용하는 반면, 사회과학이나 문화과학, 해석학적 과학은 '의사소통적 경험(communicative experience)'을 사용한다(Habermas, 1970, 1972). 전자는 직접 관찰에 기초하며 후자는 사회적 행위자들과의 의사소통에서 도출한 의미의 이해에 기초한다.

후설을 따라서 하버마스는 실증주의가 신봉한 '객관주의의 환상(objectivist illusion)'을 거부했는데, 객관주의자는 세계를 '관찰자' — 사실을 서술하는 것이 그의 임무이다 — 에게서 독립되어 있는 사실들의 세계로 파악한다. 그리고 하버마스는 사회적·문화적 실재는 이미 참여자들이 문화적·상징적 의미 체계 — 시간이 지나면서 변화할 수 있는 — 로 선해석된 것(pre-interpreted)이라는 해석주의와 동일한 전제를 수용했다. 그러므로 이러한 사회적으로 구성된 실재를 이해하기 위한 과정은 '대화적(dialogic)'이다. 그 과정은 공유한 문화적 의미의 틀 안에서 개인이 자신의 경험에 관해 의사소통하는 것을 허용한다. 반면, 자연과학에서는 그 과정이 '독백적(monologic)'이다. 즉, 연구자가 자연의 어떤 측면을 기술적으로 조작하는 것이다. 자연과학에서 연구자는 '이탈된 관찰자(disengaged observer)'인 반면, 사회과학에서 연구자는 '성찰적 동료(reflective partner)'이다(Stockman, 1983: 143~144, 152).

이론적 구성물에 의해 '인지된' 객체를 실제로 존재하는 사물로, 즉 실재한다고 간주하는 것도 '객관주의의 환상'에 포함된다. 여기에는 객관적인 것처럼 보이는 사실의 세계에 대한 지식이 실제로는 실재의 성질에 관한 가정 — 상식에, 그리고 흔히 일상생활의 당연시되는 사유에 자리 잡은 — 에 기초하고 있다는 것을 인식하지 못하는 오류가 포함되어 있다. 따라서 하버마스는 일단 이러한 환상을 인식한다면 모든 과학의 절차적 규칙을 지탱하고 있는 기초적인 이해관심을 판별해낼 수 있다고 생각했다.

지식에 관한 하버마스의 견해에서 중심적인 개념 가운데 하나는 '이해관심(interests)' 또는 더 정확하게 옮긴다면 '인지적 이해관심(cognitive interests)'

이나 '지식구성적 이해관심(knowledge-constitutive interests)'이라는 개념이다. 하버마스는 이러한 이해관심이 지식을 발견하고 정당화하는 절차뿐만 아니라 지식의 대상으로 취급하는 것을, 즉 지식으로 받아들여지는 것에 적합한 범주를 결정한다고 주장했다. 이해관심은 인간의 삶을 지속 가능하게 만드는 조건과 관련되어 있기 때문에 근본적인 것이다(Bernstein, 1976: 192).

하버마스(Habermas, 1972: 301~317)는 과학적 탐구의 과정을 세 가지 범주로 분류했는데, 각각의 범주는 그 자체의 지식 형태를 만들어낸다. 그 범주는 기저의 이해관심, 삶의 경험을 해석하기 위해 인류학적으로 뿌리를 둔 전략, 그리고 사회조직의 수단에 따라 구별된다. 첫째 형태의 지식은 **경험적·분석적**(empirical-analytic) 과학들 — 자연과학, 경제학, 사회학 그리고 정치학을 포함한다 — 에서 도출되는데, 여기서는 인간의 사회적 존재가 노동(생존을 위해 개인들이 자신들의 환경을 통제하고 조정하는 방식)에 기초한 것으로 간주한다. 그것은 예측과 통제에서 기술적으로 이용 가능한 지식에 관심을 가지고 있으며, 그러므로 자연 및 사회관계에 대한 인간 지배의 가능성을 증대하고자 한다. 두 번째 형태의 지식은 **역사적·해석학적**(historical-hermeneutic) 과학에서 도출되며, 여기서는 인간의 사회적 존재가 상호작용(일상언어 의사소통)에 기초한 것으로 간주한다. 그 지식은 개인들 사이의 그리고 사회집단들 내의 그리고 사회집단들 사이의 일상적 담론에서의 언어적 의사소통에 대한 해석적 이해에, 그리고 전통과 전통의 예술적·문학적 생산물에 대한 이해에 관심을 갖는다. 세 번째 형태의 지식은 **비판이론**에서 도출되는 것으로, 여기서는 인간의 사회적 존재가 권력(통제와 의존의 비대칭적 관계)에 기초하고 있다고 간주한다. 그 지식은 자기성찰을 포함하며, 지배에서 해방된 행위의 합리적 자발성을 성취하고자 하는 해방적 이해관심에 기초하고 있다(Habermas, 1972).

이러한 도식은 다음과 같이 요약할 수 있다(Giddens, 1977b: 140에 기초).

과학의 유형	기저의 이해관심	사회적 존재의 측면
경험적·분석적	예측과 통제	노동(도구적 행위)
역사적·해석학적	이해	상호작용(언어)
비판이론	해방	권력

'노동'과 '상호작용'의 구별은 이 도식에서 중심적인 것이다. 개인은 노동을 통해서 그리고 의사소통적 행위와 언어를 통해서 자신을 모양 짓고 결정하는 것으로 간주된다. '노동'은 도구적 행위 그리고/또는 합리적 선택을 가리킨다. 도구적 행위는 경험적 지식에 기초한 기술적 규칙의 지배를 받는다. 그리고 합리적 선택은 분석적 지식에 기초한 전략의 지배를 받는다. 반면, '상호작용'은 의사소통적 행위이며, 제재를 통해 강제되는 공유된 규범의 지배를 받는다(Habermas, 1971: 91~92). 하버마스는 경험적·분석적 과학과 역사적·해석학적 과학 모두의 필요를 인식하는 것뿐 아니라 그들의 차이를 인식하는 것도 중요하다고 생각한다.[1)]

하버마스에 따르면, 이 두 유형의 과학에 대한 구별은 그것들이 다루는 주제의 차이에 상응하는 것이 아니다. 사람을 연구할 때 생물학에서 그러하듯 자연의 일부로 연구할 수도 있고 사회적 행위자로 연구할 수도 있다. 오히려 이 구별은 연구자의 이해관심과 관련되며 그러므로 실재를 바라보는 방식과 관련되어 있다. 경험적·분석적 과학은 운동하는 물체에 관심을 갖고 있으며, 인과적으로 설명할 수 있는 사건과 과정에 관심을 갖고 있다. 반면 역사적·해석학적 과학은 말하고 행위 하는 주체 — 그의 발화(發話)와 행위를 이해할 수 있

---

1) 하버마스의 인지적 이해관심 이론에 대한 요약으로는 Keat and Urry(1975: 223~224), Giddens(1977b: 137~141), Held(1980: 255~256), Thompson(1981a: 82~84), Thompson and Held(1982), Bubner(1982: 46), 그리고 Outhwaite(1987: 81)를 볼 것. 비판적 검토로는 Bernstein(1976: 173~225)와 McCarthy(1984: 53~91)를 볼 것.

는 — 를 다룬다(McCarthy, 1984: 70).

이러한 구별은 또한 '설명'과 '이해'를 대조하는데, 전자는 자연과학과 연결되고 후자는 사회과학 및 문화과학과 연결되는 독일 사회사상의 오랜 전통과 유사한 것으로 보인다(Bottomore, 1984: 57~58). 그렇지만 하버마스는 비판이론이 이러한 세 가지 형태의 지식을 모두 포함하며, 따라서 비판이론이 단지 자기성찰과 동일한 것은 아니라고 주장했다. 비판이론은 신념 체계와 의사소통 양식 — 역사적·해석학적 과학의 방법을 사용하는 — 에 대한 해석적 이해, 그 체계와 양식에 대한 비판적 평가, 그리고 그 체계와 양식의 원인에 대한 경험적·분석적 과학의 방법에 의한 탐구를 모두 포함한다는 것이다.

하버마스는, 사회과학 내에서는 한쪽의 해석학적 과학 또는 문화과학과 다른 쪽의 사회학 등과 같은 '체계적'인 사회과학을 구별했다. 후자는 사회적 삶에서 비교적 안정적이고 광범하게 퍼져 있는 경험적 규칙성 — 비록 그 규칙성이 역사적으로 특수한 것이더라도 — 을 연구하기 위해서 경험적·분석적 과학의 방법에 의지해야 할 수도 있다고 하버마스는 주장했다. 그 과학은 해석학적 방법이 아닌 다른 방법에 의존해야 할 수도 있다는 것이다. 게다가 해방적 과학은 다른 두 가지 형태의 지식 모두에 의지할 필요가 있을 수도 있다.

후기 저작에서 하버마스는 자신의 인지적 이해관심 이론을 더 발전시켰다. 해방적 과학을 위한 토대를 제공하기 위해, 그는 '비판' 이론의 주장의 진리성을 입증하는 길을 찾아야 했다. 그는 실증주의의 진리상응이론에 대비되는 '진리합의이론(consensus theory of truth)'을 발전시킴으로써 이를 성취했다. 간략히 말해, 그는 진리주장이 궁극적으로 관찰에 의해 획득된는 증거에 호소함으로써가 아니라 비판적 토론을 통해서, 즉 '합리적 동의'에 도달함으로써만 판정할 수 있다고 주장했다. 그러한 동의가 완전히 합리적인 것으로 간주되기 위해서는 합리적이고 능력 있는 사람이라면 누구나, 그들이 모든 제약이나 왜곡적 영향 — 그것의 근원이 공공연한 지배이든 의도적인 전략적 행위 또는 자기기만에서 유래하는, 의사소통에 대한 아주 미묘한 장애이든 — 에서 자유롭다면, 동일한 결론에 도달할 것임을 입증할 수 있어야 한다. 이러한 일련의 이상적 상황을 그는 '이상적 발화 상황(ideal speech situation)'이라고 불렀다. 비록 이러한 상황을 성취하는 것이 불가능하다고 하더라도, 모든 담론은 이런 상황을 가정하거나 예기한다. 이러한 담론의 참여자들은 모두 동일한 발화의 기회를 가져야 할 뿐 아니라 다른 화자의 주장에 대해 자유롭게 질문하고 논박할 수 있어야 한다. 이러한 담론은 어느 것이거나, 화자가 말하는 것이 이해 가능하며 참이라는, 그리고 화자가 제기한 주장은 진지하며 그가 주장하기에 적절하다는 가정에 기초하고 있다. 이러한 가정에서 이탈하면 '왜곡된 의사소통'에 이르게 된다. 그러므로 진리는 합의로의 도달이라는 약속을 포함한다.

비판이론은 자연과학에 비판적인데, 그 까닭은 자연과학이 기술적 합리성(또는 도구적 이성)에 의존한 결과, 그리고 자연에 대한 지배에 성공한 결과로 자연과학과 기술이 사회에서의 권위와 권력의 새로운 중요한 원천이 되었기 때문이다. 기술적 합리성의 지배에서 해방되기 위해, 사회이론가는 사람들이 사회세계 속에서의 자신의 상황을 이해할 수 있도록, 그들이 능력 있는 의사소통자가 됨으로써 해방될 수 있도록 도움을 주어야 한다.

비판이론가들이 표적으로 삼았던 실증주의는 광범한 견해를 가지고 있었기 때문에 하버마스는 실증주의의 일부 특징은 받아들이고 동시에 일부 특징은 거부할 수 있었다. 이를테면, 하버마스는 인과법칙을 보편적 진리로 보는 실증주의의 견해들을 거부하고 인과법칙이 실용적 기능을 갖는다는 견해를 옹호했다. 인과법칙을 행위의 기초로 삼을 수 있고 그것으로 행위의 결과를 평가할 수 있으며 되돌려서 법칙을 개선하는 데 활용할 수 있다(Stockman, 1983: 67).

페이의 네 가지 비판적 사회과학 이론

페이(Fay, 1975)는 실증주의와 해석주의 두 패러다임 모두에 대한 대안으로 비판이론을 수정한 견해를 발전시켰다. 그는 자신의 견해가 세 가지 특징을 갖는다고 주장했다. 첫째, 비판이론은 일단의 사람들의 절실한 욕구와 고통에 기초하고 있기 때문에 세계를 그 사람들의 관점에서 이해해야 한다. 둘째, 그의 비판이론은 사람들이 수행하는 많은 행위는 그들이 통제할 수 없는 그리고 의식적인 지식과 선택에 기초하지 않은 조건에 의해 원인 지어진다는 것을 인식한다. 그러므로 개별적인 맥락에서 작동하는 '사회적 행위의 준(準)인과적이고 기능적인 법칙'을 발견하기 위해 노력할 필요가 있다. 셋째, 사회이론은 사회적 실천과 서로 관련되어 있기 때문에 이론의 진위는 부분적으로 그것을 행위로 번역할 수 있는가 여부에 의해 결정된다는 인식이 존재한다. 따라서 사람들의 절실한 욕구와 경험된 결핍을, 그리고 그것들을 야기하는 구조적 갈등과 내적 모순을 적절하게 이해하고 이러한 인식이 그것들을 극복할 행동으로 이어진다면 이론은 틀림없이 어느 정도의 타당성을 갖는다. 이는 일반적으로 '실용주의적 진리관(pragmatic view of truth)'이라고 이해된다. 그러므로 이론은 사회적 행위자들의 자기 이해에 기초하고 있을 뿐만 아니라, 그들 자신의 자기이해를 변화시키고 이론을 기초로 행위 할 수 있도록 그 이론을 그들 자신의 언어로 번역할 수 있어야 한다(Fay, 1975: 109~110).

그 뒤 페이(Fay, 1987)는 충분히 발전된 비판적 사회과학은 네 가지 상이한 이론의 복합체로 구성되며 열 개의 하위이론을 포괄한다고 주장했다.

I. 허위의식이론은

1. 한 집단에 속한 사람들의 자기이해(self-understandings)가 어떻게 허위이거나 모순적이거나 또는 둘 다인가를 입증하고,

2. 그 집단의 성원들이 어떻게 이러한 자기이해를 갖게 되었으며 이런 이해가 어떻게 유지되는가를 설명하며,
3. 이러한 자기이해를 대안적인 자기이해와 대비시켜 그 대안이 어떻게 우월한가를 보여준다.

II. 위기이론은

4. 무엇이 사회적 위기인가를 밝히고,
5. 특정 사회가 어떻게 그러한 위기에 처하는가를 보여주며,
6. 이 위기의 발전에 대해 일부는 그 집단 성원의 허위의식에 입각해서, 일부는 그 사회의 구조적 기초에 입각해서 역사적인 설명을 제공한다.

III. 교육이론은

7. 그 이론이 구상하는 종류의 계몽을 위한 필요충분조건을 제시하며,
8. 현재의 사회적 상황을 고려할 때 이러한 조건을 충족한다는 것을 보여준다.

IV. 변혁행위이론은

9. 사회적 위기를 해소하고 그 성원들의 불만을 완화하기 위해 변혁해야 하는 사회의 측면들을 분리해내며,
10. 예기한 사회변혁의 '담지자'가 될 사람들을 보여주는 행위계획과 그들이 어떻게 이 과업을 수행할 것인가에 대해 적어도 어느 정도 일반적인 생각을 자세히 밝힌다(Fay, 1987: 31~32).

이러한 이론들은 서로 일관되어야 할 뿐 아니라, 한 이론이나 하위이론의 요소를 필요한 경우 다른 이론이나 하위이론이 사용하도록 체계적으로 연관되어야 한다. 페이는 하버마스의 후기자본주의이론이 하위이론 8과 10을 제

외하고는 이러한 도식의 구성요소들을 모두 포괄하고 있다고 주장했다. 하버마스 연구의 이 공백은 그에 대한 가장 흔한 비판, 즉 그의 이론들은 강단적(講壇的)이고 공상적이어서 정치적 삶과 관련이 없다는 비판을 낳았다(Fay, 1987: 33).

요약

하버마스의 비판이론은, 자연과학과 사회과학이 다루는 주제가 근본적으로 다르기 때문에 공통의 탐구 논리를 사용할 수 없다는 견해를 지지한다. 해석주의 및 구조화이론과 마찬가지로 하버마스는 사회세계의 선해석적 특성과 그것의 방법론적 함의를 인정했다. 그는 자연과학은 관찰만 사용할 수 있지만 사회과학은 의사소통을 사용할 수 있다고 주장했다. 그렇지만 그는 실재에 대한 지식을 직접 생산할 수 있는 것이 아니라, 이론적 구성물과 상식적 사유 모두에 자리 잡은 가정들이 무엇을 실재로 간주할 것인가를 결정한다고 주장하면서 자연과학에서 '객관적'인 관찰의 가능성을 기각했다. 자연과학에서도 '인지적 이해관심'이 지식으로 생산하는 것에 영향을 미칠 수 있다는 것이다.

하버마스에 따르면 과학 탐구는 이해관심의 종류에 따라 세 범주로 나눌 수 있다. **경험적·분석적** 과학은 자연과 사회관계에 대한 기술적 통제에 관심을 갖는다. **역사적·해석학적** 과학은 의사소통적 이해에 대한 실천적 이해관심에 기초한다. 그리고 **비판이론**은 인간의 자율성에 대한 해방적 이해관심을 갖는다. 첫 번째 것은 자연과학의 특징이지만 사회적 삶에도 적용할 수 있다. 사실상 하버마스는 사회과학이 이 세 가지 모두를 사용해야 한다고 주장했다.

그러므로 비판이론은 **경험적·분석적** 과학의 이해관심을 거부하지만 자연과학의 방법 모두를 거부하는 것은 아니다. 그리고 비판이론은 인간해방에 대한 이해관심에서 역사적·해석학적 방법과 합리적 비판을 사용한다. 페이(Fay, 1975, 1987)는 비판이론을 명료화·체계화하면서 사회과학이 허위의식의 본성과 기원을 폭로하고 사회적 위기의 본성과 발전을 서술하며 그러한 위기의 해소를 위해 무엇을 해야 하는가를 판별하고 사람들이 어떻게 사회의 변혁을 실행할 수 있는가에 관한 실천 계획을 제공해야 한다고 강조한다.

일상생활방법론

하버마스가 유럽에서 비판이론을 발전시키는 동안 가핀켈은 미국사회학의 요새를 그 내부에서 공격하고 있었다. 그의 견해는 20세기 중반에 사회학을 지배하던 파슨스적 정통(Parsonian orthodoxy)의 맥락에서 등장했다.

기원과 목표

이 연구 패러다임에 영감을 준 연구는 1940년대 중반 가핀켈과 사울 멘들로비츠(Saul Mendlovitz)가 수행한 작업들로 거슬러 올라가 찾을 수 있다(Garfinkel, 1974: 15). 그렇지만 가핀켈(Garfinkel, 1967)이 12년에 걸쳐 쓴 논문들에서 그 개념적·이론적·방법론적 기초를 제시하고 이름을 정한 것은 그로부터 20년 이상 지난 후의 일이었다. '일상생활방법론'이라는 이름은 사람들이 일상에서 질서 감각과 납득 가능성을 창출하고 유지하는 데 사용하는 방법을 의미한다. 그러므로 그것은 사회의 보통 사람들이 "그 속에서 살아가는 방식을 이해하고 발견하면서, 그리고 그들 자신이 처해 있는 상황에서 행위 하면서" 사용하는 일상의 실천적 추론에 대한 연구이다(Heritage, 1984: 4).

이런 목표를 추구하기 위해 일상생활방법론자들은 대규모의 사회적 사건이나 제도, 과정 또는 현재의 사회문제보다는 보통의 일상적인 실천적 활동에 초점을 맞춘다. 이 과정에서 일상생활방법론자들은 사람들이 '자신의 경험과 활동의 사실적 상태를 서술하기 위해' 제시하는 일상의 언술과 해명을 연구한다(Cicourel, 1973: 99). 가핀켈 자신은 다음과 같이 말했다.

> 일상생활방법론의 연구는 실천적 활동, 실천적 상황 그리고 실천적인 사회학적 추론을 경험적 연구의 주제로 삼고자 한다. 그리고 예외적인 사건들에 주목하는 대신 일상적 삶의 가장 평범한 활동들에 주목함으로써 현상들 그 자체로서의 활동을 더 많이 알아내고자 한다(Garfinkel, 1967: 1).[2)]

그는 이러한 상황 지어진 실천적 활동들 속에서 어떻게 사회현상이 구성되는가라는 문제를 살펴보았다.

가핀켈은 슈츠, 후설, 하이데거의 연구에서 상당히 큰 영감을 얻었다. 가핀켈은 그들의 여러 통찰을 받아들였는데 그 중에는 일상활동들에서의 이해관심, 당연하게 받아들이는 지식, 전제 가정 묶어두기 등이 포함된다. 그렇지만 다른 것들은 기각했다. 그는 개인의 의식 구성이나 사회적 행위자들이 가진 사회적 지식의 종류에 대해서는 관심을 갖지 않았다. 그 대신 그는 "납득 가능하고 해명 가능한 국지적인 사회적 질서를 수립하고 유지하는 데 사용되는 사회적으로 공유한 절차들"에 관심을 가졌다(ten Have, 2004a: 16).

합의의 정통에 대한 비판

가핀켈은 탤컷 파슨스(Talcott Parsons)의 지도를 받은 박사과정 학생으로

2) 이것은 일상생활방법론에 대한 가핀켈의 정의 가운데 하나일 뿐이다. Filmer(1972)는 네 가지 정의를 논의했다.

서, "어떤 사람이 자신을 둘러싼 세계를 지속적으로 이해하는 조건에서의" 질서의 문제를 다루기 시작했다(Garfinkel, 1952: 1). 이미 예전에 철학자 홉스는 사람들이 이기적인 목표를 추구하면서, 항상적으로가 아니라면 잠재적으로 서로 갈등의 상태에 있을 때 어떻게 사회질서가 가능한가라는 문제를 논의했다. 삶이란 '험악하고 잔인하며 부족할' 개연성을 가지고 있는 것이다.

파슨스는 사람들이 공유하고 내면화한 가치와 규범 — 이것들은 질서를 위협하는 경향을 억압한다 — 에서 이 문제에 대한 답을 찾았지만, 가핀켈은 사회질서를 일상의 사회적 활동의 실천적 성취물이라고 보았다. 그는 사람들이 어떻게 의미를 구성하고 규범과 가치를 특정한 상황에 가져오거나 창출하며, 그 규범과 가치들을 자신들의 행위에 적용하는 데 동의하는지에 관심을 가졌다. 사회가 사람들에게 부과하는 규범과 가치(파슨스는 이것들에 초점을 맞췄을 것이다) 대신 가핀켈은 사람들이 그것들을 창출하거나 채택하고 사용하는 과정에 초점을 맞췄다. 파슨스의 사회합의모델과 대조적으로 가핀켈은 사회의 성원들은 사회규범과 압력에 수동적으로 반응하는 것이 아니라 타인과의 상호작용 속에서 능동적으로 사회적 실재를 생산한다고 주장했다(Bergmann, 2004: 73). 그렇게 해서 질서의 문제는 이제 사회과학자의 이론적 관심사 가운데 하나이기를 멈추고 사회적 행위자들이 특정한 상황에서 함께 해결해야 하는 실천적 문제가 되었다. 간단히 말해, 사회질서는 자립적인 실재가 아니라 사회적 행위자들의 성취물이라는 것이다(Ritzer, 1996: 256).

> 일상생활방법론자는 행위자의 관점에 대해 이러저러한 종류의 분석을 함으로써 관찰 가능한, 규칙적이고 유형적이며 반복적인 행위들에 대한 인과적 설명을 제공하고자 하지 않는다. 그(원문 그대로)는 사회의 성원들이 그들 자신이 살고 있는 세계 속의 질서를 파악하고, 서술하고 설명하는 과제를 어떻게 수행하는가에 관심을 가지고 있다(Zimmerman and Wieder, 1971: 289).

가핀켈은 사회질서의 기초에 대한 파슨스의 견해를 거부하는 것에 더해, 뒤르켐이 제시한 '사회적 사실'이라는 개념의 적합성도 부인했다. 그는 사회적 사실이 기본적인 사회학적 현상이라는 점에는 동의했지만, 사회적 사실에 대해 매우 다른 개념을 가지고 있었다. 뒤르켐에 따르면, 사회적 사실은 개인의 행위를 설명하는 기초를 제공한다. 사회적 사실은 사회의 성원에 외부이면서 강제를 행사하는 규범, 사회구조 및 제도 등을 가리킨다. 가핀켈에 따르면 그러한 설명은 사회적 행위자를 '판단력 있는 바보(judgemental dope)'로, 즉 자신의 행위를 결정하는 데 아무런 역할도 하지 못하는 존재로 취급한다. 이와 대조적으로 가핀켈은 사회적 사실들이 어떻게 구성되는가에, 그리고 그것들의 '사실성'에 관심을 가졌다. 그는 사회적 사실을 성취물로, 즉 사회의 성원들이[3] 그들의 실천적 활동 속에서 그리고 활동을 통해서 생산하는 것으로 취급한다(Garfinkel, 1967). 고전(뒤르켐적) 사회학은 사회적 사실을 **설명**(explaining)하는 업무에 종사하는 반면, 일상생활방법론은 사회적 사실의 구성을 **해설**(explication)하려는 노력을 추구한다(ten Have, 2004b: 151).

짐머만과 폴러(Zimmerman and Pollner, 1971)는 정통 사회학이 **주제**(topic)와 **자원**(resource)을 혼동하는 특징을 가진다고 주장하면서 이 점을 지적했다. 그들은 "일상생활의 세계는 그것이 선호하는 탐구의 주제를 사회학에 제공하지만 그 자체가 주제가 되는 일은 거의 없다"라고 주장했다. 일상생활방법론은 상식을 연구의 주제가 아니라 연구의 자원으로 삼는 대안적인 접근을 제시한다. 실재 — '객관적인' 사회구조라는 개념 등과 같은 — 의 일상적 구성이 탐구의 주제가 된다. 연구의 주요 초점은 활동 — 성원들이 그 활동에 의해 그러한 사회구조의 '객관성'에 관해 성원들의 지속적인 합의를 창출하고 유지하는 — 에 대한 이해로 이

3) 가핀켈은 '개인'이나 '사회적 행위자'가 아니라 '성원(member)'이라는 개념을 사용한다. 이는 사회적 사실을 생산하는 데 그리고 사회적 삶을 질서 있고 의미 있게 만드는 데 관련된 작업의 집합성을 강조하려는 것이다. 그는 진정한 '집합 성원들'의 능력에 관심을 가졌다.

동한다.

중요한 점은 일상생활방법론자들 또한 모든 형태의 해석주의의 관심을 거부한다는 것이다. 그들은 파슨스적 전통의 내부화된 규범과 가치에 대해 관심을 갖지 않는 것과 똑같이 동기, 의도, 인식 과정, 감정 또는 그 밖의 내부적 과정에도 관심을 갖지 않는다. 그들이 관심을 갖는 것은 사회적 상황의 참여자들이 보여주는 직접 관찰 가능한 공개적 활동이며, 그들이 일상적 삶에서 함께 수행하며 질서를 이루는 활동이다.

핵심 개념

가핀켈은 성원들의 방법에 대한 자신의 견해를 제시하기 위해 독특한 어휘를 만들었다. 해명(accounts), 해명 가능한 것(accountable), 성찰성(reflexivity), 얼버무리는 실천(glossing practices), 색인성(indexicality) 그리고 색인적 표현(indexical expressions) 등은 가장 유명한 개념이며, 이들은 모두 밀접하게 연결된다.

해명은 성원들이 만들어내는 것으로, 사회적 사건의 의미와 질서를 인지 가능하고 이해 가능하게 만드는 것이다. 성원들은 특별한 사회적 사건을 서술하고 비판하고 이상화하면서 해명을 제시한다. 그렇지만 이것을 사건 이후에 외부의 관찰자에게 보고하는 것은 아니다. 그것은 사건 자체의 필수적인 부분이다. 예컨대 가게에서 손님과 점원이 함께 이야기를 나누고 있을 때, 그들의 대화는 그들 거래의 성질, 그 거래의 목적, 거래의 정상적인 과정, 그들이 수행하는 활동의 경계 등을 서로에게 확정하는 발음을 포함할 것이다. 거래 속의 질서는 그 거래에 자리 잡은 해명에서 나온다. 참여자들은 그들의 해명을 통해 그들이 참여하고 있는 종류의 거래를 계속 서로에게 강화한다.

해명이 사회적 사건 속에 질서를 창출하는 반면, 해명은 또한 이러한 사회질서를 준거로 그것의 의미와 납득 가능성을 획득한다. 그것은 근본적인 **성찰성**을 보유하고 있다. 이것은 **해석학적 순환**이라는 개념과 어느 정도 유사하다(220~222쪽을 볼 것). 해명은 그것이 기원한 사회적 맥락에서만 납득될 수 있으며, 맥락의 의미와 질서는 그 해명에 의존한다.

사회적 활동들 – 대화와 행위 모두 – 의 성찰성은 성원들이 사용하는 생략(shorthand) 또는 **얼버무리는 실천**에서 명확하게 나타난다. 특정한 맥락에서 사용되는 단어나 몸짓은 현재의 경우에 앞서는, 또는 뒤이을 활동들뿐 아니라 참여자의 배경 지식도 변함없이 당연한 것으로 받아들일 것이다. 단순한 사례로, 어떤 사람이 "어제 나는 바퀴에 펑크가 났다"라고 말하는 대화를 살펴보자. 이 진술에서 '나'는 화자(話者)가 아니라 화자의 자동차를 가리킨다. 문자 그대로 이해하면 이 진술은 이해되지 않지만, 대화의 맥락에서는 그리고 화자가 상정하는 대화의 예절에 따르면 이러한 얼버무리는 실천은 청자(聽者)가 완전히 이해할 수 있다.

이러한 과정의 한 가지 측면은 모든 행위와 발음이 **색인적인** 특성을 갖는다는 것이다. 이는 그 특성이 발생하는 맥락이나 상황을 준거로 해서만 이해된다. 예를 들어, "어제 나는 바퀴에 펑크가 났다"라는 진술은 자동차가 없는 전철 통근자 사이의 대화에서는 문제가 될 것이다. 그러므로 **색인적 표현**은 그것을 사용하는 상황에서 그 의미와 해석을 이끌어내는 표현이다(Benson and Hughes, 1983: 100). 이 주장의 중요한 귀결은 사회적 활동은 오직 맥락에서만 이해할 수 있다는 것이다. 가핀켈에 따르면 추상적인, '객관적인', 맥락자유적인 지식을 만들어내려는 모든 시도는 사회적 활동의 맥락 의존적 특성을 부인하게 된다. 이런 특성을 인식한다면 전통적인 사회과학은 극복할 수 없는 난점을 가졌음을 깨달을 수 있다. 일상생활방법론자들은, 색인적 표현을 객관적 표현으로 대체하고자 하는 시도는 비현실적인 기대로 이어진다고 주장한다(Bergmann, 2004: 75~76).

여기서 이야기해둘 일상생활방법론의 또 다른 한 가지 핵심적인 특징은 **일상생활방법론적 무관심**(ethnomethodological indifference)이다. 연구자는 일상의 방법에 대한 연구에서 그 방법의 타당성에 대해 무관심한 자세를 유지한다. 그 방법의 적합성이나 정확성에 관해 아무런 판단도 하지 않는다는 것이다. 그 방법의 장점이나 단점이 무엇이든, 그 실천과 실천의 생산물은, 그것이 가정이나 사무실이나 학교나 병원이나 과학실험실 그 어디에 있든 간에 일상의 사회적 실재를 구성한다(Pollner and Emerson, 2001: 120). 그 방법을 사용하는 연구자는 외부의 타당성의 기준에 입각해서 연구할 것이 아니라 그 자체의 관점에서 연구해야 한다.

성원들의 방법을 연구하는 방법

일상생활방법론자들은 성원들이 사회적 활동 과정에서 통상적으로 당연하게 받아들이는 것을 어떻게 드러내는가라는 문제를 감당해야 한다. 가핀켈은 그러한 작업을 수행하는 몇 가지 방법을 고안했고 이후의 연구자들이 몇 가지를 추가했다. 가장 유명한 방법들은 위반실험(breaching experiments), 성원되어보기, 그리고 시청각기록 사용이다.

위반실험은 가핀켈이 일상생활방법론 연구의 초기에 사회적 활동 속에 자리하고 있는, 당연시하는 기대와 가정의 존재를 입증하기 위해 주로 사용했다. 그는 "그 방법이, 완고하게 친숙한 세계의 생소함을 발견하는 성찰을 만들어낸다는 것을 알았다"(Garfinkel, 1967: 38). 그 실험은 예외 없이 상호작용 상황에 있는 어떤 사람이 낯설거나 걸맞지 않는 이야기를 하거나 예상치 못한 방식으로 행동하는 것으로 이루어졌다. 몇몇 실험은 실험실 상황에서 수행되었지만 대부분은 현지 실험으로 학생들이 예상 밖의 행동을 하는 것으로 수행되었다. 그런 다음 학생들은 그 상황에서 다른 사람들의 반응을 관찰했다.

가핀켈은 자동차에 동승한 두 사람이 그 전날 일어난 사고에 관해 나누는 대화를 사례로 사용했다. 피실험자는 실험자에게 "나는 어제 바퀴에 펑크가 났어"라고 말했다.

> 실험자는 이렇게 답했다. "네가 바퀴에 펑크가 났다는 게 무슨 말이야?" (피실험자는) 잠시 당황하는 것으로 보였다. 그런 다음 불쾌한 듯 답했다. "'무슨 말이야?'가 무슨 말이야? 바퀴에 펑크가 났다는 것은 바퀴에 펑크가 났다는 거야. 내 말은 그거야. 다른 뜻은 없어. 이상한 걸 묻네."(Garfinkel, 1967: 42)

이 주고받기에서 실험자는 통용되는 얼버무리는 실천에 도전했고, 그 과정에서 정상적인 대화를 교란했다. 그러한 실험에서 피실험자 또는 '희생자'는 정상적인 대화나 행동 속에서의 위반을 납득할 수 없을 것이며, 그러므로 상황의 정상성을 복원하고자 할 것이다. 그렇지만 그것에 성공하지 못한다면 위의 사례에서처럼 보통 당황과 분노를 섞어서 답할 것이다.

일상생활방법론자들은 상황을 교란하는 것에 대한 하나의 대안으로 공통적으로 사용하는 참여관찰의 민족지적 방법을 채택하거나 변형한다. 이 작업의 목표는 자신을 예외적인 상황 – '자연스럽게' 질서가 교란될 것 같은 상황, 성원들이 상황을 이해하는 것이 문제가 되는 상황, 연구자가 성원이 되는 임무를 숙달해야 하는 상황, 성원들이 자신에게 자연스러운 것에 관해 설명하지만 연구자는 설명하지 않는 상황 등 – 에 위치시키는 것이다(ten Have, 2004a: 33). 연구자는 성원들을 직접 경험함으로써 그들이 사용하는 납득의 전략들을 배우기를 기대한다. '이방인'이나 '신참자'가 되는 경험(Schwartz and Jacobs, 1979), 그리고 '원주민과 같이 생활하라'라는 성원들의 압력을 탐구의 주제로 사용한다. 간단히 말해, 연구자가 단지 현상을 관찰하고 그리고/또는 경험하는 것이 아니라 연구자 자체가 "현상이 되는 것이다"(Mehan and Wood, 1975). 어떤 상황에서는 연구자의 등장이 그리고 그것이 '자연스럽게' 야기하는 교란이 해결해야 할 문제가 아니라 연구의 주제가 될 수 있다. 성원들과 다른 성원들이 자신의 일상적 삶에 등장하는 연구자들을 어떻게 납득하는가에 관해 성찰할 수 있는 것이다.

자연스럽게 발생하는 사건 속에서 성원들의 일상적 실천을 연구하는 다른 주요한 방법으로, 시각 그리고/또는 청각 장비들을 사용한 기록이 있다. 음향 요소의 녹음은 성원들이 그러한 사건들을 해결하는 데, 사회질서를 성취하고 유지하고 복구하는 데, 실제로 사용하는 방법을 자세하게 분석하는 데 사용될 수 있다. 그것은 실시간으로 관찰할 때는 찾아내기 어려웠을 미세한 것을 드러낼 수 있다(ten Have, 2004b: 160). 이 방법은 다른 방법과 결합해서 사용할 수 있지만, 이제는 대화분석이라는 전문화되고 어느 정도는 분리된 영역이 탄생했다. "이러한 연구 실천의 배후에 자리하고 있는 일반적인 생각은, 상식의 무의식적이고 부주의한 사용 — 사회과학에서 수행되는 대부분의 경험적 연구 실천에 고유한 것이라고 생각되던 — 을 가능한 한 피한다는 것이다(ten Have, 2004b: 155).

일상생활방법론 분석의 역설 가운데 하나는 그것이 연구자들 자신의 '일상의' 실천에, 그리고 다른 연구 전문 분야의 일상에 좌우될 수 있다는 점이다.

> 그것들이 언제 어디서 일어났거나, 그것들의 범위, 조직, 비용, 기간, 결과가 얼마나 방대 또는 사소하거나, 그것들이 무엇을 성공했거나, 그것들에 대한 평판, 그것들의 실행자, 그것들의 주장, 그것들의 철학이나 철학자들이 무엇이거나, 그 어떤 연구도 배제할 수 없다. 수맥 탐지, 점괘, 수학, 사회학 — 보통 사람이 수행한 것이든 전문가가 수행한 것이든 — 의 절차와 결과를, 예외 없이 모든 개별 탐구 사례에서 감각의, 사실의, 방법의 모든 특징은 실천적 행위의 조직된 무대의 관리된 성취물이라는, 그리고 성원들의 실천에서 그들의

실천과 그 결과의 일관성, 계획 이행성, 적합성 또는 반복가능성의 개별적 결정은 오로지 기예적인 실천들의 특정한 국지적인 조직을 통해서만 획득되고 보장된다는 정책에 따라 다룬다(Garfinkel, 1967: 32).

요약

일상생활방법론은 사회의 보통 성원들이 그들의 일상적 실천 활동 속의 질서의 감각을 성취하고 유지하는 방식에 대한 연구를 근본 원리로 삼았다. 성원들이 그들의 활동 속에서 함께 규범을 창출하거나 채택하는 지속적인 과정을 부각하며 사회화한 규범과 가치의 수동적 수용에 의해 사회질서를 성취한다는 생각을 기각했다. 질서의 유지는 성원들이 특정 상황에서 함께 해결해야 하는 실천적인 문제가 된다.

가핀켈은 질서의 문제에 대한 파슨스 해답을 거부하는 것에 더해, '사회적 사실'이 사회적 행위를 결정하는 외부의 강제력을 구성한다는 뒤르켐의 생각도 기각했다. 그 대신 가핀켈은 사회적 사실을 성원들이 실천적 활동 속에서, 그리고 그 활동을 통해서 창출하는 것으로, 그리고 그 활동의 사실성과 적합성을 일상의 성취물로 간주했다. 일상생활방법론자들은 사회적 활동과 개인의 행위를 설명하는 데 이러한 사회적 사실들을 사용하는 대신 그것들이 어떻게 존재하는가 그리고 성원들이 질서를 유지하기 위해 그것들을 어떻게 사용하는가를 해명하고자 한다.

성원들이 일상의 활동과 사회질서를 유지하는 동역학 속에서 진행되는 아주 많은 것을 당연한 것으로 받아들이기 때문에, 일상생활방법론자들은 성원들이 암묵적으로 관계를 맺고 있는 가정과 규범에 대해 자각하도록 돕기 위해 여러 가지 기법의 사용에 호소해야 했다. 위반실험은 성원들이 당연하게 받아들이는 것의 존재와 적합성을 입증하는 데 사용되어왔으며, 참여관찰과 시청각기록은 조사방법으로 사용되었다. 이러한 방법은 여러 종류의 연구에서 광범하게 사용되지만, 이 연구 패러다임의 특성은 그 방법을 관찰 가능한 실천의 배후에 자리하고 있는 것을 드러내는 데 사용한다는 점이다.

사회적 실재론

일상생활방법론이 미국의 정통 사회학과 그 실증주의적 기초에 대해 그들이 사회질서의 이해에 잘못 접근하고 있다고 도전하던 때와 거의 비슷한 시기에, 존재론적 근거에서 실증주의와 비판적 합리주의를 공격하는 영국의 전통이 등장하기 시작했다. 사회적 실재론의 옹호자들은 자신들이 실재의 본성을 파악할 수 있는 유일한 과학적 원리를 밝혀냈다고 믿는다. 그들은 과학은 세계에 어떤 종류의 사물이 있으며 그것들이 어떻게 움직이는가라는 존재론적 질문을 다룬다고 주장한다. 이 연구 패러다임은 다양한 이름으로 불려왔다. 예를 들면, '과학적 실재론', '초월적 실재론', '비판적 실재론', '이론적 실재론', 또는 간단히 '실재론' 등이다. 여기서는 연구 패러다임 안에서의 다양성을 수용하기 위해 '사회적 실재론'이라는 용어를 사용한다.[4]

과학철학에서 실재론적 요소는 새로운 것이 아니다. 사회적 실재론에서 비교적 새로운 것은 핵심적인 질문에 대안적인 답을 제공하는 실재론적 사회과학철학을 정교화한다는 점이다. 사회과학에서 실재론의 발전을 위한 통찰은 처음에는 하레의 과학철학 저술에서 유래했다(Harré, 1961, 1970, 1972). 옥스퍼드대학교에서 하레에게 배운 러셀 키트(Russell Keat)와 바스카 두 사람이 하레의 견해를 발전시켰다(Keat and Urry, 1975; Bhaskar, 1978). 하레와

4) 근래의 또 다른 검토로는 Baert(2005: ch. 4)를 보라.

마찬가지로 바스카도 초기 저작에서는 자연과학을 다루었지만, 둘 다 결국에는 사회과학에서 실재론적인 과학적 원리의 발전에 주목하게 되었다(Harré and Secord, 1972; Harré, 1974; Bhaskar, 1979). 하레와 바스카의 견해는, 둘 사이에 상당한 겹치는 부분도 있지만, 이제는 서로가 각각의 입장이 지닌 중요한 요소를 기각할 정도로 갈라졌다. 그들은 이제 사회과학에서 실재론에 대해 상당히 상이한 견해를 제시하고 있다.[5] **비판적 실재론**은 이제 바스카의 견해를 가리키는 데 널리 사용되지만 하레의 입장을 나타내기에는 적절하지 않다. 처음부터 바스카의 작업은 마르크스주의를 기초로 삼았던 반면, 하레는 초기에는 실재론을 주장했고 이후 일종의 사회구성주의로 옮겨갔다. 뒤에서 볼 것처럼 그들은 이제 상당히 상이한 존재론을 채택하고 있다. 하레가 이 분야에서 바스카보다 훨씬 일찍부터 활동했으나, 여기서는 하레의 구성주의적 견해보다는 바스카의 구조주의적 견해를 먼저 살펴보겠다.

바스카의 새로운 자연주의

바스카는 실증주의와 해석학 사이의 중도 노선을 추구했다. 그는 사회과학에서 자연주의적 입장을 옹호하면서도 동시에 자연세계와 사회세계의 근본적인 차이를 인정했다. 바스카는 인과적 설명을 제공하려는 실증주의의 열망과 사회적 실재의 본성에 대한 해석주의의 견해를 공유하기는 했지만, 과학에 관해서는 이들 두 연구 패러다임과는 매우 다른 견해를 옹호했다. 그의 견해는 **비판적 실재론**으로 알려졌으며, **심층 실재론적** 존재론과 **신실재론**이라는 인식론을 통합했다.

---

5) 비판적 실재론은 바스카가 만든 이름표가 아니다. 그것은 바스카의 두 견해, 즉 그의 과학철학인 '초월적 실재론'과 사회에 대한 자연과학을 옹호하는 '비판적 자연주의'를 조합한 것이다.

바스카는 부정주의의 주장을 대부분 기각하면서, 사회과학이 가능하다고 강조했다. 그러나 자연과학과 사회과학의 방법이 공통된 원리를 공유하더라도 그 과학들의 절차는 그것들이 다루는 주제에서의 차이 때문에 상이하다고 주장했다. "인간과학은 자연과학과, 정확히 같은 방식으로는 아니더라도, 정확히 같은 의미에서 과학일 수 있다"(Bhaskar, 1979: 203). 그는 반(反)실증주의적 자연주의를 제한적으로 옹호했다. 우리는 사회적 객체들을 자연적 객체들과 동일한 방식으로 연구할 수는 없지만, '과학적으로' 연구할 수는 있다(Bhaskar, 1979: 26~27).

바스카의 목적은 실증주의의 종합적인 대안을 제공하는 것이었으며(Bhaskar, 1978), 실증주의가 사건들의 항상적 결합(constant conjunctions)을 인과법칙으로 취급한다는 점에 주목했다. 그는 인과법칙과 사건의 유형은 서로 다른 것이라고 주장했다. 과학은 항상적 결합에 대해 두 사건들 사이의 연관에 대한 설명을 제공하는 이론으로 뒷받침되어야 하는데, 이러한 이론은 작동하고 있는 기제들이나 구조들에 대한 생각이나 그림을 제공한다. 이러한 구조와 기제는, 사물들이 특정 상황에서 특정 방식으로 운동해야 하는 경향이나 힘이라고 할 수 있다. 따라서 비판적 실재론은 궁극적으로 발생 구조 및 기제에 대한 탐구를 강조한다.

바스카는 그러한 기제들은 그 기제들이 발생시키는 사건과 독립적이라고 — 기제들은 사건의 실제 유형과 위상이 다를 수 있다고 — 상정해야 한다고 주장했다. 또한 사건은 그 사건을 인간이 경험하는가 여부와 무관하게 발생할 수 있다고 상정해야 한다.

> 이러한 구조들과 기제들이 결합해 사건을 발생시킬 수도 있으며, 차례로 사람이 이 사건을 관찰할 수도 있다. 그러나 사건은 그 사건을 관찰하는 사람이 주위에 있는가의 여부와는 관계없이 발생하며, 실재하는 기저의 구조들이 가진

힘은 심지어는 그것들이 서로 상쇄적으로 작용해서(counteract) 실재에 아무런 (직접 또는 간접적으로) 관찰 가능한 변화를 만들어내지 않을 때에도 동일하게 지속된다(Outhwaite, 1983: 321~322).

따라서 바스카는 경험과 사건과 기제가 실재의 세 가지 중첩되는 영역들, 즉 **경험적인**(empirical) 영역, **현실적인**(actual) 영역, 그리고 **실재적인**(real) 영역을 구성한다고 제안했다. **경험적** 영역은 관찰할 수 있는 사건들로 구성되고, **현실적** 영역은 그 사건들을 사람이 관찰하는가 여부와는 상관없는 사건들로 구성되며, **실재적** 영역은 이러한 사건들을 만들어내는 구조들과 기제들로 구성된다(〈표 5.1〉을 볼 것).

바스카는 **비판적 실재론**이 세 국면으로 구성된다고 제시한다.

> 우리는 과학에서 3단계로 구성되는 발전 도식을 찾아낼 수 있다. 즉, 과학은 지속적인 변증법 속에서 현상(또는 일련의 현상들)을 판별해내고, 그 현상에 대한 설명을 구성하며, 그 설명을 경험적으로 검증하는 단계를 통해 작동하고 있는 발생기제의 판별로 나아간다. 그리고 이 기제는 다시 설명해야 할 현상이 된다. 이러한 과학관에 따르면 과학의 본질은 어떤 수준에서 드러난 현상에서 그것들을 발생시키는 구조로 이동하는 것이다(Bhaskar, 1978: 4).

오드웨이트(Outhwaite, 1987: 45~46)에 따르면 바스카의 **비판적 실재론**은 다섯 가지의 원리로 구성된다.

1. 과학의 타동적(transitive) 대상과 자동적(intransitive) 대상은 구별된다. 타동적 대상은 실재의 일부 측면을 이해하고 설명하기 위해 과학자들이 발전시킨 개념이나 이론, 모델이고, 자동적 대상은 자연세계와 사회세계를

〈표 5.1〉 실재의 영역들

	경험적 영역	현실적 영역	실재적 영역
경험	✔	✔	✔
사건		✔	✔
기제			✔

자료: Bhaskar(1978)를 수정.

구성하는 실재하는 실체들 및 그것들의 관계이다.

2. 실재는 세 수준 또는 세 영역으로 층화된다. 그것은 **경험적** 영역, **현실적** 영역, 그리고 **실재적** 영역이다.
3. 인과관계를 사물의 힘이나 경향으로 간주한다. 이 힘이나 경향은 다른 힘이나 경향과 상호작용해서 관찰 가능한 사건을 만들어내거나 만들어내지 않을 수 있으며, 관찰될 수도 있고 관찰되지 못할 수도 있다. 사회적 법칙이 반드시 보편적일 필요는 없다. 그 법칙은 단지 인지된 경향을 나타내기만 하면 된다.
4. **실재적** 영역에서 개념에 대한 정의는 실질적인 정의로, 즉 어떤 실체나 구조의 기본적인 성질에 관한 진술로 간주된다. 이러한 정의는 관찰한 것에 대한 요약도 아니고 어떤 용어를 특정한 방식으로 사용해야 한다는 규정도 아니다.
5. 과학 연구는 **실재적인** 영역에 존재하는 설명적 기제들을 상정하며, 연구의 과제는 그 기제들의 존재를 입증하는 것이다.

바스카는 여기에 해방적 요소를 추가했다(Bhaskar, 1983, 1986). 그는 사회과학이 이중적 의미에서 비중립적이라고 주장했다. "사회과학은 사회적 삶에 대한 **실천적 개입**으로 구성되며, 또한 사회과학은 **논리적으로** 가치판단을 **수반한다**"(Bhaskar, 1983: 275~276). 바스카는 외부의 전문가가 사회적 행위자의 해석이나 설명을 정정할 수 없다고 생각해야 한다는 견해에 대해, 또한 이러한 해석이 사회적 지식에서 필요한 것의 전부라거나 사회적 지식은 이런 해석에 뿌리를 두어야 한다는 견해에 대해 비판적이었다. 그는 비판적 실재론을 위해 그러한 해석적 (또는 해석학적) 기초를 채택할 때, 행위나 발음의 의미와 그것을 수행하는 행위자의 의도를 구별하는 것이 중요하다고 주장했다(Bhaskar, 1983: 292). 이렇게 주장하면서, 바스카는 행위의 의미 – 특성에서 필연적으로 사회적인(아마도 그것들이 상호주관적이기 때문에) – 와 행위에 관한 믿음이나 행위에 부여하는 이유(동기) – 개인적인 – 를 구별했다. 기든스와 마찬가지로 바스카도 행위에 사용되는 지식(의미)과 행위를 촉발시키거나 합리화하는 믿음(동기)을 구별하는 것이 중요하다고 생각했다. 그러므로 사회과학자가 특정한 믿음이 그릇되었다는 것(그 믿음이 환상이라거나 부적절하다거나 오도적이라는 것)을 입증하는 그리고 사람들이 왜 그러한 믿음을 가지고 있는가를 입증하는 적절한 이론을 가지고 있다면, 그러한 믿음에 대한 비판을 제공할 수 있다. 그리고 이러한 그릇된 믿음을 제거하거나 변형하는 것을 합리적으로 겨냥한 행위를 제안할 수도 있다(Bhaskar, 1983: 298). 이러한 바스카의 입장은 하버마스와 페이가 옹호하는, 그리고 앞으로 논의할 렉스와 기든스가 옹호하는 입장과 분명히 중첩되는 부분을 가지고 있다. 이들은 모두 마르크스의 허위의식 개념에 공감하고 있다.

바스카의 비판적 실재론은 강력한 존재론적 요소를 포함하고 있으며, 그 결과 인식론보다 존재론에 우위를 부여한다. 그는 과학 지식이 가능하려면 세계의 구조가 어떠해야 할 것인가를 해명하고자 한다. 바스카는 사회구조들 – 사회적 지위를 차지하고 있는 사회적 행위주체들 사이의 관계로 이해되는 – 이 실재한다고 주장한다. 그러한 구조들은 사회적 활동에 영향을 행사하고 그런 점에서 행위를 가능하게 하면서 동시에 제약한다. 그렇지만 사회구조는 사회적 행위주체의 활동을 통해서만 재생산되며 – 존재를 지속하며 – 또한 변형

될 수 있다(Benton and Craib, 2001: 132). 이러한 구조를 모사하는 지식을 생산하는 것이 과학자의 임무이며, 과학자는 존재론적으로 층화된 실재를 점차적으로 드러냄으로써 이를 수행한다(Kivinen and Piiroinen, 2004). 세계에 존재하는 자동적인 것('있는 그대로의 객체')과 사람의 사유 속에 재생산한 타동적인 것('사유 속에 재구성한 객체')을 구별함으로써 바스카는 외부의 실재가 존재하고 이 실재에 대한 지식은 오류일 수도 있다는 주장을 할 수 있으며, 과학의 임무는 결정적인 진리의 추구가 아니라 실재에 대한 우리 해석의 개선이라고 주장할 수 있다.

하레의 일상생활발생학

하레는 오랫동안 자연과학에서 실증주의적 경험주의를 공격하고 그것에 대한 대안을 제시해왔다(Harré, 1970, 1972). 그런 다음 사회과학, 특히 심리학의 결함이라고 생각하는 것에 주목했다(예컨대 Harré, 1974, 1977, 1979, 1983, 1991을 볼 것). 이 기간에 걸쳐 그는 세계에 존재하는 것을 우리가 그것에 관해 알고 있는 것으로 환원할 수 없다고 주장함으로써 실재론적인 존재론을 고집했다. "우리는 세계와 세계에 대한 우리의 시식을 분리해야 한다" (Harré, 1998: p. ii).

하레에 따르면, 실재론적 자연과학이 수행하는 연구과정의 첫 번째 단계는 사건들의 비임의적인(non-random) 유형에 대한 비판적 서술을 '탐구(exploration)' ―상식적 관찰로 알아낸 것을 확장하는― 를 통해 만들어내고, 우리가 알고 있다고 생각하는 것의 진정성을 '실험(experiment)'을 통해 비판적으로 점검하는 것이다. 탐구를 수행할 때 과학자는 나아가야 하는 방향에 관해 어느 정도의 생각을 가지고 있을 수도 있지만, 예상하는 바에 대해서 그다지 명확한 생각을 갖지 못할 수도 있다. 이러한 비판적 서술의 단계는 경험적 연구로 불리며 이론적 연구로 이어진다. 이론적 연구는 경험적 연구에서 발견되는 비임의적인 유형들에 대한 설명을 만들어내고자 한다. 이 과정은 그 유형을 만들어내는 인과기제들 또는 발생기제들을 판별해내는 것에 의해 달성된다. 그렇지만 현상들이 유형을 형성하지 않는 것처럼 보이더라도 그것들은 상이하고 무관한 여러 기제들의 작동에 의해 산출될 수 있다(Harré and Secord, 1972: 69~71).

하레는 자연과학에 대한 자신의 실재론적 접근이 세 가지의 핵심 가정들로 구성된다고 요약했다(Harré, 1972: 91).

1. 일부의 이론적 용어는 가설적 실체를 가리킨다.
2. 일부의 가설적 실체는 존재 가능성을 갖는 후보들이다. 즉, 일부의 가설적 실체는 세계 속에 실재하는 사물, 성질, 과정일 수 있다.
3. 일부의 존재 가능한 후보는 실재한다. 그것들이 존재한다는 것을 증명할 수 있다.

그런데 일반적으로 인과기제들은 그것들이 설명하는 현상의 형태와 종류가 다르기 때문에, 이러한 기제들은 더 진전된 과학적 연구의 주제가 될 수 있다. 인과기제들의 작동 원리에 대한 설명은 새로운 모델을 정식화하는 등의 작업을 필요로 한다(Harré, 1970: 261).

하레는 창조적인 모델 구성 및 실체가 가진 힘과 성질의 판별이, 자연과학에서 그러하듯 사회과학에서도 방법의 핵심적인 부분이어야 한다고 주장했다. 하레에 따르면, 우리가 인간과학이 진보하지 못했다고 실망하는 것은 자연과학에 대한 그릇된 견해, 특히 실증주의자들이 제시하는 견해를 모방하는 데서 연유한다(Harré and Secord, 1972: 82).

내적 차이

하레의 자연과학철학과 바스카의 자연과학철학은 상당히 많은 공통점을 지니고 있다. 그렇지만 지난 20~30년에 걸쳐 그들은 사회적 삶의 존재론에 관해, 특히 사회구조들의 본성과 지위와 기원에 관해 견해가 다르다는 점을 보여주었다.[6] 바스카는 사회구조들이 중심적이며 인과적 역할을 수행한다고 강조한다. 사회구조는 사회적 행위자들 및 그들의 활동에 독립해 존재한다. 반면 하레에 따르면 사회구조는 사회적 활동과 밀접하게 관련되어 있으며, 인과적 효력은 갖지 않는다.

기든스의 **구조의 이중성** 개념과 일치하는 **비판적 실재론**은 사회구조들과 인간 행위주체가 담론적으로 관련되어 있다고 간주한다. 사람들은 사회구조들 안에서 행위하며 그 과정에서 사회구조들을 재생산하거나 변형한다.[7] 그렇지만 바스카에 따르면 사회구조들이 인간의 활동에서 생겨나는 것은 아니다. 그 구조들은 과거에 형성된 것이다. 인간 행위주체는 이미 존재하고 있는 구조들 위에서 행위 한다. 행위주체가 구조를 무(無)에서 창조하는 것은 아니다. 사회구조들이 존재하기 때문에 인간 활동이 일어날 수 있다. 사회구조들은 인간 활동을 가능하게 하면서 동시에 제약한다. 사회구조들은 관찰될 수 없지만, 그것들의 선(先)존재와 상대적으로 자율적인 지위에 의해 인간 활동에 영향력을 행사할 수 있다. 우리는 사회구조들이 결과를 만들어내기 때문에 그것들이 존재하고 있음을 알 수 있다. 그러므로 비판적 실재론자에 따르면, 사회구조들은 실재하며 인과적인 효력을 가지고 있다. 사회과학에서 사

---

6) 이 점은 Bhaskar(2002)에 실린 '비판적 실재론과 일상생활방법론'에 관한 그들의 논쟁에서 확실하게 드러난다.

7) 사회구조에 대한 기든스의 견해는 바스카의 견해와는 매우 상이하며, 하레의 견해와는 상당히 유사하다는 점을 지적하는 것이 중요하다(Varela and Harré, 1996).

회구조들이 수행하는 역할은 자연과학에서 인과기제가 수행하는 역할과 유사하다(Bhaskar, 1986: 108).

하레와 그의 동료들은 사회구조에 대한 이러한 견해에 도전했다(예컨대, Varela and Harré, 1996; Harré, 2002a, 2002b; Varela, 2002를 볼 것). 그들은 바스카의 사회구조들이 물상화라고, 즉 존재한다고 상정하는 추상화라고 주장한다. 그 구조들이 단지 추상화일 뿐이라면 그것들이 무엇인가를 수행할 수는, 즉 일이 발생하도록 원인 지을 수는 없다. 하레는 사회구조들의 존재를 부인하지는 않는다. 그는 단지 사회세계에서 그것들이 어떤 일이 발생하도록 원인 짓는다는 것을 인정하지 않을 뿐이다.

하레에 따르면, 사회구조는 사람들이 역할을 실행하고 행위를 수행할 때 사람들 사이를 연결하는 관계의 그물에서 생겨난다. "사회구조는, 그것들이 역할이든 행위이든, 이차적 형성체 또는 규칙과 관습과 협약에 따라 행위 하는 사람들이 수행한 활동의 생산물이다"(Harré, 2002a: 115). 어떤 일이 발생하게 만드는 것은 사회구조가 아니라 행위주체, 즉 개인과 집합체이다. "사람들은 사회세계를 창조하는, 즉 역사적으로 그들에게 전승되어온, 그리고 대부분의 경우 사회적 실천 속에 내재하는 규칙과 협약에 따라 사회구조들을 창조하는 유효한 행위주체들이다"(Harré, 2002a: 119). 하레는 규칙과 협약이 인과적 효력을 지니며 물상화하는 것도 마찬가지로 그릇되었다고 애써 지적한다. 규칙과 협약은 사람들이 특정한 방식으로 행위 하도록 촉진하거나 제약하지만, 하레에 따르면(Harré, 2002b: 144) 사람들이 사회세계에 존재하는 인과적 힘의 중심이다.

이 논쟁에는 다른 학자들도 이쪽 입장이나 저쪽 입장을 옹호하거나 약점을 극복하기 위한 수정을 제안하면서 참여해왔다(예컨대, King 1999; Lewis 2000; Carter, 2002; Varela, 2002를 볼 것). 우리는 6장에서 사회적 실재론의 양쪽 분파에 대한 더 일반적인 비판들을 살펴볼 것이다.

요약

현대의 과학철학을 지배하게 된 사회적 실재론은 실증주의와 비판적 합리주의를, 스스로를 과학자들이 실제로 수행하는 활동에 대한 정확한 반영이라고 주장하는 과학관으로 대체하고자 한다. 실재에 대해 실증주의가 옹호하는 견해 — 감각으로 지각할 수 있는 것에 기초한 — 는, 바스카에 따르면 실재의 한 영역, 즉 경험적인 영역에 지나지 않는다. 실재는 사람들이 경험하는 사건뿐 아니라 사람들이 경험하는가 여부와 관계없이 발생하는 사건, 그리고 그런 사건을 만들어내는 구조와 기제로 구성된다. 과학의 목표는 이러한 구조와 기제를 발견하는 것이며, 그 구조와 기제들 중 일부는 감각을 확장하는 도구를 사용해서 합리적으로 알려질 수도 있다. 그렇지만 접근 불가능한 기제들은 그것들에 대한 가설적인 모델을 만들어서 그것의 존재를 입증하는 증거를 찾아야 한다. 사물들의 인과적 힘이나 본질적 성질로서의 구조와 기제는 그것들이 만들어내는 사건들과 구별된다. 구조들과 기제들은 실재의 '더 심층적인' 수준에 존재하며, 서로 상쇄하도록 작동하면서 어떠한 관찰 가능한 사건도 만들어내지 않을 수도 있다. 그러므로 실증주의에서 강조하는 사건들의 항상적 결합은 단지 관찰한 규칙성들일 뿐이며, 그것들을 연결하는 구조들과 기제들을 확인함으로써 설명되어야 한다.

그러나 사회적 실재론의 옹호자들은 사회구조들과 기제들의 존재론적 지위에 관해 상이한 견해를 제시하고 있으며, 이것은 이 연구 패러다임의 두 가지 변형, 즉 구조주의적 견해와 구성주의적 견해로 나타나고 있다.

현대의 해석학

4장에서 고전적 해석학을 검토하면서 우리는 해석학에서 객관적 해석이 가능한가에 관한 주장에 따라 대립되는 두 가지 입장으로 나뉜다고 지적했다. 슐라이어마허와 딜타이의 견해에 기초한 한쪽 입장은 해석학을 해석의 일반적인 방법론적 원리로 삼고자 했다. 이들 두 옹호자는 인간의 실존을 넘어서서 인간의 실존 외부에 있는 역사와 사회적 삶에 대한 객관적 이해를 확립하고자 했다. 하이데거의 연구에 기초한 다른 쪽의 입장은 해석학을 자연에 대한 철학적 탐구로, 모든 이해에 필수적인 것으로 간주했으며, 또한 객관적으로 타당한 해석을 불가능한 것으로 보았다. 그 입장에서는 역사와 문화를 벗어난 이해는 존재하지 않는다고 주장한다. 즉, 이해는 일상적인 인간 실존의 중요한 부분이며, 따라서 전문가의 직무가 아니라 보통 사람의 일이라는 것이다.

두 전통의 지속

고전적 해석학에서 형성된 이 두 가지 전통은 지속되어왔다. 슐라이어마허와 딜타이에서 기원한 전통은 에밀리오 베티(Emilio Betti)가 계승했으며, 하이데거가 발전시킨 전통은 한스-게오르크 가다머(Hans-Georg Gadamer)와 폴 리쾨르(Paul Ricoeur)가 확장했다. 이탈리아의 법역사학자인 베티는 해석은 저자가 의도했던 의미를 재구성하는 것이라 주장했다(Betti, 1962). 그는 인간의 해석에 포함된 주관성을 배제하지는 않았지만, 해석자는 연구하고 있는 텍스트에 자리 잡은 낯선 주관성을 통찰해낼 수 있어야 한다고 주장했다. 해석자는 "정확한 해석과 그릇된 해석을, 즉 한 유형의 해석과 다른 유형의 해석을 구별하는 규범을 원한다"(Palmer, 1969: 59). 텍스트는 그 자체의 자율성을 가진 것으로, 그리고 우리에게 이야기할 어떤 것 — 우리가 이해하는 행위에 독립적인 — 을 가진 것으로 간주된다. 역사에 대한 연구는 현재의 역사학자가 지닌 관점을 벗어나서 객관성으로 돌아가야 한다.

이와 대조적으로, 가다머는 객관적인 역사적 지식의 추구를 '객관화하는 사유의 환상'으로 간주했다. 그는 '객관적으로 타당한 해석'의 추구를, 역사를 외부의 어떤 관점에서 이해할 수 있다고 상정하는 것이기 때문에, 순진한 발상이라고 지적했다(Palmer, 1969: 46). 베티의 비판에 대한 응답으로 가다머는 자신은 인식론이 아니라 존재론에 관심을 가지고 있다고, 즉 방법의 문제들을 다루는 것이 아니라 모든 방식의 이해가 공통적으로 가지고 있는 것을 확인하고자 한다고 주장했다. 이들 두 입장을 분리하는 기본 쟁점, 즉 객관성이 가능한가라는 쟁점은 사회연구자에게 특히 곤혹스러운 것으로 해석학과 해석주의의 많은 연구자의 작업에서 나타나고 있다.

가다머의 지평들의 융합

가다머가 사회과학을 위한 해석학적 방법을 한층 더 발전시키는 데 특별히 관심을 둔 것은 아니었으며, 또한 그가 텍스트의 해석에 특별히 관심을 가진 것도 아니었다. 오히려 그는 세계에 대한 모든 인간적 경험에 관심을 가졌으며 모든 이해 양식과 공통되는 것에 관심을 가졌다. "우리가 서로를 경험하는 방식, 우리가 역사적 전통을 경험하는 방식, 우리가 자연적으로 주어진 우리의 실존과 우리의 세계를 경험하는 방식은 진정으로 해석학적인 우주를 구성한다"(Gadamer, 1989: xiv). 그는 이해의 과정 자체에 초점을 맞추고자 했으며, 이를 위해 세 가지 문제를 다뤘다. '이해'는 어떻게 가능한가? '이해'는 어떤 종류의 지식을 만들어낼 수 있는가? 이 지식의 지위는 무엇인가? 그는 이 의제들이 방법론적인 것이기보다는 철학적인 것이라고 생각했다.

가다머가 보기에, 이해에서 핵심적인 것은 '역사적 전통'에 대한 파악, 즉 특정한 시간과 특정한 장소 — 예컨대 그 속에서 어떤 텍스트를 저술한 — 에서 세계를 이해하고 보는 방식이다. 그 방식은 텍스트가 우리에게 이야기하도록 허락하는 태도를 받아들이지만, 동시에 전통 — 그 속에 텍스트가 위치하고 있는 — 을 다른 근원들로부터 '발견해야' 할 수도 있다는 것을 인식해야 한다는 의미이다. 가다머에 따르면, 해석학은 하나의 텍스트를 그 자체의 관점에서 분석하는 것을 넘어서 텍스트를 그것의 역사적 맥락에 위치 짓는 데까지 나아간다. 그 목적은 단순한 단어들을 넘어서서 그것들을 '듣는 것'이다.

> 해석은 …… 의도된 의미를 언급하는 것이 아니라, 숨겨진 그래서 밝혀져야 할 의미를 알아내는 것이다. 그러므로 모든 텍스트는 납득 가능한 의미를 제시할 뿐 아니라, 여러 측면에서 드러내야 한다. …… (역사학자는) 언제나 텍스트와 그것들이 표현하는 의미의 배후로 돌아가서, 그것들이 부지불식간에 표현하는 실재를 탐구할 것이다. …… 다른 모든 것과 마찬가지로, 텍스트는 해설을 필요로 한다. 즉, 그것들이 말하는 것에 입각해서 이해해야 할 뿐 아니라 그것들이 입증하는 것에 입각해서 이해해야 한다(Gadamer, 1989: 300~301).

인류학이나 사회학 같은 학문분과의 맥락에서 본다면, '역사적 전통'은 '문화'나 '세계관'으로 번역될 수 있고 '텍스트'는 사회적 참여자들 사이에서의 또는 참여자들과 연구자 사이에서의 대화의 기록으로 번역될 수 있다. 가다머의 입장은 우리에게 이야기되는 것을 넘어서 그것을 이야기하는 동안 당연한 것으로 받아들이는 것을 살펴보라고 요구한다.

가다머의 접근에서 또 다른 중요한 특징은, 다른 전통이나 문화의 산물을 이해하는 과정을 해석자가 위치하고 있는 문화에서 분리할 수 없다는 인식이다. 가다머는 인간의 행위에 대한 '객관적인' 해석을 만들어내려는 딜타이의 시도에 비판적이었다. 오히려 해석자의 임무는, 문제 – 텍스트는 이것에 대한 답이다 – 를 이해하려는 목적에서, 텍스트(역사적인 또는 당대의 사회적 사건)를 대화 속에 끌어들이는 것이다(Gadamer, 1989: 334). 그렇지만 문제를 재구성하기 위해, 해석자는 본래의 역사적 '지평'을 넘어서 자기 자신의 '지평'을 포함시키는 데까지 나아가야 한다.

하나의 텍스트나 역사적 행위를 해석자의 의미 지평 내부에서부터 접근해야 하며, 이 지평은 행위나 텍스트의 지평과 융합될 때 확대될 것이다. 가다머에 따르면, 이해의 과정은 해석자 자신의 의미 지평이 다른 지평과의 해석학적 대화 – 질문과 답변의 변증법을 통한 – 의 결과로 변화하는 '지평들의 융합'을 포함한다. 해석자는 텍스트를 대화에 끌어들이는데, 이것은 텍스트와 해석자 모두를 변형시키는 과정이다. 해석자의 답에 대한 예상은, 텍스트에 남겨진 전통에 대해 개방적 태도를 가지고 있기 때문에, 어느 정도의 역사의식을 획득한다는 것을 상정한다. 해석자는 편견 없이 개방적인 정신을 가지고 텍스트에 접근함으로써, 그 텍스트가 '정말로 의미하는 것'을 찾아내려고 하는 것이 아니다. 해석자는 알고 있는 사람이라기보다는 경험하는 사람이며, 다른 전통은 바로 이러한 경험을 하는 사람에게 자신을 개방하는 것이다.

가다머에 따르면, 해석학은 우리에게 친숙한 한쪽의 세계와 다른 쪽의 의미 – 낯선 세계에 자리하고 있는 –를 연결하고자 한다. "이해는 재구성이 아니라 매개이다. …… (그것은) 본질적으로 과거의 의미를 현재의 상황으로 매개하거나 번역하는 것이다. …… (그것은) 사건, 즉 역사 자체의 운동으로 해석자와 텍스트 그 어느 것도 자율적인 부분들로 생각할 수 없다"(Linge, 1976: xvi). 다른 지평과 충돌함으로써 해석자는 자신에게 깊숙이 자리 잡고 있는 가정들을, 즉 자신이 인식하지 못했을 수도 있는 자신의 편견이나 의미 지평을 깨닫게 될 수도 있다. 또한 당연한 것으로 받아들여지는 가정들에 비판적인 자아의식을 제기할 수 있고 진정한 이해가 가능해질 수 있다. 해석자는 단순히 텍스트 안에 있는 것을 읽지 않는다.

> 오히려 모든 읽기는 응용을 포함하고 있으며, 따라서 텍스트를 읽는 사람은 그 자신(원문 그대로)이, 그가 파악하는 의미의 일부분이다. 그는 그가 읽고 있는 텍스트에 속한다. …… 그는 미래의 세대가 지금 그가 텍스트에서 읽은 것을 다르게 이해할 것이라는 사실을 인정할 수 있으며, 실제로 인정해야 한다. 그리고 모든 독자에게 참인 것은 역사학자에게도 참이다. 역사학자는 역사적 전통의 전체에 관심이 있는데, 역사학자가 그 전통을 이해하고자 한다면 그 전통 전체에 자신의 현재 존재를 결합해야 하며, 이런 식으로 그는 미래에 대한 개방성을 유지한다(Gadamer, 1989: 304).

가다머는 다른 사람이 말하는 것을 이해하는 행위는 그 사람의 머릿'속으로 들어가서' 그 사람의 경험을 상상으로 재현하는 일이 아니라고 주장했다. 언어가 이해의 보편적인 매개물이기 때문에, 이해는 언어들의 번역과 관련된다. 그렇지만 "모든 번역은 동시에 해석이다"(Gadamer, 1989: 346). 모든 대화는 두 화자가 동일한 언어를 구사하며 서로가 말한 것을 이해한다고 전제한다. 그러나 해석학적 대화는 보통 상이한 언어들 – 우리가 일반적으로 '외국'어로 간주하는 것에서부터 세월의 흐름에 따른 언어의 변화에서 비롯된 차이에 이르기까지의 또는 방언에서의 변이에 이르기까지의 – 사이에서 일어난다. 해석학적 과제는 다른 언어를 정확하게 익히는 것이 아니라 상이한 언어들 사이를 매개하는 것이다. 따라서 지평들의 융합으로서의 이해는 언어를 통해 일어난다. 언어는 과거와 현재의 매개, 침투 그리고 변형을 허용한다. 그것이 두 사람 사이의 대화이든 해석자와 텍스트 사이의 대화이든 이해는 공통의 언어를 창조해야 한다.

사람들이 집단에 소속되는 것과 동일한 방식으로, 그들은 또한 언어와 역사에 소속된다. 그들은 언어와 역사에에 참여한다. 결국 언어는 우리들 모두가 일상에서 참여하는 해석의 경기이다. 그러므로 언어는 우리에게 특정한 경험을 이해할 수 있도록 해줄 뿐 아니라 경험이 일어나는 세계를 이해할 수 있도록 해준다. 가다머는 심지어 우리는 우리가 사용하는 언어의 세계로부터 다른 언어의 세계를 파악할 수 있다고 주장했다.

리처드 킬민스터(Richard Kilminster)는 해석학에 대한 가다머의 견해를 다음과 같이 요약했다.

> 가다머에게 이해는 이해(verstehen)라는 특별한 방법이 아니라 인류의 존재론적 조건이다. 다른 시대에 쓰인 텍스트들을 해석할 때, 우리가 편견이나 선(先)이해 없이 그것들에 접근할 수는 없다. 왜냐하면 우리가 전통으로부터 벗어나서 텍스트의 주제로 들어갈 수는 없기 때문이다. 텍스트를 통해 연구되는 전통과 해석자 둘 모두 자체의 '지평'(가다머의 용어로)을 포함하고 있으며, 그러므로 해석학적 탐구의 과제는 자기 자신의 지평을 텍스트와 관련된 지평과 통합해서 '지평들의 융합'을 만들어내는 순환적인 과정이다. 이는 끝없는 과정으로, 이 활동을 통해 우리는 우리의 선이해를 검증하고, 그렇게 해서 과거에 대한 그리고 우리 자신에 대한 우리의 이해를 지속적인 과정 속에서 변화시킨다(Kilminster, 1991: 104).

리쾨르의 탈맥락화한 담론

1960년대와 1970년대에 주로 저술 활동을 한 프랑스 철학자 리쾨르는 하이데거와 가다머의 해석학을 더욱 발전시켰다. 그의 공헌은 그가 활동하는 동안 점차 증가했으며 담론의 의미론에 대한 정식화에서 절정을 보였는데, 그 의미론은 텍스트 개념에 집중된 일반적인 해석 이론에 기초를 제공한다.

그의 해석 이론은 몇 가지 철학적 문제에 대한 답변을 제공하면서, 사회과학 방법론에서의 수많은 논쟁에 해결책을 제공한다(Thompson, 1981a: 70).

베버와 마찬가지로 리쾨르는 사회과학의 중심적인 관심사는 의미 있는 사회적 행위라고 상정했다. 그는 그러한 사회적 행위가 텍스트의 본질적인 특징을 공유하고 있으며, 따라서 일반적인 해석 이론 안에 포함될 수 있다고 주장했다. 그는 텍스트를 저술 속에 고정된 담론이라고 정의했다. 이 담론은 발화(發話)될 수 있지만, 저술의 형식이 발화를 대신한다. 발화는 텍스트가 판별해내는 상황에서 발생한다. 독자는 대화 속의 타자를 대신하는데, 이는 저술이 발화와 화자를 대신하는 것과 똑같다. 그렇지만 가다머와 달리 리쾨르는 읽기를 저자와의 대화라고 말할 수 없다고 주장했다. 왜냐하면 텍스트와 독자의 관계는 대화에서 두 화자가 처한 관계와 다르기 때문이다.

> 대화는 질문과 답의 교환이다. 저자와 독자 사이에는 이러한 종류의 교환이 존재하지 않는다. 저자는 독자에게 반응하지 않는다. 오히려 책은 쓰는 행위와 읽는 행위를 양쪽으로 나누어놓는데, 이 행위들 사이에서는 의사소통이 존재하지 않는다. 독자는 쓰는 행위에서 빠져 있고 저자는 읽는 행위에서 빠져 있다. 그러므로 텍스트는 독자와 저자의 이중적인 은폐를 낳는다. 이러한 행위에 의해 텍스트는 대화관계 — 한 사람의 목소리를 다른 사람의 청취에 직접 연결하는 — 를 대신한다(Ricoeur, 1981: 146~147).

리쾨르는 언어가 주체를 지니고 있지 않다고, 즉 아무도 그것을 발화하지 않는다고 주장했다. 언어는 시간의 밖에 있으며 세계를 갖지 않는다는 것이다. 반면 담론은 시간 속의 사건으로, 여기서는 화자가 발화할 때 무엇인가가 발생한다. 발화되는 담론 속에서 참여자들은 사회적으로 위치 지어지며 그들의 대화는 그들의 세계에 있는 무엇인가에 관한 것이다. 그렇지만 텍스트의 경우,

저자와 독자는 공통의 세계를 공유하지 않는다. 그러므로 이것은 "텍스트를, 말하자면 '공중에', 즉 세계의 밖에 또는 세계가 없이 방치한다"(Ricoeur, 1981: 148). 텍스트는 발화되는 담론으로부터 간격을 만들어낸다.

리쾨르는 이러한 '간격화(distanciation)'가 발생하는 여러 방식을 제시했다. 담론을 저술 속에 위치시키는 행위는 발화되는 것의 의미를 발화하는 주체의 의도에서 분리한다. 그런 다음 발음의 의미가 독자적으로 자리 잡는다. 발화되는 담론에서는 화자의 의도와 발화되는 것의 의미가 흔히 겹쳐지지만, 텍스트의 의미는 저자가 의도한 의미와 더 이상 일치하지 않는다. 발화되는 담론에서는 화자가 청자에게 말을 걸지만, 저술되는 담론은 알려지지 않은 청중에게, 그리고 읽을 수 있는 모든 사람에게 제출된다. "따라서 텍스트는 그것이 생산되는 사회역사적인 조건들로부터 스스로를 '탈맥락화하며', 무제한적인 읽기들에 스스로를 개방한다"(Thompson, 1981a: 52). 게다가 발화되는 담론에서의 경우와 달리 텍스트는 준거들의 측면에서도 제한적이지 않다.

이러한 간격화의 한 가지 결과는 하나의 텍스트에 대해 여러 해석이 가능하다는 것인데, 리쾨르에 따르면 그 해석이 동일한 지위를 갖지는 않을 것이다. 그 해석들이 상충한다면, 그것들 사이에서 어떤 해석을 선택할 것인가라는 문제가 발생한다. 정확한 이해를 찾아내는 문제는 저자의 의도로 추정되는 것을 탐색해서는 해결될 수 없다는 것이 리쾨르의 결론이다. 저자의 의도가 특권적인 역할을 갖지 않는다는 것이다. 그렇다면 그 문제는 어떻게 해결될 수 있을까? 열등한 해석은 논증과 논쟁이라는 합리적 과정에 의해 소거된다(Thompson, 1981a: 53).

리쾨르에 따르면, 읽기는 독자 자신의 담론을 가지고 텍스트에 대한 담론에 합류하는 것이다. 읽기의 개방성 때문에 텍스트는 이 과정에서 새로워지며 해석이 성취된다. 이 과정에서는 독자의 자기해석이 수반된다. 독자의 자기해석은 '전유(appropriation)', 즉 처음에는 생소했던 것을 자신의 것으로 만드는, 저자와 독자 간에 지평들의 수렴을 통해서 이루어진다. 전유는 그것을 통해 새로운 '삶의 형식'(비트겐슈타인의 용어로), 또는 '존재양식'(하이데거의 용어로)이 드러남으로써 독자에게 그 자신을 알 수 있는 새로운 능력을 부여하는 과정이다.

텍스트에 대해 이러한 견해를 취함으로써 리쾨르는 딜타이가 구체화하고 베버가 다루었던 이해와 설명의 대립에 관해 대안적인 견해를 발전시킬 수 있었다. 리쾨르는 해석학을 텍스트를 만들어내는 창조 과정을 재생산하려는 시도로 보는 딜타이의 견해를 거부하고, 이러한 견해는 해석의 객관적 논리를 획득하려는 딜타이의 다른 관심과 일치하지 않는다고 주장했다. 대신 그는 발화와 텍스트를 구별함으로써 두 가지 가능성이 생겨난다고 주장했다. 첫째, 우리는 독자로서 저자도 갖지 않고 세계도 갖지 않은 것으로 텍스트를 간주하면서 텍스트를 그것의 내적 관계, 즉 그것의 구조에 입각해서 설명할 수 있다. 또는 둘째, 우리는 텍스트를 기록된 발화로 간주하고 그 관점에서 그것을 해석할 수 있다. 첫째의 경우 텍스트는 언어(langue)로 간주되고 언어학의 **설명** 규칙에 따라 취급된다. 반면 둘째의 경우, 그것은 발화(parole)로 간주되고 해석된다.

리쾨르는 이러한 구별이 설명과 이해를 결합하는 방식을 제공해줄 것으로 믿었다. 폐쇄된 체계로서의 언어의 구조에 대한 분석은 일종의 설명을 제공하는 반면, 발화로서의 텍스트에 대한 심층적 해석은 이해를 제공한다. 그는 이해를 구조적 분석으로 환원할 수 없다고 주장했다. 이해는 텍스트에 대해 다른 태도, 즉 그 속에 숨은 것으로 보이는 것에 관심을 갖는 것이 아니라 텍스트가 가리키고 있는 것에 관심을 갖는 태도를 요구한다는 것이다.

존 톰슨(John B. Thompson)은 행위를 텍스트로 인식하자는 리쾨르의 제안을 불만족스러운 것으로 생각했다. 이를테면, 톰슨은 리쾨르가 행위의 의미를 행위 수행이라는 사건에서 분리할 수도 있다는 생각을 명확하고 설득력 있게 옹호하지 못하고 있다고 지적한다. “왜냐하면, 행위의 의미는 그것에 대한 서술과 연결되어 있으며, 우리가 행위를 어떻게 서술하는가는 상황적 고려에 의해 깊이 영향을 받기 때문이다”(Thompson, 1981a: 127). 톰슨은 사회적 행위를 해석할 때 그 사회적 행위의 참여자들(저자들에 해당하는)이 특권을 갖는 것은 아니라는 리쾨르의 주장을 거부했다.

> 왜냐하면 평범한 행위자들의 일상적인 서술과 외부 관찰자들의 이론적인 설명 간의 관계와 관련된, 그리고 외부 관찰자의 설명과 사회세계의 성찰적이고 지식 있는 행위주체가 추구하는 후속의 행위 과정 간의 관계와 관련된 방법론적 문제들이 있는 것은 바로 동시대 사람들이 특권적 지위를 갖기 때문이다(Thompson, 1981a: 127).

리쾨르는 사회구조를 무시하는 행위이론의 한계를 깨닫고 있었지만 행위와 사회구조 간의 관계에 대한 적절한 설명을 제공하지는 못했다는 것이 톰슨의 주장이다. 해석적 기초나 해석적 편향을 갖는 사회과학철학 모두가 그러하듯, 리쾨르는 “경험적 학문분과들의 연구 결과를 객관적인 사회적 조건의 결정에 대한 증거로 간주하지 않고, 주관성이라는 숨겨진 영역의 징후적 징표로 환원하는” 경향이 있었다(Thompson, 1981a: 129).

요약

현대의 해석학은 고전적 해석학의 두 전통을 더욱 발전시켰지만, 여기서는 하이데거가 기초를 마련한 한 가지 전통을 주로 살펴보았다. 가다머는 텍스트의 저자가 의도한 의미 또는 ‘실질적’ 의미를 찾는 대신, 텍스트를 대화 속에 참여시켜야 한다고 주장했다. 이해는 텍스트와 해석자의 ‘지평들의 융합'을 포함하며, 이것은 해석자의 지평이 변화하고 텍스트가 변형되는 과정이다. 그것은 언어들의 매개와 번역을 포함한다. 상이한 시기의 상이한 해석자들은 상이한 이해를 만들어낼 것이다.

해석학적 전통의 선배들과 달리 가다머는 방법론적 문제에는 관심을 갖지 않았다. 오히려 그는 자신의 철학적 해석학의 과제가 존재론적인 것이라고, 즉 모든 양식의 이해들 — 그것들이 과학적인 것이거나 일상적인 것이거나 — 의 아래에 자리하고 있는 근본적인 조건을 다루는 것이라고 생각했다. 그는 지식을 획득하는 방법이 아니라 문학적이거나 역사적인 텍스트의 해석자들에게 요구되는 개방성에 관심을 가졌다. 가다머의 해석학은 항상 변화하는 세계 — 사람들이 그 속의 참여자들인 — 를 '실재'로 취급한다. 그는 사람들의 개인적·주관적 의미가 아니라 그들이 다른 사람들과 공유하는 의미에 관심을 가졌다. 그는 '객관성'과 '진리'에 대한 전통적인 견해에도 관심을 갖지 않았다. 가다머에 따르면 공유한 의미는 '객관적'이며, 그 의미의 '진리'는 의사소통할 수 있다. 그는 '과학적 방법이 통제하는 영역을 넘어서는 진리의 경험 — 그것을 어디에서 발견하든 간에 — 을 추구하고자 했다(Gadamer, 1989: p. xii).

리쾨르는 언어와 담론, 즉 텍스트에 대한 구조주의 언어학의 객관적 연구와 텍스트에 대한 해석적 연구를 구별했다. 그는 텍스트가 발화되는 담론에서 간격을 창출한다고 주장하면서 가다머의 입장을 발전시켰다. 텍스트는 사회적 맥락을 갖지 않고 알려진 독자를 갖지 않기 때문에, 그리고 독자와 저자 사이에는 대화가 가능하지 않기 때문에 다양한 방식으로 읽힐 수 있다. 해석은 텍스트가 나타내는 것을 되찾는 독자가 얻어내며, 그 과정에서 독자는 자기해석을 성취한다. 사회적 행위도 탈맥락화될 수 있으며 또한 다양하게 해석될 수 있다. 열등한 해석은 논쟁에 의해 소거될 수 있다.

구조화이론

구조화이론은 사회이론 및 방법론에 대해 기든스가 주창한 현대적 접근이다. 이 이론은 해석학, 현상학, 일상생활방법론, 해석적 사회과학 그리고 특히 슈츠, 가핀켈, 윈치, 가다머, 하버마스에 의지하고 있다. 존재론과 인식론의 측면에서 구조화이론은 **관념론적** 존재론에, 비록 **미묘한 실재론적** 존재론과 일치하는 측면들이 있기는 하지만, 기초하고 있으며 확실하게 **구성주의**의 인식론을 채택한다.

"구조화 이론은 사회적 실재에 관한 일반화를 진전시킨다는 의미에서 모든 것에 '대한' 이론이 되겠다는 의도를 가진 것은 아니다"(Giddens, 1991: 204). 오히려 그 이론은 사회적 분석의 몇 가지 기본적 전제들, 특히 인간의 사회적 활동에 대한 연구를 위한 존재론적 틀을 재구성하려는 시도이다. 기든스는 10년 넘게 사회과학에서 실증주의와 실증주의의 이론적 동반자 – 파슨스의 구조기능주의 – 를 공격하고 대안적인 존재론적 틀을 제안했는데, 이것은 그의 『사회의 구성(The Constitution of Society)』(1984)에서 절정을 보였다.

그의 수많은 저작에서, 기든스는 자신이 생각하기에 오늘날 사회과학이 직면한 두 가지의 가장 중요한 이론적 딜레마를 판별해냈다. 첫 번째 딜레마는 이 장과 앞 장에서 논의한 기저의 주제, 즉 자연과학과 사회과학의 관계라는 문제이다. 두 번째 딜레마는 개인과 사회 사이의 관계, 즉 '행위주체'(또는 행위)와 '구조' 사이의 관계, 다시 말해 인간 행위에 대한 결정론적 이론과 자원론적 이론의 관계와 관련되어 있다.

합의정통의 대체

기든스는 첫 번째 딜레마와 관련해서, '해석학적 지식에 근거한 사회이론'

의 발전을 옹호하는 주장을 제시하며 1950년대와 1960년대 사회학을 지배했던 '합의의 정통'이 소멸함으로써 생겨난 간격을 메우고자 했다. 이 합의의 지적 줄기는 19세기까지 거슬러 올라갈 수 있으며, 자연과학과 사회과학에 대한 실증주의적 견해와 사회이론에 대한 기능주의적 견해에서 그 절정에 도달했다. 기든스는 합의정통의 붕괴가 사회과학 전체는 물론, 문학비평에서부터 과학철학에 이르기까지의 다른 학문분과들의 공통된 이론적 관심에 조명을 가했다고 지적했다.

사회과학을 재설계하는 데 필요한 방식에서 자신이 가진 견해의 배경으로, 기든스는 자연과학과 사회과학의 관계에 관해, 그리고 실증주의와 해석주의의 관계에 대해 많은 점을 주장했다. 사회학은 미숙한 자연과학이라는 견해(Merton, 1957)에 반대하며, 그는 사회과학이 "자연과학만큼 오래되었고, 두 과학 모두 유럽의 후기 르네상스시대에까지 거슬러 올라갈 수 있으며, 뚜렷하게 '근대적인' 형식을 갖는다"라고 주장했다(Giddens, 1979: 241). 두 과학의 발전은 균등하지 않았지만, 사회과학은 자연과학이 이미 성공적으로 걸어간 길을 따라가거나 초보적인 단계에 머물러 있는 것은 아니었다. "사회과학은 자연과학이라는 맵시 있는 순양함을 칙칙폭폭 소리를 내며 쓸데없이 뒤따르는 보잘것없는 뜨내기 기선이 아니다. 두 과학이 공동의 항해 절차를 아무리 많이 공유한다고 해도 대체로 둘은 상이한 바다를 항해할 뿐이다"(Giddens, 1987: 18).

사회과학의 합의정통에 대한 기든스의 비판은 사회적 법칙의 본성, 일상언어의 역할, 비판적 사회과학관과 계시적 사회과학관의 관계, 서술과 설명 사이의 구별, 그리고 적절한 행위이론의 필요 등을 다루었다. 첫째, 자연과학에서의 법칙과 사회과학에서의 법칙의 차이라는 쟁점이다. 아무리 많은 양의 자료를 축적하더라도 그것으로 경쟁하는 두 이론 가운데 어느 이론을 수용할 것인가 또는 기각할 것인가를 결정할 수는 없다는 점은 이제는 널리 받아들여지고 있다. 이는 사실에 의한 이론의 미결정의 원리로 알려져 있다. 대부분의 사회과학에서 발견되는 미결정의 수준은 대부분의 자연과학에서 발견되는 수준보다 더 높을 것이다. 그러한 이유들 가운데는 "반복 관찰의 어려움, 실험 가능성의 상대적 결여, 그리고 전체 사회를 다루는 이론과 관련된 비교분석을 위한 '사례'의 부족 등"도 있다(Giddens, 1979: 243). 그런데 자연과학의 법칙과 사회과학 법칙의 논리적 형식에는 근본적인 차이가 있다. 기든스에 따르면 자연과학에서 법칙은 특정한 경계조건이 작동할 경우 일반적으로 변하지 않는 것으로 간주된다. 그렇지만 일반화가 시간과 공간에 의해 제약되는 사회과학에서는 그렇지 않다. "사회과학에서는 법칙과 관련된 경계조건들이, 주어진 제도적 맥락에서, 행위자들이 자신의 행위의 환경에 관해 가진 지식을 기본 요소로 포함하고 있기" 때문이다(Giddens, 1979: 244). 이 지식은 변화할 수 있는데, 법칙 자체에 대한 지식의 영향으로 변화할 수도 있다. 합의정통에 따라 사회학은 자연과학에 적용된다고 추정되는 법칙과 동일한 논리형식의 법칙을 추구하게 되었다.

둘째, 또한 합의정통은 언어를 세계를 서술하기 위한 매체로 보는 전통적인 언어관을 받아들였다. 이 견해에 따르면, 언어의 기본 특징은 실재 세계의 객체와 일대일 대응관계를 갖는다. 즉, 언어가 실재의 측면에 상응하는 그림을 제공한다고 간주한다. 그렇지만 서술은 언어가 할 수 있는 일 가운데 하나일 뿐이다. 언어는 사회적 삶의 매체이기도 하며 그러므로 사회적 행위자들이 참여하는 모든 활동에서 중심적인 요소이다. 전통적 견해에 따르면, 우리는 일상적인 삶에서 나타나는 언어의 모호함과 부정확함보다 학문적 언어에서 가능하다고 여겨지는 정확성을 선호한다. 그런데 기든스에 따르면 일상언어와 기술적 언어의 관계는 사회과학에서 중심적인 문제이다. 기든스는 모든 사회과학이 일상의 개념에 기생한다는 입장을 보인다(Giddens, 1987: 19).

합의정통의 세 번째 특징은 계시적 과학관(revelatory view of science)을 따른다는 점이다. 여기서는 과학이, 일상의 지식에서 얻을 수 있는 것보다 더 심원한 설명을 제공함으로써 자연세계에 관한 상식적 믿음을 탈신비화하는 것으로 간주된다. 그렇지만 이 원리에 기초한 사회과학에 대해 보통 사람들은 자주 "우리가 이미 알고 있는 것을 단지 허세 부리는 언어를 사용해서 서술한다"라고 비판해왔다(Berger, 1963: 34). 기든스는 사회과학에 대한 이러한 계시적 견해를 거부하고 사회과학에 대한 보통 사람들의 비판을 진지하게 받아들였다.

넷째, 기든스(Giddens, 1987: 18)는 자연과학과 사회과학을 구별하기 위해 사용해왔던 설명과 이해 사이의 대립 또한 거부했다. 오히려 그는 인간의 사회적 활동의 특징에 관한 상이한 견해에 입각해서 사회이론을 재고하는 과정을 자연과학의 논리적 형식에 대한 재고와 함께 진행해야 한다고 생각했다. 그는 딜타이나 윈치나 하버마스가 그랬던 것처럼, 자연과학에 대해서는 실증주의적 견해를 유지하면서 사회과학을 위해서는 해석학적 기초를 옹호하는 방식은 더 이상 적절하지 않다고 주장했다. 자연과학과 사회과학은

> 완전히 분리된 노력이 아니라, 일련의 공통된 문제에서 자양분을 얻는다. 왜냐하면 자연과학에 대한 철학적 이해에서 해석학적 질문이 필수요소라는 점이 분명해진 것과 마찬가지로, 사회과학에서 인과분석을 배제하는 견해의 한계 역시 명백해졌기 때문이다. 우리는 자연과학과 사회과학을, 그것의 특징을 분리해서 결정하고 그다음에 결합하고 비교할 수 있는, 독립적으로 구성된 두 가지 형태의 지적 노력으로 취급할 수 없다(Giddens, 1979: 259).[8]

---

8) Keat and Urry(1975, 1982) 그리고 Giddens(1977a)는 자연과학 공동체의 성원들 사이에서 의사소통이 일어나는 한 자연과학들도 '이해'나 '해석'과 관련을 갖는다고 주장했다. 그렇지만 '이해'라는 개념을 이렇게 사용하는 것은 오해를 낳는다. 왜냐하면 자연과학 공동체의 성원과 그들의 연구 대상들 사이의 관계는 대화적인 것이 아니라 독백적인 것이기 때문이다. 자연과학의 연구 대상은 과학자들이 그 대상들과 맺는 관계에 참여할 수 없다

구조의 이중성

사회이론과 방법론을 재구성하면서 기든스는 가다머의 해석학에, 특히 '지평들의 융합'에 기초한 이해라는 생각에 크게 의존했다. 그러나 가다머와 달리, 그는 해석학이 설명의 기초를 제공한다고 생각했고 또한 상대주의의 문제를 피하기 위해 노력했다. 기든스는 여러 분파의 해석학과 해석주의가 사회과학의 논리와 방법을 명확하게 하는 데 유용하게 기여했다고 주장하면서도, 해석주의의 한계를 넘어서기 위해서 해결해야 할 세 가지 문제를 지적했다. 첫째, '행위' 개념 및 그것과 연관 있는 의도, 이유, 동기 등의 개념을 명확히 해야 한다. 둘째, 행위이론을 제도적 구조의 속성에 대한 분석과 연결해야 한다. 셋째, 사회과학방법의 적절한 논리를 발전시켜야 한다. 그리고 이에 덧붙여, 합의정통의 장점 가운데 하나인, 이러한 사회적 행위의 예상하지 않은 조건과 의도하지 않은 결과에 대한 일차적 관심을 통합해야 한다.

기든스의 이론은 사회의 생산과 재생산이 사회행위자의 숙련된 성취라고 강조한다는 점에서 합의정통과 뚜렷한 차이가 있으며, 일상생활방법론과 유사하다. 사회는 "그 성원들의 활동적인 사회구성 기술에 의해 생겨나지만, 그 성원들은 역사적으로 위치 지어진 행위자로서 그리고 자신들이 선택하지 않은 조건 아래서 그렇게 한다". 이러한 그 성원들에 의한 사회의 생산은 "자원에 의존하며 또한 그 성원들이 인식하지 못하거나 단지 어렴풋하게만 인지하고 있는 조건들에 의존한다"(Giddens, 1976a: 157, 161). 그러므로 "사회적 삶의 생산이라는 개념을 구조들의 **사회적 재생산**이라는 개념으로 보완해야" 한다(1976a: 126~127).

이러한 보완적인 생각들에서 기든스는 구조화이론의 중심 명제인 **구조의**

(Stock man, 1983: 210~211).

이중성(duality of structure) 명제를 발전시켰다. 기든스는 "구조의 이중성 개념은 사회구조들이 인간 행위주체에 의해 구성되지만 동시에 바로 이러한 구성의 매개체라는 것을 의미한다"(1976a: 121)라고 밝힌다.

> 이러한 나의 생각을 예증하는 한 가지 방법은 언어에서 얻은 사례를 드는 것이다. 언어 발화자 공동체의 특성(예컨대 문장 구성 규칙)이 그러하듯, 언어의 구조적 속성은 문장을 생산하는 발화자들에게 의존한다. 그러나 문장을 발화하는 바로 그 행위는 언어의 지속적인 속성으로서의 그러한 문장 구성 규칙의 재생산에 기여한다. 나는 구조의 이중성이라는 개념이 사회적 재생산에 대한 모든 설명에 기본적이며 또한 기능론적인 색채는 전혀 갖지 않는다고 믿고 있다(Giddens, 1981: 19).

기든스의 관점에 따르면, 사회구조들은 사회적 상호작용의 조건이자 결과이다. 사회구조는 사회관계의 유형이 아니라 사회적 행위자들이 서로 상호작용할 때 의존하는 규칙이자 자원이다. 사회구조는 사회적 행위자에 외부적인 것이 아니다. 사회구조는 기억의 흔적 속에 존재하며 사회적 실천 속에서 체현된다. 기든스의 이러한 견해는 구조주의적 전통의 사회과학에서 채택하는 구조 개념과는 매우 다르다. "이런 측면에서 기든스의 핵심적인 개념적 혁신은, 더 이상 '구조'를 건물의 대들보나 신체의 등뼈와 같은 일종의 틀로 생각하지 말아야 한다고, 대신 구조를 상호작용 속에서 실행되는 '규칙과 자원'으로 개념화해야 한다고 주장한다는 점이다"(Held and Thompson, 1989: 3).

행위의 이유와 동기

기든스는 사회적 행위자를 능력이 있고(capable) 지식이 있는(knowledge

able) 존재라고 간주했다. 능력이 있다는 것은, 사회적 행위자들이 일반적으로는 습관에 따라 행위 하더라도, 그들이 행위의 주어진 과정 가운데 어느 단계에서나 다르게 행위 할 수 있다는 사실을 가리킨다. 지식이 있다는 것은 사회적 행위자들이 자신들의 사회적 상황에 관해 그리고 그 속에서 자신들의 활동의 조건에 관해 알고 있는 것을 가리킨다. 사회적 행위자들은 상호작용이 일어날 때 그 상호작용과 그것이 발생하는 환경을 성찰적으로 점검할 능력을 가진 것으로 간주된다. 동시에 사회적 행위자들은 자신의 행위에 이유를 제시할(또는 합리화할) 수 있다. 그렇지만 이러한 해명은 그들이 사회적 만남을 만들어내면서 암묵적으로 채용하는 상호적인 지식과 부합하지 않을 수도 있다. 그들이 이러한 지식을 명확히 표현하지 못할 수도 있으며, 그들이 또 다른 무의식적 동기를 가지고 있을 수도 있다(Giddens, 1979: 56~59).

기든스는 행위자가 행위에 부여하는 이유와 행위를 만들어냈을 수도 있는 동기를 구별했다. "동기화는 행위주체가 행위를 장기적으로 수행하는 양식을 가리키는 것이 아니라 행위를 실행할 잠재력을 가리킨다. …… 우리가 하는 일상 행위의 대부분은 직접적으로 동기 지어진 것이 아니다"(Giddens, 1984: 6). 이는 동기들이 대체로 의식되지 않았다는 사실에서 기인한다. 기든스는 의식과 행위에 대한 네 가지 층위를 제안했다. (광범한 의식을 사용하는) 성찰적 점검, (이유를 제시하는) 행위의 합리화, (암묵적일 수도 있고 쉽게 명료화될 수 없는) 실천적 의식, 그리고 무의식적 동기화(사회적 행위자가 통상적으로 자각하지 못하는 억압된 징후적 충동)가 그것이다.

또한 기든스는 사회적 존재가 시간과 공간 속에서 발견된다는 것을 인식할 필요가 있다(이전까지의 사회이론은 그렇지 못했기 때문에)고 강조했다. "구조화이론에 따르면 사회과학 연구의 기본적인 영역은 개별 행위자의 경험도 아니고 온갖 형태의 사회적 총체성의 존재도 아니다. 그 영역은 공간과 시간을 가로질러 질서 지어져 있는 사회적 실천이다"(Giddens, 1984: 2).

구조화이론과 사회연구

구조화이론은 사회연구의 실행에 대한 수많은 함의를 갖는다. 기든스는 사회연구가 네 가지의 연관된 수준에서 일어날 수 있다고 제시했다.

1. 의미틀에 대한 해석학적 해명
2. 실천적 의식의 맥락과 형태에 대한 탐구
3. 지식 가능성의 경계에 대한 판별
4. 제도적 질서에 대한 자세한 설명

수준 1은 이중의 해석학의 사용, 또는 슈츠의 용어로, 일차적 구성물에 대한 서술과 그것들로부터 나오는 이차적 구성물 산출을 포함한다.

수준 2에서는 수준 1에서의 여러 탐구를 한 사회 내 또는 사회 사이들 간의 여러 가지 맥락을 가로질러 비교할 수 있고, 여러 유형의 실천적 의식들이 가진 공통 요소들에 관한 일반화 – 무의식적인 의미를 규명하려는 노력을 포함한 – 를 확립할 수 있다. 수준 3은 공간과 시간이라는 변화하는 맥락에서 사회적 행위자가 가진 지식 가능성의 한계에 초점을 맞춘다. 이 수준은 의도하지 않은 행위의 결과와 인식하지 못한 조건에 대한 연구를 포함한다. 수준 4는 사회체계들 – 그것들이 전체 사회이든 각기 다른 크고 작은 체계이든 – 의 주요한 제도적 구성요소를 판별해냄으로써 사회통합과 체계통합의 조건을 다룬다(Giddens, 1984: 328~329).

기든스는 수준 1과 수준 2는 통상적으로 질적 방법과 결합되며 수준 3과 수준 4는 양적 방법과 결합된다고 제시했는데, 이것은 또한 '미시'분석과 '거시'분석 사이의 구분을 반영한다. 그렇지만 기든스는 이러한 미시와 거시의 구분이 구조와 행위를 나누는 이원론의 방법론적 잔재이며 **구조의 이중성**을 인식함으로써 극복될 수 있다고 주장했다. 이러한 연구의 수준은 **구조의 이중성**의 중요성을 강화하려는 의도에서 제시된 것이다. 연구에서는 이 이원론의 한쪽 극을 배제하고 주로 다른 쪽 극에 관심의 초점을 맞출 수도 있지만, 이러한 방식은 단지 방법론적 도구로 간주해야 한다.

마지막으로 기든스는 사회연구를 정향 짓기 위한 몇 가지 지침을 제공한다. 첫째, 모든 사회연구는 '인류학적'이거나 또는 민속지적인데, 이는 **이중의 해석학**에서 기인한다. 그 결과, 어떤 사회세계를 그 세계에 친숙하지 않은 사람들을 대상으로 서술하려는 목적을 갖는 민속지적 서술에서는 저술 양식이 중요하다. 사회과학자는 소설가나 그 밖의 허구적 이야기를 만드는 작가들이 사용하는 것과 동일한 서술 원천(상호지식)을 사용하면서 의미틀을 매개하는 의사소통자이다. 일부 유형의 연구에서는, 특히 민속지적 종류의 연구에서는 '두꺼운 서술(thick description)'이 필요할 수도 있다. 그러나 "연구대상인 활동이 그 연구의 '발견'을 이용할 수 있는 사람들에게 친숙한 일반적인 특징을 가지는 경우, 그리고 연구가 주로 제도적 분석에 관심을 두는 경우 — 여기서는 행위자들이 대규모의 집합체 속에 있다고 취급되거나 어떤 측면에서 '전형적'이라고 취급된다 — 에는 그 방식이 필요하지 않다"(Giddens, 1984: 285).

둘째, 사회연구는 "행위사들이 자신의 일상 행위의 맥락을 조정하면서 구사하는 복잡한 숙련에 민감해야 한다. 제도 분석에서는 이러한 숙련을 어느 정도 유보해둘 수 있지만, 그러한 유보가 완전히 방법론적이라는 점은 기억해야 한다"(Giddens, 1984: 285). 제도 분석에서 흔히 일어나는 잘못은 방법론적 고안물이 실재를 보는 방식을 결정하도록 허용하는 것이다. 사회적 삶이 예측 가능하다고 하더라도, 이러한 예측 가능성은 사회적 행위자에 의해 발생하게 된다. "행위의 의도하지 않은 결과와 인식하지 못한 조건에 대한 연구가 사회연구의 주요 부분이라고 하더라도, 우리는 그러한 행위의 결과와 조건들을 항상 의도적 행위의 흐름 안에서 해석해야 한다는 점을 강조해야 할 것이다"(Giddens, 1984: 285).

셋째, 사회연구자는 사회적 삶의 시간-공간의 구성에 민감해야 한다. 이는 "역사학자가 시간의 전문가가 되고 지리학자는 공간의 전문가가 되도록 방치하는 것"이 더 이상 적절하지 않다는 뜻이다. "사회적 활동들의 시간-공간적 좌표를 분석한다는 것은, 행위자들이 자신의 일상의 경로 속에서 움직이는 '현장'의 맥락적 특징들을 연구하고, 시간-공간을 가로질러 뻗어 있는 '현장'의 지역화를 연구한다는 것을 의미한다"(Giddens, 1984: 286).

비판적 인간주의

기든스는 사회이론이 불가피하게 비판적 이론일 수밖에 없다고 생각했지만, 일종의 마르크스주의를 옹호하거나 '비판이론'에 합류하고자 하지는 않았다. 오히려 그는 피터 버거(Peter Berger)가 옹호한 것과 유사한 인간주의적 입장(Berger, 1963) ― 사회학은 사람들이 서로에 대한 관계를 감추는 데 사용하는 핑계와 선전을 폭로할 만한 잠재력을 가지고 있으며, 따라서 그것에 의해 사람들에게 자신들의 삶을 책임질 수 있는 권력을 준다고 주장하는 ― 을 채택했다. 기든스는 사회학이, 지배집단의 이데올로기와 힘 ― 자신들의 세계관을 현실로 받아들이게 만드는 ― 을 손상시킬 수 있는 능력을 가지고 있다는 점에서 본래 비판적인 학문이라고 생각했다. 자연과학과 달리 사회과학이 연구대상과 주체-주체의 관계로 관련되어 있다는 사실은, 정책입안자들이 가치 있다고 간주하는 사회과학의 이론과 발견의 능력을 제한한다. 자연과학자들과 기술자들은 이론과 발견을 사용해서 그들의 연구대상인 실재를 변경하고자 할 수 있으며, 보통 그들이 선택한 시간에 그들이 선택한 방식으로 그렇게 한다. 그렇지만 사회과학적 지식은 일단 그것이 공개되면 사회적 행위자들이 그 지식을 자신들의 일상적인 활동 속에 투입함으로써 사회적 삶에 영향을 미칠 수 있는 능력을 갖는다.

요약

구조화이론은 사회적 행위자들의 경험에 대한 사회이론의 일부 전통의 관심과 여러 형태의 사회적 총체들의 존재에 대한 다른 전통의 관심 사이를 연결하는, 즉 '행위주체'와 '구조' 사이를 연결하는 교량을 만들려는 시도이다. 그 이론은 인간이라는 행위주체에 관한 이론, 사회적 행위의 조건과 결과에 대한 설명, 그리고 '구조' 해석, 즉 '구조'를 조건과 결과 모두를 다루는 것으로 보는 해석을 필요로 한다(Giddens, 1979: 49). 그것은 합의정통에서 사용하는 것과 같은 '기능'이라는 개념을 배제하며, '주체'와 '객체' 또는 '행위'와 '구조' 등과 같은 이원성을 **구조의 이중성**이라는 개념 아래 재개념화해야 한다는 견해에 기초를 두고 있다.

이 핵심 개념은 사회적 행위자들이 그들의 사회세계를 생산하고 재생산하는 데 참여한다는 점을 인정한다. 그러므로 사회적 행위자들이 다르게 행위할 수 있는 지식이 있고 능력이 있으며, 자신의 지속적인 행위를 반성적으로 점검하는 능력과 자신의 행위를 합리화하는 능력을 가지고 있고, 무의식적인 동기를 가질 수 있다고 주장하는 데 더해서, 기든스는 해석주의자들과는 달리 이러한 행위들이 인식하지 못한 조건과 의도하지 않은 결과의 틀 안에서 일어난다는 것을 인정했다.

기든스의 **이중의 해석학** 개념은 가다머의 '지평의 융합' 개념에 공명한다. 그리고 사회과학의 언어는 일상언어에 기생한다는 기든스의 주장은 슈츠와 윈치에게서 핵심 요소를 받아들였다. 그렇지만 그는 일상 활동의 기초로 사용하는 '상호적 지식'과 '상식'(사회적 행위자들이 알고 있는 것에 대한 행위자들의 정당화)을 구별하고자 했다. 사회과학자들은 전자의 진정성을 존중해야 하

지만, 후자에 대해서는 자유롭게 비판할 수 있다는 것이다

기든스는 자연과학에 대한 실증주의의 견해를 기각할 뿐 아니라, 또한 '설명'과 '이해'가 자연과학과 사회과학 모두에 적합하다고 주장했다. 그렇지만 그는 사회과학에서의 보편법칙의 가능성을 기각하고 시간과 공간에 의해 제한되는 일반화를 선호했다. 이러한 일반화는 사회적 실재의 선(先)이해성의 결과이며, 사회적 행위자들이 그들 자신의 행위에 관해 가진 지식이 모든 사회적 맥락에서 기본 요소라는 사실에서 나오는 결과이다. 이 지식이 변화할 수 있는 것처럼, 사회적 행위자들의 행위에 관해 사회과학자들이 만들어내는 일반화도 변화할 수 있다.

기든스는 모든 사회연구가 필연적으로 인류학적일 수밖에 없다고 강조했다. 사회연구는 한 가지 삶의 형식에의 몰입을 필요로 하며, 사회과학자가 사회과학의 메타언어 속에 다양한 삶의 형식들을 해설하고 매개하는 과정을 필요로 한다. 이런 활동들은 지배집단이 자신의 세계관을 유지하고 그것을 세계에 부여하는 능력을 폭로하고 손상할 수 있다는 점에서, 그 본성에서 궁극적으로 비판적이다. 비판이론과 대조적으로, 기든스의 비판 형식은 그의 도식에서 필수적인 부분이 아니라 부차적인 부분이다.

여성주의

여성주의는 이 장에서 제시하는 주요 질문에 대해 '아니다'라는 답을 제시하지만, 다수의 여성주의자들이 "규칙성, 기저의 인과적 경향 그리고 자연세계와 사회세계의 의미를 서술, 설명, 이해하려고" 하는 과학의 목표를 부인한다고 말할 수는 없을 것이다(Harding, 1986: 10). 그렇지만 여성주의자들은 자연세계와 사회세계에 관한 견해와 자연과학과 사회과학에서 채택하고 있

는 지배적인 접근 방법은 비판해왔다. 여성주의는 과학이 남성적 관점에 기초해서 세계를 보고 있으며 여성의 경험을 배제하거나 왜곡한다고 지적한다(Oakley, 1974; C. Smart, 1976; Stanley and Wise, 1983). 간단히 말하면 과학이 남성중심적이라는 것이다. 그 논증은 다음과 같이 제시된다.

> 지식으로 취급되는 것은 경험에 기초해야 한다. 인간의 경험은 인간들이 참여하는 활동과 사회관계의 종류에 따라 상이하다. 여성의 경험은 남성 경험과는 체계적으로 차이가 나는데, 지식주장은 남성의 경험에 기초를 두어왔다. 그러므로 지배적인 사회적·자연적 지식주장이 근거하고 있는 경험은 무엇보다도 단지 부분적으로 이해된 부분적인 인간의 경험일 뿐이다. 즉, 남성이 이해한 남성의 경험일 뿐이다. 그렇지만 이러한 경험을 성에서 자유로운 것(gender-free)으로 상정할 때, 즉 남성의 경험을 인간의 경험으로 취급할 때 그 결과로 나타나는 이론, 개념, 방법론, 탐구목표 그리고 지식주장은 인간의 사회적 삶과 사유를 왜곡한다(Harding and Hintikka, 1983b: x).

자연과학 비판

남성중심적 과학에 대한 여성주의의 비판은 자유주의적인 것에서부터 급진주의적인 것에 이르기까지 광범하다(Keller, 1987; Harding, 1986). 이런 입장 가운데 자유주의적 극단에서는, 남성이 과학자의 대부분을 차지하게 만들고 과학 조직에서 지도력과 권력의 자리를 남성들이 지배하게 만든 불공정한 고용관행에 주로 비난의 초점을 맞춘다. 그다음 조금 더 급진적인 비판은 연구 문제의 선택과 정의에서의 편견에 관심을 갖는다. 문제에 대한 남성적 정의와 남성적 설명 형식이 이른바 가치중립적이고 객관적인 과학을 지배했다고 주장한다. 이러한 점은 특히 보건과학에서 뚜렷한데, 여기서는 생물학적 기술이 성차별적인(그뿐 아니라 인종차별적이고 동성애 공포증적이며 계급차별적인) 사회적 기획에 봉사해왔다. 또한 실험의 설계와 해석에서도 편견이 있다고 주장한다. 동물의 학습을 주제로 한 실험에서 항상 수컷 쥐를 사용한 것을 그러한 한 가지 사례로 인용한다.9) 관찰과 실험에 대한 해석에도 편견이 작용할 수 있으며, 특히 사회과학에서 그러하다는 주장도 있다. 더 급진적인 또 다른 비판은 '근본적인' 남성적 특징과 여성적 특징을 구별하고 그 구별을 영속화해온 일련의 엄격한 이원론(객관적/주관적, 이성/감정, 정신/육체, 사실/가치, 공적/사적, 개인적/집단적, 자아/타자 등의)과 관련되어 있다. 그리고 마지막으로, 가장 급진적인 비판은 전통적인 과학의 기초를 이루는 객관성과 합리성이라는 가정에 의문을 제기하는 것이다.

힐러리 로즈(Hilary Rose)와 에블린 켈러(Evelyn F. Keller)는 과학의 남성중심성은 불가피한 것이 아니라고 주장한다(Rose, 1983; Keller, 1985). 여성들은 과학을 전체적으로 거부하거나 중립화하려는 가망 없는 과제를 달성하고자 애쓸 것이 아니라, 오히려 과학을 재구성해야 한다는 것이다. 로즈에 따르면, 분업은 과학의 왜곡에 책임이 있다. 사물의 생산에서 정신노동과 육체노동의 분리에 의해 생겨나는 소외 효과는 손과 뇌를 통합하고자 하는 관심으로 이어졌다(Rose, 1983: 90).

지난 30여 년에 걸쳐 여성주의는, 정신병 및 정신건강, 분만, 피임 그리고 낙태의 영역을 다룸으로써 과학에서의 중립성 개념에 도전했다. 이러한 논증은 여성이 과학의 혜택에 접근할 기회를 갖지 못했다는 점, 연구들은 여성의 문제를 진지하게 다루지 않는다는 점, 그리고 과학은 여성에 대한 억압에 공헌해왔다는 점 등을 포함한다. 여성주의는 의료 지식이 남성의 이익에 봉사하고 양성 사이의 불평등을 정당화한다고 주장한다. 의료 과학의 이데올로기

---

9) 심리학에서의 남성중심주의에 대한 자세한 비판은 Sherif(1987)를 볼 것.

적 성격 — 여성의 건강과 질병의 실체를 그릇되게 표현하고 의료 전문가의 이익에 봉사하는 것 — 을 폭로함으로써 여성주의자들은 여성 자신의 신체에 대한 통제권을 전문가들에게서 되찾고자 했다(Dugdale, 1990).

여성주의 과학의 전제조건은 지식의 주체(즉, 알아내는 사람)와 지식의 객체를 분리하는 엄격한 경계의 제거이다.

> (과학자는) 자연과 인간의 관심사 외부에, 그리고 그 위에 서 있는 비인격적인 권위가 아니라 그의 사유, 느낌, 논리적 능력 그리고 직관이 모두 발견 과정에 작용하고 그 과정에 포함되는 사람으로 간주되어야 한다. 그러한 과학자들은 지식과 그것의 사용 사이에, 사유와 느낌 사이에, 객관성과 주관성 사이에, 전문가와 비전문가 사이에 현재 고착되어 있는 거리를 뛰어넘는 방법을 적극적으로 찾으려고 할 것이며, 지식을 지배가 아니라 해방의 도구로 사용하려고 할 것이다(Fee, 1986: 47).

켈러(Keller, 1978, 1987)는 과학에 대한 지배적인 견해에서 특징적으로 나타나는 합리성과 객관성, 기술적 땜질에 대한 관심은, 남성들이 유아기에 정체성을 발전시키는 과정에서 어머니로부터 자신을 격리하면서 경험한 불안함의 결과라고 제시했다. 그녀는 이러한 남성적인 특성을 잠재적으로 병리적인 것으로 간주했다. 그러므로 객관성을, 객관성/주관성의 이원론을 붕괴시키는 변증법적 과정으로 재개념화해야 한다. 그것은 또한 과학 활동들에 비판적 성찰을 가할 것을 요청한다.

사회과학 비판

마샤 밀먼(Marcia Millman)과 로자베스 칸터(Rosabeth M. Kanter)는 사회

과학들에 대한 초기 여성주의의 비판을 제시하면서(그리고 Harding, 1986은 이것을 검토했다), 사회학 연구를 지배해온 의문스러운 가정들을 판별해냈다(Millman and Kanter, 1975).

1. 사회학 연구는 사회 탐구의 중요한 영역들을 간과해왔다. 예컨대, 동기에 대한 베버의 수단/목적 모델을 강조함으로써 사회적 삶에서 감정이 수행하는 역할을 대부분 무시해왔다.
2. 사회학은 사회적 삶의 가시적이고 극적이고 공공적이고 공식적인 영역에 초점을 맞추고, 대체로 비가시적이고 덜 극적이고 사적이고 비공식적인 영역은 배제해왔다. 이는 여성들이 비공식적 권력을 획득하는 방식을 보이지 않게 만들고 남성들의 출세를 촉진하는 비공식적인 후원 및 보호의 체계를 은폐해왔다.
3. '단일한 사회'를 가정하고, 남성과 여성이 물리적으로 동일한 장소에서 살고 있지만 사회적으로는 상이한 세계에 거주할 수도 있는 가능성을 무시하는 경향이 있다(Bernard, 1973). 무엇이 사회적 상호작용을 구성하는가에 관해 여성은 남성과는 다른, 그리고 더 광범한 견해를 가질 것이며, 남성들이 '자연'으로 취급하는 것의 대부분을 '문화'의 부분으로 취급할 것이다.
4. 여러 연구 영역에서, 성차(gender)는 고려되지 않고 있으며 가능한 설명적 변수로 분석되지 않는다.
5. 사회과학은 흔히 더 정의롭고 더 인도적인 사회를 위한 대안을 탐색하기보다는 현상을 설명한다.
6. 특정한 방법의 사용, 특히 양적 방법의 사용은 탐구되는 현상을 이해하는 데 중요할 수 있는 정보의 발견을 방해한다. 사람을 다루는 것 – 질적 방법을 사용하는 경우에서처럼 – 보다 변수들을 다루는 것 – 양적 방법

을 사용하는 경우에서처럼 — 을 선호하는 경향은, 조작 및 통제에 대한 남성적 욕구와 관련된 것일 수도 있고, (특히 상당히 비구조적이고 모호한 자연 상황에서) 온갖 유형의 사람들과 감정이입적인 방식으로 관계 맺을 수 없는 무능력과 관련된 것일 수도 있다.[10)]

여성주의 사회과학의 특징

샌드라 하딩(Sandra Harding)은 사회과학을 위한 여성주의적 방법을 창출하려고 노력하기보다는, 최상의 여성주의적 분석은 세 가지 뚜렷한 특징을 갖는다고 주장했다(Harding, 1987b: 7~9). 첫째, 사회과학이 전통적으로 남성들에게 특징적인 사회적 경험 안에서 문젯거리인 질문들을 다루어왔다는 사실을 반격하기 위해서, 여성주의 입장의 연구자들은 자신들의 연구를 연구문제와 가설과 증거의 원천으로서 여성들의 경험에 기초해야 한다고 강조해왔다. 둘째, 전통적인 사회연구는 남성들을 위한 것이었기 때문에 여성주의 입장의 연구는 여성들이 그들의 경험에서 문제로 생각하는 것을 다루도록 여성을 위해 설계해야 한다. 셋째, 연구자의 문화적 배경이 연구 결과에 영향을 미치는 증거의 일부분이라는 것을 인식하면서 연구자는 그녀 자신도 자신이 다루는 주제와 같이 비판적 평면에 위치시켜야 한다. 적절한 여성주의적 연구의 이러한 특징은 마치 연구자가 비가시적이고 자율적인 권위의 목소리인 것처럼 보이도록 하는 '객관주의적인' 자세를 벗어난다. "분석에 이러한 '주관적인' 요소를 도입하는 것은 사실상 연구의 객관성을 증대시키며 공중에게

10) 근래 수십 년 동안 사회과학에서 방법론 논쟁들 — 특히 여성주의 방법론자들이 촉발한 — 은 이러한 결함들을 개선하는 데 어느 정도 기여했다. 이제 여러 나라의 강단 사회학에서 여성들이 과잉 대표되는 것은 아니지만 충분히 대표되고 있다는 사실 또한 분명히 기여했다. 그렇다고 하더라도 이런 비판의 대부분은 여전히 적실성을 가지고 있다.

이런 종류의 증거를 숨기는 '객관주의'를 감소시킨다"(Harding, 1987b: 9; 또한 Harding, 1993도 볼 것).

여성주의 인식론

여성주의 인식론은 여성주의와 과학철학의 불편한 동맹을 확인한다. 2장에서 논의한 것처럼, 전통적인 인식론은 지식의 성질, 객관성, 지식주장의 정당화 등을 포함하는 일련의 곤혹스러운 문제를 다루어왔다. 여성주의 인식론의 역사는 한쪽의 정당성을 부여받는 세계에 대한 여성 자신의 이해를 획득하려는 여성들의 투쟁과, 다른 쪽의 실증주의와 비판적 합리주의 등과 같은 연구 패러다임 — 그러한 이해의 등장을 허락하지 않는 — 에의 참여 사이의 충돌이었다(Alcoff and Potter, 1993: 1~2).

과학의 남성중심적 특징을 인지하면서 여성주의자들은 자연과학과 사회과학 모두에 적합한 인식론을 탐색했다. 하딩은 초기에 이 문제에 대한 두 가지의 주요한 반응, 즉 **여성주의적 경험주의**(feminist empricism)와 **여성주의적 관점**(feminist standpoint)을 판별해냈다(Harding, 1987c: 182~184). 제3의 반응, 즉 **여성주의적 탈근대주의**(feminist postmodernism)는 이러한 입장에 도전했으며, 아울러 **경험주의**, **반증주의** 그리고 **신실재론** 등 기존 인식론에도 도전했다.

여성주의적 경험주의

여성주의적 경험주의는 기존의 지배적인 과학 형태들의 결함 — 문제 정식화, 개념, 이론, 탐구방법 그리고 결과의 해석에서 남성적 편향 — 이 (이러한 종류의) 과학적 방법의 규칙 적용에 충분히 엄격하지 못한 결과라고 주장한다. 연구에서 나타나는 그러한 편향은 '나쁜 과학'에 책임이 있다는 것이다. 그러므로 여성주의적 경험주의는 과학에 대한 전통적 견해를 받아들이며 실행에서의 결함을 제거하고자 한다. 그 입장은 과학의 규범 자체가 아니라 과학을 실행하는 방식의 불완전함에 도전한다(Harding, 1990: 92). 하딩은 여성주의적 경험주의자들이 계속해서 경험주의의 전통적인 과학적 방법에 신뢰를 보내는 점이 양면적이라고 주장한다.

> 한편으로, 그녀들(여성주의적 경험주의자들)은 무수한 방식으로 연구과정에서 성차별 편향을 통제하지 못한 그녀들의 남성중심적 선배들보다 더 엄격하게 탐구의 원칙들을 지켜야 한다고 주장한다. 다른 한편으로 그녀들은 여성주의의 도전이 없었다면 과학적 방법은 성차별적이고 남성중심적인 편향을 탐지하거나 제거할 수 없었을 것이라고 지적한다(Harding, 1990: 94).

불행하게도 여성주의적 경험주의는 전통적 과학의 실천에 비판적이기는 하지만 내적 일관성을 결여하고 있는 것으로 보인다. 여성주의가 정치적 운동이기 때문에 여성주의 입장의 연구자들은 분명히 특정한 사회를 만들어내고자 하는 강력한 의지를 가지고 있다. 그렇지만 전통적 과학을 가치중립적이고 공정한 것이라고 상정하고 있으며, 과학의 규범이 연구자의 목표와 이해관심과 가치를 제거하거나 적어도 그것들을 통제할 수 있다고 생각한다. 집단으로서의 여성들(또는 여성주의자들)이 집단으로서의 남성들(또는 비여성주의자들)보다 객관적인 결과를 생산할 가능성이 더 높다고 여성주의적 경험주의가 주장했다는 사실은, 과학적 규칙의 준수가 해결책이라는 그들의 핵심적인 주장을 훼손한다. 궁극적으로 이러한 해결책의 문제점은, 그것이 역사적으로 지배적인 형태의 자연과학의 고유한 결함과 사회과학의 합의정통을 그대로 놓아둔다는 것이다.

하딩은 여성주의적 경험주의의 후기 흐름을 포괄하기 위해 앞에서 살펴본 견해를 '자연발생적 여성주의적 경험주의(spontaneous feminist empiricism)'라고 부르고 새로운 흐름을 '철학적 여성주의적 경험주의(philosophical feminist empiricism)'라고 불렀다(Harding, 1993: 51~52). 전자는 롱기노와 린 넬슨(Lynn Nelson)이 제시했는데(Longino, 1990; Nelson, 1990), 전통적 경험주의뿐 아니라 여성주의적 경험주의와 여성주의적 관점론의 측면도 반대했다. 롱기노와 넬슨 모두 연구자가 중립적 관찰자라는 견해를 거부했다. 그리고 지식의 창조자일 뿐 아니라 객관성의 규칙 판정자이며 증거로 취급되는 것의 결정자인 과학공동체에 초점을 맞췄다. 그녀들은 사회적으로 구성한 규칙과 표준에 호소함으로써 상대주의를 거부했다(Hekman, 1997: 357).

여성주의적 관점론

여성주의적 관점론(feminist standpoint)의 기원은 당시의 사회학을 지배하던 남성적 합의정통을 비판한 1970년대의 도러시 스미스(Dorothy Smith)에게로 거슬러 올라갈 수 있다. 그렇지만 그 입장의 기초를 마련한 것은 낸시 하트소크(Nancy Hartsock)와 하딩의 영향력 있는 저작이었다(Hartsock, 1983a, 1983b; Harding, 1986). '관점'이라는 개념은 게오르크 헤겔(G. W. F. Hegel)의 저작에서 찾을 수 있는데 헤겔은 주인-노예 관계에서 알 수 있는 것은 주인의 관점에서 볼 때와 노예의 관점에서 볼 때 상이하다고 지적했다. 이후에 마르크스와 엥겔스는 이를 '프롤레타리아트의 관점'으로 발전시켰으며, 마르크스주의 계급이론은 여기에 기초를 두고 있다(Harding, 1993: 53~54). '관점'은 위계적인 권력관계에서 그들의 위치에 기초해 역사를 공유하는 집단의 공통된 경험과 그것에 의해 공유된 세계관을 가리킨다(Collins, 1997: 376~377).

여성주의적 관점론은 남성중심적 과학을 다루는 상이한 접근 방법을 제안하는데, 그것은 여성주의적 경험주의에서는 상당히 암묵적이었던 것들을 발굴해서 경험주의와 여성주의적 경험주의에서는 수용하지 않을 방향으로 발전시킨 것이다. 여성주의적 관점론은 전통 과학에서 규칙과 방법의 적용을 개선하려고 하는 대신, 과학실행자들이 가진 사회적 위치와 이해관심과 의제의 영향력을 제거하기에는 이러한 규칙과 방법이 너무 취약하다고 주장했다. 그리고 더 객관적인 결과를 생산할 수 있는 더 강력한 표준을 만들려고 한다(Harding, 1993: 52). "여성주의 관점론도 그것의 일부를 구성하는 새로운 지식 패러다임은 보편적이거나 상대적인 것으로서 지식과 진리라는 정의를 기각하고 모든 지식은 상황적(situated)이고 담론적(discursive)이라는 견해를 주장한다"(Hekman, 1997: 356~357).

여성주의 관점 인식론의 기초는 사람의 사회적 위치가 그 사람이 알아낼 수 있는 것을 가능하게 하고 또한 그것의 한계를 정한다는 가정이다. 계층화된 사회 — 계급, 인종, 종족 또는 성 등 그 어느 것에 기초했든 — 에서 지배적 위치를 차지하고 있는 사람은 지배적인 믿음에 대해 비판적으로 질문할 능력을 결여하고 있기 때문에 이해의 범위가 제한적이라는 것이다. 이와 대조적으로 그러한 위계에서 주변적 위치에 있는 사람의 경험은 그들에게 연구해야 할 필요가 있는 문제를 훨씬 더 명확하게 이해할 수 있도록 한다. "그 사람들은 그들이 전형적으로 겪는 경험에 의해 그리고 자신의 경험을 이해하는 방식에 의해 (사회적으로나 정치적으로) 특권을 가진 사람과는 다른 것들을 알 수도 있고 또 무엇인가를 더 잘 알 수도 있다"(Wylie, 2004: 339). 주변적인 삶은 연구과제와 문제를 제공할 수는 있지만 답을 제공하지는 않는다.

그러므로 여성주의 관점론에서는 지식이 경험에 근거를 두고 있다고 상정한다. 그러나 이 입장은 경험주의적 연구자들의 관점 없는 관찰의 경험이 아니다. 그 관점은 여성들의 사회적 경험이다. 여성들의 삶은 그러한 여성들의 삶에 관해서뿐 아니라 남성들의 삶에 관해서도, 그리고 가장 중요하게는 그것들 사이의 인과적 관계에 관해서도 새롭고 비판적인 질문을 제기할 수 있는 출발점을 제공한다(Harding, 1993: 55). 그러나 여성의 경험에서 출발하는 것이 곧 연구자가 객관성을 극대화할 수 있음을 보증하는 것은 아니다. 그것은 필요조건이기는 하지만 충분조건은 아니다.

여성주의 관점 인식론은 분업 ― 생산과 재생산(생식)을 포함한 ― 에서 여성의 경험이 초래하는 결과에, 그리고 성적으로 분업화된 육아에서 소년과 소녀가 그들의 어머니와 맺는 상이한 관계의 경험이 초래하는 결과에 초점을 맞춘다(D. E. Smith, 1974, 1979; Flax, 1983; Hartsock, 1983b; Rose, 1983).[11] "여성과 남성은 …… 상이한 경계를 갖는 경험들, 상이하게 구성되고 경험되는 내적이고 외적인 세계들 그리고 상이한 관계들의 문제에 몰두함의 영향을 받는 인성들을 가지고 성장한다"(Harstock, 1983b: 295). "사회적 삶에서 남성의 지배적 위치는 부분적이고 뒤틀린 인식을 낳는 반면 여성들의 예속적 위치는 더 완전하고 덜 뒤틀린 인식의 가능성을 제공한다"(Harding, 1986: 26). 세계를 인식하는 데 프롤레타리아트가 더 우월한 능력을 잠재적으로 가지고 있다고 주장한 마르크스와 동일한 방식으로, 여성주의자들은 "자연과 사회적 삶에 대한 우리의 해석과 설명을 위한 도덕적으로 그리고 과학적으로 더 바람직한 기초"인 세계를 보는 여성의 관점이 존재한다고 주장했다(Harding, 1986: 26).

약점과 몇 가지 해결책

여성주의 관점론은 여성주의적 경험주의가 가진 문제점은 회피할 수 있었지만, 여성주의의 안과 밖에서 공격을 받았다. 앤 더그데일(Ann Dugdale)에 따르면, 여성주의적 관점론은 성적 차이와 현재의 과학적 실천을 구조 짓는 이원론에 대해서는 이의를 제기하지 않은 채 남겨두고 있다(Dugdale, 1990).

11) Harding(1986)은 여성주의적 관점론을 주장하는 이 네 저자의 연구를 검토하고 있다.

로즈(Rose, 1986)는 이것이 계속해서 문제라는 점은 인정하지만 이러한 이원론 속의 긴장이 투쟁을 위한 창조적 틀을 제공할 수 있을 것이라고 주장했다. 그렇지만 하딩은 여성의 사회적 경험들이 계급, 인종 그리고 문화에 의해 단절되기 때문에 하나의 여성주의적 방법을 확립하는 것은 불가능하다고 지적했다. 단일한 관점은 오로지 특정한 부류의 경험을 갖는 한 집단의 바람직하지 않은 지배에 의해서만 성취될 수 있는 것이다. 계급, 인종 그리고 문화의 경계를 넘어서는 것이 불가능하기 때문에, 다수의 여성주의가 있을 수밖에 없다. 아마도 엘리자베스 피(Elizabeth Fee)가 주장하듯, 진정으로 여성주의적인 과학은 사회가 여성주의적 기획에 의해 완전히 변혁되었을 때에만 가능할 것이다(Fee, 1986: 54).

수전 헤크먼(Susan Hekman)은 여성주의 관점론이 1980년대 후반부터 1990년대 전반까지 여성주의 인식론 논의에서 두드러진 역할을 맡은 뒤, 여성주의 관점론에 대한 비판 때문에 1990년대 후반에는 덜 주도적인 입장이 되었다고 주장했다(Hekman, 1997).[12] 관점론의 기초가 된 이론적 전통인 마르크스주의의 쇠퇴에 더해, 탈근대주의와 탈구조주의에 대한 관심의 증가가 여성주의 관점론을 약화시켰을 것이다. 그렇지만 하딩은 논란이 있더라도 관점론은 존속하고 있을 뿐 아니라 번성하고 있다고 주장했다. "실질적으로 모든 사람이 관점론의 주장과 기획의 몇몇 부분이 혼란스럽다는 것을 발견하기는 했지만, 분명히 적어도 얼마 동안은 관점론은 끈질기게 지속되는 현대의 딜레마들을 다루는 성찰과 논쟁을 위한 매력적이며 격렬한 현장으로 지속될 운명이다"(Harding, 2004: 292).

12) 그렇지만 Smith(1997)는 사회학에서는 그 입장의 사용과 그 입장에 대한 관심이 쇠퇴하지 않았다고 주장한다.

진리와 객관성의 재정의

여성주의 관점론의 중요한 쟁점은, 여성들이 억압받았고 지금도 받고 있다고 주장하는 관점에서, 자신들이 제시하는 주장의 진리성을 확인하는 방법을 발견해야 한다는 것이었다. 그 주장은 이러한 상황을 정정하기 위한 정치에서 핵심적이다. 그들은 "지식이 어떻게 상황적이면서 또한 진리일 수 있는가?"라는 질문에 반드시 답해야 한다. 진리의 추구를 포기하는 것은 여성주의 정치를 위협할 것이다. 지식은 일반적이지 않고 상황적이며 보편적이지 않고 국지적이라고 주장하는 것은 상대주의의 유령을 불러내고 진리의 추구를 손상하는 일이다.

초기의 여성주의 관점론을 주장했던 저자들이 상정했던 것과는 달리, 여성들이 통일된 범주가 아니라는 인식은 이 쟁점을 더 곤혹스럽게 만든다. 다수의 상이한 관점들 — 인종, 계급, 지리적 위치 등에 기초한 — 이 존재하고 그것들이 특권적인 지식의 가능성을 갖는다면, 진리는 어디에 자리하는가? 다수의 여성주의적 관점이 있다면 다수의 진리와 다수의 실재가 있어야 할 것이다.

이 쟁점에 대응하는 한 가지 시도는 지식의 진리성을 옹호하는 기초로서 여성주의 입장의 객관성 개념을 재정의하는 것이었다. 이 방향의 초기 움직임은 객관성을 "우리 주위의 세계에 대한, 최대로 확실하고, 그러므로 최대로 신뢰할 수 있는 이해의 추구"로 정의하고(Keller, 1985: 116), 두 가지 유형의 객관성, 즉 '역동적(dynamic)' 객관성과 '정태적(static)' 객관성을 구분했다.

> 역동적 객관성은 우리 주위의 세계에 대해 독립적인 온전성(integrity)을 승인하는 형태의 지식을 목표로 삼지만, 그 세계와 우리의 연관성을 인식하고 있으며 참으로 그 연관성에 의존하는 방식으로 그렇게 한다. 이 점에서 역동적 객관성은 감정이입, 즉 명백하게 감정과 경험의 공통성에 의지해 다른 사람에 대한 자신의 이해를 풍부하게 하는 형태의 타인에 대한 지식과 다르지 않다.

> 이와 대조적으로, 나는 객체에서 주체를 분리하는 것 — 그 두 가지를 풀어내고자 하는 것이 아니라 — 에서 시작하는 지식의 추구를 정태적 객관성이라고 부른다. 정태적 객관성과 역동적 객관성 양쪽의 야망은 동일한 것으로 보이지만, 추구하는 것의 성질에 관해 설정하는 출발 가정은 결과에 결정적으로 영향을 미친다. …… 그러므로 역동적 객관성은 …… 더 효과적인 객관성을 위해 주관적 경험을 사용하는 지식의 추구이다(Keller, 1985: 117).

하딩(Harding, 1993)은 켈러의 역동적 객관성 개념을 더 발전시킨 '강한 객관성(strong objectivity)'을 옹호한다. 이것은 연구자(지식의 주체)와 피연구자(지식의 객체)를 동일한 수준에 놓을 것을 요청한다. 연구자는 초연함과 가치중립성을 추구하는 것이 아니라 지식 객체의 일부가 되어야 한다. 지식 객체도 지식 주체에 관해 성찰할 수 있어야 한다(단지 그 반대일 뿐 아니라).

강한 객관성은 여성주의적 관점의 복수성을 인식하며 지식이 사회적으로 상황적이라는 점을 인정한다. 하딩은 절대적 진리의 관념을 거부했지만, 일부의 진리는 다른 진리보다 덜 그릇된 것 — 덜 부분적이고 덜 왜곡된 것 — 이라고 주장했다. 어떤 집단이 억압받을수록 그들의 지식은 더 객관적일 것이다(Harding, 1991: 179~180).

헤크먼은 두 가지 이유에서 '강한 객관성'을 비판했다(Hekman, 1997). 첫째, 하딩은 억압의 수준과 특권적 지식의 수준이 왜 연관되는가를 논증하지 않았다고 주장한다. 하지만 하딩(Harding, 1997: 388)은 이 주장을 기각했다. 둘째, 헤크먼은 하딩의 그러한 주장을 뒷받침할 수 있는 판단의 공유된 기준이 없다고 주장한다. 헤크먼은 다른 방향에서 해결책을 제안한다.

진리 지위의 쟁점을 다루는 또 다른 시도를 제시하면서 헤크먼(Hekman, 1997)은 여성주의 이론이 오늘날 직면하고 있는 중요한 문제를 반복해서 강조한다.

> 다수의 관점의 존재, '실재'의 사회적 구성, 그리고 가담한 정치적 입장의 필요 등을 고려한다면, 우리가 어떻게 '세계에 대한 더 좋은 해명', '덜 그릇된 이야기들'에 관해 이야기할 수 있을 것인가? …… 우리는 우리에게 유용한, 즉 우리의 이론적이고 정치적인 목표를 성취하는 데 도움을 줄 수 있는 시각과 관점을 어떻게 선택하는가? 아니면 우리는 일부의 비판자들이 우려하는 '절대적 상대주의'라고 선고받아야 하는가(Hekman, 1997: 358~359)?

그녀의 해결책은 베버의 **이념형** 개념으로 돌아가는 것이었다. 그녀는 이념형에 관해 광범하게 서술했다(Hekman, 1983). "이념형은 하나 또는 그 이상의 관점들에 대한 일면적인 **강조**에 의해, 그리고 대단히 많은, 산만하고 분산적이고 어느 정도는 현존하며 때로는 부재하는 **구체적인 개별 현상**의 종합에 의해 형성된다. 그 현상을 일면적으로 강조된 관점에 따라 통일된 분석 구성물로 정리한다"(Weber, 1949: 90).

베버의 이념형 개념은 어떤 현상의 개별적인, 그렇지만 전형적인 특징에 대한 분석적 강조를 제공한다. 이념형은 실재에 대한 서술이 아니며 무수한 개별 사례에서 공통적인 특징을 종합한 것도 아니다. 이념형은 통계적 분석에 기초한 평균도 아니고 실재에서 도출한 것도 아니기 때문에 실재에서는 발견할 수 없을 것이다. 도리어 그것은 연구자가 실제의 사회현상들 사이의 유사성과 차이를 평가하기 위해 만들어낸 일종의 측정용 잣대이다. "그것은 우리가 경험적 사실들의 거대한 바다에서 안전하게 항해하는 방법을 배울 때까지 항구로써 구실한다"(Weber, 1949: 104).

헤크먼은 베버의 이념형 개념이 지식은 부분적이며 국지적이라는 그리고 모든 분석의 주제는 연구자의 이해관심에 의해 결정된다는 견해와 일치한다고 주장했다. 거기에 더해서 그녀는 사회적 실재가 사회적으로 구성된다는 가정에 기초해 이념형을 발전시킨다고, 그리고 이념형이 여성주의 이론의 모든 인식론적·방법론적 문제를 해결하지는 않지만 여성주의 관점론에서 생겨나는 몇 가지 문제에 대해서는 매우 적합하다고 주장했다.

헤크먼의 논문 「진리와 방법(Truth and method)」(1997)에 대해 논평한 많은 저자들 가운데 스미스만 이념형을 사용하자는 제안에 대해 언급했는데 그녀는 이 해결책을 기각했다. 베버의 이념형은 언제나 탐구자의 관점에서 구성하는 것이라고 지적하면서 스미스는 다음과 같이 주장했다.

> 이념형 방법론은 사물들과 함께 살아가는 사람들이 그 사물들을 어떻게 경험하는가에 대해 어떤 관여도 하지 않는다. 그것은 연구하는 대상들의 개방성을 전혀 허용하지 않는다. …… 베버는 해석적 사회학을 추구했지만, 사회과학의 방법으로서의 이해(Verstehen)에 대한 베버의 해명은 분명히 외부의 관찰자의 관점에 특권을 부여하고 있다. …… 베버가 발전시키고 그의 '이념형' 방법론이 기초하고 있는 사회학적 원칙의 체계는 여성을 위한, 또는 사람들을 위한 사회학과 양립할 수 없다(Smith, 1997: 396~397).

베버의 이념형 방법론의 한계에 대한, 특히 슈츠의 인식을 고려하면 헤크먼이 베버의 접근을 재구성 없이 수용했나는 점은 놀랍다. 슈츠의 이념형 사용에서 출발점, 즉 일상언어와 의미에 기초한 일차적 구성물의 수립은 스미스의 입장과 양립 가능하지만, 일차적 구성물에서 이차적 구성물로의 이동은 스미스의 흥미를 자극하지 못하는 듯하다(해석주의 238~242쪽을 볼 것).

또한 캐롤라인 라마자노글루(Caroline Ramazanoğlu)와 재닛 홀란드(Janet Holland)도 하딩이 제시한 '강한 객관성' 제안에 비판적이었다(Ramazanoğlu and Holland, 2002: 50~52). 우선 그녀들은 하딩은 '강한 객관성'이 남성중심적 지식보다 덜 편파적이고 덜 왜곡된 지식을 만들어낸다고 말하는 것을 제외하고는, 그 개념으로 무엇을 의미하는가에 대해 명확한 정의를 제시하지 않았다고 주장했다. 그녀들은 하딩이 관례적인 '객관성' 개념을 재분류하지 않은 채 실재와 지식을 연결하는 옹호 가능한 방식을 찾고자 하지만 이러한 연결을 확립하는 명확한 기준을 제시하지 않는다고 주장했다. 그 결과 여성주의적 입장에서 지식의 타당성을 주장하려는 시도는 혼란 속에 남게 되었다는 것이다.

앨리슨 와일리(Alison Wylie)는 더 억압받는 집단이 만들어내는 지식이 더 객관적일 것이라는 하딩의 주장을 받아들이고 일부의 관점, 특히 불우한 사람의 관점은 우리가 무엇을 알고 있는가, 그리고 우리가 그것을 얼마나 잘 알고 있는가에서 차이를 만든다고 주장함으로써 중도의 노선을 취한다(Wylie, 2004). 여기에는 네 가지 측면이 있다. 첫째, 증거에 접근하는 사안이다. "주변적인 위치에서 사회적·법적·경제적 제도를 뚫고 나아가는 사람들은, 비교적 특권적인 사람들이 무시할 수 있는, 그리고 확고한 특권의 위계를 정당화하는 지배적인 세계관이 체계적으로 혼란시키는 사회의 측면을 문자 그대로 확실히 볼 수 있을 것이다"(Wylie, 2004: 347). 여성주의 관점론 문헌에 자주 등장하는 주제인 가사노동이 이러한 적절한 사례이다. 둘째, 이러한 증거 속에서 유형과 연관성을 구별하는 숙련이 필요하다. 셋째, 주변화와 억압 때문에 공식 교육을 통한 분석적 숙련의 습득과 특정 종류의 정보에 대한 접근이 제약받을 수 있으며, 억압의 기원과 유지에 대한 그리고 그 억압이 봉사하는 목적에 대한 이해가 방해받을 수 있지만, 억압받는 사람들은 그들을 억압하는 사람들이 접근할 수 없는 국지적 지식을 가질 수 있다. 이러한 세 가지 측면은 네 번째 측면, 즉 "지배적인 세계관을 구성하는 권위주의적 형태의 지식에서 비판적으로 이탈하는 것"으로 이어질 수 있다(Wylie, 2004: 348). 이러한 자원을 개척하는 연구자들은 설명적 유리함을 얻을 수 있다. 와일리는 주변적 관점의 인식적 우위를 주장하는 것은 아니지만 "이러한 관점에서 탐구에 접근할 때 종종 객관성을 향상하고 부분성을 축소할 수 있다"라는 식의 구별적인 유리함을 주장한다(Wylie, 2004: 349).

다수의 관점의 문제

헤크만의 논문은 여성주의 관점론이 전혀 통일된 접근이 아니라는 점을 분명히 보여주며(Hekman, 1997), 스미스에 따르면 결코 통일될 수 없다. 이런 주장을 하는 사람들로는 마르크스주의자(하트소크), 베버주의자(헤크먼), 일상생활방법론자/현상학자(스미스), 인종이론가[퍼트리샤 콜린스(Patricia H. Collins)], 그리고 쿤주의 과학철학자(하딩) 등이 있으며, 학문분과의 배경도 사회학, 정치학, 철학 등으로 다양하다. 이론적·방법론적 그리고 정치적 입장들에 차이가 있으며, 여러 쟁점에서 견해가 다르다. 또한 실증주의-탈근대주의의 연속선 위에서 저자들이 자신을 배치하는 위치도 다양하다. 모두가 이 양쪽 극단은 거부하지만, 둘 중의 어느 하나에 자신을 연결하는 정도에서는 차이가 있으며 그 정도가 다양하다. 간단히 말하면 여성주의 관점론에 관한 다수의 관점이 있다(Harding, 1997: 389). 이 모든 것은 학문 세계의 일상에서는 정상적인 일이다. 인상적인 점은 여성주의 인식론에 관한 논쟁에 참여하는 글의 특성 때문에 이 저자들이 사회과학철학 및 방법론에서 펼쳐지는 더 광범한 논쟁과 논의들의 최전방에 자리하고 있다는 점이다. 이들은 여성들의 삶을 향상시키려는 실천적 노력의 맥락에서 존재론과 인식론에서의 핵심 쟁점을 모두 다루고 있다.

여성주의적 연구와 탈근대주의

여성주의 이론가와 연구자 사이에서 지난 30여 년에 걸쳐 격렬하게 진행된 방법론적 논쟁의 한 가지 결과는 탈근대주의적 입장에 대한 공감이 늘어났다는 점이다. 그렇지만 이 입장에 대해서는 거대한 회의론이나 심지어 적

대감도 있어왔다.

여러 측면에서, 탈근대주의는 여성주의 입장의 연구자들에게 그(녀)들이 전통적인 사회과학에서 찾아낸 결함들에 대한 해결책을 제공한다. 그렇지만 하트소크(Hartsock, 1983b, 1987) 같은 관점 여성주의자들은 이러한 움직임을 격렬하게 반대했다. 하트소크가 보여주듯, 관점 여성주의는 지배집단의 세계관은 부분적이고 왜곡적이고 이데올로기적이라고, 그리고 피억압집단의 세계관은 사람들 사이의 실질적인 관계를 폭로한다고 주장하면서 모든 세계관은 '부분적이고 왜곡적'이라는 탈근대주의의 중심 주장을 드러냈다. 누구나 특정한 위치에서 말하는 것이며, 이런 위치의 어느 것도 다른 것들보다 더 '실재'에 가깝지 않다.

근대주의자들은 절대적 진리가 없다는 견해에 반대하면서 진리와 허위, 합리성과 비합리성을 구별하는 기준을 유지하고자 할 것이다. 반면 탈근대주의자들은 절대적 지식과 상대적 지식의 대립을 거부하고 모든 지식은 맥락적이고 역사적이라고 주장한다. 그들은 진리와 허위를 확인할 수 있는 어떤 기준이 있다는 주장을 부인하며 지식의 절대적인 기초는 없다고 주장한다.

여성주의자들은 그(녀)들의 정치적 목표에 봉사할 인식론에 도달하려고 노력하면서 이러한 지뢰밭을 헤쳐나아가야 했다. 여성주의적 경험주의자들과 관점 여성주의자들을 포함하는 대부분의 여성주의자들은 지식에 관한 근대주의의 가정을 고수했다. 예를 들어, 하트소크(Hartsock, 1997)는 여성을 주체로 보기 위해 주체와 객체를 구별하는 인식론 – 탈근대주의는 거부하는 – 을 유지하고자 했다. 그녀는 여성의 주변적 지위를 인식하는 데는 이 입장이 핵심적이라고 주장했다. 또한 그녀는 탈근대주의가 지식 창출의 가능성을 부정할 뿐 아니라 여성주의가 옹호할 수 있는 정치적 입장을 유지하는 것도 어렵게 만든다고 지적했다.

이런 주장과 대조적으로, 헤크먼(Hekman, 1992)은 여성주의와 탈근대주의 사이에 놀라운 유사성이 있다고 주장했다.

> 두 운동은 결코 동일한 것이 아니다. 그것들은 상이한 이론적·정치적 근원에서 유래하며 현재로서는 서로를 의심의 눈으로 보고 있다. 그렇지만 두 운동 사이에서 발견되는 유사성은 뚜렷하다. 여성주의와 탈근대주의는 근대주의 계몽의 유산에 대해 진정으로 급진적인 비판을 제시하는 유이한 현대 이론이다. 현대의 지적 무대에서는 다른 어떤 접근도 근대의 남성중심적 인식론을 대체하고 변혁하는 수단을 제공하지 못한다. 이 사실만으로도 두 접근은 유대를 창출한다(Hekman, 1992: 189).

그녀는 계속해서 두 운동이 긴밀한 연합에 의해 이익을 얻을 수 있다고 주장한다.

> 탈근대주의가 제시하는 지식의 담론이론은 현대 여성주의의 본질주의적 경향의 일부를 수정하는 수단으로 기여할 수 있다. 나아가 담론의 구성적 권력에 대한 탈근대주의의 강조는 여성들이 태어나는 것이 아니라 만들어진다는 점을 여성주의자들에게 지속적으로 상기시킨다. 다른 한편, 여성주의의 시각은 탈근대 사상에 필요한 성인지적 감수성을 제공할 수 있다(Hekman, 1992: 189).

여성주의적 연구 방법

이 책이 연구 방법 그 자체를 다루는 것은 아니지만, 이 토론을 종결하기 위해 잠시 연구 방법 분야를 살펴보도록 하자. 여성주의 내에서도 객관성과 진리 등의 인식론적 쟁점들에 대한 토론과 함께 연구 방법의 적합성에 관한 논쟁이 이루어져왔다.

양적 연구 방법 사용의 거부는 남성중심적 과학에 대한 여성주의의 비판에 따른 한 가지 결과인데, 그 근거는 다음과 같다. "연구 주제의 선택은 흔히 성차별적 가치를 암묵적으로 뒷받침한다. 여성 주체를 배제하거나 주변화한다. 연구자와 피연구자 사이의 관계는 본질적으로 착취적이다. 결과하는 자료들은 피상적이고 과잉일반화되어 있다. 양적 연구는 일반적으로 사회문제의 극복에 사용하지 않는다"(Oakley, 1998: 709). 사람들이 아니라 양적 방법의 변수들을 연구하는 것은 사람들을 이해하고 관계 맺는 연구자의 능력을 제약하고 조작과 통제를 촉진한다고 생각한다. 양적 연구자들은 기껏해야 여성들을 그릇되게 이해하고 있으며, 최악의 경우 그릇되게 제시하는 것으로 간주된다. 그러므로 이러한 주류/남성중심의 방법은 여성주의 이론과 실천을 손상하는 것으로 간주된다.

선호하는 대안은 여성주의적 연구에서 질적 방법, 특히 심층면접을 사용하는 것이다(Oakley, 1981). 심층면접은 참여적인 연구 접근을 가능하게 하고, 연구자와 피연구자 사이에 비위계적·비조작적·비착취적 관계를 가능하게 한다(Reinharz, 1983). 이 방법은 여성의 목소리를 들을 수 있도록, 그리고 여성들이 살고 있는 세계를 드러낼 수 있도록 허용한다. 심층면접 이외의 방법을 사용하는 시도는 심지어 여성주의를 배반하는 것으로 여겨지기도 했다.

여성주의 내부와 외부에서 양적 방법에 대한 이러한 인상적인 거부와 관련해 초기에 제기된 한 가지 우려는 연구자가 타당한 결과를 만들어낼 수 있는가 하는 것이었다. 진리/객관성에 대한 우려가 제기되었고 이에 대응해야 했다. 앞서 논의한 것처럼, 이 문제를 해결하기 위해 여러 제안이 제시되었지만 논의는 계속되었다.

근래에는 엄격한 양적/질적 이분법의 고집에서 벗어나려는 움직임이 등장했고, 이 방법들을 일련의 연속선 위에 있는 것으로 이해할 뿐 아니라 연구 주제 및 목표에 적합한가 여부를 기준으로 평가하게 되었다(Oakley, 1998).

이런 움직임은 여성주의적 연구자들은 '면접만 한다'는 신화를 공격하고, 다른 방법의 정당성도 홍보했다. "해방적 사회과학에 대한 여성주의의 관심은 일련의 방법 — 그 안에서 '양적' 방법도 인정받고 존중받는 자리를 갖는 — 이 필요하다고 제안한다"(Oakley, 1998: 723). 앤 오클리(Ann Oakley)는 더 나아가 실험적 연구 설계의 사용을 권장하기도 한다. "분명히 …… 여성주의 입장의 연구자가 자신의 여성주의 자격증을 입증하기 위해 질적 연구에 사로잡혀 있어야 하는 것은 아니다"(Letherby, 2004: 180). 하딩이 지적했듯이 여성주의적 연구의 구별적 특징이 사용되는 연구 방법에 있는 것은 아니다(Harding, 1987b: 3). "연구의 과정과 생산물의 관계, 즉 우리가 수행하는 연구를 어떻게 수행할 것이며, 우리가 그것을 수행하는 것이 우리가 얻는 것에 어떻게 영향을 미치는가"가 근본적인 쟁점이 되었다(Letherby, 2004: 194).

양적 방법과 질적 방법의 사용을 둘러싼 논쟁에 관한 한 오클리는 '방법론적 평화주의(methodological pacifism)'의 주요한 주창자였다(Letherby, 2004: 192). 그녀는 저서 『지식생산에서의 실험(Experiments in Knowing)』(2000)에서 "오늘날 방법론 문헌들에서는 '양적/질적' 이분법이 주로 성차별화된 이데올로기적 표현으로 기능하며, 이러한 방법론의 성차별화 속에서 실험의 방법은 가장 '양적인 것'으로, 그러므로 가장 남성적인 것으로 간주된다"라고 주장했다(Oakley, 2000: 3). 그녀는 훨씬 더 중요한 것은 다음을 인식하는 것이라고 강조했다.

> 해방적 (사회)과학의 목표는 우리에게 쓸모없는 단어 게임을 그만두고 당장의 업무에 집중하라고 요청한다. 그 업무는 우리 자신과 타자들 사이의 간격을 연결하고 동시에 다른 사람의 삶에 개입하는 사람들이 더 유익하고 덜 해로운 방식으로 그렇게 하도록 보증하기 위해, 가장 신뢰할 수 있고 민주적인 지식 생산 방식을 어떻게 발전시킬지 연구하는 것이다(Oakley, 2000: 3).

요약

여성주의 방법론의 기초는 남성중심적인 자연과학과 사회과학에 대한 비판이다. 지금까지 성차별에서 자유로운 것으로 상정해왔던 연구 문제, 이론, 개념, 방법론, 지식주장 등은 사실상 자연과 사회적 삶에 대해 왜곡된 이해를 제공해왔으며, 여성의 경험을 외면하거나 왜곡했다. 이는 사회과학에서 사회연구의 중요한 분야들을 배제해왔다는 것을 의미한다.

여성주의 방법론자들은 20세기 후반에 격렬하게 진행된 과학철학 논쟁에서 자원을 얻었다. 이 논쟁은 여성주의 과학에서 발전한 세 가지 주요한 전통을 낳았다. 여성주의적 경험주의, 여성주의적 관점론 그리고 여성주의적 탈근대주의가 그것이다.

여성주의적 경험주의는 전통적 과학을 대체하기보다 그것을 개혁하려는 시도를 대표한다. 이 입장은 실증주의적 연구 패러다임에서 실행된 경험주의에 대한 곤혹스러운 비판이 제기된 후 유지되는 데 어려움을 겪었다. 부분적인 해결책으로 '철학적 여성주의적 경험주의'가 제시되었는데, 여기서는 과학의 보편적 규범이라는 관념이 과학공동체가 지식의 창조자이며 또한 무엇을 객관성이나 증거로 취급할 것인가와 같은 사안과 관련된 규칙의 조정자라는 인식으로 대체된다.

여성주의 관점 인식론은 전통적인 과학의 규범과 실행의 정당성을 부인하고, 연구자의 배경과 위치가 연구 결과에 중요한 영향을 미친다고 인식한다. 우선 탐구해야 할 문제를 명확하게 이해하는 데, 그리고 지식의 적절한 기초를 제공하는 경험을 갖는 데 피억압 집단의 구성원이 지배집단의 구성원보다 유리하다고 주장했다. 그러므로 여성의 경험에 기초해 생산된 지식이 더 신뢰할 수 있는 지식으로 정치적 행동의 기초가 된다고 간주했다.

이 접근이 갖는 주요한 난점은 그 접근에 대한 반대에 대응해서 그런 지식을 옹호할 수 있게 만드는 기준을 찾는 문제였다. 여성들의 경험이 인종, 계급, 지리적 위치 등과 관련해 다양하다는, 그러므로 다수의 관점이 있다는 사실을 인식함으로써 이 어려움은 더 심해졌다. 이러한 인식에 의해 여성주의 방법론자들은 객관성 개념을 재검토했다. 그들은 '역동적 객관성'(Keller, 1985)과 '강한 객관성'(Harding, 1993)을 해결책으로 제안했다.

탈근대주의적 유파의 여성주의자들은 객관성 및 진리의 개념을 개정하고 전통적 과학을 개혁하려는 이러한 시도가 불충분하다며 거부했다. 그(녀)들은 지식이 보편적인 것이 아니라 국지적이고 상황적이며 맥락적이고 역사적이라는 점, 그리고 진리와 허위를 확립할 기준이 없기 때문에 지식의 절대적 기초는 없다는 점을 인정한다. 그(녀)들은 여성주의 과학을 수립하려는 노력에 심각한 의문을 제기했으며 바람직하지 않은 인간 실존 형식을 반복하지 않을 수 있는 종류의 과학을 수립할 가능성에 관해 회의했다.

이 장의 요약

- 여섯 가지 현대의 연구 패러다임은 사연과학과 사회과학의 방법들 간의 관계라는 문제에서 고전적 패러다임보다 훨씬 복잡한 답변을 제시한다.
- 그 패러다임들 가운데 다섯 가지, 즉 비판이론, 일상생활방법론, 사회적 실재론, 구조화이론, 여성주의는 고전적 해석학 그리고/또는 해석주의를 기초로 하거나 그것들을 채용한다.
- 여섯 번째, 현대의 해석학은 고전적 해석학이 발전시킨 반실증주의의 두 전통을 확장한다.
- 일상생활방법론, 현대의 해석학, 구조화이론, 여성주의는 모두 사회과학에서 자연과학적인 방법의 사용을 거부한다.

- 비판이론과 사회적 실재론 모두 이 쟁점에 대해 '그렇다. 그리고 아니다'라는 답변을 제시한다. 비판이론은 상이한 연구 영역에 대한 다양한 방법의 사용을 인정하며, 사회적 실재론은 경험적인 영역에서의 서술과 실재적인 영역에서의 설명을 위한 상이한 방법들의 사용을 인정한다.

그 밖의 읽을거리

Alcoff, L. and E. Potter(eds.). 1993. *Feminist Epistemologies.*

Archer, M. et al. 1998. *Critical Realism: Essential Readings.*

Bhaskar, R. 1979. *The Possibility of Naturalism.*

______. 1986. *Scientific Realism and Human Emancipation.*

Carter, B. and C. New(eds.). 2004. *Making Realism Work.*

Collier, A. 1994. *Critical Realism.*

Gadamer, H. -G. 1989. *Truth and Method.*

Garfinkel, H. 1967. *Studies in Ethnomethodology.*

Giddens, A. 1979. *Central Problems in Social Theory.*

______. 1984. *The Constitution of Society.*

Habermas, J. 1972. *Knowledge and Human Interests.*

Harding, S. 1986. *The Science Question in Feminism.*

______(ed.). 1987a. *Feminism and Methodology.*

______(ed.). 2004. *Feminist Standpoint Theory Reader.*

Harré, R. 1972. *The Philosophy of Science.*

______. 1986. *Varieties of Realism.*

Harré, R. and R. F. Secord. 1972. *The Explanation of Social Behaviour.*

Keat, R. and J. Urry. 1975, 1982. *Social Theory as Science.*

Nicholson, L. J(ed.). 1990. *Feminism/Postmodernism.*

Outhwaite, W. 1987. *New Philosophies of Social Science.*

Palmer, R. E. 1969. *Hermeneutics.*

Ramazanoğlu, C. and J. Holland. 2002. *Feminist Methodology.*

Sayer, A. 2000. *Realism and Social Science.*

Signs: Journal of Women in Culture and Society, 22(1997): pp. 341~402.

Smith, D. E. 1974. "Women's perspective as a radical critique of sociology".

______. 1979. "A sociology for women". In J. A. Sherman & E. T. Beck(Eds.). *The Prism of Sex: Essays in the Sociology of Knowledge.*

Thompson, J. B. 1981a. *Critical Hermeneutics.*

______. 1981b. *Paul Ricoeur.*

6

연구 패러다임들에 대한 개관과 비판

서론

4장과 5장에서 열 개의 연구 패러다임을 소개하는 동안 패러다임들 사이의 연관과 차이를 논의하기는 어려웠다. 그러므로 여기서 이를 재검토하고 비판함으로써 이해를 돕고자 한다. 각각의 연구 패러다임에 대한 비판들은 주로 경쟁하는 연구 패러다임의 옹호자들이 제시한 것이다. 이러한 검토는 선택적일 수밖에 없기 때문에, 옹호자와 비판자들 사이의 대화를 추적하기란 불가능할 것이다. 비판을 선택하는 기준으로는 연구 패러다임과 연구 전략을 놓고 선택해야 하는 연구자들에게 무엇이 유익한 배경이 될 것인가를 고려했다. 후기의 연구 패러다임의 옹호자들은 선행하는 연구 패러다임의 결함에 관한 자신들의 견해를 제시했기 때문에, 비판 가운데 일부 측면은 앞 장들에서도 살펴보았다.

또한 이 장에서는 각각의 연구 패러다임의 지배적인 존재론적·인식론적 가정들도 간략하게 정리하고, 2장에서 소개한 딜레마도 살펴본다. 또한 그 딜레마들을 각각의 연구 패러다임이 채택한 입장에 비추어 검토한다.

연구 패러다임에 대한 재검토: 존재론과 인식론

연구 패러다임을 비판하기 전에, 각 패러다임이 작업할 때 사용하는 존재론적·인식론적 가정들을 검토할 것이다. 사회과학과 자연과학에서 쓰이는 방법의 사용에 대한 핵심적인 질문에 답하는 여러 가지 방식이 대부분 이 가정들에서 도출되기 때문이다. 실증주의와 비판적 합리주의 같은 일부 연구 패러다임은 그 가정들이 명확하고 간단하다. 다른 연구 패러다임의 경우 대부분 내적인 변이들이 있다.

실증주의는 **피상적인 실재론적** 존재론과 **경험주의**의 인식론, 그리고 **자연주의**의 교의를 통합한다. 사회적 실재를 사건들 사이의 인과관계의 복합체로 간주하며, 인간관계를 변수들 사이의 관계의 잡동사니로 묘사한다. 인간 행위의 원인은 개인에게 외부적인 것으로 간주한다. 지식은 실험 분석이나 비교 분석에 의해 감각경험에서 도출되는 것이며, 개념과 일반화는 개별 관찰의 간략한 요약으로 간주된다. 실증주의는 감각으로 관찰할 수 있는 것이 실재하는 것이라고 주장한다. 과학적 법칙은 경험적 규칙성과 동일하다.

비판적 합리주의는 **신중한 실재론적** 존재론과 **반증주의**의 인식론을 동반한다. 이 존재론은 실증주의가 채택하는 **피상적인 실재론적** 입장과 여러 가지 공통점을 가지고 있지만 중요한 점에서 차이가 있다. 독립적인 외부의 실재가 존재한다고 상정하지만 그것을 알아내는 우리의 능력은 인간 감각의 한계와 관찰의 해석적 본성에 의해 직접 방해받는다. 이 존재론의 두드러진 특징은 우리는 실재가 어떠한지 확신할 수 없다고 생각한다는 것이다. 그러므로 이 존재론은 동반하는 인식론적 가정에 의해 윤색되며, 따라서 이 인식론적 가정에 의해 **피상적인 실재론적** 존재론과 구별된다. 비판적 합리주의는 인과적 설명을 강조하는 데 관련된 일련의 그리고 충분히 시험된 가설에 의해 그러한 설명을 내놓는다.

고전적 해석학의 학자들은 사회적 삶에 대한, 자연과학을 특징짓는 인과적 설명 방법을 사용하지 않는 이해의 방법을 찾고자 했다. 그들의 인식론에는 차이가 있지만 그들은 모두 동일한 종류의 **관념론적** 존재론을 공유했다. 슐라이어마허는 의심 없이 의미를 인간의 구성물로 간주하면서도 저자나 행위자가 원래 의도한 의미가 독립적으로 존재한다고 상정했다. 딜타이는 공유한 문화적 의미 — 그 안에서 개인들의 행위가 발생하는 — 의 존재를 상정했다. 브렌타노는 사람들의 생리적인 존재에 관해서는 실재론자였으며, 또한 정신현상의 존재도 상정했다. 후설은 '실재'세계의 존재에 관한 한 **불가지론적 관념론자**였으며, 일상의 삶에서 '자연적 태도'와 소수 전문가의 '순수한 의식'의 존재를 상정했다. 하이데거는 이해가 인식론적 문제가 아니라 존재론적 문제라고 주장했다. 인간이 존재하려면 이해할 수 있어야 한다는 입장이다. 이러한 모든 입장은 (적어도 일부의) 사람들은 자신의 세계에 의미를 부여하고 이해할 수 있는 능력을 가졌다고 상정한다. 사회적 실재의 존재는 이러한 능력과 역량이 작동한 결과라고 간주한다.

고전적 해석학의 대표자들을 관통하는 공통된 인식론적 흐름은 **구성주의**이다. 그렇지만 그들의 이해 방식은 상당히 상이하다. 슐라이어마허는 저자가 의도하는 (또는 사회적 행위자가 사용하는) 의미를 해석학적 순환을 통해 복구하는 작업에 관심을 가졌다. 딜타이는 일차적으로 개인들의 주관적 의식 —정신적 과정 — 을 파악하기 위해 **이해**(verstehen)를 사용할 것은 제안했다. 나중에 그는 '생생한 경험'에 초점을 맞췄으며, 외부화된 문화적 생산물에서 당연시되는 의미들을 발견함으로써 이러한 생산물들을 그것들의 기초가 되는 의미에 입각해서 이해할 수 있다고 생각했다. 후설은 순수한 의식을 성취하기 위해 일상의 이해를 괄호로 묶음으로써 확실한 지식의 핵심을 직관적으로 탐색하는 행위에 관심을 가졌다. 하이데거는 이해가 세계에서 인간의 실존에 본질적인 것이기 때문에 그것은 지식의 양식이 아니라 존재의 양식이라고 주장했다. 사회적 삶에 대한 모든 지식은 일시적인 것이다. 그 지식은 그 것이 관련되어 있는 맥락에 따라 시간과 공간의 구속을 받는다. 이들 사상가의 견해를 통해 우리는 부분과 전체 사이에 대화를 사용할 때 감정이입, 직관, 해석 같은 방법을 사용했다.

해석주의의 여러 분파는 일종의 **관념론적** 존재론과 **구성주의**의 인식론을 채택한다. 외부 세계의 존재를 인정하는 정도에 관해서는, 그리고 외부 세계가 존재한다면 사람들이 사회세계의 본성에 관해 갖는 견해에 영향을 미치는가 여부에 관해서는 분파들 사이에 의견이 다양하다. 급진적인 해석주의는 외부 세계의 존재나 관련성을 부인하거나(무신론적 관념론), 또는 외부 세계의 존재에 관해 개방적인 생각을 하면서 관련성을 갖지 않는다고 상정한다(불가지론적 관념론). 더 일반적인 종류의 해석주의는 외부 세계가 존재한다는 것은 인정하지만 실재에 대한 상이한 견해를 이 세계에 관한 관점들로 간주하며(관점 관념론), 그리고/또는 이러한 자리들이 사회적 실재를 구성하는 방식을 제약한다고 인정한다(제약적 관념론).

존재론적 가정에서 그러하듯, 해석주의의 인식론적 가정도 다양한 형태로 나타난다. 핵심적인 특징은, 모든 사회세계에서 연구자들이 그 속에 살고 있는 사회적 행위자들에게서 배워야 한다고 주장하는 점이다. 사회적 실재는 어떤 '외부의' 전문가의 이론을 통해서 여과하거나 왜곡할 것이 아니라 '내부'로부터 발견해야 한다는 것이다. 그 과정은 '하향식'이 아니라 '상향식'이다.

하버마스가 제시하는 비판이론은 자연적 실재와 사회적 실재를 근본적으로 상이한 것으로 간주하면서도 둘 모두 사회적으로 구성된 것으로 상정한다. 인지적 이해관심 ― 삶의 경험을 해석하기 위한 전략 ― 이 실재의 객체들을 결정한다. 세계는 관찰자에게서 독립해 존재하는 사실의 우주가 아니다. 이론적 진술은 실재를 서술하지 않는다. 비판이론은 이론적 구성물과 상식적 사유에 뿌리를 둔 가정에 의존한다. 그러므로 관찰자가 가진 이해관심과 가정들 때문에 자연과학과 사회과학 양쪽 모두에서 객관적 관찰은 불가능하다. 세 가지 형태의 이해관심이 세 가지 형태의 지식을 산출한다. 인과적 설명, 해석적 이해, 인간해방이 그것이다. 인간해방의 추구는 다른 두 형태의 지식 가운데 어느 하나 또는 둘 모두의 사용을 필요로 한다. 인과법칙은 보편적 진리로 볼 것이 아니라 행위를 위한 기초로서 실천적 기능을 갖는 것으로 보아야 한다. 진리는 증거에 기초하는 것이 아니라 이상적인 발화 상황에서 기대할 수 있는 합의에 기초한다.

그 결과, 하버마스의 비판이론은 상당히 복잡한 존재론적·인식론적 가정들의 조합을 수반한다. 지배적인 요소는 **관념론적** 존재론이지만 세 가지 상이한 형태의 지식을 산출하는 인식론을 사용하기 때문에 그 배경에 또 다른 유형의 존재론적 가정이 숨어 있을 수 있다. 분명히 **구성주의**의 인식론을 주로 따르지만 **협약주의**, **경험주의** 그리고 **합리주의**의 요소도 존재한다. 이론을 보는 방식에서는 **협약주의**가 뚜렷하며, **경험적·분석적 방법**의 사용에서는 **경험주의**가, 이상적 발화 상황이 진리에 대한 합의로 이어진다는 견해에서는 **합리주의**가 나타난다.

일상생활방법론이 함축하는 존재론은 분명히 **관념론**이며, 아마도 **불가지론적 관념론**일 것이다. 일상생활방법론자들은 객관적 실재를 구성하는 것으로서의 '사회적 사실들'이라는 존재를 부인한다. 그러나 집합체의 성원들이 이런 식으로 실재를 경험할 수 있다는 것을 부인하지는 않는다. 그러므로 연구자는 사회적 실재를 객관적이고 외부적인 것으로 볼 것이 아니라 성원들이 자신들의 일상의 활동을 통해 스스로 성취하는 것으로 보아야 한다.

일상생활방법론자들이 연구를 수행할 때, 그들은 성원들이 이미 어떤 사회적 실재에 살고 있다고 상정한다. 연구자들은 사회적 실재가 어떻게 존재하게 되는가에 또는 그 내용에 특별히 관심을 갖지 않는다. 오히려 그들은 보통의 일상적 상황에서는 사회적 실재를 구성하는 것의 대부분을 성원들이 당연한 것으로 생각한다는 점을 인식한다. 그러한 사회적 실재는 불확실하며 잠재적으로 유동적이다.

1장에서 논의한 여섯 가지 인식론 가운데 일상생활방법론은 **구성주의**에 가장 잘 맞는다. 그러나 구성주의는 의미의 집합적 산출과 전달에 초점을 맞추는 반면 일상생활방법론은 의미와 질서를 복원하는 활동에 더 관심을 갖는다. 가핀켈은 "어떤 상황에 있는 성원들이 공통의 의미나 이해를 공유하고 있다고 상정할 것이 아니라, 이러한 공통의 의미와 이해를 주장하는 (또는 '해명하는') 방법적 방식을 연구해야 한다"라고 믿는다(Johnson, 1977: 160).

사회적 실재론 가운데 **비판적 실재론** 분파는 **심층 실재론**의 존재론과 **신실재론**의 인식론을 채택한다. 이 존재론적·인식론적 가정을 채택한다는 점이 **비판적 실재론**과 여기서 논의한 다른 연구 패러다임을 구별하는 차이이다. **비판적 실재론**에서는 과학적 탐구의 대상이 과학자들 및 그들의 활동과 독립해서 존재하며 행위 한다고 간주한다. 그리고 경험적인 영역, 현실적인 영역, 실재적인 영역을 구별한다. 사회적 실재는 사회적으로 구성된 세계이며 이 세계에서 사회적 사건은 사회적 행위자들이 그 사건에 끌어들이는 인지적 자원의 생산물이거나(하레), 사회적 장치는 물질적이지만 관찰하기 어려운 관계로 이루어진 구조의 생산물이라고(바스카) 상정된다.

사회적 실재론의 목표는 관찰 가능한 현상을 기저의 구조들과 기제들을 참고해 설명하는 것이다. 이 작업은 구조 그리고/또는 기제 — 만약 그것들이 연구자가 상정하는 방식으로 존재하고 작동한다면 문제의 현상을 해명해줄 수 있는 — 에 대한 가설적 모형의 구성을 포함한다.

고전적 해석학과 마찬가지로 현대의 해석학들도 다양한 존재론적·인식론적 가정을 포함하지만 공통된 요소를 가지고 있다.

고전적 해석학의 일부 학자들이 그러하듯, 베티, 가다머, 리쾨르는 사회적 실재 자체의 본성에는 관심을 갖지 않았다. 오히려 그들은 텍스트의 저자, 텍스트의 독자 그리고 텍스트 자체의 지위, 역할 그리고 그것들 사이의 관계에 초점을 맞췄다. 이를 사회과학의 관심으로 옮겨오면, 초점은 사회적 행위자들의 특징, 행위, 해석, 그것들에 대한 기록, 그리고 그것들에 대한 사회과학자의 해석을 겨냥하게 된다. 이러한 관심의 명확한 사례는 기든스의 구조화 이론에서 볼 수 있다.

텍스트가 담고 있는 의미는 그것을 이해하는 행위와 독립적이라고 상정하면서 베티는 **피상적 실재론**에 근접하는 존재론적 가정을 채택했다. 그는 텍스트가 자율적인 실재를 갖는다고 주장했다. 텍스트가 담고 있는 의미를 발견해야 한다는 것이다. 이 견해는 텍스트가 고정되고 독립적인 실재를 갖지 않는다는 가다머의 견해와 대비된다. 텍스트에 대한 상이한 해석들, 상이한 이해들만이 존재하며, 이것들은 해석자가 속한 시간과 공간 속에서의 위치에 상당한 정도로 의존한다. 리쾨르 또한 텍스트에서 독자가 이끌어내는 의미가 반드시 저자가 의도한 것일 수는 없다고 주장한다. 이 주장을 사회과학의 존재론적 가정으로 이전하면 가다머와 리쾨르의 입장은 **관념론**으로 분류되어야 할 것이다.

베티의 인식론은 슐라이어마하와 딜타이에 연결될 수 있다. 사회과학의 관점에서 이는 연구자가 초연한 관점에서 진리를 탐색한다는 것을 의미한다. 그렇지만 가다머에 따르면 이해는 언어들 사이의 매개와 관련된다. 텍스트를 이해하기 위해서 독자는 그 텍스트를 저술한 역사적 전통, 즉 시간과 장소를 파악해야 한다. 독자는 자신이 속한 시간과 공간에서의 위치라는 관점에서 이 작업을 수행한다. 독자의 과제는 텍스트의 '배후'로 가서 그것을 저술한 맥락에 자리하고 있는, 그리고 그 맥락에서 도출하는 의미 — 저자가 당연한 것으로 받아들였을 — 를 드러내는 것이다. 그 결과는 그 전통과 저자의 전통의 융합일 것이다. 다시 이것을 사회과학의 담론으로 이전하면, 연구자는 사회적 행위자들이 행위 하면서 당연하다고 받아들이는 것을 어떻게든 발견해야 한다. 이것은 '순수한' 형태로 담길 수 있는 것이 아니라 연구자가 과제에 끌어들이는 가정과 융합될 것이다. 연구자의 이해와 사회적 행위자의 이해는 이 과정에서 변화할 것이다. 베티는 **경험주의**의 인식론을 채택하는 반면 가다머와 리쾨르의 견해는 분명히 **구성주의**에 해당한다.

구조화이론은 **관념론**의 존재론에 기초하고 있다. 사회적 실재는 사회적 행위자들의 숙련된 활동에 의해, 그렇지만 반드시 그들 자신이 선택한 것은 아닌 조건 아래에서 생산되고 재생산된다고 간주된다. 사회구조들은 인간이라는 행위주체들에 의해 구성되고, 동시에 이러한 구성의 매개체이다. 사회적 상호작용의 조건이자 결과로서 그것은 **구조의 이중성**을 형성한다.

구조화이론이 미리 정해진 인식론적 원칙들을 제시하는 것은 아니지만 사회세계에 대한 지식을 획득하는 근거는 제공한다. 사회과학자는 사회적 행위자들이 자신의 사회세계를 생산하고 재생산하면서 사용하는 숙련들을 사용해서 행위자들이 활동하면서 의지하는 의미틀을 간파해야 한다. 사회과학자가 그 세계를 파악하기 위해서는 사회적 행위자들이 그 세계에 몰입해 있는 과정을 통해 그들의 일상적인 활동을 수행해 나아가기 위해 이미 알고 있는 것과 알아야 하는 것을 알아내야 한다. 그 세계에 대한 결과로 생산하는 서술은 일상의 의미틀을 매개하는 데 사용할 수 있는 기술적 개념으로 번역해야 한다. 간단히 말해 구조화이론은 가추적 연구 전략의 사용을 옹호하며, 그 자체로 분명히 **구성주의**의 인식론을 채택하고 있다.

여성주의는 발전하면서 존재론적·인식론적 가정에서 변화와 차이를 보여왔다. 다음의 요약은 종합적인 것은 아니지만 지배적인 요소들을 후기의 입장에 더 큰 비중을 부여하면서 판별하고자 한다. 여성주의의 존재론적 가정은 본질적으로 **관념론**이다. 여성주의자들은 자연세계와 사회세계 모두가 사회적 구성물이며, 상이한 사회적 위치에서 상이한 삶의 경험을 가진 사람들 — 예컨대, 남성과 여성 — 이 그 세계들을 상이하게 구성한다고 주장한다. 그러므로 다수의 실재가 존재할 수 있다는 것이다. 그리고 여성의 세계 구성에 초점을 맞춤으로써 지배적인 형태의 과학이 남성의 관점에서 그러한 세계들을 구성해왔다는 사실에 대항해야 한다고 주장한다.

여성주의는 **구성주의**의 인식론을 채택한다. 이 인식론은 지식의 기초로서 남성의 경험을 여성의 경험으로 대체한다. 여성주의는 객관성과 합리성에 대한 전통적인 견해를 기각하고 감정과 경험의 공통성에 의지함으로써 객관성 개념을 정치적 맥락에 위치한 대화적 과정으로서의 객관성 개념으로 대체한다. 여성주의는 변동을, 즉 여성을 위한 그리고 그 변동에 의한 남성을 위한 더 좋은 세계의 생산을 추구한다.

여성주의 입장의 연구자들이 채택하고 있는 지배적인 존재론적·인식론적 가정 몇 가지를 판별할 수 있지만, 중요한 것은 그(녀)들이 통일된 목소리를 내지 않는다는 점을 인식하는 것이다. 여성주의 입장의 연구자들은 전통적 과학의 남성중심적 특성을 극복하는 데서, 일상의 삶을 살아가는 여성들에게 목소리를 부여하는 데서, 여성들의 경험이 다양하고 상이하다는 것을 인식하는 데서, 지식을 이런 다양한 경험들에 기초 짓는 데서, 그리고 해방적 변동을 기획하기 위한 신뢰할 만한 기초로서 옹호할 수 있는 지식을 만들어내는 데서 어려움에 부딪혔으며 그러므로 그(녀)들은 상이한 해결책을 제시해왔다.

연구 패러다임에 대한 비판

각각의 연구 패러다임에 대한 비판은 논리적 근거나 다른 합리적 근거에서가 아니라 다른 연구 패러다임의 관점에서 제공되었다. 연구 패러다임 사이에서 진행되어온 논쟁의 유래는 그 패러다임들의 존재론적·인식론적 가정들의 차이로 거슬러 올라갈 수 있다.

실증주의

과학철학으로서의 실증주의는 격렬한 비판을 받아왔다. 논쟁의 몇 가지 요점은 다음과 같다.

- 경험은 과학적 지식을 위한 견고한 기초이다.
- 과학은 관찰 가능한 현상만 다루어야 하며, 추상적이거나 가설적인 실체는 다루지 않는다.
- 몰이론적인 관찰언어와 이론언어를 구별할 수 있다.
- 이론적 개념은 관찰한 것으로서의 '실재'와 일대일의 상응관계를 갖는다.
- 과학적 법칙은 세계에서 일어나는 사건들 사이의 항상적 결합에 기초한다.
- '사실'과 '가치'는 분리할 수 있다.

여기서 이러한 비판을 자세하게 검토할 수는 없다.[1] 이론을 발전시키고 시험하는 데 사용되는 적절한 논리에 관한 주장과 관련된 몇 가지 사항은 3장에서 이미 언급했다.

실증주의는 해석주의, 비판적 합리주의, 비판이론, 사회석 실재론 그리고 여성주의 관점으로부터, 그리고 쿤(Kuhn, 1970a)의 저작에서 많은 것을 이끌어내는 협약주의라 불리는 입장으로부터도 공격을 받았다. 해석주의의 비판은 사회적 실재의 본성에 대한 실증주의의 부적절한 견해로 간주되는, 즉 부적절한 존재론에 집중되었다. 실증주의는 사회적으로 구성된 세계 – 해석주의가 사회적 실재로 간주하는 것 – 를 간단하게 당연한 것으로 받아들인다. 실증주의는 사회적 실재를 구성하고 유지하는 방식이나 사람들이 자신의 행위

1) 사회과학적 지향을 가진 논의들로는, 예를 들면, Keat and Urry(1975, 1982), Hindess (1977), Bhaskar(1979, 1986), 그리고 Stockman(1983) 등을 볼 것.

나 타인의 행위를 해석하는 방식을 해명할 수 없다. 그러므로 슈츠에 따르면, 실증주의자들과 비판적 합리주의자들은 연구자들이 자신이 갖는 의미로부터 허구적인 사회세계를 구성하면서 사회세계가 사회적 행위자들에게 의미하는 것을 무시한다. 이에 대해 슈츠는 사회과학자의 이른바 '객관적' 관점에 대립하는 것으로서 사회적 행위자들의 '주관적' 관점이 우위를 차지해야 한다고 주장했다. "주관적 관점을 보호하는 것은 사회적 실재라는 세계를 존재하지 않는 허구의 세계 – 과학적 관찰자가 구성한 – 가 대체하지 않게 하는, 유일하지만 충분한 보증물이다"(Schütz, 1970: 271).

비판적 합리주의가 실증주의에 대해 제기한 비판은, 지식을 '발견'하기 위한 실증주의의 과정과 그 지식을 정당화하는 실증주의의 기초에 집중되어 있다. 첫째, 비판적 합리주의는 경험이 지식의 적절한 근원일 수 없고 모든 관찰이 해석을 포함하고 있다고 생각한다. 따라서 비판적 합리주의는 관찰 진술과 이론 진술의 구별은 불가능하며, 세계에 관한 모든 진술은 적어도 어느 정도는 이론적이라고 주장했다.[2] 둘째, 비판적 합리주의는 경험을 지식을 정당화하는 기초로 삼는 것은 순환 논증을 초래하기 때문에 부적절하다고 주장한다. 경험을 준거로 하지 않는다면 무엇을 기초로 경험을 지식에 대한 정당화로써 확립할 수 있는가?

인간의 감각을 사용해서 실재를 직접 지각할 수 있다는 실증주의의 주장은 철저히 논박당했다. 단일하고 고유한 물리적 세계가 관찰자에게서 독립해서 존재하고 있다고 가정하더라도(이 가정도 보편적으로 받아들여지는 것은 아니다) 그 실재를 관찰하는 과정은 의식적 해석과 무의식적 해석 모두를 포함한다. 관찰은 '이론부과적'이다. 즉, "본다는 것은 눈동자에 닿는 것보다 훨씬 많은 것을 포함한다"(Hanson, 1958).[3] 인간이 주변의 세계를 관찰하는 과정

2) 이 쟁점에 대한 대안적 논의로는 Hesse(1974)를 볼 것.

3) '관찰의 이론의존성'에 대한 개관으로는 Chalmers(1982)를 볼 것.

— 일상 속에서든 과학적인 목적에서든 — 은 사진을 찍는 일과 똑같지 않다. 우리는 우리의 감각에 와 닿는 것을 '읽으면서', 특정 문화의 언어가 지닌 독특한 개념의 사용과 '저기에' 있는 것에 관한 어떤 기대를 동반하는 복잡한 과정에 참여해야 한다. 더욱이 우리는 고립된 개인으로서 관찰하는 것이 아니라 문화집단이나 하위집단의 성원으로서 관찰하는데, 그 집단은 우리에게 존재론적 가정을 제공해준다. 따라서 관찰자들은 수동적인 수용자가 아니라 능동적인 행위주체이다. 그리고 관찰자가 연구에 끌어들이는 특정한 경험, 지식, 기대 그리고 언어 등의 묶음은 관찰하는 것에 영향을 미칠 것이다. 우리는 오로지 우리의 언어 속에 그에 대한 개념이 포함된 것들만 볼 수 있을 뿐이라고 주장할 수 있다. 두 관찰자가 상이한 언어를 사용한다면 그들은 상이한 것을 본다고 할 수 있다. 비판적 합리주의는 검증의 기준이 아니라 반증의 기준에 의해, 그리고 이론의 진리성이 잠정적일 뿐이라는 견해에 의해 실증주의의 이러한 결함을 극복한다고 주장한다.

관찰 및 서술의 이론부과성에 대한 사회적 실재론의 해결책은 과학의 자동적 대상과 타동적 대상을 구별하는 것이다. **경험적** 영역에 대한 우리의 서술은 이론의존적이겠지만, **실재적** 영역에서 작동하는 구조들과 기제들은 그것들에 관한 우리의 서술과 독립해 존재한다. 실재는 실증주의에서 파악하는 것처럼 저기에 있으면서 관찰되는 것도 아니고, 협약주의에서 주장하듯 사람들에 의해 구성되는 것도 아니다. 단지 저기에 있을 뿐이다. 그러므로 사회적 실재론자들에 따르면, 이 실재를 재현하기 위해 경쟁하는 이론들이 얼마나 성공적인가는 합리적 판단(rational judgement)으로 해결할 수 있는 사안이다 (Outhwaite, 1983: 323).

사회적 실재론은 실증주의가 부적절한 존재론을 가지고 있다고 고발하면서 또한 사건들의 항상적 결합에 입각한 실증주의의 설명 방법에 대해서도 비판했다. 두 종류의 현상이 규칙적으로 함께 일어난다는 것을 입증할 수 있다고 하더라도, 왜 그렇게 되는가는 여전히 해명되어야 할 문제이다. 사회적 실재론에 따르면, 관찰한 사건들 사이에서 규칙성을 찾아내는 일은 과학적 발견의 과정에서 단지 출발점일 뿐이다(Harré, 1977).

바스카(Bhaskar, 1978)에 따르면, 사건들의 항상적 결합은 오로지 폐쇄체계에서만, 즉 실험적 조건에 의해 만들어진 체계에서만 발생한다. 개방체계는 자연이나 사회에 특징적인 것으로, 이 체계에서는 아주 많은 발생기제들이 각각 가진 힘을 동시에 행사해서 결과를 만들어낼 것이다. 그러므로 '경험적'으로 관찰된 사건들의 결합이 작동하는 기제들의 복잡성을 반영하지 않을 수도 있다. 왜냐하면 개방체계에서 기제들의 상호작용은 각각의 힘을 서로 상쇄함으로써 관찰 가능한 결과를 만들어내지 않을 수도 있기 때문이다. 바스카는 실증주의와 비판적 합리주의가 자연세계를 폐쇄체계로 취급한다고 비판했다. 따라서 실증주의는 경험적 영역과 실재적 영역을, 그리고 자동적 대상과 타동적 대상을 혼동하기 때문에 적절한 과학철학이 아니라고 지적한다.

비판이론의 창시자들은 1937년부터 1969년 사이에 출판한 여러 저작에서 실증주의에 대해 매우 광범하고 모호한 견해를 가지고 논의를 했다. 그들의 실증주의 비판은 세 가지 측면을 가지고 있다(Bottomore, 1984: 28).

- 실증주의는 사회적 삶에 대한 적절한 이해를 달성할 수 없는 부적절하고 오도적인 철학이다.
- 실증주의는 존재하는 것에 초점을 맞춤으로써 현재 사회질서를 용인한다.
- 실증주의는 새로운 형태의 지배, 즉 기술관료적·관료제적 지배의 주요한 공헌자이다.

이러한 비판은 "자연과학의 논리에 대한 깊은 관심을 동기로 하는 것이 아니라, 자연과학의 논리를 인문학과 사회과학에 보편화하려는 실증주의의 결과에 대한 우려를 동기로 하는 것이다"(Stockman, 1983: 43).

이 시기 이후, 하버마스의 저작은 지속적으로 실증주의를 비판했다. 하버마스(Habermas, 1972)에 따르면, 실증주의는 모든 지식을 '객관적 사실들' – 연구자의 이해관심에서 벗어나서 획득된 – 에서 도출한다고 믿는 '객관주의의 환상'에 사로잡혀 있다. 실증주의자들은 자신이 '실재'에 대한 지식을 가지고 있다고 믿으며, 자신이 기술적 통제에 대한 이해관심에 근거한 암묵적인 관점을 가지고 있다는 점을 인식하지 못하고 있다. 해석적 과학에서는 보편법칙이 불가능하다고 주장함으로써, 하버마스는 상이한 이해관심을 지닌 상이한 지식영역의 가능성을 열었다.

비판적 합리주의

포퍼는 이론에 대한 정당화가 아니라 이론에 대한 반증이 자연과학과 사회과학 모두에 적절한 방법론적 규칙을 구현하는 것이라 생각해야 한다고 주장했다. 그리고 이것이 과학적 지식을 획득하는 과정을 가장 잘 촉진할 것이라고 주장했다. 하지만 노먼 스톡먼(Norman Stockman)에 따르면(Stockman, 1983: 126), 포퍼는 이러한 규칙을 동의의 문제로 보지 않고 과학적 방법에 대한 정확한 서술로 간주함으로써 이 규칙을 정당화로 제시하는 실증주의의 입장으로 퇴보했다.

비판적 합리주의의 핵심적인 요건은 실재와 부합하지 않는 가설을 제거하기 위해 가설을 관찰 진술과 비교해야 한다는 것이다. 그러나 배리 힌데스(Barry Hindess)는 이론 중립적인 관찰언어가 존재할 수 없다면 관찰의 사실에 비춰 이론을 시험한다는 생각은 합리적인 기초를 가질 수 없다고 주장했다(Hindess, 1977: 182~187). 관찰과 실재 사이의 상응을 확인할 수 있는 가능성이 의심스럽다면, 결론적으로 이론을 기각할 수는 없다. 관찰이 해석에 의해 오염되어 있기 때문에 실재를 직접 관찰할 수 없다면, 이론 검증은 순수하게 합리적인 과정이 될 수 없다. “포퍼가 주장하듯, 이론 검증의 합리성을 주장하면서 동시에 관찰이 이론에 입각한 해석이라는 명제를 주장하는 것은 명백하고도 터무니없는 모순에 빠져드는 것이다. 그러므로 포퍼의 과학론은 완전히 모순적이다”(Hindess, 1977: 186).

포퍼가 옹호한 이론 검증 과정이 그가 생각하는 것처럼 간단하지 않다는 사실 때문에 문제는 한층 더 복잡해진다. 이론은 여러 요소를 포함하고 있다. 현상들 사이의 관계를 서술하는 일반적 진술, 이러한 일반적 진술이 유효할 조건을 특정화하는 다른 진술, 그리고 몇몇 형식의 논리가 그러한 요소이다. 포퍼는 검증이 실패한다면 이론을 기각해야 한다고 생각한다. 그러나 위의 요소들 가운데 어떤 것을 기각해야 하는가를 먼저 판단해야 한다. 그러므로 힌데스는 이론의 기각은 항상 결정의 문제라고 주장했다(Hindess, 1977). 과학자들의 공동체는 이러한 판단을 하기 위한 자체의 규칙을 발전시킬 것이고, 이러한 규칙들은 독립적인 과학적 기초를 갖지 않을 것이다(Habermas, 1976: 204).[4]

비판적 합리주의의 과학적 진보 개념에 대한 가장 영향력 있는 도전은 1962년에 출판된 『과학혁명의 구조(The Structure of Scientific Revolution)』(Kuhn, 1970a)라는 독창적인 연구에서 나왔다. 물리학자로 출발해서 과학사학자로 변모한 배경을 가진 쿤은 과학에 대한 전통적인 설명이 역사적 증거와 상치한다는 결론에 이르렀다. 과학의 진보를 관찰의 축적으로 보는 실증주의의 견해나 시행착오 과정으로 보는 비판적 합리주의의 견해 모두에 대한 대안으로 쿤은 논리적 설명이 아니라 심리학적·사회학적 설명을 제시했다.

쿤에 따르면 과학은 과학혁명에 의해 진보하는데, 과학혁명은 과학자 공

4) 이러한 비판과 그 밖의 비판에 대한 요점 정리는 Keat and Urry(1975: 46~54)를 볼 것.

동체들이 세계를 보는 방식, 그리고 문제풀이를 정의하고 문제풀이에 착수하는 방식을 변화시킨다. 쿤은 포퍼가 그릇된 가설들을 골라낸다고 생각하는 결정적 시험을 '예외 과학(extraordinary science)', 즉 과학혁명의 도래나 발전과 연결될 수 있는 희소한 사건이라고 생각한다. 여기에 더해서, 이론의 시험 가능성을 기준으로 삼는 포퍼의 과학과 가짜과학의 구별을 문제풀이(solving puzzles)로 대체한다. 과학은 문제들을 가지고 있는 반면 비과학은 그렇지 않다는 것이다. 천문학은 문제를 가지고 있지만 점성술은 그렇지 않다(Kuhn, 1970b: 7~10).

쿤과 포퍼의 차이의 축은 과학을 세계에 관한 절대적 진리의 추구로 볼 것인가 여부에 있다. 포퍼는 우리가 언제 거기에 도달할지 결코 알 수는 없다는 점을 인정하면서도 절대적 진리라는 것이 있다고 주장한다. 반면 쿤은 그 문제에 관해 불가지론자라고 해석할 수 있다. 쿤은 과학자들이 경쟁하는 이론과 패러다임 사이에서 선택할 때 끌어들이는 가치에 더 많은 관심을 가졌다. 쿤은 패러다임이 참인지 거짓인지를 고려하지 않고 그것이 정의하는 문제를 풀이하는 데 유용한가를 고려한다. 진리는 공동체에서 일어나는 합의의 사안이 된다. 이런 견해는 비판에서 헌신으로, 논리에서 공동체 충성으로, 반증에서 개종으로의 전환을 보여준다.

쿤은 경쟁하는 패러다임의 옹호자들이 '상이한 세계에 살고 있다'고, 경쟁하는 패러다임들은 공약 불가능하다고 주장했다. 이 쟁점과 관련해서 쿤은, 과학자 공동체가 만들어낸 이론의 개념들과 명제들이 각각의 패러다임이 가진 가정들과 신념들에 따라 의미가 정해지기 때문에, 그리고 패러다임들은 상이하고 양립 불가능한 세계관들 — 존재론적·인식론적 가정을 포함하는 — 을 구현하고 있기 때문에, 상이한 과학공동체의 구성원은 실질적으로 의사소통하기 어려울 것이며 경쟁하는 이론들 사이에서 판결을 내리는 것도 불가능하다고 주장했다. 상이한 주장들을 처리할 중립적인 관찰언어, 공통의 어휘, 그리고 중립적인 토대가 존재하지 않는다는 것이다.

포퍼는 쿤의 명제가 담고 있는 상대주의적 함의를 격렬하게 거부하면서 그것을 '틀의 신화(the myth of the framework)'라고 불렀다. 포퍼는 우리가 불가피하게 우리의 이론들이 만든 틀에 갇혀 있다는 점을 인정하면서도, 우리는 언제든지 그 틀을 깨뜨리고 벗어날 수 있다고 주장했다(Popper, 1970: 56). 포퍼는 경쟁하는 이론들을 비판적으로 비교할 수 없다는 점을 인정하려 하지 않았다. 또 그는 과학활동의 본성을 이해하는 데 사회학, 심리학, 역사학 등이 도움을 줄 수 있다는 쿤의 생각을 거부했다.

쿤의 연구는 광범위한 문헌을 낳았으며, 과학철학자들과 과학사학자들로부터 세세한 비판을 받았다. 그렇지만 과학에 대한 쿤의 견해는 자연과학철학과 사회과학철학에 막대한 영향을 미쳤고, 또한 일부 학문분과에는 그것의 위기와 혁명을 이해할 수 있는 틀을 제공했다. 1960년대와 1970년대에 많은 사회과학자는 쿤의 착상을 열정적으로 받아들였다(예컨대 Friedrichs, 1970을 볼 것).

비판적 합리주의에 대한 또 하나의 널리 알려진, 그러면서도 상당히 공감을 일으킨 비판은 라카토스가 제기했다(Lakatos, 1970). 비판적 합리주의가 채택하는 과학관의 단편적인 특성을 극복하기 위해, 라카토스는 과학의 성장이 연구프로그램(research programmes)의 존재로부터 전개되는 연속성을 특징으로 한다고 주장했다. "연구프로그램은 방법론적 규칙들로 구성되어 있다. 어떤 규칙은 우리에게 피해야 할 연구 경로가 무엇인가를 말해주고[소극적 연구지침(negative heuristic)], 어떤 규칙은 따라야 할 연구 경로가 무엇인가를 말해준다[적극적 연구지침(positive heuristic)]"(Lakatos, 1970: 132). 하나의 연구프로그램이 새로운 현상을 예측한다면 진보적인 것(progressive)으로 간주되고 그렇지 못하다면 퇴보적인 것(degenerating)으로 간주된다. 과학자들은 그 프로그램이 진보적인 것으로 지속되는 한, 반증하는 증거가 있다고 하더라도, 계속해서 그 프로그램이 연구하는 이론들을 발전시킬 것이다. 그렇지만 연구프로그램이 퇴보적인 것이 된다면, 비록 그것의 이론들이 논박되지 않더라도 결국에는 폐기될 수 있다. 이론들은 치명적인 실험에 의해서 전복되는 것이 아니라 단지 무시되는 것이다. 그 이론들은 나중의 단계에서 부활할 수도 있다. 라카토스는 과학의 역사가 연구프로그램을 특징으로 하기 때문에 과학적 지식의 진보는 질서 있고 효율적인 과정이 된다고 주장했다. 연구프로그램들에 의해 과학자들은 그 안에서 활동하며 자신들의 작업의 방향을 제시하는 비교적 안정된 맥락을 제공받는다.

고전적 해석학

(현대의 해석학을 볼 것)

해석주의

해석주의에 대한 비판은 그 패러다임의 내부에서 나온 것도 있고 외부에서 나온 것도 있다. 기든스와 렉스는 각각 가다머의 해석학과 베버의 이해사회학에 크게 의존하면서 자신들이 그 전통 안에 있다고 생각했다. 반면 바스카는 자신의 비판적 실재론에서 해석주의의 일부 요소들은 수용하면서 다른 요소에 대해서는 비판적이었다. 마찬가지로 하버마스도 해석주의를 자신의 전체적인 도식의 한 측면으로 통합했지만 그것의 한계에 대해서도 인식했다. 이러한 비판은 여러 부분에서 겹치기 때문에 여기서는 종합적인 방식으로 논의할 것이다.

1. 기든스는 해석주의의 중심 개념들인 '의도', '이유', '동기' 등이 모두 능

력 있는 사회적 행위자들이 그들 자신의 행위를 지속적으로 점검하고 있으며 그러므로 그들 자신의 행위에 대한 의도와 이유 모두를 깨닫고 있다고 함축한다는 점에서 잠재적으로 오도적이라고 주장했다. 그러나 이러한 성찰은 통상적으로 행위자들이 자신의 행위에 대해 회귀적 탐구를 수행하거나 또는 다른 사람들이 그들의 행위에 대해 질문할 때에만 일어난다. 일상생활방법론을 따라, 행위가 실패할 때 그리고/또는 사회적 상황이 교란될 때 – 행위자들이 당연하게 받아들이는 방식으로 행위를 계속할 수 없을 때 – 성찰이 필요하다는 말을 덧붙일 수 있다. 그렇지만 대부분의 시간에는 성찰적으로 점검하지 않은 상태에서 행위를 계속한다. "관례는 …… 일상에서 나타나는 사회적 행위의 지배적인 형태이다. 대부분의 일상적 실천은 직접적인 동기를 갖지 않는다"(Giddens, 1984: 282).

2. 렉스와 그 밖의 몇몇 사람은 사회과학자가 사회적 행위자들의 행위에 대해 행위자들 자신의 해명과는 다른, 경쟁하는 해명을 제시할 수 있어야 한다고 주장했다. 그의 견해는 많은 해석주의자가 내세우는 입장, 즉 사회과학자는 자신들의 행위에 대한 사회적 행위자들의 해명에 간섭하지 말아야 하고 그것을 변경하거나 비판하려 하지 말아야 한다는 입장의 맥락에서 제출한 것이다. 바스카는 사회과학자가 사회적 행위자들의 개념과 의미를 비판할 수 없다는 주장을 '언어적 오류(linguistic fallacy)'라고 부르는데, 이는 실제로는 사회적 행위자들의 언어로 표현되는 것보다 더 많은 것이 있다는 것을 인식하지 못한 실수에서 기인하는 오류이다. 사회적 행위자들의 실재 구성은 사회적 실재론에서 발견되는 관심사의 전부가 아니라 하나의 요소일 뿐이다.

3. 해석주의는 제도적 구조의 역할, 특히 이해관심의 분화와 권력관계를 인식하지 못하고 있다. 기든스는 사회적 행위자들이 자원과 조건 –행위자 자신은 완전히 또는 부분적으로 인지하지 못하는 – 에 의존해서 행위 함으로써 사회세계를 생산하고 재생산한다고 주장했다. 이러한 구조는 상호작용 생산의

조건이면서 결과이다. 렉스는 해석주의적 사회과학자들이 온갖 형태의 구조적 분석을 외면하고 있다고 비판했다. 그리고 렉스는 사회학자들이 "사회적 행위자들이 실재한다고 믿는 구조나, 구조가 존재한다고 생각하는 과정에서 자신이 만들어낸다고 믿는 구조들뿐 아니라, 사회학자들에게 나타나는 것으로서의 실제의 역사적 구조에" 관심을 갖는 것이 중요하다고 주장한다(Rex, 1974: 50).[5)]

4. 사회적 실재론의 관점에서, 바스카와 오드웨이트는 해석주의가 또한 인식적 오류(epistemic fallacy)를 범하고 있다고 주장했다. 비록 "해석적 과정이 사회세계에서 진행되고 있는 일의 중요한 부분이기는 하지만, 그리고 …… 우리는 반드시 이러한 해석적 과정에 대한 이해를 통해서 사회세계에 접근할 수밖에 없지만, 이것이 곧 그러한 해석적 과정이 존재하는 것의 전부라거나 또는 존재를 알아낼 수 있는 것의 전부라는 이야기는 아니다"(Outhwaite, 1987: 76). 물론 사회적 실재론자들은 '실재적인' 영역 – 관찰자에게서 독립해서 존재할 뿐 아니라, 그것들에 관해 사회적 행위자들이 인지하지 못할 수도 있는, 그리고 렉스가 언급한 구조와는 달리 사회과학자에게 분명히 드러나지 않을 수 있는 자동적 구조와 기제를 포함하는 – 을 자세히 밝히고자 한다.

5. 페이(Fay, 1975)는 해석주의가 의미와 해석, 행위, 규칙, 믿음을 발생시키는 조건들을 다룰 수 없다고 생각했다. "해석주의는 우리에게 사회질서의 구조적 요소들과 그러한 요소들이 발생시키는 행위와 믿음의 가능한 형태들 사이의 관계를 연구할 수 있는 수단을 제공하지 않는다"(Fay, 1975: 83~84).

5) 중요한 점은 '사회구조'에 대한 기든스와 렉스의 견해가 완전히 상이하다는 것이다. 이와 관련해 렉스는 실재론적 또는 물질론적 입장을 채택하고 있으며, 사회구조가 사회적 행위자들에게 외부적인 것으로 생각한다. 기든스는 '구조'를 사회적 행위자들의 실천들과 기억의 흔적들 속에서 가상의 존재를 갖는 것으로 정의한다. 기든스에 따르면, 구조는 사회적 행위자들이 뜻대로 처분할 수 있는 의미론적·도덕적 규칙들과 물질적·비물질적 자원들로 구성된다.

해석주의는 사람들의 의도에 초점을 맞춤으로써 행위의 의도하지 않은 결과들의 유형을 설명하지 못한다(이 점은 기든스도 지적했다).

6. 페이는 해석주의가 사회의 가능한 갈등의 구조들을 무시하고 그럼으로써 사회변동의 가능한 원천을 무시한다는 점에서 암묵적으로는 보수적이라고 비판한다. 또한 해석주의는 역사적 변동 — 왜 특정한 제도나 사회질서가 지금의 모습으로 존재하게 되었는가, 그리고 왜 그것들이 특정한 방식으로 변동했는가 — 에 대해서도 설명을 제공할 수 없다. 그렇지만 페이는 이러한 두 가지 비판이 해석주의의 기본적인 토대를 손상하는 것은 아니라고 생각했다. 오히려 그 비판은 사회과학자에게 해석주의가 다룰 수 없는 몇 가지 관심의 영역이 있다는 것을 알려준다고 보았다.

비판이론

여기서의 비판이론에 대한 비판은 하버마스의 저작에 나타난 몇 가지 특별한 방법론적 쟁점에 한정된다.[6] 데이비드 헬드(David Held)에 따르면, 비판이론가들은 전통적인 연구 패러다임들이 가진 주요한 결점들을 폭로했지만 그(녀)들이 해결하고자 했던 여러 가지 인식론적 쟁점을 미해결 상태로 남겨두었다(Held, 1980: 399).

일부 비판자는 하버마스가 인과적 설명과 해석의 구별에 기초를 두고 자연과학과 사회과학을 잘못 구분했다고 비난했다. 예측과 통제에 대한 이해관심이 자연과학에만 독특한 것은 아니라는 점이 일찍부터 지적되어왔다. 실증주의와 비판적 합리주의에 기초를 둔 사회과학의 관심사도 예측과 통제였다고 할 수 있다. 그러나 하버마스는 **경험적·분석적 과학** — 여기에는 일부의 사회

---

6) 독일 사회학에서 진행된 실증주의 논쟁의 맥락(Adorno et al., 1976)에서 Albert(1976a, 1976b)는 비판적 합리주의의 관점에서 하버마스의 비판이론을 비판했다.

과학들도 포함된다 — 에 대한 자신의 견해를 제시하면서 널리 인정되고 있는 실증주의의 많은 결점을 다루지 못했다(Keat and Urry, 1975: 227; Giddens, 1976a: 68, 1977b: 148~151; Stockman, 1983: 105).

키트와 존 어리(John Urry)는 하버마스가 경험적·분석적 과학에 포함된 지식 형태와 역사적·해석학적 과학에 포함된 지식 형태를 정확하게 구분했다고 생각했지만, 비판이론이 이러한 두 가지 접근 사이에서, 즉 사회적 행위자들의 해석에 대한 검토를 포함하지 않는 연구와 해석적 이해에 집중하는 연구 사이에서 분열될 위험이 있다고 생각했다. 비판적 실재론을 지지하는 맥락에서 그들은 이 두 가지 연구의 전통을 결합해야 한다고 주장했다(Keat and Urry, 1975: 227).

기든스는 학문분과들을 경험적·분석적인 것과 역사적·해석학적인 것으로 나누는 하버마스의 분류가 불만족스럽다고 주장했다. 첫째, 해석학적 문제는 인문 연구에 국한된 것이 아니다. 의미의 이해에 대한 관심은 과학에서 하버마스가 인정하는 것보다 훨씬 더 필수적이다. 쿤(Kuhn, 1970a)과 가다머(Gadamer, 1989)가 각각 '패러다임'과 '전통'이라는 개념을 사용해서 자신들의 독특한 방식으로 지적하듯, "과학에서나 문학에서나 예술에서, 모든 지식은 자연적 언어공동체들에 뿌리를 둔 의미틀 속에서 그리고 그것에 의해서 성취된다"(Giddens, 1977b: 150). 둘째, 하버마스가 경험적·분석적 과학과 결합시키는 예측과 통제에 대한 이해관심은 논리적으로 인과적 설명에 대한 관심에 묶여 있지 않다. "반대로, 예측과 통제는 상호작용 자체에서 일차적으로 중요하며, 분명히 그러한 형태의 지식을 구성하는 데 결정적이다. …… 그방식을 통해서 타인들에 대한 이해를 성취한다"(Giddens, 1977b: 151).

리처드 번스타인(Richard Bernstein)도 어느 정도는 비슷한 맥락에서,지식 및 탐구의 형태를 나누는 하버마스의 범주적 구별의 시도가 성공적이지 못하다고 주장했다(Bernstein, 1976: 221). 경험적·분석적 과학의 역사와 형태를 형성하는 데 기술적인 인지적 이해관심이 중요한 역할을 했다는 것을, 그리고 기술적 이해관심이 지식의 형태들을 지배하게 되었다는 것을 부인하기는 어렵지만, 이 점이 곧 경험적·분석적 과학들이 그것들의 지식 형태를 결정하는 기술적 이해관심의 안내를 받고 있다는 것을 의미하는 것은 아니다.

번스타인은 또한 기술적 이해관심과 실천적 이해관심에 의해 인도되는 학문분과들과 해방적 이해관심에 의해 인도되는 학문분과들 사이에는 질적인 차이가 있다고 주장했다. 앞의 두 과학의 경우에서, 하버마스는 특정한 유형의 지식들을 생산하는 데 필요한 형식적 조건들, 즉 그 과학이 연구하는 '대상들', 그 과학이 사용하는 방법들, 그리고 경쟁하는 해석을 평가하는 데 사용하는 기준들 등을 규정했다. 그러나 해방적 이해관심에 의해 인도되는 학문분야는 다른 것으로 보인다. 그러한 활동을 위한 형식적 절차를 규정하는 것은 불가능하다. 하버마스는 자기성찰의 수단으로서 이성에 호소하고 있지만, 비판은 규범적인 활동이다(Bernstein, 1976: 209).

비판이론 학파의 성원 모두가 직면한 문제는, 여전히 독특한 문화적·역사적 맥락에 위치해 있으면서 독립적인 비판적 입장을 어떻게 채용할 것인가 하는 것이었다(Held, 1980: 398~399). 이 문제를 해결할 수 있을까? 하버마스는 진리합의이론에 입각해서 이 문제를 다루고자 시도했다. 진리합의이론의 주요 난점은 그 자체에 대한 정당화가 동일한 과정에 기초하고 있다는 점, 따라서 무한한 퇴행으로 귀결된다는 점이다. 그렇지만 자신의 관점에 따라 이것은 모든 지식의 상대성이라는 해결 불가능한 문제를 다루기 위한 타당한 방법으로 보일 수도 있고, 상대주의의 문제를 극복하려는 부적절한 시도로 보일 수도 있다.

일상생활방법론

미국에서, 특히 사회학의 정통에 대한 공격이 절정에 달했던 1970년대와 1980년대에, 일상생활방법론은 사회학의 소수 과격파로 취급받았다. 일상생활방법론은 일상의 삶과 사소한 활동이라고 할 수 있는 것들에 관심을 가지고 관례적이지 않은 낯선 특수 용어를 사용했으므로 주변부에 속하는 분야로 분류되었다. 앨빈 굴드너(Alvin Gouldner)는 초기 일상생활방법론자들의 저술을 "아둔하고 거대한 정식화"라고 언급했다(Gouldner, 1971: 394).

일상생활방법론은 주류 사회학자들 사이에서 오용되는 용어가 되었으며, 이들의 관점에서 보면 그 연구는 실천적인 쓰임새를 갖지 못하는 것이었다. 정통의 원칙과 실천을 옹호하고자 하는 사회과학자들은 여전히 이런 식으로 생각하고 있지만, 일상생활을 연구하는 다른 사회학과 함께 일상생활방법론은 상당한 지지자를 얻어 유지되고 있으며, 사회연구에 대한 현대의 접근들에 일정한 영향을 미쳐왔다(Atkinson, 1988: 442).

일상생활방법론에 대한 우선적이고 지속적인 비판은 연구 주제의 선택, '사사로운' 언어의 사용, 일반적 이론화에 대한 적대감, 그리고 모든 종류의 구조적 분석에 대한 관심의 결여 등을 포함하는 광범한 주제에 초점을 맞추어왔다. 이러한 비판은 한 연구 패러다임의 신봉자가 그 자신의 존재론적·인식론적 선호에 기초해 다른 패러다임의 신봉자를 모독하는 패러다임 사이의 논쟁에서 전형적인 것이다. 여기서는 이러한 비판은 다루지 않으려 한다. 대신 일상생활방법론이 발전하고 분화하는, 그리고 그 과정에서 그 입장의 기초적 원칙을 무시하고 훨씬 더 경험주의적인 연구 형태로 후퇴하는 방식에 주목할 것이다.

일상생활방법론의 한 분파는 활동들 내의 그리고 활동들 사이의 순서에 대한 실제 세계의 세세한 서술에 관심을 가졌다. 그 분파는 이것을 19세기

과학자들이 수행한 정밀한 관찰에 해당하는 것으로 정당화했다. 그렇지만 이러한 관찰 가능한 세부적인 것을 개괄하려는 관심은, 중요하지 않고 의미를 결여한 것에 대한 서술적 보고만 만들어낼 수도 있다. 성원들의 활동에 집중함으로써 이 분파는 현상학적·해석주의적 기원에 대한 관심도 상실했다. 그 입장은 일상의 활동을 조직하는 방식에 대한 연구가 되었으며 의미의 역할은 구체적인 상황에서 활동하는 장소에 한정되었다. 사회질서에 대한 원래의 관심은 순차적인 활동들에 대한, 즉 대화나 줄서기 같은 행동에서 순서 정하는 것에 대한 연구가 되었다(Atkinson, 1988: 446~447).

이런 추세는 **대화분석**(conversation analysis)으로 알려진 일상생활방법론의 분파에서 가장 뚜렷하게 나타나는데, 여기서는 대화들이 형성하는 일정한 순차(sequence)에 일차적인 관심을 갖는다. 슈츠는 의도와 동기에 주목했고 가핀켈도 이를 적합한 것으로 인정했던 반면, 대화분석에서는 그것을 거의 모두 소거했다. 훨씬 더 경험주의적인 경향이 원래의 해석학적-해석주의적 특성을 덮어버렸다. "파슨스의 무지한 바보(ignoramus)까지는 아니더라도, 적어도 순차적인 활동들을 행하는 단순한 실행자를 행위자의 전형으로 제시한다"(Atkinson, 1988: 450). 그렇지만 이러한 추세에 대항하려는 시도들이 많이 있어왔다(특히 Cicourel, 1973; Coulter, 1983a; Atkinson, 1988을 볼 것).

폴 앳킨슨(Paul Atkinson)은 대화분석이 보여주는, '맥락'에 대한 제한적인 견해를 공격했다. 활동들에서의 순차에 초점을 맞춤으로써 성원들이 실천적 추론을 수행해야 하는 필요를 축소해서 다루고, 성원들의 의미 부여가 그 속에서 일어나는 시간의 틀을 제한한다는 것이다. 슈츠에 따르면, 현재 상황에 대한 사람들의 이해는 그들이 과거를 돌아보고 미래를 예상하는 방식에서 영향을 받는다. 이러한 시간 의식은 성원들이 일상을 경험하는 방식에서 중요한 요소인데, 일차원적인 순차 분석에서는 이러한 의식을 소거해버린다. 여기에 더해, 대화분석에서는 대부분의 순차가 맥락과 관련을 갖지 않으며, 순차는 주로 여러 맥락을 가로질러 통용되는 대화의 규칙과 관련된다(Coulter, 1983b).

일상생활방법론은 이제 매우 다양한 사회학의 주류에서 더 많이 수용하고 있으며, 주류의 일부 분파는 그 방향으로 상당히 이동했기 때문에 일부에서는 일상생활방법론이 원래의 급진적 성찰성을 상실했다고 탄식하기도 했다(Pollner, 1991). 성찰성은 일상생활방법론자들의 활동을 포함한 모든 사회적 활동이 숙련된 성취물이라는 인식을 포함한다. 이런 인식은 일상생활방법론적 연구 등에 대한 일상생활방법론적 연구의 수행을 가능하게 하며, 그러므로 이 유형의 연구 안에서 자기비판적 태도를 촉진한다. "사회학의 외곽에 정착하고"(Pollner, 1991: 370) 학문분과 내의 단지 또 하나의 전문 분야가 되는(Ritzer, 1996: 257) 위험을 감수하는 일부의 일상생활방법론자들은 초기 일상생활방법론의 자기분석적 특성을 무시하는 것으로 보인다.

흥미롭게도 일상생활방법론적 연구에 관한 주류의 관심은 그 연구의 발견을 맥락-특수적인 것으로 간주한다. 가핀켈은 한 맥락에서 생산한 지식을 다른 맥락들에 전형화, 일반화, 이론화 또는 적용한다는 생각을 거부했다. 어떤 측면에서 일상생활방법론은 북미 사회학에서 이런 관점을 선구적으로 개척했다. 그렇지만 오늘날 맥락-특수적 지식에 대한 그러한 옹호는 수많은 전통에서 찾을 수 있으며, 그러한 지식은 **탈근대주의**의 핵심적 기반이다.

사회적 실재론

자연과학에서 나타난 초기 형태의 '과학적 실재론'에 대한 체계적 비판은 바스티안 반 프라센(Bastiaan van Fraassen)이 제기했는데(van Fraassen, 1980), 그는 자신의 입장을 **구성적 경험주의**(constructive empiricism)라고 불렀다.[7] 그는 과학적 실재론의 중심적인 특징, 즉 "관찰 가능한 것들을 설명해주는 관찰 불가능한 과정들에 대한 참된 서술"의 추구도 비판했다(van Fraassen, 1980: 3). 그 대신 그는 이론이 관찰 가능한 것에 대한 설명을 제공한다고 보는 과학관을 옹호했다. 이러한 이론이 관찰 불가능한 실체나 과정을 상정하더라도 그 작업은 관찰할 수 있는 것에 대한 서술을 촉진하기 위한 것이며, 관찰 불가능한 것들은 "이론이 현실적이고 경험적으로 검증 가능한 것에 관해 이야기하지 않는다면, 그 자체가 존재하거나 참일 필요가 없다" (van Fraassen, 1980: 3).

반 프라센은 "이론이 이 세계의 관찰 가능한 사물과 사건에 관해 이야기하는 것이 참이라면" 그러한 이론은 경험적으로 적합한 것이라고 강조했다(van Fraassen, 1980: 12). 그렇지만 통상적으로 이론은 관찰 가능한 것보다 훨씬 많은 것을 서술하기 때문에, 반 프라센에 따르면 문제가 되는 것은 경험적 적합성이지 관찰 가능한 현상을 넘어서는 이론의 진위가 아니다(van Fraassen, 1980: 64). 과학자는 어떤 이론이 진리라고 믿지 않으면서도, 그 이론을 경험적으로 적합한 것이라고 받아들일 수 있다. 이런 입장을 채택하면서 반 프라센은 이론 시험에 사용되는 관찰의 이론의존성이 갖는 전체적인 함의를 인식하지 못하는 것으로 보인다.

구성적 경험주의에 관한 반 프라센의 견해는 세계 여러 곳의 여러 저명한 실재론적 과학철학자들이 그와 논쟁을 벌이도록 만들 만큼 강력한 것이었다 (Churchland and Hooker, 1985를 볼 것). 그들은 반 프라센의 주장이 자신들을 극심하게 교란했지만 자신들의 견해를 겨우 유지할 수 있었다고 밝혔다 (예컨대, Churchland, 1985와 Musgrave, 1985를 볼 것). 실재론에 대한 이러한 비판은 하레와 바스카를 겨냥한 것은 아니었다. 사회적 실재론에는 다른 비

7) 반 프라센의 공격은 Smart(1963)가 제시한 과학적 실재론을 겨냥한 것이며 하레나 바스카의 저작은 언급하지 않고 있다. 그러므로 그의 비판은 이들의 선구자를 겨냥한 것이라는 점을 고려하며 이해해야 할 것이다.

판자들이 있다.

우리는 이미 하레와 바스카가 사회구조의 존재론적 지위에 관해 집안 싸움을 벌이고 있음을 보았다. 바스카는 사회구조가 사회적 활동에 의해 생산되고 그 활동을 재생산하기 때문에 자연구조와는 다르다는 점을 인정했다(Bhaskar, 1979: 48). 그렇지만 그는 '사회구조'와 '사회'가 자연과학의 연구 대상과 마찬가지로 이론적이며 관찰 불가능하기 때문에 오직 그것의 결과에 의해서만 알려질 수 있다고 주장했다. 비판이론가들이 제기할 수 있는 종류의 비판을 정식화한 스톡먼은 바스카가 이러한 중요한 차이를 인식하면서도 사회연구의 대화적 본성을 간과하고 있다고 주장했다(Stockman, 1983).

스톡먼은 바스카가 감각적 경험과 의사소통적 경험을 나누는 하버마스의 구분을 인식하지 못함으로써 자연과학과 사회과학에서 기제들에 접근할 수 있는 가능성에 차이가 있다는 점을 충분히 파악하지 못한다고 지적한다. 자연과학에서는 관찰 불가능한 기제의 작동 결과를 과학적 도구를 사용해서 탐지할 수 있을 것이다. 반면 사회과학에서는 관찰 불가능성 개념이 훨씬 복잡하다. "사회관계의 구조는 소립자나 블랙홀과 같은 의미에서 '관찰 불가능한 것'이 아니기 때문이다. 그 구조들은 감각적 경험을 넘어서는 형태의 경험, 즉 의사소통적 경험으로만 접근할 수 있다"(Stockman, 1983: 207). 달리 말하면, 자연과학자들은 자신들의 연구 대상을 관찰할 수 있을 뿐이지만 사회과학자들은 그 대상과 대화를 나눌 수 있다는 것이다.

키트와 어리(Keat and Urry, 1975, 1982) 또한 사회구조는 직접관찰에 의해 인지될 수 없는 이론적 실체들이라고 주장했다. 그 대신 그들은 사회구조를 그러한 관찰에서 추상할 수 있다고 주장한다. 스톡먼에 따르면, 이러한 주장 역시 의사소통적 경험에 의해 사회관계의 구조에 접근할 수 있다는 비판이론의 주장을 무시하는 것이다. 그러므로 일부의 사회적 실재론자들은 사회세계가 선(先)해석적이라는 사실을 인정하지만, 이 사실이 사회세계를 연구하는 방식과 관련이 있다는 점을 인식하지는 못하고 있다(Stockman, 1983: 209). 해석주의자들도 이런 주장을 제기할 수 있다. 그러나 하레의 구성주의적 입장의 실재론적 사회과학관에는 이런 비판을 적용할 수 없다.

테드 벤튼(Ted Benton)은 사회적 실재론의 목적은, 특히 바스카 견해의 목적은 실증주의와 해석주의라는 양극적 대립을 넘어서는 것이라고 주장했다(Benton, 1981). 그러나 바스카는 이 목적을 달성하지 못했는데, 벤튼은 바스카의 입장이 제한적 자연주의를 제시하기 때문이 아니라 자연과학과 사회과학 사이의 차이를 강조하는 경향을 보이기 때문에 그렇게 된다고 지적했다. 즉, 바스카는 사회적 실재에 관한 해석주의의 견해 — 사회적 실재는 오로지 인간 행위주체들의 활동들 속에서만, 그리고 그것들을 통해서만 존재한다는 — 를 고수함으로써 과학의 자동적 대상/타동적 대상의 구별과 권력의 본성에 대한 이해의 문제를 야기했다는 것이다. 또한 바스카는 사회체계가 개방적 본성을 가지고 있으며 사회과학들은 인위적으로 폐쇄체계를 만들어낼 수 없기 때문에 사회과학에서는 통제된 실험, 예측 그리고 이론에 대한 결정적 검증이 불가능하다고 주장했다. 벤튼은 바스카의 이러한 주장이 실험/예측/검증에 관한 실증주의적 개념의 잔재라고 지적했다. 상당수의 자연과학(예컨대, 진화생물학 등과 같은)도 다양한 기제들이 함께 존재할 수 있는 개방체계를 연구해야 한다. 따라서 벤튼은 인과법칙을 '항상적 결합'으로 간주하는 실증주의적 견해에 대한 바스카의 비판이 실험적 폐쇄가 모든 자연과학에서 가능하다는 생각을 유지하고 있기 때문에 충분히 근본적이지 못하다고 비판했다. 벤튼에 따르면 바스카는 해석주의에 매우 불필요하게 일련의 양보를 했기 때문에, "바스카의 입장은 자연주의 — 그것이 아무리 '제한적'인 것이라고 하더라도 — 라고 하기보다는 일종의 반자연주의라고 서술하는 것이 더 적절할 것이다" (Benton, 1981: 19). 다시 말하면, 바스카는 충분히 자연주의적이지 않다.

데릭 레이더(Derek Layder)와 페이도 바스카의 비판적 실재론을 비판했다

(Layder, 1985b; Fay, 1990). 레이더의 요점은 존재론에 대한 바스카의 강한 강조는 실재에 관한 이론적 주장이 아니라 독단적 주장이라고 할 수 있다는 것이다. "바스카는 실재의 구조에 초이론적 소여성이 있으며, 그 결과 이것이 구조에 대한 우리의 지식을 결정한다고 암묵적으로 주장하고 있다"(Layder, 1985b: 268). 지식은 이러한 몰이론적 실재의 특징들을 반영해야 한다. 바스카가 지식은 시간이 지나면 변하지만 실재는 변하지 않는다고 인정한 반면, 레이더는 우리의 존재론적 주장도 이론적인 것이기 때문에 시간이 지나면 변해야 한다고 주장했다. 우리가 실재하는 외부 세계의 존재를 믿는다고 하더라도 우리는 그 세계에 직접 접근할 수 없다. 우리는 단지 그것을 이론화할 수 있을 뿐이며 그러므로 우리의 이론은 정확하지 않을 수 있다. 페이는 바스카의 **비판적 실재론**이 일종의 본질주의라고 주장하면서 비슷한 비판을 제기했다. 표면적인 현상의 배후에서 기저적인 인과구조가 작동한다는 생각은 실재가 단일하고 불변적임을 시사한다는 것이다. 페이는 이런 생각이 "그러한 것이 이미 존재하고 있으며, 이미 형성된 실재와 상응하는 오직 하나의 진리인 그림이 존재한다는 믿음을 조장한다"라고 주장했다(Fay, 1990: 38).

앤서니 킹(Anthony King)은 이런 비판의 일부를 더 밀고 나가서 하레와 바스카의 논쟁에 연결했다(King, 1999). 그는 바스카의 이원론적인 사회적 존재론에 초점을 맞추면서 이것이 두 가지 이율배반을 낳는다고 주장한다. 바스카는, 첫째, 선행의 사회구조들의 존재 **그리고** 이 사회구조들을 재생산하고 변형하는 의미 부여의 개인들을 주장했다. 둘째, 바스카는 사회적 행위를 의도적인 것으로, **그리고** 비의도적인 물질적 특징을 갖는 것으로 보아야 한다고 주장했다. 바스카는 역설적으로 사회는 개인들에 의존하지만 또한 개인과 독립적이라고, 그리고 사회적 행위는 의도적이면서 동시에 비의도적이거나 '객관적'이라고 주장한다는 것이다(King, 1999: 269).

첫 번째 역설에 대한 바스카의 해결책은 사회 또는 사회구조는 개인들뿐 아니라 발현적인 구조적 속성들로 구성된다고 주장하는 것이었다. 사회는 개인의 속성에 근거해서는 예측될 수 없는 특징을 갖는다. 바스카는 사회적 실재 — 그것과 관련된 개인보다 먼저 존재하며 분명히 개인 이상인 — 가 그러함에도 개인의 행위가 발생시킨 결과일 뿐이라는 사실을 설명하기 위해 '발현(emergence)'이라는 개념을 사용했다(King, 1999: 270).8) 킹은 이렇게 발현에 호소하는 것이 사회학적 물상화로의 퇴보를 위장하는 것이라고 주장했다. "바스카는 상호작용하는 개인들의 연결망이라는 속성이, 분명히 그 연결망 속의 개인들을 넘어서기는 하지만 그 연결망과 정확히 일치한다는 것을 인식하지 못하고 있다. 바스카가 발현적이라고 생각한 것은 '종종 다른 시간들에 그리고 다른 장소들에서 서로 상호작용하는 개인들의 활동들'에 지나지 않는다"(King, 1999: 283). 그러므로 "사회는 오직 다른 개인들과 맺는 상호작용의 복잡한 연결망 — 구별적인 사회적 실재를 발생시키는 시간과 공간을 가로질러 펼쳐지는 — 에 속한 개인들로 구성된다. 그러나 그 실재는 언제나 그것을 함께 만들어내는 개인들 모두에게로 환원할 수 있다"(King, 1999: 284). 이것은 해석학적 전통에서 유래하는 주장으로, "가장 개인적인 종류의 행위라 하더라도, 개인의 행위는 각 개인을 사회적 행위주체로 구성하는 사회관계의 더 광범한 연결망의 존재라는 맥락에서만 설명될 수 있다"(King, 1999: 274). 함께 행위 하는 개인들은 혼자 행위 하는 개인들과는 다른 현상을 구성한다. 킹은 바스카의 입장에 반대하면서 하레가 사용하는 종류의 주장을 제시한다(5장을 볼 것).

두 번째 역설은 첫 번째의 역설의 확장이다. 바스카는 사회적 행위가 언제나 의도적인 것 — 개인은 자신의 행위와 사회관계들을 해석해야 한다 — 이라고, 그리고 사회적 행위는 이미 존재하는 외부의 물질적 구조를 준거로 이해될

---

8) '발현'은 복잡계 이론에서 중심적인 개념이다. 이것은 후기에서 살펴보겠다.

수 있다고 주장했다. 킹은 사람들이 현재 대면하는 실재가 과거에 의미 있게 행위 한 다른 수많은 개인의 생산물이라고 주장함으로써 이 역설에 대응한다. 현재의 사람들은 이 실재를 실재하는 것으로 대면하며 이 실재는 우리가 영위할 수 있는 삶의 종류에 영향을 미치는 물질적 측면을 포함하고 이 실재에 대한 나의 해석에서 독립적이지만, 이 실재는 서로 의미 있게 상호작용하는 다른 개인들의 결과물이다(King, 1999: 282). 킹은 해석학이 '사회관계의 현실성과 물질성'을 부인하는 것이 아니라 다만 물질적 실재를 포함하는 사회현상들이 피할 수 없이 의미를 갖는다는 점을 주장할 뿐이라고 강조한다(King, 1999: 284). 그러한 현상은 우리가 해석할 수 있는 독립적인 실재를 구성하는 것이 아니며, 과거와 현재를 해석한 결과물이다. 그러므로 킹은 자신이 바스카의 역설이라고 생각하는 것과 대결하고 해석학적 관점에서 그 역설을 해결했다고 주장한다.[9]

현대의 해석학

고전적 해석학과 현대의 해석학에도 다른 연구 패러다임에서의 비판자와 지지자들이 있다. 해석학자들은 실증주의와 비판적 합리주의의 옹호자들을 혐오한다. 해석학자들은 이 과학관들이 지지하는 객관성과 진리의 개념을 수용하지 않기 때문이다. 물론 해석학과 해석주의, 그리고 일상생활방법론과 구조화이론 사이에는 밀접한 친화성이 있다. 하버마스의 비판이론이 해석학에 그 기초를 두고 있고 또 **역사적·해석학적** 과학들이 이해에 관심을 갖는다고 판별하기 때문에 그쪽 방향에서는 해석학을 공격하지 않을 것이다. 마찬가지로 사회적 실재론도 실증주의와 비판적 합리주의의 결합에 일차적으로

---

9) 바스카의 근래의 연구에 대한 비판적 논의로는 Dean, Joseph and Norrie(2005)를 볼 것.

관심을 가지고 있으며 그러므로 해석주의와 친화성을 갖는다. 그렇지만 앞에서 논의한 것처럼, 비판적 실재론과 해석학 사이에는 긴장이 있다. 구조화이론은 해석학과 그것에서 파생한 해석주의 및 일상생활방법론에 상당한 빚을 지고 있기 때문에, 오로지 비판적 실재론의 기반인 몇 가지 유형의 해석학에 대해서만 반대한다. 여성주의의 유파들 가운데 해석학을 기초로 삼았다고 주장하는 유파는 없지만, 탈근대주의에 공감하는 여성주의자들은 적어도 일부의 해석학에 대해서는 비판하지 않을 것이다. 오히려 여성주의와 해석학의 인식론에서 친화성을 찾을 수 있다. 그러므로 해석학은 근래의 연구 패러다임들이 비판적으로 주목하는 대상이 아니었다. 가다머와 리쾨르의 현대의 해석학에 반대하는 입장은 거의 없는 것으로 보인다.

해석주의와 여성주의에서 그러하듯, 해석학에 관한 논쟁의 대부분은 바로 그 전통 안에서 나왔다. 여러 논자가 이어서 그 선배들의 견해를 정정하거나 개선하고자 했으며, 당연히 이들 두 전통의 지지자 사이에서는 상당한 정도의 비판적 대화가 진행되었다. 해석학이 다른 연구 패러다임들의 발전에 공헌한 점이 있는 한, 그 패러다임들을 겨냥한 비판의 일부는 해석학에도 해당할 것이다.

구조화이론

논쟁거리를 찾아내고자 하는 다양한 색깔의 이론적·철학적 비판가들에게, 근대 사회이론을 재검토하려고 한 기든스의 과제는 거대함, 고찰한 분야의 광범위함, 그리고 채택한 존재론적 입장에서의 풍부한 주제를 제공했다. 기든스의 광범한 연구를 개관하는 일은 여기서 필요하지 않고 가능하지도 않다. 또한 그것에 관해서는 이미 풍성한 노력을 기울인 연구들이 있다. 그의 많은 저작에 대한 수많은 논평에 더해, 최근 문헌으로는 코헨(I. J. Cohen,

1989), 헬드와 톰슨(Held and Thompson, 1989), 클락 외(Clark et al. 1990), 브라이언트와 제리(Bryant and Jary, 1991), 크랩(Craib, 1992) 그리고 메트로비치(Meštrović, 1998)의 연구가 있다. 여기서는 주로 방법론적 쟁점과 직접 관련이 있는 문제에 국한해 논의할 것이다.

많은 저자는 기든스가 제시한 도식의 중심 개념, 즉 **구조**, **구조화**, **구조의 이중성** 개념이 모호하며 부적절하게 발전되었다고 주장해왔다(Dallmayr, 1982). 그에 따라 다음과 같은 지적이 제기되었다. 그 개념들은 추상적이며, 경험적 사례들을 결여하고 있다(Layder, 1981). 구조의 기초로 지목되는 규칙과 자원의 개념이 혼동을 불러일으키고 중요한 쟁점을 모호하게 만든다(Thompson, 1984, 1989). 규칙에 대한 협상을 허용하지 않고 규칙을 여전히 사람들에게 작용하는 외부적 힘으로 함축한다(Bauman, 1989). 구조가 무엇을 할 수 있게 해주는 특성을 가지고 있다고 강조함으로써 구조적 제약의 역할을 간과하게 된다(Thompson, 1984, 1989). 행위와 구조 사이의 관계는 이중성의 관계가 아니라 긴장의 관계이며 시간과 공간의 개념이 부적절하다(Gregory, 1989). 게다가 구조화이론은 구조적 제약이 개인들이 속해 있는 집단 내에 선행되는 그리고 상대적으로 지속적인 권력의 불평등에서 유래하며 이 점이 개인들의 상대적인 교섭력이나 협상력을 결정한다는 사실을 다루지 않는다는 주장도 있다(Layder, 1985). 구조화이론은 선행하는 구조로서의 지배라는 역할을 과소평가한다는 것이다(Clegg, 1979).

기든스의 저작에 대한 논평은 상당히 많았지만, 특별히 구조화이론과 사회연구의 관계라는 쟁점을 다룬 연구자들은 거의 없다(예컨대, Thrift, 1985; I. J. Cohen, 1989; Gregson, 1989를 볼 것). 기든스 자신도 이 쟁점에 대해 그다지 주목하지 않았다는 점을 고려해보면 아마도 이는 놀라운 일이 아닐 것이다. 더욱이 그의 연구를 검토했던 사람들은 일차적으로 이론적 쟁점들과 철학적 쟁점들에 관심을 가졌다. 그렇지만 일부 저자들은 그 쟁점의 실천적 함의를 검토했다. 크리스토퍼 브라이언트(Christopher Bryant)는 구조화이론이 응용사회학이나 정책 지향 사회학에 대해 갖는 적합성이라는 광범한 쟁점을 논의했고(Bryant, 1991), 그 이론을 비판이론으로 간주할 수 있는가의 문제를 검토한 논자들도 있다(예를 들면, I. J. Cohen, 1989; Gregson, 1989; Kilminster, 1991을 볼 것).

니키 그레그슨(Nicky Gregson)은 구조화이론이 경험적 연구에 적합한가라는 쟁점이 두 가지 근거에서 중요하다고 주장했다(Gregson, 1989). 첫째, 구조화이론이 사회적 삶을 조명하고 설명하지 못한다면 그 이론은 사회과학의 주요한 목표를 충족시키지 못할 것이다. 둘째, 기든스가 비판적 사회과학을 추구하는 점을 고려하면, 구조화이론이 사회변혁 과정에 도움을 제공하기 위해서는 '저기에서' 발생하는 일에 연관될 수 있어야 한다. 그레그슨은 구조화이론이 사회연구자에게 존재론적 연구틀 이외에도 다른 것을 제공한다는 기든스의 강조를 쟁점으로 삼았다.

나아가 그녀는 구조화이론이 독특한 것의 이론화가 아니라 인간사회의 일반적 구성요소의 개념화에 관심을 갖고 있기 때문에 그 이론을 이차적 이론(또는 메타이론)으로 보아야 한다고 주장했다. 그러므로 구조화이론이 경험적인 사회연구에 직접적인 적합성을 가질 것이라고 기대하는 것은 비현실적일 것이다. 그러나 기든스는 이러한 일차적 이론과 이차적 이론의 구별을 받아들이지 않는다. 다만 그는 포괄적인 범주로서의 '이론'과 설명적 일반화로서의 '이론들' 사이의 구별은 인정한다. 간단히 말해, 기든스는 구조화이론이 '이론적 관점(연구 패러다임)'이라는 점은 인정하지만, 사회과학에서는 '이론'(연구 패러다임들)'이 '이론들'과 똑같이 중요하다고 생각했다(Giddens, 1989: 295).

기든스는 구조화이론이 사회연구에 적합하다고 강조하면서도, 사회연구자가 일상적 언어의 개념들보다 자신의 이론 개념들을 더 선호해서 사용할 의무는 없다고 주장했다. 그 이론의 개념은 연구 문제에 관해 사유하거나 연구의 발견을 해석하는 데 선택적인 방식으로 사용하는 감광장치(sensitizing devices)로 보아야 한다는 것이다(Giddens, 1989: 296). 더 나아가 그는 "'구조화'나 그 밖의 개념이 없어도 최고급의 사회연구를 수행할 수 있다면 그러한 귀찮은 개념들 때문에 고생할 필요가 없다"라고 제안했다(Giddens, 1984: 326). 나이절 드리프트(Nigel Thrift)는 이러한 '사용해도 그만, 하지 않아도 그만'이라는 주장에 실망감을 나타냈다(Thrift, 1985).

구조화이론이 사회연구에 제공하는 유용성에 관한 비판에 대응해, 기든스는 구조화주의적 연구 프로그램이 어떤 모습이 될 것인지 제시했다. 첫째, "구조화주의적 연구 프로그램은 '인간 사회들'에 대한 연구를 목표로 삼지 않고 시간과 공간을 가로지르는 제도들의 질서화에 집중할 것이다". 둘째, 그것은 사회적 실천에서의 규칙성, 즉 사회제도와 규칙성들이 시간에 따라 함께 변화하는 방식을 연구할 것이다. 셋째, 그것은 "사회적 재생산의 조건 속으로 지식의 성찰적인 침투에 계속 민감할 것이다". 그리고 마지막으로, 그것은 "그 연구 자체가 분석하는 사회적 실천과 사회조직 형태에 미치는 영향에 주목할 것이다'(Giddens, 1989: 300).

또 다른 비판영역은 구조화이론을 어떤 의미에서든 비판이론으로 간주할 수 있는가라는 문제와 관련된다. 기든스는, 사회연구는 사회비판과 밀접하게 결합되어 있다고, 그리고 '구조화이론은 사회과학을 비판이론으로 보는 개념과 연결되지 않는다면 본질적으로 불완전하다'고 주장했다(Giddens, 1984: 287).[10] 그렇지만 구조화이론이 비판적 본성을 갖는다는 기든스의 주장에 대해 수많은 연구자가 논쟁을 벌여왔다(예를 들면 Gregson, 1989와 Bernstein, 1989를 볼 것).

10) 이 주제에 관한 5장의 논평을 볼 것.

여성주의

여성주의는 과학철학과 사회과학의 현대적 쟁점에서 가장 활발하고 충실한 토론을 진행한 영역이었다.[11] 사회과학에서 여성주의 입장의 연구자들은 이런 논쟁의 함의를 실천에 옮기는 데서, 그리고 여성주의적 연구를 전체적 또는 부분적으로 탈근대의 방향으로 바꾸는 데서 주도적인 역할을 했다.

남성이 지배하는 자연과학과 사회과학에 대한 초기 여성주의적 과학자들의 공격은 정통 남성 연구자들을 따돌리는 경향을 보였다. 여성주의적 방법론에서 나타난 근래의 발전에 따라 주류 사회과학자들과의 관계는 더욱 소원해졌다. 그렇지만 적어도 내가 활동해온 분야인 주류 사회과학 또는 적어도 사회학에서는 이제 여성들이 '개조된' 일부 남성과 함께 연구를 주도하고 있으며, 그녀들의 대부분은 이러저러한 의미에서 여성주의자이다. 여성주의는 많은 대학의 사회학과들에서 점점 더 주류가 되고 있거나 적어도 정당성 있는 전문 영역으로 받아들여지고 있다.

초기 여성주의에 대한 정통 사회과학자들의 반응은 불가피하게 방어적일 수밖에 없었을 것이다. 여성주의의 방법론적 입장이 더욱 명확하게 정교화됨에 따라, 그리고 전통적인 과학관과의 논쟁이 복잡해짐에 따라 여성주의에 대한 반응은 유사한 견해를 공유하는 연구 패러다임에 대한 반응과 비슷한 노선을 밟았다. 객관성, 진리, 가치자유, 연구자와 피연구자 사이의 관계 등의 주제는 대부분의 연구 패러다임 사이에서 제기되는 논의와도 관련된다.

이 쟁점들에 대해서는 이미 충분히 다뤘고 여성주의 안에서의 방법론 논쟁은 5장에서 검토했으므로 여기서는 다시 논의하지 않겠다.

---

11) 이런 평가는 지난 40여 년간 다섯 개 나라의 여섯 개 사회과학 학과에 봉직한 개인적 경험과 친숙한 전반적인 문헌에 근거를 둔 것이다.

몇 가지 주요한 딜레마들의 검토

열 가지 연구 패러다임을 검토하고 비교하는 또 다른 방법은 2장에서 소개한 딜레마들 가운데 몇 가지를 다시 살펴보는 것이다. 여기서는 밀접하게 관련된 여섯 가지 딜레마를 논의하겠다.

일상언어와 사회과학 담론

일상언어(개념들, 의미들 그리고 해명들)와 사회과학 담론(개념들과 이론들) 사이의 관계에 관해 어떤 입장을 채택할 것인가는 연구 수행자에게, 특히 해석적 접근을 채택하는 연구자들에게 중심적인 문제이다. 실증주의와 비판적 합리주의는 모두 명백하게 서술이나 설명에서 일상언어가 아무런 역할도 하지 않는다고 생각한다. 반면 (해석적 기초를 갖는) 사회적 실재론과 해석주의와 구조화이론은 일상언어의 중요성을 매우 강조한다. 그렇지만 해석주의에 속하는 매우 광범한 입장들 사이에는 일상언어의 지위와 사용 방법에 관한 의견의 차이가 있다.

사회학자는 처음부터 새로운 개념들을 정식화해야 하며 일상의 관념들에 의존해서는 안 된다는 뒤르켐의 주장(Durkheim, 1964)은 실증주의의 입장을 잘 예시해준다. 사회적 사실을 사회학의 주제로 확립하고 자신이 객관적이라고 생각한 방법을 적용하려고 시도하면서 뒤르켐은 사회적 행위자들이 자신의 세계를 개념화하는 방식을 제쳐놓을 필요가 있다고 주장했다. 뒤르켐에 따르면, 일상의 개념은 그릇된 생각을 포함하고 있으며 단지 '군중의 혼란된 느낌'을 나타낼 뿐이다.

언어에 대한 전통적인 견해는 언어를 세계를 서술하는 매체로 간주한다. 여기서는 과학의 메타언어(metalanguage)가 일상언어의 부적절한 것들을 개선하고 정정할 수 있다고 상정한다. 과학에 대해서는 일상의 지식에서 얻을 수 있는 것보다 더 심층적인 설명들을 제공함으로써 자연세계에 관한 상식적 믿음을 탈신비화한다고 간주한다. 이에 대한 대안적 견해는, 서술은 언어가 수행할 수 있는 일들 가운데 한 가지일 뿐이라고 진술한다. 언어는 또한 사회적 삶의 매체이고 따라서 사회적 행위자들이 참여하는 모든 활동에서 중심적인 요소이다. 결과적으로, 사회과학자들은 사회적 삶에 대한 자신들의 설명을 일상언어 위에 세워야 한다. 기든스는 "모든 사회과학은 일상의 개념들에 기생한다"라고 주장했다(Giddens, 1987: 19).

이 관계를 여러 방향에서 접근할 수 있다는 점은 가추적 연구 전략에 대한 논의에서 지적했다. 일부의 필자들은 일상언어와 개념과 의미들이 모두 '저기에' 있다고 생각한다. 과학의 언어조차 또 하나의 일상언어일 뿐이라는 것이다. 그렇지만 사회이론의 구성에서 일상언어가 주요한 역할을 한다는 점을 받아들이는 사람들도, 현상의 온전성(integrity)의 유지라는 쟁점에 관해, 사회학적 설명들을 일반화하고 따라서 탈맥락화할 수 있는 정도에 관해, 설명을 목적으로 삼는 정도에 관해, 그리고 일상의 해명들을 사회학 이론에 비추어 정정하거나 해석하는 것이 적절한가 여부에 관해 여러 가지 중요한 차이를 보이고 있다. 이제 이러한 쟁점을 살펴보겠다.

현상의 온전성 유지

슈츠, 윈치, 더글라스, 렉스 그리고 기든스는 일상언어에서 기술적 언어를 만들어내는 일의 중요성과 만들어내는 '논리'에 관해 기본적으로 동의하고 있다. 즉, 사회과학자는 먼저 일상의 개념들을 파악하고, 삶의 특정한 형식을 해석적으로 통찰해야 하며, 일상의 개념을 기초로 사회이론을 구성해야 한다는 것이다. 그렇지만 그들은, 이러한 이론들이 일상의 개념에서 도출되지 않는 개념들 또한 통합할 수 있는가라는 쟁점, 즉 사회과학자의 설명이 진정성과 유용성을 상실하지 않으면서 '낯선' 개념들과 이론적 견해들을 어느 정도까지 끌어들일 수 있는가 하는 중요한 쟁점에 관해서는 상당히 상이한 입장을 취하는 것으로 보인다. 슈츠와 더글라스는 사회적 행위자들이 사회학적 설명 속에서 자신과 타인을 인지할 수 있어야 한다고 강조함으로써, 현상의 온전성을 유지하고 사회학적 담론을 일상의 담론에 묶어두고자 했다. 그렇지만 그들이 이러한 강조로 탈맥락화된 사회이론을 만들어내고자 하는 열망을 금지했다고 생각할 수는 없다. 윈치 역시 두 언어를 결합하고자 했지만 일상의 개념들에서 직접 도출되지 않는 기술적 개념의 사용을 기꺼이 허용했다. 그가 주장한 주요한 제한은 그러한 기술적 개념은 적어도 일상의 개념에 대한 선(先)이해에 기초해야 한다는 것이다. 렉스와 기든스는 사회적 맥락들과 구조들에 대해 관심을 갖는데, 그것들은 사회적 행위자들의 직접적인 경험이나 심지어는 자각을 넘어서 존재한다. 그 맥락들과 구조들은 일상언어에 독립적인 기술적 언어에서 적어도 일부의 요소를 사용할 것을 요청한다.

슈츠의 적절성 공리(postulate of adequacy)는 다양한 방식으로 해석되어 왔다. 더글라스는 그것을 경험 규칙(rule-of-thumb)으로 사용하려고 했으며, 포슨은 그 공리가 일상적 개념들을 사회학적 개념들로 일대일로 번역할 것을 요구한다고 생각했다(Pawson, 1989). 기든스는 "사회의 성원들이 사용하는 개념과 사회학적 관찰자들이 사용하는 개념 사이에는 필연적으로 상호적인 관계가 있다"라고 인정하지만(Giddens, 1976a: 153), 이 관계를 슈츠가 오해했다고 (내가 보기에는 부정확하게) 주장했다. 기든스는 슈츠의 공리가 "사회과학의 기술적 개념은 이러저러한 방식으로 일상 활동의 일상적인 관념으로 환원될 수 있어야 한다"라는 의미라고 해석했다(Giddens, 1976a: 158). 이는 포슨이 채택하는 입장과 유사한 것이다. 기든스는 그 대신에, 그리고 사실상 슈츠와 일관되게 "관찰하는 사회과학자는 먼저 그러한 일상의 개념들을 이해할 수 있어야 한다. 즉, 삶의 형식 – 그것의 특징을 관찰자가 분석하거나 설명하려고 하는 – 을 해석적으로 통찰할 수 있어야 한다"라고 주장했다(Giddens, 1976a: 158~159).[12]

탈맥락화, 일반화 그리고 설명

해석주의, 일상생활방법론, 구조화이론 안에는 사회과학자가 사회적 행위자들의 해명을 서술하는 것을 넘어서, 어떤 종류의 설명으로 나아가고자 노력하는 것이 정당한가라는 문제를 두고 다양한 견해가 제시되었다. 한쪽 극단에 위치한 일상생활방법론은 일상의 해명과 사회학적 해명을 사용되는 맥락에서 고려해야 한다고 강조한다. 일상생활방법론은, 그 입장의 관심사인 실재에 관한 존재론적 주장이라는 의미에서의 명제를 제외하고는, 일반적인 명제에 대해 관심도 없고 그 명제를 다룰 필요도 느끼지 않는다. 일상생활방법론은 관찰된 사회적 활동의 유형에 대한 인과적 설명을 발전시키는 데는 관심을 갖지 않는다. 일상생활방법론이 관심을 갖는 것은, 사회적 행위자들이 자신이 처한 상황의 질서를 서술하는 방식이다.

다른 필자들은 기꺼이 어느 정도의 탈맥락화를 수용한다. 윈치는 그러한 과정에 대한 관심을 암묵적으로 나타냈으며, 베버, 슈츠, 더글라스, 렉스, 기든스 등은 모두 명시적으로 탈맥락화를 이루고자 했다. 슈츠는 이것을 일상적 삶의 '주관적' 맥락에서 사회과학의 '객관적' 맥락으로 이동하는 과정이라고 표현했다. 더글라스는 일상의 삶에 대한 우리의 이해를 그것이 발생하는 상황에 근거 짓는 것이 필수적이지만, 일상적 지식이 맥락적으로 결정되는 정도에는 상당한 변이가 있다는 점을 인식하는 것이 중요하다고 주장했다.

12) 기든스의 입장에 대한 비판적 논의는 Bauman(1989: 47~48)을 볼 것.

그는 인간 실존의 상황적 측면과 초상황적 측면 사이에 긴장이 있는 것과 같이, 현상의 온전성을 유지할 필요와 일상적 삶에 관한 유용한 지식을 만들어낼 필요 사이에도 긴장이 있다고 주장했다. 이러한 지식을 완전히 탈맥락화하는 것은 불가능하기 때문에 더글라스는 그 지식이 단지 부분적인 진리만을 구성한다는 점을 인정했다.

일상언어를, 특히 이념형의 발전에 의해 적어도 어느 정도는 탈맥락화할 수 있고 일반화할 수 있다는 점을 인정한다면, 이는 설명의 발전 – 비록 시간과 공간의 제약을 받더라도 – 을 향한 자그마한 걸음이다. 베버, 슈츠 그리고 렉스는 모두 이념형이 검증 가능한 명제에 기초를 제공할 수 있다는 점에 동의했다.

일상의 해명들의 교정 가능성

가핀켈은 사회적 행위자들의 해명을 교정하거나 그것에 관한 판단을 제시하려는 모든 시도를 완전히 부적절한 것으로 간주했다. 반면 렉스는 사회과학자는 사회적 삶에 대해 사회적 행위자들이 제시하는 것과는 다른, 그리고 그것과 경쟁하는 설명을 제공할 수 있어야 한다고 주장했다. 그러나 기든스는 '상호적 지식'과 '상식'을 구별하고, 상식만을 교정할 수 있다고 주장했다. 사회적 행위자들이 서로 말하고 행하는 것을 이해하기 위해 의지하고 사회과학자가 행위자들의 행위를 서술하기 위해 의지하는, 대체로 암묵적인 상호적 지식은 진정성 있는 것(authentic)으로, 그러므로 사회과학자가 교정할 수 없는 것으로 간주되어야 한다. 반면 상식 – 즉, 일상의 정당화와 설명 – 은 자연과학과 사회과학의 발견에 입각해서 교정될 수 있다. 어쨌든 이러한 일상의 지식과 그 지식에 대해 사회과학자들이 만들어내는 해명의 관계는 변하기 쉬운 것이다. 사회과학자들이 일상의 개념들을 채택해서 그것들을 전문화된 의미로 사용하는 것과 똑같이, "일상의 행위자들은 사회과학의 개념들과 이론들을 받아들여 자신의 행위를 합리화하는 구성요소로 구현하려는 경향이 있다"(Giddens, 1976a: 159). 기든스는 이 경향을 **이중의 해석학**이라고 부른다.

바스카는 사회적 행위자들의 개념을 교정할 수 없다는 많은 해석주의자의 주장을 **언어적 오류**라고 서술했다. 그는 이 오류가 실재에는 사회적 행위자들이 언어로 표현하는 것 이상이 있음을 인식하지 못하는 것이라고 간주했다. **비판적 실재론**의 사회과학에서 사회적 행위자들이 구성하는 실재는 전체적인 관심사가 아니라 단지 하나의 요소일 뿐이다(Bhaskar, 1979: 199).

이러한 복잡한 쟁점에 대해 연구자는 명시적으로, 또는 암묵적으로 어떤 입장을 채택한다. 실용적 요인, 개인적 요인, 맥락적 요인이 그 선택에 영향을 미칠 것이다. 연구자들은 쟁점의 성질과 특정한 선택의 결과에 대해 자각할 필요가 있다.

연구자와 피연구자

연구 패러다임, 그리고 그것과 결합된 연구 전략은 사회과학자들과 사회적 행위자들의 관계에 관한 상이한 견해들을 수반한다. 이 견해는 초연한 관찰자의 입장에서부터 완전히 개입하는 참여자의 입장에 이르기까지 광범위하다. 실증주의와 비판적 합리주의는 객관성에 대한 견해를 실현하기 위해 극단적으로 초연한 입장을 채택해왔다. 연구는 '외부'에서 수행되고, 사용되는 연구 방법은 표준화된다. 사회적 행위자들의 개념과 의미는 무시하거나 의도적으로 기각하며, 연구자 쪽에서 '주관적'으로 개입하려는 징후는 어느 것이거나 개탄한다.

해석학은 옛 문헌에 대한 해석이라는 원래의 관심에서부터 반대쪽 극단의 기초를 제공했다. 해석학의 한 분파에서는 이해(verstehen)에 대해 탐구자가 자기 자신을 저자나 사회적 행위자의 입장에 놓는 것을 의미한다고 받아들였다(딜타이). 그렇지만 또 다른 분파에서는 그 관계가 탐구자를 언어의 매개에 연루시키는 것으로 간주했다(가다머). 이러한 대안적인 견해는 해석주의에 반영되고 있다.

비판이론은 연구자와 피연구자가 대화적 의사소통에 참여하는 것으로 생각한다. 연구자는 성찰적 협력자이다. 즉, 사회적·정치적·경제적 상황의 희생자들의 해방을 촉진하는 것을 임무로 하는, 그리고 사람들이 자신들의 상황을 변화시키는 것을, 그럼으로써 자신들의 필요와 박탈을 해결하는 것을 돕는 것을 임무로 하는 공동의 참여자이다.

여성주의는 이 쟁점에 대해 가장 극단적인 입장을 채택했으며, '참여적' 대안을 유용하게 요약하는 선언을 발표했다. 여성주의는 사회과학자들이 초연하고 몰인간적이어야 하는 것이 아니라 자신들의 사유와 느낌과 직관을 연구과정의 일부로 사용해야 한다고 주장한다. 사회연구는 연구자의 경험과 피연구자의 경험을 매개해야 하며 피연구자들의 삶과 상황에서 이해와 변동을 촉진해야 한다는 것이다. 이 선언은 또한 비판이론과 바스카의 비판적 실재론의 해방적 측면들과 관련되며, 참여적인 행동하는 연구를 강조한다(예를 들면, Whytc, 1991을 볼 것).

이 쟁점에 관한 여성주의의 입장은 마리아 미에스(Maria Mies)가 정리했다. "가치자유 연구의 공리, 즉 연구대상에 대한 중립성과 초연함의 공리는 의식적인 당파성(conscious partiality)으로 대체되어야 하는데, 이는 연구 대상과의 부분적 동일화를 통해 달성된다"(Mies, 1983: 122). 의식적인 당파성은 더 광범한 사회적 맥락과 그 안에서의 연구자의 위치를 인식한다. 그것은 연구자와 피연구자 사이의 비판적 거리를 포함하기 때문에 단순한 주관성이나 감정이입과는 다르다.

다시 말하지만, 이 근본적인 쟁점은 가볍게 얼버무릴 수 있는 것이 아니다.

그것은 방법론적인 측면뿐 아니라 윤리적이고 정치적인 측면을 지니고 있으므로 다른 쟁점과는 별개로 고려할 필요가 있으며, 그 결과로 연구 패러다임과 연구 전략의 선택에 영향을 줄 수도 있다.

객관성과 진리

연구 패러다임들은 이 쟁점에 관해 상이한 입장을 채택한다. 실증주의는 이론적 개념에 의해 오염되지 않은 순수한 관찰 그리고 사실과 가치의 분리가 수반하는 순수한 관찰의 사용을 통해 객관적 지식을 성취할 수 있다고 주장하면서 극단적인 절대주의의 입장을 취한다. 그러한 관찰에서 보이는 일반화의 진리성은 관찰 진술과 '실재' 사이의 일대일의 상응의 결과라고 주장한다. 비판적 합리주의도 이러한 **진리상응이론**을 채택하면서 객관성은 허위의 이론을 비판하는 논리적(연역적) 추론의 사용에 의해 성취된다고 주장한다. 비판적 합리주의는 세계에 관한 진리의 생산을 목표로 삼지만, 관찰이 이론 의존적이라는 견해를 받아들이며 반증 논리의 우월성을 믿는다. 이 입장은 과학자들은 언제 이론이 진리인가를 결코 알 수 없으며, 단지 이론이 언제 허위인가만을 알 수 있다는 입장으로(비록 이 주장조차 도전받았지만) 나아간다.

해석학과 해석주의의 일부 분파는 반대쪽 상대주의의 극단을 보여준다. 해석학의 한 분파는 텍스트나 사회적 상황에 대한 객관적으로 타당한 해석이란 존재하지 않는다고 주장했다. 연구자가 역사의 외부에 서거나 문화에서 분리되는 것은 불가능하다는 것이다. 가능한 것은 문화적으로 그리고 역사적으로 위치 지어진 해명들이 전부이며 이는 무한한 수의 해석들로 이어진다. 그렇지만 참여자들이 어떤 사회적 상황에서 의미를 공유할 때는 그 의미를, 그것이 실재한다는 뜻에서, 그리고 그것의 진리성을 의사소통할 수 있다는 뜻에서 객관적인 것으로 간주할 수도 있다.

비판적 실재론은 과학의 자동적 대상과 타동적 대상, 즉 실재 자체와 실재를 설명하기 위한 도구를 구분함으로써 객관성의 문제를 피하려고 했다. 비판적 실재론에 따르면 모델 속에 가설화된 기제가 상정된 방식으로 존재하고 움직인다는 것을 입증할 수 있다면, 그 기제는 틀림없이 실재한다. 그렇지만 이론들은 실재에 대해 불완전한 해명을 제공하며 그러므로 변화할 수 있다.

비판이론은 세계가 관찰자에게서 독립된 사실로 구성되어 있다는 **객관주의의 환상**을 기각했다. 진리는 관찰에서 얻는 증거의 문제가 아니라 개방적이고 공정한 비판적인 토론을 통한 '이상적 발화 상황'에서 달성된다. 이러한 **진리합의이론**은 이성에 기초를 두고 있다. 제약과 왜곡 요인에서 자유로운 능력 있는 사람들이 합의를 달성할 것이라고 기대할 수 있다는 것이다. 이러한 이성적 비판의 능력은 인간해방에 대한 이해관심에서 사용된다. 그러나 근래의 일부 비판이론가들(예컨대, 페이)은 **실용주의적 진리관**을 채택하고 있다. 즉, 구조적 갈등과 모순이 야기하는 절박한 필요를 충족하고 결핍을 극복하는 행위를 이론이 이끌어낸다면 그것이 진리라는 것이다.

기든스는 진리성의 쟁점을, '다수의 실재(슈츠)', '대안적 실재[카를로스 카스타네다(Carlos Castañeda)]' 그리고 '경쟁하는 패러다임(쿤)' 등의 개념의 맥락에서 언급했다. 그는 **의미 수준에서의 상대주의**와 **판단적 상대주의**를 구별했다. 전자는 삶의 형식이 상호 배타적인 실재 구성을 갖고 있어서 이러한 의미틀 사이의 번역이 논리적으로 불가능하다는 견해이며, 후자는 이러한 상이한 실재가 구별되고 논리적으로 동등해서 합리적으로 평가될 수 없다고 보는 견해이다. 기든스는 일상의 해명을 넘어서는 설명을 생산해야 한다고 생각했지만, 모든 사회이론이 시간과 공간의 제약을 받는다는 점을 인정했다(Giddens, 1976a). 이러한 견해의 귀결은 사회과학에서는 최종적인 진리가 불가능하다는 것이다.

여성주의의 관점론 분파는 해석학의 상대주의적 분파와 많은 공통점을 가지고 있으며, 바로 이 접근 속에서 객관성에 관한 현대 논쟁의 대부분을 진행하고 있다. 일부 여성주의자들은 과학에서 객관성을 성취하고 주관성을 극복하려는 관심 자체가 남성들이 세계를 바라보는 이원론적인 방식을 반영한다고 지적한다. 오히려 여성주의는 역동적 객관성이 주관적 과정 — 그것에 의해 다른 사람을 이해할 수 있는 — 을 사용해서 달성될 수 있다고 주장했다. 이러한 지식은 공유된 느낌과 경험에서 얻을 수 있고 주관성의 사용은 객관성을 증대하고 객관주의의 허위적인 주장을 감소시킨다는 것이다.

이 쟁점에 담긴 딜레마들과 가능한 해결방안들은 생물학자인 도나 해러웨이(Donna Haraway)가 영장류 동물학 분석에서 제시한 급진적 견해(Haraway, 1986)를 살펴봄으로써 예시할 수 있다. 그녀는 모든 과학적 지식주장을 사회적 구성물로, 그리고 개념, 이론, 방법 및 결과를 역사적으로 그리고 문화적으로 특수한 것으로 간주했다. 해러웨이는 사실이 가치와 뒤얽힌다고 지적했다. "일반적으로 생명과학과 사회과학은, 그리고 특수하게는 영장류 동물학은 이야기부과적이다. 이러한 과학은 복합적이고 역사 특수적인 이야기를 하는 실천을 통해서 구성된다. 사실은 이론부과적이고 이론은 가치부과적이며 가치는 이야기부과적이다. 그러므로 사실은 이야기 안에서 의미를 갖는다"(Haraway, 1986: 79). 좋은 이야기란, 이러한 가능한 세계에 대한 이용 가능한 전망에 들어맞는 이야기이다. 상이한 역사, 경험 그리고 세계관을 기초로, 여성주의 입장의 과학자들은 기존의 이야기를 재구성했다. 그 결과는 영장류 동물학 등과 같은 연구의 장(場)의 구조가 급진적으로 변화할 수 있다는 것이다. 이는 허위의 이야기를 대체하는 것이 아니라 새로운 이야기들을 창조해내는 문제이다. "여성주의적 과학은 인간적이라는, 또는 동물적이라는 것이 무엇을 의미하는가에 관한 진리에 도달하는 특별한 경로를 다루는 것이 아니라 가능성을 변화시키는 것을 다룬다"(Haraway, 1986: 81).

여성주의의 이러한 측면들은 몇 가지 모순을 낳았다. 여성주의자들은 새로운 종류의 과학을 원하면서 동시에 역사적으로 상황 지어진 지식의 특성을 인식하고 있다. 이 상황을 일종의 상대주의로 나아가는 것으로 볼 수도 있지만, 해러웨이(Haraway, 1986: 80~81)는 그녀의 연구에서 그러한 함의를 기각했다. 원숭이와 영장류에 대한 설명들이 모두 똑같이 좋은 것은 아니며, 몇몇 이야기는 다른 것보다 더 좋다는 것이다. 문제는 무엇을 더 정확하고 더 풍부하고 더 일관성 있는 이야기로 간주할 것인가가 좋은 이야기를 구성하는 재주의 일부라는 점이다. 그리고 모든 이야기는 권력, 성, 계급의 문제와 관련되어 있으며, 사람들이 우리가 어떻게 함께 살아갈 것인가를 서로에게 이야기하면서 벌이는 투쟁과 관련되어 있다.

더그데일(Dugdale, 1990)은 해러웨이의 사회구성주의적 입장에서 상대주의적 결론을 이끌어내는 것에 반대하는 주장을 내세웠다. "분명 사회구성주의가 가치자유적 또는 가치중립적 입장 — 지식주장의 출발점 — 을 허용하는 것은 아니다. 그러나 사회구성주의가 지식주장을 사실로 전환하는 작업과 관련된 이해관계를 인식하면서 순결한 입장을 남겨두는 것도 아니다. 그것은 우리가 통상적으로 과학에 귀속시키는 보편주의적 시각을 손상하고 과학을 정치적 투쟁의 장으로 열어놓는다"(Dugdale, 1990: 61).

연구 전략과 연구 패러다임의 결합

한 연구 전략이 한 연구 패러다임과 존재론적·인식론적 가정을 공유하는 정도에 따라 연구 전략과 연구 패러다임을 함께 사용할 수 있는 정도가 정해진다(〈표 6.1〉을 볼 것). 일부의 연구 전략과 일부 연구 패러다임은 아주 분명하게 결합된다. 실증주의는 귀납적 연구 전략과, 비판적 합리주의는 연역적 연구 전략과, 사회적 실재론은 역행추론적 연구 전략과, 그리고 해석주의의 분파들은 구조화이론과 함께 가추적 연구 전략과 결합된다. 연구 패러다임들과 연구 전략들 사이의 구분이 어느 정도는 인위적이기 때문에 이러한 결합은 놀라운 일이 아니다. 비판이론 등과 같은 일부의 연구 패러다임은 연구 전략들을 조합해서 사용한다. 이 경우, 그 조합은 **경험적·분석적** 연구를 강조할 것인지 아니면 **역사적·해석학적** 연구를 강조할 것인가에 따라 달라진다. 고전적 해석학이나 현대의 해석학, 일상생활방법론, 여성주의에 대해서는 해명하지 않았다. 여성주의가 서술 작업을 진행한다면 귀납적 연구 전략이나 가추적 연구 전략을 사용할 것이다. 여성주의자들이 몇몇 사회현상을 이해하고자 할 때에는 몇 가지 형태의 가추적 연구 전략을 사용할 가능성이 크며, 스미스의 경우에는 특히 그러하다. 고전적 해석학과 현대의 해석학은 텍스트 분석에 압도적으로 초점을 맞추고 있으며, 또한 내적으로 다양하기 때문에 간명하게 분류할 수는 없다. 그렇지만 해석학은 가추적 연구 전략과 가장 밀접한 친화성을 갖는다. 일상생활방법론은 귀납적 연구 전략만을 사용할 것이다.

물론 실제에서는 연구 패러다임과 연구 전략의 조합은 연구자 자신이 결정한다. 유일한 요건은 그것들의 존재론적 가정과 인식론적 가정이 양립 가능해야 한다는 것이다.

이 장의 요약

지금까지 논의한 것처럼, 연구 패러다임들 가운데 어느 것도 비판을 벗어날 수 없다. 이런 비판들을 경쟁하는 다른 연구 패러다임의 옹호자들이 제출했다는 것은, '객관적인' 또는 독립적인 평가를 위한 중립적인 기초란 있을 수 없기 때문에 놀라운 일이 아니다(예를 들면, Gadamer, 1989와 Kuhn, 1970a를 볼 것). 일부 논자들은 이들 연구 패러다임 가운데는 공약 불가능한 차이를

〈표 6.1〉 연구 패러다임들과 연구 전략들

	연구 전략			
연구 패러다임	귀납적	연역적	역행추론적	가추적
실증주의	✔			
비판적 합리주의		✔		
고전적 해석학				?
해석주의				✔
비판이론	✔	✔		✔
사회적 실재론			✔	
현대의 해석학				?
일상생활방법론	✔			
구조화이론				✔
여성주의	✔			✔

가진 것도 있다고 주장했다(예컨대, Kuhn, 1970a를 볼 것). 그리고 대부분의 경우, 이 차이는 그 패러다임이 가진 존재론적·인식론적 가정의 공약 불가능성에서 기인한다. 그러므로 사회연구자는 어떤 연구 패러다임(들)을 채택할 것인가를 결정할 때 이러한 비판의 진실성에 관해 판단해야 할 것이다.

이 장의 앞부분에서 논의한 비판의 대부분은 주로 채택된 존재론적·인식론적 가정들을 겨냥했다. 어떤 연구 전략이 동일한 가정들을 채택하고 있다면, 또한 그것은 동일한 비판의 대상이 된다. 예를 들어, 실증주의와 비판적 합리주의에 대해 제기한 비판은 또한 각각 귀납적 연구 전략과 연역적 연구 전략 — 3장에서 서술한 원래 형태의 — 에도 적용된다.

이제는 연구를 수행하는 완벽한 길은 있을 수 없다는 점이 분명해졌을 것이다. 수정된 형태의 연구 전략도 2장에서 제기하고 이 장에서 더 살펴본 딜레마에서 완전히 벗어날 수는 없다. 그러므로 네 가지 연구 전략 모두 여전히 한계들을 가지고 있을 것이다. 연구자의 임무는 당면한 연구 과제를 탐구하는 데 가장 적합한 연구 전략(들)과 그 과제를 표현하는 연구 문제를 선택하면서 동시에 이러한 한계를 인식하는 것이다.

연구자가 단 한 묶음의 존재론적·인식론적 가정만 가지고 작업하기를 선호할 수도 있지만, 단일한 관점을 독단적으로 고집하는 것은 연구자가 어떻게 연구 과제에 접근할 것인가에 심각한 제한을 가할 수도 있다. 나 자신도 선호하는 전략이 있지만, 3장에서 시도한 연구 전략 — 특히 귀납적 및 연역적 연구 전략 — 에 대한 수정을 고려하면 유연한 입장에서 네 가지 연구 전략 모두를 사용할 수 있을 것이다. 이것은 존재론적 가정과 인식론적 가정 사이에서의 이동을 포함할 것이다.

그 밖의 읽을거리

Adorno, T. W. et al. 1976. *The Positivist Dispute in German Sociology.*

Atkinson, P. 1988. "Ethnomethodology: a critical review".

Bernstein, R. J. 1976. *Restructuring Social and Political Theory.*

______. 1983. *Beyond Objectivism and Relativism.*

Bryant, C. G. A. 1985. *Positivism in Social Theory and Research.*

Bryant, C. G. A. and D. J. Jary. 1991. *Giddens' Theory of Structuration.*

Chalmers, A. F. 1982. *What is this Thing Called Science?*

Fay, B. 1987. *Critical Social Science.*

Giddens, A. 1977a. "Positivism and its critics".

Grünbaum, A. and W. C. Salmon(eds). 1988. *The Limits of Deductivism.*

Held, D. 1980. *Introduction to Critical Theory.*

Kuhn, T. 1970a. *The Structure of Scientific Revolutions*, 2nd edn.

Lakatos, I. and A. Musgrave(eds.). 1970. *Criticism and the Growth of Knowledge.*

McCarthy, T. 1984. *The Critical Theory of Jürgen Habermas*, 2nd edn.

Smith, M. J. 1998. *Social Science in Question.*

Stockman, N. 1983. *Antipositivist Theories of the Sciences.*

후기

복잡성 전환

서론

이 책의 초판을 출판한 1993년 이후, 사회과학에서 주요한 발전의 하나는 **복잡성 이론**(complexity theory)이 도래한 것이다. **복잡성 이론**의 배후에 자리한 생각은 20세기 초반으로 거슬러 올라가, 살아 있는 체계들의 이해에도 체계론적 사유를 적용하려 한 시도들에서 찾을 수 있다. 체계론적 사유는 관계, 유형, 과정 그리고 맥락을 다루고자 한다(Capra, 2005: 33). 물론 그런 생각은 사회과학에서 새로운 것이 아니지만 **복잡성 이론**은 그 생각을 급진적으로 새롭게 전환했다. 그 과정에서 그 이론은 "이제 생명체의 생물학적·인지적·사회적 차원들을 통합함으로써 생명에 대한 통합적 견해를 발전시킬 수 있는 고무적인 가능성을 제공하고 있다"(Capra, 2005: 33). 사실상 **복잡성 이론**은 물리과학과 사회과학의 낡은 구분을 넘어서는 길을 제공한다고 할 수 있다(Urry, 2003: 18).

복잡성의 개념은 오늘날 지식 분야의 어디서나 찾아볼 수 있다. 아마도 복잡성의 시대가 왔다고 할 것이다(Byrne, 2005: 97, 98). **복잡성 이론**은 경제학,

도시계획, 건축, 문학이론, 역사학, 인류학, 사회학 등 광범한 학문분과들에서 나타나고 있다(Thrift, 1999: 39). "'복잡성'이라는 용어는 '과학' 이외에도 수많은 사회적이고 지적인 담론과 실천에서 비유적·이론적·경험적 작업들의 수행에 사용되고 있다"(Urry, 2005a: 2). 복잡성 이론은 우리의 관심을 체계 분석에 맞추도록 재조정하고 있다. 체계 분석은 1970년대 파슨스의 구조기능주의가 붕괴한 이후 대부분의 사회과학에서 기각되거나 무시되어왔다. 그런데 '복잡성'은 이전의 결함을 극복하고 동시에 과학철학과 사회과학의 지난 50여 년에 걸친 발전을 수용함으로써 관심을 재조정하는 것이다.

복잡성 이론은 일차적으로 새로운 과학적 존재론을 제시하고자 하지만, 또한 보편적 지식, 실험적 통제, 결정론, 선형적인(linear) 인과 설명의 논리에 기초한 과학의 전통적 인식론도 거부한다. 그 대신 그것은 제한적이고 맥락적인 지식, 개방적이고 예측 불가능한 체계, 요소들 사이의 복잡하고 비선형적인(non-linear) 상호작용 ― 발현적 속성과 자기조직화하는 구조들과 과정들을 낳는 ― 에 기초한 설명적 해명을 제공한다. **복잡성 이론**은 "실재가 발현적 속성들과 변형적 잠재력을 가진 복잡한 개방체계들로 구성되어 있다고 파악하는 다학문적 이해"로 정의되어왔다(Byrne, 2005: 97). 이 견해는 잠시 후에 살펴볼 것이다.

기원

일반적으로 **복잡성 이론**의 선구자는 혼돈 이론(chaos theory)이라고 알려져 있다. 혼돈에 대한 대중적인 견해는 무작위와 무질서, 즉 그것의 가능한 결과에 대해 망설이고 우려해야 할 어떤 것과 관련되어 있다. 그렇지만 과학에서 사용될 때는 "혼돈은 질서를 포함하는 그리고/또는 질서에 앞서는 것으로 간주된다"(Byrne, 1998: 16). 여기서 데이비드 번(David Byrne)이 '그리고/또는'이라는 구절을 사용하는 것은 이에 관해 두 가지 지배적인 견해가 있다는 캐서린 헤일리스(Katherine Hayles)의 지적(Hayles, 1991)을 반영한 것이다. 그녀에 따르면, 질서가 혼돈 안에 숨어 있다는 견해(주로 미국의 견해)와 질서가 혼돈에서 생겨난다는 견해(유럽의 견해)가 있다.

복잡성 이론이 혼돈 이론에서 기원한다고 할 수 있지만 이들 두 이론이 어떻게 관련되는가에 관해서는 의견의 차이가 있다. 예를 들면, 메리 리(Merry Lee)는 복잡성이 혼돈보다 훨씬 더 중요한 이론적 개념이라고 단언했다(Lee, 1997: 21). 폴 실러스(Paul Cillers)는 복잡한 체계에 대한 연구에서 혼돈 이론이 중요한 역할을 했다는 인식이 널리 퍼져 있지만, 그것의 공헌은 극히 제한적이라고 주장했다(Cillers, 1998: p. ix). 혼돈 이론은 체계의 초기 조건들을 민감하게 다루며, 이런 조건에서 작은 변화가 거대한 결과를 만들어낼 수 있다고 주장한다. 이는 '결정론적 혼돈(deterministic chaos)'으로 알려져 있으며, 나비의 날갯짓이 지구 반대편에는 기상이변을 일으킬 수 있다는 고전적 비유가 잘 표현하고 있다. 실러스는 복잡성 이론이 초기 조건에는 관심을 덜 갖는 대신, 상호작용하는 수많은 구성요소들과 그들 사이의 예측 불가능한 결과들에 초점을 맞춘다고 주장했다. 드리프트는 혼돈과 복잡성이 명백히 상이한 개념이며, 혼돈 이론은 경제학 등의 분야에 별다른 통찰을 제공하지 못하는 반면 복잡성 이론은 훨씬 더 유용하다는 사실이 이를 증명한다는 견해를 받아들인다(Thrift, 1999). 그는 또한 복잡성 이론이 혼돈의 개념을 포섭하고 두 번째 기회를 제공한다는 생각을 지지했다(Thrift, 1999: 61). 그래서 드리프트는 혼돈과 복잡성을 명백하게 상이한 개념으로 간주한다. 혼돈은 전적으로 비선형의 법칙 – 체계의 초기 조건에서 작은 변화가 예측 불가능한 결과로 증폭하는 – 에 의해 결정되는 것으로 간주한다. 반면 복잡성은 하나 또는 그 이상의 단순한 안내 원리에 기초한 체계의 구성요소들 사이의 복잡한 상호작용에서 생겨나는 질서와 관련이 있다. 이 구성요소는 외부의 통제 없이 그 자체를 조직한다(Sherden, 1997: 69). 앨런 소칼(Alan Sokal)과 장 브리크몽(Jean Bricmont)은 혼돈 이론과 복잡성 이론에 대해 전자는 수학적으로 적절하게 발전한 반면 후자는 훨씬 더 사색적이라고 구별했다(Sokal and Bricmont, 1998: 135).

이와 대조적으로 번(Byrne, 1998)은 혼돈과 복잡성 개념을 '혼돈/복잡성'으로 나란히 묶어서 사용했다. 마찬가지로 어리(Urry, 2003)도 혼돈과 복잡성이 하나의 패러다임에 속한 부분이라고 생각했다. 많은 저자가 혼돈 이론의 견해와 복잡성 이론의 견해를 불편함 없이 왕래하는 모습을 보인다. 문헌들을 보면, 혼돈 이론의 일부 견해가 복잡성 이론의 여러 공식에 나타나고 있음을 알 수 있다.

사회과학에서 복잡성 전환은 사회과학의 구조 조정에 관한 굴벤키안 위원회(Gulbenkian Commission on the Restructuring of the Social Sciences)의 보고서(Wallerstein, 1996)에 자극받아 1990년대 후반에 시작되었다. 이 위원회의 위원 가운데 러시아 태생의 벨기에 화학자이며 1977년도 노벨화학상 수상자인 일리야 프리고진(Ilya Prigogine)도 있었는데, 그는 1960년대에 오늘날의 복잡성 이론을 구성하는 여러 착상을 발전시켰다. 그는 평형 상태와 거리가 먼 체계들은 과학적 사유를 지배하고 있는 선형의 인과 논리가 아니라 비선형적 관점에서 이해되어야 한다고 생각했다. 1970년대에, 프리고진은 비평형 상태에서 발전하고 진화하는 개방적이고 역동적인 체계들을 해명하기 위해 '소산하는 구조(dissipative structures)'라는 이론을 제시했다. 이 체계에서는 구조와 흐름과 변동 사이에 밀접한 상호작용[또는 소산(dissipation)]이 일어난다. 이 체계들이 불안정하게 되면 흩어져서 새로운 구조를 생성하며 새로운 형태의 질서로 모이는 동역학을 갖는다. 이 체계들은 평형 상태에서 멀리 벗어났을 때에도 상당한 정도의 질서를 유지할 수 있다.

불안정성의 결정적인 지점에서 새로운 질서를 자연발생적으로 생성한다는 생각은 이제 **발현**(emergence)이라는 개념으로 알려져 있다. 프리고진에 따르면 이 개념은 모든 생명의 이해에서 핵심적인 것이다.

> 소산하는 구조라는 이론은 질서의 자연발생적 발현을 설명할 뿐 아니라 우리가 복잡성을 정의하는 데도 도움을 준다. 전통적으로 복잡성에 대한 연구는 복잡한 구조에 대한 연구였으며, 이제 초점은 구조에서 그것들의 발현 과정으로 전환하고 있다(Capra, 2005: 37).

지금 **복잡성 이론**이 포괄하고 있는 모든 생각들이 사회이론들에는 결여되어 있다는 인상을 주는 것은 그릇된 것이라 할 수 있다. 예를 들어, 케빈 미하타(Kevin Mihata)는 발현과 복잡성의 개념을 20세기 초에 조지 미드(George Mead, 1938)가 논의했다고 주장했다(Mihata, 1997). 그리고 마르크스는 "현재 사용할 수 있는 용어법을 사용하지 않은 채 자신의 주장을 특징적으로 제시하고자 분투했지만 복잡성 분석의 몇 가지 요소를 미리 보여주었다"(Urry, 2005b: 243).

복잡계의 특징

복잡성 이론은 과학적 합성물이다. 그 이론의 배후에 자리한 주된 충동은 환원주의에 대한 거부이다. 즉, 체계의 요소들을, 필요한 만큼 가장 근본적인 것들에까지 내려간다면, 고찰함으로써 체계를 설명할 수 있다는 생각을 부정한다. 그 대신 그 이론은 체계의 속성이 부분의 합 이상이라는 견해에 기초를 두고 그 속성을 이해할 것을 주장한다. 복잡계(Complex systems)는 부분들의 상호작용에서 예측 불가능하고 새로운 결과들을 만들어낼 잠재력을 갖는다.

많은 저자가 복잡계의 특성에 대해 논의했다. 다음은 주로 실러스의 서술을 인용한 것이다(Cillers, 1998, 2005). 이 내용은 자세한 탐구의 결과인 만큼이나 일련의 존재론적 가정이라고 할 수 있는 이념형적 그림을 보여준다.

1. 복잡계는 개방체계이다. 복잡계는 복잡계의 환경과 상호작용한다.
2. 복잡계는 평형과는 거리가 먼 조건에서 작동한다. 복잡계는 구조를 유지하고 생존을 확보하기 위해 활동의 항상적인 흐름을 필요로 한다.
3. 복잡계는 역사를 갖는다. 복잡계는 시간이 지나면서 진화할 뿐 아니라 그것의 과거가 현재에 영향을 미친다.
4. 복잡계는 다수의 요소로 구성되며 요소 가운데 다수는 매우 단순할 수도 있다.
5. 구성요소들은 다른 많은 구성요소들과 상호작용할 수 있다. 즉, 구성요소들은 영향을 미칠 수도 있고 영향을 받을 수도 있다.
6. 보통 상호작용은 상당히 좁은 범위에서 일어난다. 그렇지만 상호작용의 풍부함을 고려하면 영향은 광범할 수 있다.
7. 상호작용의 일부 연쇄는 되먹임 고리를 포함할 것이며 그 고리는 길거나 짧을 수 있고 긍정적이거나 부정적일 수 있다. 긍정적인 되먹임은 활동을 고양하거나 자극하는 반면, 부정적인 되먹임은 활동을 저지하거나 제한한다.
8. 체계의 움직임은 구성요소들 자체의 특징이 아니라 구성요소들 사이에 일어난 상호작용의 결과이다.
9. 구성요소들이 대체되더라도 구조는 유지된다.
10. 체계의 각 요소는 전체 체계의 움직임을 알지 못한다. 그 요소는 단지 국지적으로만 행위하며 거기서 진행되는 것만을 알게 된다.

실러스는 경제체계를 준거로 이런 특징을 예시한다(Cillers, 1998: 6).

복잡계와 복합계(complicated system)를 구별하는 것이 중요하다. 현대의 대형 비행기 같은 일부 체계는 엄청나게 많은 요소로 구성된다. 이런 요소를 완벽하게 서술할 수 있다면 그 체계는 단지 복합적일 것이다. 그렇지만 복잡계에서는 구성요소들의 상호작용, 그리고 체계와 환경의 상호작용을 구성하는 요소들을 분석에 의해 완전하게 이해할 수 없다. 더욱이 이러한 관계는, 자주 자기조직화의 결과로 변환되고 변동되면서 새로운 특징의 발현으로 나아간다(Cillers, 1998: pp. viii~ix).

핵심적 생각

복잡성 이론은 체계라는 관념과 과정이라는 관념을 조합한다. 이것들은 개념들의 정렬에 의해 이해될 수 있는데, 가장 중요한 두 개념은 **발현**과 **자기조직화**이다. **발현**은 사회과학에서 지속된 개념이었는데 현대에는 이론적으로 정교화된 틀에서 자리를 잡았다.

> 발현의 개념은 이제 상호작용하는 국지적 수준의 과정에서 지구적 수준의 구조들이나 유형들이 생기는 과정을 가리키는 데 가장 자주 사용된다. 이러한 '구조' 또는 '유형'은 구성단위만의 움직임이나 구성단위만의 속성에서부터 이해되거나 예측될 수 없다(Mihata, 1997: 31).

실러스는 복잡계가 환경에서의 변동에 대응하기 위해서는 그 구조를 발전시키고 적응시켜야 한다고 주장했다. 이는 자기조직화에 의해 달성되는데, 자기조직화가 일종의 중앙 통제 기제는 아니다. 자기조직화는 새로운 구조의 발현, 그리고 구성요소 관계의 유형에 책임이 있다. 자기조직화는 "체계가 상당히 비구조적인 시초에서 복잡한 구조를 발전시킬 수 있는 과정이다. 이 과정은 외부 환경과 체계의 역사 모두의 영향 아래에서 체계의 소산되는 요소들 간의 관계를 변화시킨다"(Cillers, 1998: 12).

복잡계는 환경에서 나오는 영향들에 반응해야 하지만 자기조직화는 내적 과정을 함축한다. "시간의 흐름 속에서의 구성요소들의 관계에서 변동의 모형을 만드는 데 아무런 '외부적' 요인도 필요하지 않다면, 구성요소들, 그 요소들 사이의 관계, 그리고 시간의 흐름 속에서 이 관계의 변동은 정의에 의해 자기조직화이다"(Lee, 1997: 21).

복잡계는 외부적 교란과 내부적 교란이 없다면 제한적으로 변화하면서 앞으로 나아갈 수 있다. 그렇지만 이러한 안정적인 움직임은 어느 지점에서인가 임의의 요동에 의해 밀려나고 체계는 원래의 궤적을 포기한다. "즉, 체계가 일단 불안정해지면 두세 개의 새로운 지점 사이에서 요동하기 시작한다. 체계가 원래의 경로를 포기하고 하나 이상의 대안적인 지점을 발전 경로로 취할 때까지 진동은 계속된다"(Harvey and Reed, 1994: 385). 이러한 변동의 지점을 **도약점**(tipping points) 또는 분기점(bifurcations)이라고 부른다. 틀림없이 지구온난화의 결과로서 현재 세계 기후에 나타나는 주요한 교란은 요동의 증가를 경험하는 체계의 적절한 사례이다. 현재 경로를 따르도록 내버려 둔다면 우리는 도약점과 새로운 궤적을 기다릴 수밖에 없다.

복잡성 이론의 옹호자들은 복잡계에 대해 선형의 설명 논리를 사용하려는 시도를 기각하고 비선형의 분석을 선호한다. 전통적인 과학적 설명은 선형의 인과연쇄나 인과사슬에 기초했다. 한 연쇄가 다른 연쇄와 연결될 수 있고 원인이 결과를 만들어내는 과정에 조건들이 개입할 수도 있기는 하지만, 문제의 현상을 설명할 때까지 흐름은 원인에서 결과로 나아가고 이 결과가 또 다른 결과의 원인이 될 가능성이 있다는 식의 논리를 취한다. 그러한 연쇄는 선형적인 방정식으로 표현되었다.

선형의 논리도 여전히 제한적인 유용성을 갖지만 대부분의 체계는 선형의 과정에 기초를 두지 않는다(Byrne, 1998: 19). 평형상태가 아닌 체계는 비선형의 방정식으로 서술되어야 한다는 인식은 **복잡성** 이론의 수립에서 결정적인 약진이었다. 체계가 평형에서 벗어난 정도가 크면 클수록 그 체계의 복잡성은 증대하며 체계를 비선형의 관점에서 다루어야 할 필요성도 증대한다(Capra, 2005: 37). 복잡계는 그 구성요소들 사이에 일어나는 높은 수준의 상호작용을 특징으로 할 뿐 아니라, 체계와 초기조건을 선형으로 연결하지 않는 결과를 만들어내는 방식도 특징으로 한다(Mihata, 1997: 31).

비선형의 설명모형에서는 상호작용과 되먹임 고리를 강조한다. 한 체계의 구성요소들 사이의 영향은 시간에 따라 양쪽 방향으로 미칠 수 있으며, 되먹임 반복은 시간이 지나면 전체 체계를 변동시킬 수 있다.[1] 되먹임과 앞먹임(feed forward)은 자기조직화의 핵심적인 특징이다(Lee, 1997: 23). 거듭되는 되먹임이나 반복은 체계의 "발현적 속성들과 새로운 조직화 형태들을 보여줄 수 있다"(Turner, 1997: p. xv).

복잡성의 실재

마이클 리드(Michael Reed)와 데이비드 하비(David Harvey)의 저작을 시작으로(Reed and Harvey, 1992), 많은 저자가 바스카의 **비판적 실재론**은 프리고진이 발전시킨 과학적 존재론에 이상적인 철학적 존재론을 제공한다고 주장했다.

---

1) 되먹임(feedback)은 혼돈 이론에서 중요하다. 그리고 **복잡성** 이론에서는 복잡한 상호작용이 중요하다.

> 두 사람은 자연과 사회를 개방적이고 역사적으로 윤곽 지어진 체계로 취급하는 접근 방법을 승인한다. 둘 모두 자신이 연구하는 실재의 특정 영역이 위계적으로 구조 지어지고 자리 잡고 있다고, 그렇지만 상호작용적으로 그리고 확률론적으로 복잡하다고 상정한다. 그들 각각이 다루는 방법론은, 모두 비환원론적인 관점을 따르고 있다. 둘 모두 실재 세계가 불확정성을 내포하고 있다고 상정한다. 그렇지만 그 입장들은 각각이 포괄하는 대상의 독특한 본성에 적합할 과학적 설명을 합리적으로 해내려고 노력한다. 끝으로, 각각은 자연을 의인화와 물상화에 빠지지 않으면서 자기조직화하는 기획체로 간주한다 (Reed and Harvey, 1992: 369).

리드와 하비는 이러한 조합이 "물리적 체계와 사회적 체계 모두의 동역학을 파악하는 강력한 기초를 형성"할 뿐 아니라 "사회과학자들에게 사회를 보는 새로운 방식, 즉 사회구조와 사회과정에 대해 우리가 생각하는 방식을 근본적으로 변경할 것을 약속하는 방식을 제공할" 것이라고 믿는다(Reed and Harvey, 1992: 354).

번도 이런 견해를 철저하게 보증한다. 그는 이 두 형태의 존재론의 결혼이 **복잡성 이론**이 실재의 본성을 매우 확고하게 진술할 수 있도록 허락한다고 단언했다(Byrne, 1998: 47). 이에 더해 번은 이러한 패러다임이, 사회이론을 판단하는 준거가 될 세 가지 중요한 쟁점들, 즉 개인(미시 수준)과 사회(거시 수준)의 관계, 행위와 구조의 관계의 개념화, 사회적·구조적 변동의 설명을 설득력 있게 다룰 수 있다고 주장했다(Byrne, 1998: 46). **복잡성 이론**은 발현적 질서에 중심적인 관심을 두기 때문에 이러한 중요한 쟁점을 다룰 수 있는 역량을 갖는다(Byrne, 1998: 48).

복잡성과 탈근대주의

복잡성 이론이 일종의 탈근대 과학을 나타낸다는 견해는 흔히 볼 수 있는 오해이다. 그렇지만 밥 프라이스(Bob Price)는 이러한 견해가 용어적 모순이라고 생각한다(Price, 1997: 3~4). 탈근대주의는 과학에 대한 전통적 견해에 반대하기 때문에 복잡성 패러다임은 탈근대의 기획과 양립할 수 없다. 그는 과학에 대한 고전적인 환원주의적 모형은 수정될 필요가 있지만, 복잡성 이론은 여전히 그런 종류의 과학적 전통 속에 남아 있다고 주장했다. 복잡성의 관점은 "우리 과학 패러다임의 부적절함들을 정정함으로써 우리가 '과학'을 적합하게 그리고 결실을 맺을 수 있도록 계속 수행할 수 있다고 알려준다. …… 복잡성은 고전적 과학 모형의 해체가 아니라 그 모형의 재구성이다" (Price, 1997: 4).

복잡성 이론은 "근대주의의 엄격한 형식주의 및 결정론과 탈근대주의의 반동 및 비합리주의를 거부함으로써" 둘 사이의 경로를 헤쳐나간다고 할 수 있다(Reed and Harvey, 1992: 351). 아마도 사회세계를 이해하고자 하는 사회과학자들에게 가장 중요한 것은 복잡성 이론이 "'설명은 가능하다는' 확신으로 탈근대주의의 주관적 상대주의와 대결한다"라는 점이다(Byrne, 2005: 97). 번은 더 나아가, 비판적 실재론의 철학적 존재론과 복잡성 이론의 과학적 존재론을 연결하는 것이 "지적 기획으로서의 탈근대주의에 치명적일 것"이라고 주장한다(Byrne, 1998: 8). 그렇지만 이런 견해와 대조적으로 실러스는 복잡성 이론이 탈근대주의 및 탈구조주의와 밀접한 친화성을 갖는다고 생각한다 (Cillers, 2005).

실러스는 "복잡성 이론과 탈구조주의 간 조합의 결실성"을 강조했다 (Cillers, 1998: 136). 리오타르와 자크 데리다(Jacques Derrida)의 연구에 의지해서, 실러스는 탈근대주의가 생래적으로 복잡성에, 그리고 자기조직화의 중요성에 민감하며 '아무렇게 해도 좋다'는 원리를 함축하는 것은 아니라고 주장했다(Cillers, 1998: 112~113).

리오타르를 따라, 실러스는 과학 지식에 대한 전통적인 견해와 더 일반적인 종류의 지식, 즉 그가 '서사적 지식(narrative knowledge)'이라고 부르는 것을 대조했다. 전통적인 과학 지식은 독점적인 언어게임을 유지하는 전문가와 직업인의 소유물이다. 그 활동은 연구 참여자나 연구 수신자의 능력이 아니라 연구자의 능력에 의존한다. 이 지식은 축적적이며 그것을 보고하거나 보급한다고 하더라도 타당성이 증가하지는 않는다. 이런 견해에 대항해, 실러스는 유용한 지식의 기준이 더 유연해야 한다고, 그러한 지식은 개방체계의 일부이며, "오직 역사나 전문가의 권위에 의존해서 정당화될 수는 없다"라고 주장했다(Cillers, 1998: 130). 실질적인 차이를 만드는 그러한 서사만이 존속할 것이다. 그는 다음과 같은 논증을 사용해서 서사적 지식도 과학 지식이라고 주장하며, 또한 과학 지식을 복잡계로 볼 수 있다고 주장했다.

> 우리가 살고 있는 세계는 복잡하다. 이 복잡성은 다양하지만 조직화되어 있고 혼란스럽지 않다. 그 세계에 대한 서술이 단순하고 일관성 있으며 보편적으로 타당한 담론으로 환원될 수는 없다. 우리가 연결망에 입각해 복잡성의 모형을 만든다면, 주어진 서사는 어느 것이든 연결망을 통해 경로 또는 궤적을 형성할 것이다. 그러한 경로에는 막대한 다양성이 있다. 연결망은 복잡할 뿐 아니라 역동적이다. 우리가 연결망을 통해 다양한 서사적 경로를 추적하기 때문에 연결망은 변화한다. 그렇지만 모든 경로는 연결망의 국지적 구조에 의해 제약된다. 일부의 장소에서는 이런 제약이 상당히 느슨할 수 있고 일부의 장소에서는 매우 팽팽할 수 있다. 특정한 두 지점 사이에서도 따라갈 수 있는 서사적 경로들이 많이 있다는 사실이 아무렇게나 해도 좋다는 것을 함축하지는 않는다. 모든 서사는 이러저러한 형태의 제약에 예속되어 있으며, 일부의 경로는

금지된다. 모든 경로는 불확정성과 잠정성이라는 특징을 공유한다. 전략적인 이유에서, 연결망의 특정한 경로들을 폐쇄하고 고정할 수도 있다. 이러한 '틀 짓기(framing)' 과정은 과학 탐구에서 필수적인 부분이지만, 이렇게 생산한 지식은 여전히 특정한 틀에 상대적이며, 그러므로 시간적 또는 공간적 의미에서 일반화될 수 없다(Cillers, 1998: 130).

실러스는 자신의 주장을 뒷받침하기 위해, 리오타르에서 이끌어낼 수 있는 견해(Lyotard, 1984)와 유사한 견해를 보이는 여러 저자 — 리차드 블랙웰(Richard Blackwell), 폴 처치랜드(Paul Churchland), 조지프 라우스(Joseph Rouse), 그리고 헤세 — 의 연구를 검토했다(Blackwell, 1976; Churchland, 1984, 1989; Rouse, 1990; Hesse, 1992). 그는 이후에 쓴 글에서 탈근대주의와 복잡성 이론의 관계에 관해, 우리가 복잡한 것들을 완벽하게 알 수는 없다고 하더라도(Cillers, 2002) 여전히 강력한 지식주장을 제출할 수는 있다는 결론을 이끌어냈다. 그렇지만 이 지식주장은 제한적이기 때문에 우리는 그 주장에 대해 겸손해야 한다. "더 나은 미래의 가능성을 열기 위해서는 우리는 확실성과 자기충족적인 지식이라는 오만을 물리쳐야 한다. 겸손은 항복이 아니다. 겸손은 도전의 또 다른 이름이다. 그렇지만 언제나 우리 자신에 대한 도전이 먼저다"(Cillers, 2005: 265).

복잡성과 연구

사회과학들에서 복잡성 이론은 여전히 대체로 비유적인 도구이며 일련의 존재론적 가정이다. 번의 저작 가운데, 특히 그의 『복잡성 이론과 사회과학(Complexity Theory and the Social Sciences)』(1998)은 중요한 예외이다. 그는

"사회과학에서 복잡성은 비유적인 장치 이상이 되어야 하며, 이는 오직 복잡성의 준거틀이 탐구적인 사회과학의 실질적인 도구를 형성할 때 가능하다"라고 주장했다(Byrne, 2005: 96). 먼저 번(Byrne, 1998)은 분할표(contingency table) 등과 같은 전통적인 양적 도구와 군집분석(cluster analysis)이나 대응분석(correspondence analysis) 같은 매우 세련된 도구를 검토했다. 그는 위계적 공간, 건강과 질병, 교육, 도시 경영 등과 같은 실질적인 분야에 **복잡성 이론**을 적용하기도 했다. 근래 번은 사례연구에 기초한 방법과 변형 비교분석의 사용을 옹호했다(Byrne, 2005). 그는 이러한 방법을 사용해서 생산한 지식을 상대적인 것은 아니지만 국지적인 것으로, 물상화된 것은 아니지만 사회적으로 구성된 것으로 간주해야 한다고 인정했다. 이런 입장은 모두 **비판적 실재론**과 일치한다. 번은 이제 "변수들의 물상화에 기초한 분석을 통해서 사회적 복합체를 해체하는 방법보다는" 연구 참여자들이 대화에 참여하는 방법을 선호한다(Byrne, 2005: 99). 나는 오래전에 전자에 반대하는 주장을 했지만(Blaikie, 1977, 1978), 그 이상에는 동의할 수 없다.

번은 사례들을 "복잡계 — 그 자체가 다른 복잡계 속에 자리 잡고 다른 복잡계를 안고 있으며 다른 복잡계와 상호작용하는 — 로 간주한다. 예를 들어, 도시 지역은 지구적·일국적 복잡계 속에 자리 잡고 있으며 그 안에 이웃, 가정, 개인을 포함하고 있다"(Byrne, 2005: 105). 그러한 일련의 복잡계 속의 여러 수준을 탐구하는 데는 여러 가지 연구 및 분석의 방법이 필요할 것이다.

번은 또한 응용사회연구에서, 특히 성찰적인 참여적 사회연구의 부수물로써 **복잡성 이론**을 사용할 것을 옹호한 주요한 인물이었다(Byrne, 2005: 98). 전자학술지인 ≪사회쟁점학술지(Journal of Social Issues)≫는 '복잡성 과학과 사회정책'을 주제로 특별호를 발간했는데, 게재된 논문들은 복잡성의 관점에서 사회연구 수행의 문제를 다뤘다.[2)]

결론

복잡성 이론은 사회과학들에서 경쟁하는 연구 패러다임이라는 늪에서 벗어나 전진하는 길인가? 일부 저자들은 그렇다고 주장한다(예를 들어, Byrne, 1998; Cillers, 1998; Urry, 2003을 볼 것). 앞에서 논의한 것처럼, 비판적 실재론의 일부 신봉자들은 그 이론과 복잡성 이론을 통합해서 자신들의 패러다임을 정교화할 수 있다고 기뻐했다(Reed and Harvey, 1992; Byrne, 1998; Harvey, 2002). 이들 가운데 일부와 그 밖의 저자들은, 탈근대주의의 곤혹스런 반과학적 교의에 대한 답이 복잡성 이론에 있다고 생각한다. 확실히 복잡성 이론은 탈근대주의보다 훨씬 혁명적이다. 사회과학, 또는 아마도 모든 과학의 미래에 대한, 복잡성 이론에 근거한 이러한 확신은 이미 10여 년 전에 분명하게 발표되었다.

> 아마도 승리는 지구를 물리적인 태양계(그리고 심지어 은하계)의 중심에서 몰아내려는 격렬하고 고단한 전투에서 쟁취된 것이 아니라, 일련의 관념 및 그것들이 수반하는 수학이 우리가 우주에 있는 모든 것을 그리고 우주에 있는 개인을 보는 모든 방식의 성질을 변화시키면서 쟁취되었을 것이다(Eve, Horsfall and Lee 1997: p. xxxii)

10년쯤 후에 또다시 이 책의 개정판을 낸다면 그때는 내가 모든 방법론적 문제에 대한 답으로 어떤 연구 패러다임을 옹호할 것인지 궁금하다. 캠브리

---

2) 특히 Medd(2001), Byrne(2001), Williams(2001), 그리고 Harvey(2001)의 논문을 볼 것. 예를 들어 윌리엄스는 복잡성의 개념을 노숙자에 관한 정책연구에 응용했다. 그리고 특히 이런 종류의 연구에서는 전통적인 설명과 예측의 방법에 대해 다시 생각해야 한다는 결론에 도달했다. 그 특별호는 일련의 도전적인 토론 문제를 제기하고 있다.

지대학교의 저명한 과학자 스티븐 호킹(Stephen Hawking)은 다음과 같이 이야기했다고 한다. "나는 다음 세기(21세기를 가리킨다)가 복잡성의 세기일 것으로 생각한다." 아마도 **복잡성 이론**은 앞으로 한동안, 적어도 사회체계라는 개념을 사용할 수 있는 분석에서 우리와 함께 있을 것이다.

그 밖의 읽을거리

Byrne, D. 1988. *Complexity Theory and the Social Sciences*.

______. 2005. "Complexity, configurations and cases".

Capra, F. 2002. *The Hidden Connections*.

______. 2005. "Complexity and life".

Cillers, P. 1988. *Complexity and Postmodernism*.

______. 2005. "Complexity, deconstruction and relativism".

Eve, R. A., S. Horsfall and M. E. Lee(eds). 1977. *Chaos, Complexity and Sociology*.

Harvey, D. and M. H. Reed. 1994. "The evolution of dissipative social systems".

Reed, M. H. and D. Harvey. 1992. "The new science and the old: complexity and realism in the social sciences".

Thrift, N. 1999. "The place of complexity".

Urry, J. 2003. *Global Complexity*.

______. 2005a. "The complexity turn".

______. 2005b. "The complexities of the global".

참고문헌

Abbagano, N. 1967. "Positivism." in P. Edwards(ed.). *The Encyclopedia of Philosophy*, Vol. 6, pp. 414~419. New York: Macmillan.

Adorno, T. W., H. Albert, R. Dahrendorf, J. Habermas, H. Pilot and K. R. Popper. 1976. *The Positivist Dispute in German Sociology*. Translated by G. Adey and D. Frisby. London: Heinemann.

Albert, H. 1976a. "The myth of total reason: dialectical claims in the light of undialectical criticism." in T. W. Adorno et al. *The Positivist Dispute in German Sociology*, pp. 163~197. London: Heinemann.

______. 1976b. "Behind positivism's back? A critical illumination of dialectical digression." in T. W. Adorno et al. *The Positivist Dispute in German Sociology*, pp. 226~257. London: Heinemann.

Alcoff, L. and E. Potter(eds). 1993. *Feminist Epistemologies*. New York: Routledge.

Alvesson, M. 2002. *Postmodernism and Social Research*. Buckingham: Open University Press.

______. 2004. "Postmodernism." in M. S. Lewis-Beck, A. Bryman and T. F. Liao (eds.). *The SAGE Encyclopedia of Social Science Research Methods*, pp. 842~ 846. Thousand Oaks, Calif.: Sage.

Alvesson, M. and K. Sköldberg. 2000. *Reflexive Methodology: New Vistas for Qualitative Research*. London: Sage.

Anderson, R. J., J. A. Hughes and W. W. Sharrock. 1986. *Philosophy and the Human Sciences*. London: Croom Helm.

Antonio, R. J. and D. Kellner. 1994. "The future of social theory and the limits of postmodern critique." in D. R. Dickens and A. Fontana(eds.). *Postmodernism and Social Inquiry*, pp. 127~152. London: UCL Press.

Archer, M. S. 2003. *Structure, Agency and the Internal Conversation*. Cambridge: Cambridge

University Press.

______, R. Bhaskar, A. Collier, T. Lawson and A. Norrie(eds.). 1998. *Critical Realism: Essential Readings*. London: Routledge.

Atkinson, J. M. 1978. *Discovering Suicide*. London: Macmillan.

Atkinson, P. 1988. "Ethnomethodology: a critical review." *Annual Review of Sociology* 14: pp. 441~465.

Babbie, E. 1992. *The Practice of Social Research*, 6th edn. Belmont, Calif.: Wadsworth.

Bacon, F. 1889. *Novum Organon*. Translated by G. W. Kitchin. Oxford: Clarendon Press(First published in 1620).

Baert, P. 2005. Philosophy of the Social Sciences: Towards Pragmatism. Cambridge: Polity.

Balnaves, M. 1990. *Communication and Information: An Analysis of Concepts*. Ph.D. thesis, Royal Melbourne Institute of Technology.

Bauman, Z. 1978. *Hermeneutics and Social Science*. London: Hutchinson.

______. 1989. "Hermeneutics and modern social theory." in D. Held and J. B. Thompson(eds.). *Social Theory of Modern Societies: Anthony Giddens and his Critics*, pp. 34~55. Cambridge: Cambridge University Press.

______. 1990. "Philosophical affinities of postmodern sociology." *Sociological Review* 38: 411~444.

Benson, D. and J. A. Hughes. 1983. *The Perspective of Ethnomethodology*. London: Longman.

Benton, T. 1977. *Philosophical Foundations of the Three Sociologies*. London: Routledge & Kegan Paul.

______. 1981. "Realism and social science: some comments on Roy Bhaskar's "The Possibility of Naturalism".", *Radical Philosophy* 27: pp. 13~21.

Benton, T. and I. Craib. 2001. *Philosophy of Social Science: The Philosophical Foundations of Social Thought*. Basingstoke: Palgrave.

Berger, P. L. 1963. *Invitation to Sociology*. New York: Doubleday.

Berger, P. L. and T. Luckmann. 1967. *The Social Construction of Reality*. Garden City, NY: Anchor Books.

Bergmann, J. R. 2004. "Ethnomethodology." in U. Flick, E. von Kardorff and I. Steink(eds.). *A Companion to Qualitative Research*, pp. 72~80. London: Sage.

Bernard, J. 1973. "My four revolutions: an autobiographical history of the ASA." *American*

Journal of Sociology 78: pp. 773~791.

Bernstein, R. J. 1976. *Restructuring Social and Political Theory*. Oxford: Blackwell.

______. 1983. *Beyond Objectivism and Relativism: Science, Hermeneutics and Praxis*. Oxford: Blackwell.

______. 1989. "Social theory as critique." in D. Held and J. B. Thompson(eds). *Social Theory of Modern Societies: Anthony Giddens and his Critics*, pp. 19~33. Cambridge: Cambridge University Press.

Best, S. and D. Kellner. 1997. *The Postmodern Turn*. New York: Guilford.

Betanzos, R. J. 1988. "Introduction." in Wilhelm Dilthey. *Introduction to the Human Sciences*, pp. 9~63. Detroit: Wayne State University Press.

Betti, E. 1962. *Die Hermeneutik als Allgemeine Methodik der Geisteswissenschaften*. Tübingen: Mohr.

Bhaskar, R. 1978. A Realist Theory of Science, 2nd edn. Hassocks: Harvester Press.

______. 1979. *The Possibility of Naturalism: A Philosophical Critique of the Contemporary Human Sciences*. Brighton: Harvester.

______. 1983. *Dialectical Materialism and Human Emancipation*. London: New Left Books.

______. 1986. *Scientific Realism and Human Emancipation*. London: Verso.

______. 1989. *Reclaiming Reality: A Critical Introduction to Contemporary Philosophy*. London: Verso.

______. 1998. *A Realist Theory of Science*, 3rd edn. London: Routledge.

______(ed.). 2002. *From Science to Emancipation: Alienation and the Actuality of Enlightenment*. London: Sage.

Blackwell, R. J. 1976. "A structuralist account of scientific theories." *International Philosophical Quarterly* 16: pp. 263~274.

Blaikie, N. 1977. "The meaning and measurement of occupational prestige." *Australian and New Zealand Journal of Sociology* 13: pp. 102~115.

______. 1978. "Towards an alternative methodology for the study of occupational prestige: a reply to my reviewers." *Australian and New Zealand Journal of Sociology* 14: pp. 87~95.

______. 1981. "Occupational prestige and social reality." in P. Hiller(ed.). *Class and Inequality in Australia: Sociological Perspective and Research*, pp. 111~130. Sydney: Harcourt Brace Jovanovich.

______. 1993. *Approaches to Social Enquiry*. Cambridge: Polity.

______. 2000. *Designing Social Research.* Cambridge: Polity.

______. 2003. *Analyzing Quantitative Data.* London: Sage.

Blaikie, N. and S. J. G. Stacy. 1982. "The dialogical generation of typologies in the study of the care of the aged." Paper presented at the X World Congress of Sociology, Mexico City.

______. 1984. "The generation of grounded concepts: a critical appraisal of the literature and a case study." Paper presented at the European Symposium on Concept and Theory Formation, Rome.

Blau, P. M. and O. D. Duncan. 1967. *The American Occupational Structure.* New York: Wiley.

Blishen, B. R. 1967. "A socio-economic index for occupations in Canada." *Canadian Review of Sociology and Anthropology* 4, pp. 41~53.

Bottomore, T. 1984. *The Frankfurt School.* London: Tavistock.

Braithwaite, R. B. 1953. *Scientific Explanation.* Cambridge: Cambridge University Press.

Brentano, F. 1972. Psychology from an Empirical Standpoint. London: Routledge & Kegan Paul(First published in German in 1874).

Brody, B. A. and N. Capaldi(eds.). 1968. *Science: Men, Methods, Goals.* New York: W. A. Benjamin.

Broom, L., F. L. Jones and J. Zubrzski. 1968. "Social stratification in Australia." in J. A. Jackson(ed.). *Social Stratification*, pp. 212~233. Cambridge: Cambridge University Press.

Brown, R. H. 1994. "Rhetoric, textuality, and the postmodern turn in sociological theory." in S. Seidman(ed.). *The Postmodern Turn: New Perspectives in Social Theory*, pp. 229~241. Cambridge: Cambridge University Press.

Bryant, C. G. A. 1985. *Positivism in Social Theory and Research.* London: Macmillan.

______. 1991. "The dialogical model of applied sociology." in C. G. A. Bryant and D. Jary(eds). *Giddens' Theory of Structuration: A Critical Appreciation*, pp. 176~200. London: Routledge.

Bryant, C. G. A. and D. Jary. 1991. Giddens' Theory of Structuration: A Critical Appreciation. London: Routledge.

Bubner, R. 1982. "Habermas's concept of critical theory." in J. B. Thompson and D. Held(eds.). *Habermas: Critical Debates*, pp. 42~56. London: Macmillan.

Butts, R. E(ed.). 1968. *William Whewell's Theory of Scientific Method.* Pittsburgh: University of Pittsburgh Press.

______. 1973. "Whewell's logic of induction." in R. N. Giere and R. S. Westfall(eds.). *Foundations of Scientific Method: The Nineteenth Century*, pp. 53~85. Bloomington: Indiana University Press.

Byrne, D. 1998. *Complexity Theory and the Social Sciences: An Introduction.* London: Routledge.

______. 2001. "Complexity science and the transformations in social policy." e-journal Journal of Social Issues 1(2) at http://whb.co.uk/socialissues/db.htm

______. 2005. "Complexity, configurations and cases." *Theory, Culture and Society*, 22: pp. 95~111.

Capra, F. 2002. The Hidden Connections. London: HarperCollins.

______. 2005. "Complexity and life." *Theory, Culture and Society*, 22, pp. 33~44.

Carter, B. 2002. "People power: Harré and the myth of social structure." *European Journal of Social Theory*, 5, pp. 134~142.

Carter, B. and C. New(eds.). 2004. *Making Realism Work: Realist Social Theory and Empirical Research.* London: Routledge.

Chalmers, A. F. 1982. *What is this Thing Called Science?* 2nd edn. St Lucia: University of Queensland Press.

Churchland, P. M. 1985. "The ontological status of observables: in praise of the super-empirical virtues." in P. M. Churchland and C. A. Hooker(eds.). *Images of Science*, pp. 35~47. Chicago: University of Chicago Press.

______. 1984. *Matter and Conscience.* Cambridge, Mass.: MIT Press.

______. 1989. *A Neurocomputational Perspective: The Nature of Mind and the Structure of Science.* Cambridge, Mass.: MIT Press.

Churchland, P. M. and C. Hooker(eds.). 1985. *Images of Science.* Chicago: University of Chicago Press.

Cicourel, A. V. 1973. *Cognitive Sociology: Language and Meaning in Social Interaction.* Harmondsworth: Penguin.

Cillers, P. 1998. *Complexity and Postmodernism: Understanding Complex Systems.* London: Routledge.

______. 2002. "Why we cannot know complex things completely." *Emergence*, 4, pp. 77~84.

______. 2005. "Complexity, deconstruction and relativism." *Theory, Culture and Society*, 22: pp. 255~267.

Clark, J., C. Modgil and F. Modgil(eds.). 1990. *Anthony Giddens: Consensus and Controversy*. Brighton: Falmer Press.

Clegg, S. 1979. *The Theory of Power and Organization*. London: Routledge & Kegan Paul.

Cohen, I. J. 1989. *Structuration Theory: Anthony Giddens and the Constitution of Social Life*. London: Macmillan.

Cohen, P. S. 1968. *Modern Social Theory*. London: Heinemann.

Collier, A. 1994. *Critical Realism: An Introduction to Roy Bhaskar's Philosophy*. London: Verso.

Collins, P. H. 1997. "Comment on Hekman's "Truth and method: feminist standpoint theory revisited": Where's the power?" *Signs*, 22, pp. 375~381.

Comte, A. 1970. *Introduction to Positive Philosophy*. Indianapolis: Bobbs-Merrill(First published in 1830).

Congalton, A. A. 1969. Status and Prestige in Australia. Melbourne: Cheshire.

Coulter, J. 1983a. Rethinking Cognitive Theory. London: Macmillan.

______. 1983b. "Contingent and a priori structures in sequential analysis." *Human Studies*, 6: pp. 361~376.

Craib, I. 1992. *Anthony Giddens*. London: Routledge.

Crotty, M. 1998. *The Foundations of Social Research*. London: Sage.

Cuff, E. C., W. W. Sharrock and D. W. Francis. 1998. *Perspectives in Sociology*, 4th edn. London: Routledge.

Dallmayr, F. R. 1982. "The theory of structuration: a critique." in A. Giddens. *Profiles and Critiques in Social Theory*, pp. 18~27. London: Macmillan.

Daniel, A. 1983. *Power, Privilege and Prestige: Occupations in Australia*. Melbourne: Longman Cheshire.

Dean, K., J. Joseph and A. Norrie(eds.). 2005. "Editorial: New Essays in Critical Realism." *New Formations*, 56: pp. 7~26.

Denzin, N. K. and Y. S. Lincoln(eds). 2000. *Handbook of Qualitative Research*, 2nd edn. Thousand Oaks, Calif.: Sage.

de Vaus, D. A. 1995. *Surveys in Social Research*, 4th edn. London: Routledge.

______. 2001. *Research Design in Social Research*. London: Sage.

Dickens, D. R. and A. Fontana(eds.). 1994. *Postmodernism and Social Inquiry*. London: UCL Press.

Douglas, J. D. 1967. *The Social Meanings of Suicide*. Princeton: Princeton University Press.

______. 1971. *Understanding Everyday Life*. London: Routledge & Kegan Paul.

Doyal, L. and R. Harris. 1986. *Empiricism, Explanation and Rationality: An Introduction to the Philosophy of the Social Sciences*. London: Routledge & Kegan Paul.

Drysdale, M. 1985. *Beliefs and Behaviours of the Community with Regard to Social Justice: An Application of the Dialogical Method*. M.A. thesis, Royal Melbourne Institute of Technology.

______. 1996. *Environment, Culture and the Experience of Nature among Australian Visual Artists*. Ph.D. thesis, Royal Melbourne Institute of Technology.

Dugdale, A. 1990. "Beyond relativism: moving on — feminist struggles with scientific/medical knowledge." *Australian Feminist Studies*, 12, pp. 51~63.

Duncan, O. D. 1961. "A socio-economic index for all occupations." in A. J. Reiss, O. D. Duncan, P. K. Hatt and C. C. *North, Occupations and Social Status*. New York: Free Press.

Durkheim, E. 1964. *The Rules of Sociological Method*. Glencoe, Ill.: Free Press. (First published in 1895.)

______. 1970. *Suicide*. Translated by J. A. Spaulding and G. Simpson. London: Routledge & Kegan Paul(First published in 1897).

Eve, R. A., S. Horsfall and M. E. Lee(eds.). 1997. *Chaos, Complexity, and Sociology: Myths, Models, and Theories*. Thousand Oaks, Calif.: Sage.

Farganis, S. 1994. "Postmodernism and feminism." in D. R. Dickens and A. Fontana(eds.). *Postmodernism and Social Inquiry*, pp. 101~126. London: UCL Press.

Fay, B. 1975. *Social Theory and Political Practice*. London: Allen & Unwin.

______. 1987. *Critical Social Science: Liberation and its Limits*. Ithaca, NY: Cornell University Press.

______. 1990. "Critical realism?" *Journal for the Theory of Social Behaviour*, 20: pp. 33~41.

Featherman, D. L., F. L. Jones and R. M. Hauser. 1975. "Assumptions of social mobility research in the U.S.: the case of occupational status." *Social Science Research*, 4, pp. 329~360.

Fee, E. 1986. "Critiques of modern science: the relationship of feminism to other radical epistemologies." in R. Bleier(ed.), *Feminist Approaches to Science*, pp. 42~56. New York: Pergamon.

Feyerabend, P. K. 1978. *Against Method: Outline of an Anarchistic Theory of Knowledge*. London: Verso.

Feynman, R. 1967. The Character of Physical Law. Cambridge, Mass.: MIT Press.

Filmer, P. 1972. "On Harold Garfinkel's ethnomethodology." in Filmer et al., New Directions in Sociological Theory, pp. 203~334. London: Macmillan.

______. M. Phillipson, D. Silverman and D. Walsh. 1972. *New Directions in Sociological Theory*. London: Collier-Macmillan.

Flax, J. 1983. "Political philosophy and the patriarchal unconscious: a psychoanalytic perspective." in S. Harding and M. B. Hintikka(eds.). *Discovering Reality*. pp. 245~281. Dordrecht: Reidel.

Friedrichs, R. W. 1970. *A Sociology of Sociology*. New York: Free Press.

Gadamer, H.-G. 1989. *Truth and Method*, rev. 2nd edn. New York: Crossroad.

Garfinkel, H. 1952. "The Perception of the Other: A Study in Social Order." Ph.D. dissertation, Harvard University.

______. 1967. *Studies in Ethnomethodology*. Englewood Cliffs, NJ: Prentice-Hall.

______. 1974. "The origins of the term "ethnomethodology"." in R. Turner(ed.). *Ethnomethodology*, pp. 15~18. Harmondsworth: Penguin.

Gergen, K. J. 1994. *Realities and Relationships: Soundings in Social Construction*. Cambridge, Mass.: Harvard University Press.

Giddens, A. 1974. *Positivism and Sociology*. London: Heinemann.

______. 1976a. *New Rules of Sociological Method*. London: Hutchinson.

______. 1976b. "Hermeneutics, ethnomethodology, and the problem of interpretive analysis." in L. A. Coser and O. Larsen(eds.). *The Uses of Controversy in Sociology*, pp. 315~328. New York: Basic Books. Also published in A. Giddens. *Studies in Social and Political Theory*, pp. 165~178. London: Hutchinson, 1977.

______. 1977a. "Positivism and its critics." in A. Giddens. *Studies in Social and Political Theory*, pp. 29~89. London: Hutchinson.

______. 1977b. "Habermas's critique of hermeneutics." in A. Giddens. *Studies in Social and Political Theory*, pp. 135~164. London: Hutchinson.

______. 1979. *Central Problems in Social Theory: Action, Structure and Contradiction in*

Social Analysis. London: Macmillan.

______. 1981. *A Contemporary Critique of Historical Materialism*. London: Macmillan.

______. 1982. *Profiles and Critiques in Social Theory*. London: Macmillan.

______. 1984. *The Constitution of Society: Outline of the Theory of Structuration*. Cambridge: Polity.

______. 1987. *Social Theory and Modern Sociology*. Cambridge: Polity.

______. 1989. "A reply to my critics." in D. Held and J. B. Thompson(eds.). *Social Theory of Modern Societies: Anthony Giddens and his Critics*, pp. 249~301. Cambridge: Cambridge University Press.

______. 1991. "Structuration theory: past, present and future." in C. G. A. Bryant and D. Jary(eds.). *Giddens' Theory of Structuration: A Critical Appraisal*, pp. 201~221. London: Routledge.

Giedymin, J. 1975. "Antipositivism in contemporary philosophy of social science and humanities." *British Journal for the Philosophy of Science*, 26, pp. 275~301.

Glaser, B. G. and A. L. Strauss. 1965. *Awareness of Dying*. Chicago: Aldine.

______. 1968. *The Discovery of Grounded Theory*. London: Weidenfeld & Nicolson.

Goldthorpe, J. H. and K. Hope. 1974. *The Social Gradings of Occupations: A New Approach and Scale*. Oxford: Clarendon Press.

Gouldner, A. W. 1971. *The Coming Crisis in Western Sociology*. London: Heinemann.

Grbich, C. 2004. *New Approaches in Social Research*. London: Sage.

Gregory, D. 1989. "Presences and absences: time-space relations and structuration theory." in D. Held and J. B. Thompson(eds.). *Social Theory of Modern Societies: Anthony Giddens and his Critics*, pp. 185~214. Cambridge: Cambridge University Press.

Gregson, N. 1989. "On the irrelevance of structuration theory to empirical research." in D. Held and J. B. Thompson(eds.). *Social Theory of Modern Societies: Anthony Giddens and his Critics*, pp. 235~248. Cambridge: Cambridge University Press.

Grünbaum, A. and W. C. Salmon(eds). 1988. *The Limitations of Deductivism*. Berkeley: University of California Press.

Guba, E. G(ed.). 1990a. *The Paradigm Dialog*. Newbury Park, Calif.: Sage.

______. 1990b. "The alternative paradigm dialog." in E. G. Guba(ed.). *The Paradigm Dialog*, pp. 17~27. Newbury Park, Calif.: Sage.

Habermas, J. 1970. "Knowledge and interest." in D. Emmet and A. MacIntyre(eds.).

Sociological Theory and Philosophical Analysis, pp. 36~54. London: Macmillan.
______. 1971. *Towards a Rational Society*. Translated by J. J. Shapiro. London: Heinemann.
______. 1972. *Knowledge and Human Interests*. Translated by J. J. Shapiro. London: Heinemann.
______. 1976. "A positivistically bisected rationalism: a reply to a pamphlet." in T. W. Adorno et al., *The Positivist Dispute in German Sociology*, pp. 198~225. London: Heinemann.
______. 1987. *The Theory of Communicative Action*, Vol. 2: *Lifeworld and System: The Critique of Functionalist Reason*. Translated by T. McCarthy. Cambridge: Polity.
Hacking, I. 1983. *Representing and Intervening: Introductory Topics in the Philosophy of Natural Science*. Cambridge: Cambridge University Press.
Halfpenny, P. 1982. *Positivism and Sociology: Explaining Social Life*. London: Allen & Unwin.
Hall, J. and D. C. Jones. 1950. "The social grading of occupations." *British Journal of Sociology*, 1, pp. 31~55.
Hammersley, M. 1992. *What's Wrong with Ethnography?* London: Routledge.
Hanson, N. R. 1958. *Patterns of Discovery*. Cambridge: Cambridge University Press.
Haraway, D. 1986. "Primatology is politics by other means." in R. Bleier(ed.). *Feminist Approaches to Science*, pp. 77~118. New York: Pergamon.
Harding, S. 1986. *The Science Question in Feminism*. Milton Keynes: Open University Press.
______(ed.). 1987a. *Feminism and Methodology*. Milton Keynes: Open University Press.
______. 1987b. "Introduction: is there a feminist method?" in S. Harding(ed.). *Feminism and Methodology*, pp. 1~14. Milton Keynes: Open University Press.
______. 1987c. "Conclusion: epistemological questions." in S. Harding(ed.). *Feminism and Methodology*, pp. 181~190. Milton Keynes: Open University Press.
______. 1990. "Feminism, science, and the anti-enlightenment critiques." in L. J. Nicholson(ed.). *Feminism/Postmodernism*, pp. 83~106. New York: Routledge.
______. 1991. *Whose Science? Whose Knowledge? Thinking from Women's Lives*. Ithaca, NY: Cornell University Press.
______. 1993. "Rethinking standpoint epistemology: what is "strong objectivity"?" in L. Alcoff and E. Potter(eds.). *Feminist Epistemologies*, pp. 49~82. New York: Routledge. Reprinted in Harding, 2004, 127~140.
______. 1997. "Comment on Hekman's "Truth and method: feminist standpoint theory

revisited": whose standpoint needs the regimes of truth and reality?" *Signs*, 22: pp. 382~391.

______(ed.). 2004. *The Feminist Standpoint Theory Reader: Intellectual and Political Controversies*. New York: Routledge.

Harding, S. and M. B. Hintikka(eds.). 1983a. *Discovering Reality: Feminist Perspectives on Epistemology, Metaphysics, Methodology and Philosophy*. Dordrecht: Reidel.

______. 1983b. "Introduction." in S. Harding and M. B. Hintikka(eds.). *Discovering Reality*, pp. ix~xix. Dordrecht: Reidel.

Harré, R. 1961. *Theories and Things*. London: Sheed & Ward.

______. 1970. *The Principles of Scientific Thinking*. London: Macmillan.

______. 1972. *The Philosophy of Science: An Introductory Survey*. London: Oxford University Press.

______. 1974. "Blueprint for a new science." in N. Armistead(ed.). *Restructuring Social Psychology*, pp. 240~249. Harmondsworth: Penguin.

______. 1976. "The constructive role of models." in L. Collins(ed.). *The Use of Models in the Social Sciences*, pp. 16~43. London: Tavistock.

______. 1977. "The ethogenic approach: theory and practice." *Advances in Experimental Social Psychology*, 10: pp. 283~314.

______. 1979. *Social Being: A Theory for Social Psychology*. Oxford: Blackwell.

______. 1983. *Personal Being*. Oxford: Blackwell.

______. 1986. *Varieties of Realism: A Rationale for the Natural Sciences*. Oxford: Blackwell.

______. 1991. *Physical Being*. Oxford: Blackwell.

______. 1998. "When the knower is also the known." in T. May and M. Williams(eds.). *Knowing the Social World*, pp. 37~49. Buckingham: Open University Press.

______. 2002a. "Social reality and the myth of social structure." *European Journal of Social Theory*, 5, pp. 111~123.

______. 2002b. "Tilting at windmills: sociological commonplaces and miscellaneous ontological fallacies." *European Journal of Social Theory*, 5, 143~148.

Harré, R. and P. F. Secord. 1972. *The Explanation of Social Behaviour*. Oxford: Blackwell.

Hartsock, N. C. M. 1983a. *Money, Sex, and Power*. New York: Longman.

______. 1983b. "The feminist standpoint: developing the ground for a specifically feminist historical materialism." in S. Harding and M. B. Hintikka(eds.). *Discovering Reality*, pp.

283~310. Dordrecht: Reidel.

______. 1987. "Rethinking modernism: minority vs. majority theories." *Cultural Critique*, 7: pp. 187~206.

______. 1997. "Comment on Hekman's "Truth and method: feminist standpoint theory revisited": truth or justice?" *Signs*, 22: pp. 367~373.

Harvey, D. L. 2001. "Chaos and complexity: their bearing on social policy research." e-journal Journal of Social Issues 1(2) at http://whb.co.uk/social issues/harvey.htm

______. 2002. "Agency and community: a critical realist paradigm." *Journal for the Theory of Social Behaviour*, 32: pp. 163~94.

Harvey, D. L. and M. H. Reed. 1994. "The evolution of dissipative social systems." *Journal of Social and Evolutionary Systems*, 17: pp. 371~411.

Hayles, N. K. 1991. *Chaos and Order*. Chicago: University of Chicago Press.

Hedström, P. 2005. *Dissecting the Social: On the Principles of Analytic Sociology*. Cambridge: Cambridge University Press.

Hekman, S. 1983. *Weber, the Ideal Type, and Contemporary Social Theory*. Notre Dame, Ind.: University of Notre Dame Press.

______. 1992. Gender and Knowledge: Elements of a Postmodern Feminism. Cambridge: Polity.

______. 1997. "Truth and method: feminist standpoint theory revisited." *Signs*, 22: pp. 341~365.

Held, D. 1980. *Introduction to Critical Theory*. London: Hutchinson.

Hekman, S. and J. B. Thompson(eds.). 1989. *Habermas: Critical Debates*. Cambridge: Cambridge University Press.

Hempel, C. E. 1966. *Philosophy of Natural Science*. Englewood Cliffs, NJ: Prentice-Hall.

Heritage, J. 1984. *Garfinkel and Ethnomethodology*. Cambridge: Polity.

Hesse, M. B. 1953. "Models in physics." *British Journal for the Philosophy of Science*, 4: pp. 198~214.

______. 1974. *The Structure of Scientific Inference*. London: Macmillan.

______. 1992. "Models, metaphors and truth." in F. R. Akkersmit and J. J. A. Mooij(eds.). *Knowledge and Language* III, pp. 49~66. Dordrecht: Kluwer Academic Press.

Hindess, B. 1977. Philosophy and Methodology in the Social Sciences. Hassocks: Harvester.

Hodge, R. W., P. M. Siegel and P. H. Rossi. 1966. "Occupational prestige in the United

States: 1925~1963." in R. Bendix and S. M. Lipset(eds.). *Class, Status, and Power*, 2nd edn, pp. 322~334. New York: Free Press.

______ D. J. Treiman and P. H. Rossi. 1966. "A comparative study of occupational prestige." in R. Bendix and S. M. Lipset(eds.). *Class, Status, and Power*, 2nd edn, pp. 309~321. New York: Free Press.

Hollinger, R. 1994. *Postmodernism and the Social Sciences: A Thematic Approach*. Thousand Oaks, Calif.: Sage.

Homans, G. C. 1964. "Contemporary theory in sociology." in R. E. L. Faris(ed.). *Handbook of Modern Sociology*, pp. 951~977. Chicago: Rand McNally.

Hughes, J. 1991. *The Philosophy of Social Research*, 2nd edn. London: Longman.

Husserl, E. 1964. *The Idea of Phenomenology*. The Hague: Nijhoff.

______. 1967. *Ideas: General Introduction to Pure Phenomenology*. London: Allen & Unwin(First published in English in 1931.)

Inkeles, A. 1964. *What is Sociology?* Englewood Cliffs, NJ: Prentice-Hall.

Jevons, W. S. 1958. *The Principles of Science*. New York: Dover(First published in 1874.)

Johnson, J. M. 1977. "Ethnomethodology and existential sociology." in J. D. Douglas and J. M. Johnson(eds.). *Existential Sociology*, pp. 153~173. Cambridge: Cambridge University Press.

Johnson, T., C. Dandeker and C. Ashworth. 1984. *The Structure of Social Theory: Dilemmas and Strategies*. London: Macmillan.

Jones, F. E. and F. L. Jones. 1972. "Occupational prestige in Australia and Canada: a comparison and validation of some occupational scales." *Australian and New Zealand Journal of Sociology*, 8: pp. 75~82.

Kaplan, A. 1964. The Conduct of Inquiry: Methodology for Behavioural Science. San Francisco: Chandler.

Keat, R. 1971. "Positivism, naturalism and anti-naturalism in the social sciences." *Journal for the Theory of Social Behaviour*, 1: pp. 3~17.

Keat, R. and J. Urry. 1975. *Social Theory as Science*. London: Routledge & Kegan Paul.

______. 1982. *Social Theory as Science*, 2nd edn. London: Routledge & Kegan Paul.

Keller, E. F. 1978. "Gender and science." *Psychoanalysis and Contemporary Thought*, 1: pp. 409~433.

______. 1985. *Reflections on Gender and Science*. New Haven: Yale University Press.

______. 1987. "Feminism and science." in S. Harding and J. F. O'Barr(eds.). *Sex and Scientific Inquiry*, pp. 233~246. Chicago: University of Chicago Press.

Kilminster, R. 1991. "Structuration theory as world-view." in C. G. A. Bryant and D. Jary(eds.). *Giddens' Theory of Structuration: A Critical Appreciation*, pp. 74~115. London: Routledge.

King, A. 1999. "The impossibility of naturalism: the antinomies of Bhaskar's realism." *Journal for the Theory of Social Behaviour*, 29: pp. 267~288.

Kivinen, O. and T. Piiroinen. 2004. "The relevance of ontological commitments in social sciences: realist and pragmatist viewpoints." *Journal for the Theory of Social Behaviour*, 34: pp. 231~248.

Kolakowski, L. 1972. *Positivist Philosophy: From Hume to the Vienna Circle*. Harmondsworth: Penguin.

Kuhn, T. S. 1970a. *The Structure of Scientific Revolutions*, 2nd edn. Chicago: University of Chicago Press.

______. 1970b. "Logic of discovery or psychology of research?" in I. Lakatos and A. Musgrave(eds.). *Criticism and the Growth of Knowledge*, pp. 1~23. Cambridge: Cambridge University Press.

______. 1970c. "Reflections on my critics." in I. Lakatos and A. Musgrave(eds.). *Criticism and the Growth of Knowledge*, pp. 231~278. Cambridge: Cambridge University Press.

Lakatos, I. 1970. "Falsification and the methodology of scientific research programmes." in I. Lakatos and A. Musgrave(eds.). Criticism and the Growth of Knowledge, pp. 91~230. Cambridge: Cambridge University Press.

Lakatos, I. and A. Musgrave(eds.). 1970. *Criticism and the Growth of Knowledge*. Cambridge: Cambridge University Press.

Lasswell, T. E. 1965. *Class and Stratum*. New York: Houghton Mifflin.

Laudan, L. 1977. *Progress and its Problems: Towards a Theory of Scientific Growth*. London: Routledge & Kegan Paul.

Layder, D. 1981. *Structure, Interaction and Social Theory*. London: Routledge & Kegan Paul.

______. 1985a. "Power, structure and agency." *Journal for the Theory of Social Behaviour*, 15, pp. 131~149.

______. 1985b. "Beyond empiricism? The promise of realism." *Philosophy of the Social Sciences*, 15, pp. 255~274.

Lee, M. E. 1997. "From enlightenment to chaos: toward nonmodern social theory." in R. A. Eve, S. Horsfall and M. E. Lee(eds.). *Chaos, Complexity and Sociology: Myths, Models, and Theories*, pp. 15~29. Thousand Oaks, Calif.: Sage.

Letherby, G. 2004. "Quoting and counting: an autobiographical response to Oakley." *Sociology*, 38: 175~189.

Lewis, P. 2000. "Realism, causality and the problem of social structure." *Journal for the Theory of Social Behaviour*, 30: pp. 249~268.

Lincoln, Y. S. and E. G. Guba. 1985. Naturalistic Inquiry. Beverly Hills, Calif.: Sage.

______. 2000. "Paradigmatic controversies, contradictions, and emerging confluences." in N. K. Denzin and Y. S. Lincoln(eds.). *Handbook of Qualitative Research*, 2nd edn, pp. 163~188. Thousand Oaks, Calif.: Sage.

Linge, D. E. 1976. "Editor's introduction." in H.-G. Gadamer. *Philosophical Hermeneutics*, pp. xi-lviii. Berkeley: University of California Press.

Longino, H. 1990. *Science as Social Knowledge*. Princeton: Princeton University Press.

Lyotard, J.-F. 1984. *The Postmodern Condition: A Report on Knowledge*. Minneapolis: University of Minnesota Press.

Makkreel, R. A. 1975. *Dilthey: Philosopher of the Human Studies*. Princeton: Princeton University Press.

Marsh, R. M. 1971. "The explanation of occupational prestige hierarchies." *Social Forces*, 50: 214~222.

Marshall, G., H. Newby, D. Rose and C. Vogler. 1988. *Social Class in Modern Britain*. London: Hutchinson.

McCarthy, T. 1984. The Critical Theory of Jürgen Habermas, 2nd edn. Cambridge: Polity.

Mead, G. H. 1938. The Philosophy of the Act. Edited by C. W. Morris. Chicago: University of Chicago Press.

Medawar, P. B. 1969a. Induction and Intuition in Scientific Thought. London: Methuen.

______. 1969b. *The Art of the Soluble: Creativity and Originality in Science*. Harmondsworth: Penguin.

Medd, W. 2001. "Critical emergence: complexity science and social policy." e-journal Journal of Social Issues 1(2) at http://whb.co.uk/socialissues/2ed. htm.

Mehan, H. and H. Wood. 1975. *The Reality of Ethnomethodology*. New York: Wiley.

Merleau-Ponty, M. 1962. *Phenomenology of Perception*. London: Routledge & Kegan Paul.

______. 1964. *The Primacy of Perception: And Other Essays*. Evanston, Ill.: Northwestern University Press.

Merton, R. K. 1957. *Social Theory and Social Structure*. Glencoe, Ill.: Free Press.

Mestrovic, S. G. 1998. *Anthony Giddens: The Last Modernist*. London: Routledge.

Mies, M. 1983. "Towards a methodology for feminist research." in G. Bowles and R. D. Klein(eds). *Theories of Women's Studies*, pp. 117~139. London: Routledge & Kegan Paul.

Mihata, K. 1997. "The persistence of "emergence"." in R. A. Eve, S. Horsfall and M. E. Lee(eds.). *Chaos, Complexity, and Sociology: Myths, Models, and Theories*, pp. 30~38. Thousand Oaks, Calif.: Sage.

Mill, J. S. 1947. *A System of Logic*. London: Longman Green & Co.(First published in 1843.)

Millman, M. and R. M. Kanter(eds.). 1975. *Another Voice: Feminist Perspectives on Social Life and Social Science*. New York: Anchor Books.

Moser, C. A. and J. R. Hall. 1954. "The social grading of occupations" in D. V. Glass(ed.). *Social Mobility in Britain*, pp. 29~50. London: Routledge & Kegan Paul.

Musgrave, A. 1985. "Realism versus constructive empiricism." in P. Churchland and C. A. Hooker(eds), *Images of Science: Essays on Realism and Empiricism*, pp. 197~221. Chicago: University of Chicago Press.

Nagel, E. 1961. *The Structure of Science: Problems in the Logic of Scientific Explanation*. London: Routledge & Kegan Paul.

Nelson, L. H. 1990. *Who Knows?: From Quine to Feminist Empiricism*. Philadelphia: Temple University Press.

Neuman, W. L. 2000. *Social Research Methods: Qualitative and Quantitative Approaches*, 4th edn. Boston: Allyn & Bacon.

Nicholson, L. J.(ed.). 1990. *Feminism/Postmodernism*. New York: Routledge.

Oakley, A. 1974. *The Sociology of Housework*. Oxford: Martin Robertson.

______. 1981. "Interviewing women: a contradiction in terms?." in H. Roberts(ed.). *Doing Feminist Research*, pp. 30~61. London: Routledge.

______. 1998. "Gender, methodology and people's ways of knowing: some problems with feminism and the paradigm debate in social science." *Sociology*, 32, pp. 707~731.

______. 2000. *Experiments in Knowing: Gender and Methods in the Social Sciences*. Cambridge: Polity.

O'Hear, A. 1989. *An Introduction to the Philosophy of Science*. Oxford: Clarendon Press.

Ong, Beng Kok. 2005. *The Experience of Work: A Case Study of Chinese Sales Workers in an Electronics Company and a Life Insurance Company*. Ph.D. thesis, University of Science, Malaysia.

Outhwaite, W. 1975. *Understanding Social Life: The Method Called Verstehen*. London: Allen & Unwin.

______. 1983. "Towards a realist perspective." in G. Morgan(ed.). *Beyond Method*, pp. 321~330. Beverly Hills, Calif.: Sage.

______. 1987. *New Philosophies of Social Science: Realism, Hermeneutics and Critical Theory*. London: Macmillan.

Palmer, R. E. 1969. *Hermeneutics: Interpretation Theory in Schleiermacher, Dilthey, Heidegger, and Gadamer*. Evanston, Ill.: Northwestern University Press.

Pawson, R. 1989. *A Measure for Measures: A Manifesto for Empirical Sociology*. London: Routledge.

______. 2000. "Middle-range realism." *Archives Européennes de Sociologie*, 41: pp. 283~325.

Pawson, R. and N. Tilley. 1997. *Realistic Evaluation*. London: Sage.

Peirce, C. S. 1934. *Collected Papers*, Vol. 5. Edited by Charles Hartshorne and Paul Weiss. Cambridge, Mass.: Harvard University Press.

Phillipson, M. 1972. "Phenomenological philosophy and sociology." in P. Filmer, M. Phillipson, D. Silverman and D. Walsh(eds.). *New Directions in Sociological Theory*, pp. 119~163. London: Collier-Macmillan.

Pineo, P. C. and J. Porter. 1967. "Occupational prestige in Canada." *Canadian Review of Sociology and Anthropology*, 4: pp. 24~40.

Polanyi, M. 1958. *Personal Knowledge: Towards a Post-Critical Philosophy*. Chicago: University of Chicago Press.

Pollner, M. 1991. "Left of ethnomethodology: the rise and decline of radical reflexivity." *American Sociological Review*, 56, pp. 370~380.

Pollner, M. and R. M. Emerson. 2001. "Ethnomethodology and ethnography." in P. Atkinson, A. Coffey, S. Delmont, J. Lofland and L. Lofland(eds.). *Handbook of Ethnography*, pp. 118~135. London: Sage.

Popper, K. R. 1959. *The Logic of Scientific Discovery*. London: Hutchinson.

______. 1961. *The Poverty of Historicism*. London: Routledge & Kegan Paul.

______. 1970. "Normal science and its dangers." in I. Lakatos and A. Musgrave(eds.). *Criticism and the Growth of Knowledge*, pp. 51~58. Cambridge: Cambridge University Press.

______. 1972. *Conjectures and Refutations*. London: Routledge & Kegan Paul.

______. 1976. "The logic of the social sciences." in T. W. Adorno et al. *The Positivist Dispute in German Sociology*, pp. 87~104. London: Heinemann.

______. 1979. *Objective Knowledge: An Evolutionary Approach*, rev. edn. Oxford: Clarendon Press.

Potter, J. 1996. *Representing Reality: Discourse, Rhetoric and Social Construction*. London: Sage.

Price, B. 1997. "The myth of modern science." in R. A. Eve, S. Horsfall and M. E. Lee(eds.). *Chaos, Complexity, and Sociology: Myths, Models, and Theories*, pp. 3~14. Thousand Oaks, Calif.: Sage.

Priest, J. G. 1997. A Framework to Manage Delivery of Information Systems. M. Eng. thesis, Melbourne: RMIT University.

______. 2000. Managing Investments in Information Systems: Exploring Effective Practice. DBA thesis, Melbourne: RMIT University.

Quinton, A. 1980. *Francis Bacon*. Oxford: Oxford University Press.

Ramazanoğlu, C. and J. Holland. 2002. *Feminist Methodology: Challenges and Critiques*. London: Sage.

Reed, M. and D. L. Harvey. 1992. "The new science and the old: complexity and realism in the social sciences." *Journal for the Theory of Social Behaviour*, 22, pp. 351~380.

Reichenbach, H. 1948. Experience and Prediction. Chicago: University of Chicago Press.

Reinharz, S. 1983. "Experiential analysis: a contribution to feminist theory." in G. Bowles and R. D. Klein(eds.). *Theories of Women's Studies*, pp. 162~191. London: Routledge.

Rex, J. 1971. "Typology and objectivity: a comment on Weber's four sociological methods." in A. Sahay(ed.). *Max Weber and Modern Sociology*, pp. 17~36. London: Routledge & Kegan Paul.

______. 1974. *Sociology and the Demystification of the Modern World*. London: Routledge & Kegan Paul.

Richards, S. 1983. *Philosophy and Sociology of Science: An Introduction*. Oxford: Blackwell.

Rickman, H. P(ed.). 1976. *Wilhelm Dilthey — Selected Writings*. Cambridge: Cambridge University Press.

______. 1979. *Wilhelm Dilthey: Pioneer of the Human Sciences*. Berkeley: University of California Press.

______. 1988. *Dilthey Today: A Critical Appraisal of the Contemporary Relevance of his Work*. New York: Greenwood.

Ricoeur, P. 1981. "What is a text? Explanation and understanding." in J. B. Thompson(ed.). *Paul Ricoeur, Hermeneutics and the Human Sciences*, pp. 145~164. Cambridge: Cambridge University Press.

Riggs, P. L. 1992. *Whys and Ways of Science: Introducing Philosophical and Sociological Theories of Science*. Melbourne: Melbourne University Press.

Ritzer, G. 1975. *Sociology: A Multiple Paradigm Science*. Boston: Allyn & Bacon.

______. 1996. *Modern Sociological Theory*, 4th edn. New York: McGraw-Hill.

Roche, M. 1973. *Phenomenology, Language and the Social Sciences*. London: Routledge & Kegan Paul.

Rorty, R. 1989. *Contingency, Irony and Solidarity*. Cambridge: Cambridge University Press.

Rose, H. 1983. "Hand, brain and heart: towards a feminist epistemology for the natural sciences." *Signs*, 9: pp. 73~90.

______. 1986. "Beyond masculinist realities: a feminist epistemology for the sciences." in R. Bleier(ed.). *Feminist Approaches to Science*, pp. 57~76. New York: Pergamon.

Rosenau, P. M. 1992. *Post-modernism and the Social Sciences: Insights, Inroads and Intrusions*. Princeton: Princeton University Press.

Rossi, P., R. Berk and K. Lenihan. 1980. *Money, Work and Crime*. New York: Academic Press.

Rouse, J. 1990. "The narrative reconstruction of science." *Inquiry*, 33: pp. 179~196.

Rubinstein, R. A., C. D. Laughlin and J. McMannis. 1984. *Science as Cognitive Process: Towards an Empirical Philosophy of Science*. Philadelphia: University of Pennsylvania Press.

Runciman, W. G. 1969. *Social Science and Political Theory*, 2nd edn. Cambridge: Cambridge University Press.

______(ed.). 1977. *Max Weber: Selections in Translation*. Translated by E. Matthews. Cambridge: Cambridge University Press.

Sahay, A. 1971. "The importance of Weber's methodology in sociological explanation." in A. Sahay(ed.). *Max Weber and Modern Sociology*, pp. 67~81. London: Routledge & Kegan Paul.

Sartre, J.-P. 1968. *Search for Method.* New York: Vintage Books.

______. 1969. *Being and Nothingness: An Essay in Phenomenological Ontology.* New York: Washington Square Press.

Sayer, A. 2000. *Realism and Social Science.* London: Sage.

Schütz, A. 1963a. "Concept and theory formation in the social sciences." in M. A. Natanson(ed.). *Philosophy of the Social Sciences*, pp. 231~249. New York: Random House.

______. 1963b. "Common-sense and scientific interpretation of human action." in M. A. Natanson(ed.). *Philosophy of the Social Sciences*, pp. 302~346. New York: Random House.

______. 1970. "Interpretive sociology." in H. R. Wagner(ed.). *Alfred Schütz on Phenomenology and Social Relations*, pp. 265~293. Chicago: University of Chicago Press.

______. 1976. *The Phenomenology of the Social World.* London: Heinemann.

Schwandt, T. R. 1990. "Paths to inquiry in the social disciplines: scientific, constructive, and critical theory methodologies." in E. G. Guba(ed.). *The Paradigm Dialog*, pp. 258~276. Newbury Park, Calif.: Sage.

______. 1994. "Constructivist, interpretivist approaches to human inquiry." in N. K. Denzin and Y. S. Lincoln(eds.). *Handbook of Qualitative Research*, 1st edn, pp. 118~137. Thousand Oaks, Calif.: Sage.

______. 2000. "Three epistemological stances for qualitative inquiry." in N. K. Denzin and Y. S. Lincoln(eds.). *Handbook of Qualitative Research*, 2nd edn, pp. 189~213. Thousand Oaks, Calif.: Sage.

Schwartz, H. and J. Jacobs. 1979. *Qualitative Sociology: A Method to the Madness.* New York: Free Press.

Seale, C. 1999. *The Quality of Qualitative Research.* London: Sage.

Seidman, S.(ed.). 1994. *The Postmodern Turn: New Perspectives in Social Theory.* Cambridge: Cambridge University Press.

Sherden, W. A. 1997. *The Fortune Sellers: The Big Business of Buying and Selling*

Predictions. New York: Wiley.

Sherif, C. W. 1987. "Bias in psychology." in S. Harding(ed.). *Feminism and Methodology*, pp. 37~55. Milton Keynes: Open University Press.

Smart, B. 1996. "Postmodern social theory." in B. S. Turner(ed.). *The Blackwell Companion to Social Theory*, pp. 396~428. Oxford: Blackwell.

Smart, C. 1976. *Women, Crime and Criminology*. London: Routledge & Kegan Paul.

Smart, J. J. C. 1963. *Philosophy and Scientific Realism*. London: Routledge & Kegan Paul.

Smith, D. E. 1974. "Women's perspective as a radical critique of sociology." *Sociological Inquiry*, 44: pp. 7~13.

______. 1979. "A sociology for women." in J. A. Sherman and E. T. Beck(eds.). *The Prism of Sex: Essays in the Sociology of Knowledge*, pp. 135~87. Madison: University of Wisconsin Press.

______. 1997. "Comment on Hekman's "Truth and method: feminist standpoint theory revisited".", *Signs*, 22: pp. 392~397.

Smith, M. J. 1998. *Social Science in Question*. London: Sage.

Sokal, A. and J. Bricmont. 1998. *Intellectual Postures*. London: Profile.

Stacy, S. J. G. 1977. Parents and Children Growing Old. M.A.(prelim.) thesis, Monash University, Melbourne.

______. 1983. Limitations of Ageing: Old People and Caring Professions. Ph.D. thesis, Monash University, Melbourne.

Stanley, L. and S. Wise. 1983. *Breaking Out: Feminist Consciousness and Feminist Research*. London: Routledge & Kegan Paul.

Stewart, A., K. Prandy and R. M. Blackburn. 1980. *Social Stratification and Occupations*. London: Macmillan.

Stockman, N. 1983. *Antipositivist Theories of the Sciences*. Dordrecht: Reidel.

Strauss, A. 1987. *Qualitative Analysis for Social Scientists*. New York: Cambridge University Press.

Strauss, A. and J. Corbin. 1990. *Basics of Qualitative Research*: Grounded Theory Procedures and Techniques. Newbury Park, Calif.: Sage.

______ and ______. 1998. *Basics of Qualitative Research: Techniques and Procedures for Developing Grounded Theory*, 2nd edn. Thousand Oaks, Calif.: Sage.

Taylor, S. 1982. *Durkheim and the Study of Suicide*. London: Macmillan.

ten Have, P. 2004a. *Understanding Qualitative Research and Ethnomethodology.* London: Sage.

______. 2004b. "Ethnomethodology." in C. Seale, G. Gobo, J. F. Gubrium and D. Silverman(eds.). *Qualitative Research Practice*, pp. 151~164. London: Sage.

Thomas, W. I. 1928. *The Child in America.* New York: Alfred A. Knopf.

Thompson, J. B. 1981a. *Critical Hermeneutics: A Study in the Thought of Paul Ricoeur and Jü rgen Habermas.* Cambridge: Cambridge University Press.

______. 1981b. *Paul Ricoeur: Hermeneutics and the Human Sciences.* Cambridge: Cambridge University Press.

______. 1984. *Studies in the Theory of Ideology.* Cambridge: Polity.

Thomas, J. B. 1989. "The theory of structuration." in D. Held and J. B. Thompson(eds.). *Social Theory of Modern Societies: Anthony Giddens and his Critics*, pp. 56~76. Cambridge: Cambridge University Press.

Thomas, J. B. and D. Held(eds.). 1982. *Habermas: Critical Debates.* London: Macmillan.

Thrift, N. 1985. "Bear and mouse or bear and tree? Anthony Giddens's reconstruction of social theory." *Sociology*, 19, pp. 609~623.

______. 1999. "The place of complexity." *Theory, Culture and Society*, 16: pp. 31~69.

Treiman, D. J. 1977. *Occupational Prestige in Comparative Perspective.* New York: Academic Press.

Trigg, R. 1985. *Understanding Social Science: A Philosophical Introduction to the Social Sciences.* Oxford: Blackwell.

Turner, B. A. 1981. "Some practical aspects of qualitative data analysis: one way of organizing the cognitive process associated with the generation of grounded theory." *Quality and Quantity*, 15: pp. 225~247.

Turner, F. 1997. "Foreword: chaos and social science." in R. A. Eve, S. Horsfall and M. E. Lee(eds.). *Chaos, Complexity and Sociology: Myths, Models, and Theories*, pp. xi~xxvii. Thousand Oaks, Calif.: Sage.

Turner, S. P. 1980. *Sociological Explanation as Translation.* New York: Cambridge University Press.

Urry, J. 2003. *Global Complexity.* Cambridge: Polity.

______. 2005a. "The complexity turn." *Theory, Culture and Society*, 22: pp. 1~14.

______. 2005b. "The complexities of the global." *Theory, Culture and Society*, 22, pp.

235~254.

van Fraassen, B. C. 1980. *The Scientific Image*. Oxford: Clarendon Press.

Varela, C. R. 2002. "The impossibility of which naturalism? A response and a reply." *Journal for the Theory of Social Behaviour*, 32: pp. 105~111.

Varela, C. R. and R. Harré. 1996. "Conflicting varieties of realism: causal powers and the problems of social structure." *Journal for the Theory of Social Behaviour*, 26: pp. 313~325.

______. 2001. *Research Design in Social Research*. London: Sage.

von Wright, G. H. 1971. *Explanation and Understanding*. London: Routledge & Kegan Paul.

Wallace, W. L. 1971. *The Logic of Science in Sociology*. Chicago: Aldine-Atherton.

______. 1983. *Principles of Scientific Sociology*. Chicago: Aldine.

Wallerstein, I. 1996. *Open the Social Sciences: Report of the Gulbenkian Commission on the Restructuring of the Social Sciences*. Stanford, Calif.: Stanford University Press.

Weber, M. 1949. *The Methodology of the Social Sciences*. Translated and edited by E. A. Shils and H. A. Finch. Glencoe, Ill.: Free Press.

______. 1958. *The Protestant Ethic and the Spirit of Capitalism*. New York: Scribners.

______. 1962. *Basic Concepts in Sociology*. New York: The Citadel Press.

______. 1964. *The Theory of Social and Economic Organization*. Translated by A. M. Henderson and T. Parsons. New York: Free Press.

Whewell, W. 1847. *The Philosophy of the Inductive Sciences*, 2 vols. London: Parker.

Whyte, W. F.(ed.). 1991. *Participatory Action Research*. Newbury Park, Calif.: Sage.

Willer, D. 1967. *Scientific Sociology: Theory and Method*. Englewood Cliffs, NJ: Prentice-Hall.

Williams, M. 2000. *Science and Social Science: An Introduction*. London: Routledge.

______. 2001. "Complexity, probability and causation: implications for homelessness research." e-journal Journal of Social Issues 1(2) at http://whb.co.uk/socialissues/-mw.htm

______. 2005. "Situated objectivity." *Journal for the Theory of Social Behaviour*, 35, pp. 99~120.

Williams, M. and T. May. 1996. *Introduction to the Philosophy of Social Research*. London: UCL Press.

Winch, P. 1958. *The Idea of Social Science and its Relation to Philosophy*. London:

Routledge & Kegan Paul.

______. 1964. "Understanding a primitive society." *American Philosophical Quarterly*, 1: pp. 307~324.

Wylie, A. 2004. "Why standpoint matters." in S. G. Harding(ed.). *Feminist Standpoint Theory Reader: Intellectual and Political Controversies*, pp. 339~351. New York: Routledge.

Zimmerman, D. H. and M. Pollner. 1971. "The everyday world as a phenomenon." in J. D. Douglas(ed.). *Understanding Everyday Life*, pp. 80~103. London: Routledge & Kegan Paul.

Zimmerman, D. H. and D. L. Wieder. 1971. "Ethnomethodology and the problem of order: comment on Denzin." in J. D. Douglas(ed.). *Understanding Everyday Life*, pp. 285~298. London: Routledge & Kegan Paul

찾아보기

(ㄴ)

(ㄷ)

(ㅇ)

(인명)

(저서)

지은이 소개

지은이

노먼 블래키(Norman Blaikie)

호주의 Royal Melbourne Institute of Technology(RMIT)와 말레이시아의 Universiti Sains의 사회학 교수를 역임했다. 현재는 Universiti Sains의 명예교수이다.

옮긴이

이기홍

강원대학교 사회학과 교수. 사회과학철학, 사회이론, 환경과 사회 등을 연구하고 가르친다. 「과학과 정치 또는 과학의 정치화」(2008), 「양적 방법의 사회학」(2010), 「양-질구분을 다시 생각한다」(2012), 「한국사회학에서 맑스와 과학적 방법」(2013) 등의 논문과 『맑스의 방법론』(1989, 까치), 『사회과학방법론』(1999, 한울), 『사회이론과 방법론에 다가서기』(2000, 한울), 『비판적 자연주의와 사회과학』(2005, 한울), 『비판적 실재론과 해방의 사회과학』(2007, 후마니타스), 『사회과학의 철학』(2014, 한울) 등의 번역서를 냈다. 저서로 『사회과학의 철학적 기초』(2015, 한울)을 썼다.

한울아카데미 1855

사회연구의 방법론

지은이 | 노먼 블래키
옮긴이 | 이기홍
펴낸이 | 김종수
펴낸곳 | 한울엠플러스(주)
편집책임 | 신순남
편　집 | 하명성

초판 1쇄 인쇄 | 2015년 12월 15일
초판 1쇄 발행 | 2015년 12월 30일

주소 | 10881 경기도 파주시 광인사길 153 한울시소빌딩 3층
전화 | 031-955-0655
팩스 | 031-955-0656
홈페이지 | www.hanulmplus.kr
등록번호 | 제406-2015-000143호

Printed in Korea.
ISBN 978-89-460-5855-2 93330(양장)
978-89-460-6098-2 93330(학생판)

* 책값은 겉표지에 표시되어 있습니다.
* 이 책은 강의를 위한 학생판 교재를 따로 준비했습니다.
강의 교재로 사용하실 때에는 본사로 연락해주십시오.